EL MANDATO DE VÍCTORY

EL MANDATO DE VÍCTORY

MARK L. PROPHET
ELIZABETH CLARE PROPHET

SUMMIT UNIVERSITY PRESS ESPAÑOL®
Gardiner (Montana)

EL MANDATO DE VÍCTORY
de Mark L. Prophet y Elizabeth Clare Prophet
Edición en español Copyright © 2022 Summit University Press
Todos los derechos reservados.

Título original:
The Mandate of Victory
de Mark L. Prophet y Elizabeth Clare Prophet
Copyright © 2017 Summit Publications, Inc. Todos los derechos reservados

Este libro es una compilación de dictados del Poderoso Víctory del 14 de agosto de 1960 al 7 de julio de 1996, los cuales se publicaron anteriormente como *Perlas de Sabiduría*.

Ninguna parte de este libro puede reproducirse, traducirse o guardarse, publicarse o transmitirse electrónicamente ni utilizarse en formato o medio alguno sin previo permiso escrito del editor, a excepción de críticos, quienes podrán hacer alguna breve reseña como análisis.

Para obtener información, contacte con
Summit University Press, 63 Summit Way, Gardiner, MT 59030 9314, USA.
Tel: 1-800-245-5445 o +1 406-848-9500.
www.SummitUniversity.org

Library of Congress Control Number: 2022938274
(Número de Control de la Biblioteca del Congreso: 2022938274)
ISBN: 978-1-60988-410-9 (rústica)
ISBN: 978-1-60988-411-6 (libro digital)

SUMMIT UNIVERSITY 🕉 PRESS ESPAÑOL®
Summit University Press® es un sello de The Summit Lighthouse®.

The Summit Lighthouse, Summit University, Summit University Press, 🕉, The Summit Lighthouse Library, Church Universal and Triumphant, Guardianes de la Llama, el logo de la Fraternidad de Guardianes de la Llama y *Perlas de Sabiduría* son marcas registradas en la Oficina de Patentes y Marcas de los Estados Unidos y en otros países. Todos los derechos reservados.

ÍNDICE

Prólogo vii
Breve introducción al Poderoso Víctory y las huestes ascendidas xix
1   Un sentimiento cósmico de victoria 1
2   El manto divino 11
3   ¡Respirad el espíritu de victoria cósmica! 15
4   La corona de laurel de vuestra victoria 22
5   Creed en vuestra victoria 30
6   ¡YO SOY vuestra victoria! 35
7   Cómo esculpir la imagen de vuestra victoria 53
8   Una dispensación de la llama de la victoria 60
9   La victoria es para los que son libres 69
10 Convertíos en maestros de vosotros mismos 82
11 La ciencia de la vida 94
12 El modo de vida de la victoria 109
13 Una responsabilidad fuera de lo común 119
14 Saludos indómitos de victoria cósmica 129
15 La iniciación del diez 140
16 Victoria procedente del corazón de Dios 145
17 Victoria: un ciclo y una llama 151

18	¡El juego se llama victoria!	161
19	El círculo de fuego.	172
20	Espirales de victoria para la era de oro	176
21	Una espiral para la victoria Crística	183
22	Victoria sobre la noche oscura del alma	190
23	La ola de luz de Shasta.	197
24	La antorcha de Víctory entregada a los Mensajeros de la Verdad en la ciencia y la religión.	202
25	La estrella de Víctory	214
26	¡Victoria a quienes aman!	224
27	La señal de la V dorada dibujada en la cuna del Retiro Interno	236
28	El poderoso círculo de la victoria	254
29	La victoria de los hijos de Dios	265
30	YO SOY vuestro patrocinador en el sendero del rayo rubí.	282
31	Conquistad en el nombre de Víctory	286
32	La purificación de Chicago	293
33	La victoria de la libertad	301
34	Guardad la llama de la victoria	305
35	El poder restablecido de la iluminación	308
36	«¡Siempre victoria!»	313
37	Una carta llena de amor del Dios Padre-Madre	321
38	¡Romped el hechizo de la derrota!	329
39	Llegar a ser Dios cada día más.	335
40	Id y entregad el fuego	344
Epílogo		351
Notas		353

PRÓLOGO

La gente de este planeta tiene algo especial: le gusta el esfuerzo; le gusta exigirse logros más grandes; le gusta ganar. Y, sin embargo, la cantidad de planes concebidos, pero jamás ejecutados, y proyectos empezados, pero abortados, podría hacer rebosar un mar de considerable tamaño. ¿Por qué?

Bueno, son cosas que pasan, decimos, conocedores de cómo es el mundo y quizá algo cansados de él. El éxito es objeto del azar. No se puede ganar todo. Algunas veces se gana y otras se pierde. Da igual que la culpa sea mía o de otro. Como estadística, uno solo puede esperar tener éxito un cincuenta por ciento de las veces, por lo que fracasar el otro cincuenta por ciento es normal, ¿no?

En efecto, esa es una forma de ver las cosas. Pero esta «conciencia del fracaso» encubierta no es el camino del cielo. El cielo —la dimensión superior, aquella que se encuentra un poco más allá del plano que podemos ver— está lleno de seres que *sí* tuvieron éxito. Llevaron a cabo sus planes en la vida y lograron el premio supremo: la inmortalidad, en forma de ascensión en la luz. Jesucristo es el gran ejemplo de un triunfador que logró la ascensión; pero hay muchos más, como el profeta Elías, el Buda Gautama, la Virgen María, Kuan Yin y Confucio.

Liberados de la rueda del nacer y renacer, estas benditas almas de Oriente y Occidente son libres de vagar por el cosmos y seguir expandiendo su conciencia espiritual hacia los confines más lejanos y elevados del espacio, el tiempo y la conciencia. A estos triunfadores les esperan cosas increíbles. Algunos se dedican a proezas nocturnas con los arcángeles, rescatando a las almas de las profundidades de la desgracia y la desesperación. Otros ayudan a crear nuevos mundos que algún día, lejos en el futuro, serán poblados por nuevas civilizaciones. Algunos animan estrellas, planetas o sistemas solares. Otros se hacen instructores de la humanidad, ayudando a los buscadores de la luz a progresar espiritualmente de vida en vida, hasta que ellos también puedan lograr su libertad final. Y luego está el Poderoso Víctory, un ser cósmico único.

Al Poderoso Víctory no se le habla de cosas tan simples como la animación deportiva, el ganar y el éxito. Sospecho que para él esas son pequeñeces humanas, nimiedades que dejó atrás hace mucho tiempo. No, él apunta a un tipo de triunfo totalmente distinto. Hace eones este ser inmenso se puso la tarea de llegar a ser la encarnación viva del fuego flamígero de la victoria. Y mereció la pena. «¡Todo lo que he intentado hacer —nos dice— ha sido victorioso! En mi conciencia o mundo de actividad no existe ni una sola limitación, ¡y no ha existido durante un período de tiempo enorme!»[1] En otra parte añade: «Durante miles de siglos he conocido solo la victoria»[2].

¿Conocer solo la victoria? Eso es humanamente imposible, decimos; y así es. La mente y las emociones humanas no son capaces de exhibir por sí solas una actitud positiva sobrehumana de ese tipo. Pero al Poderoso Víctory no le basta con reconocer ese simple hecho de la vida. Para ser un triunfador espiritual se necesita una mentalidad completamente nueva. ¡Lo que hace falta es la Conciencia de la Victoria!

El propio Poderoso Víctory es el más apto para guiarnos y enseñarnos qué es esa Conciencia de la Victoria y cómo llevarla a la acción en nuestra vida cotidiana; y está dispuesto a ayudarnos. Al ver las dificultades que tenemos gente como tú y yo con las estadísticas del éxito y queriendo ofrecer ayuda, Víctory dio un paso al frente para enseñarnos a hacer lo que él ha hecho. En cuarenta mensajes entregados a través de los Mensajeros

Mark L. Prophet y Elizabeth Clare Prophet a lo largo de un período de casi cuarenta años, el Poderoso Víctory presenta las fórmulas secretas para una victoria total y suprema para los portadores de luz y los guerreros por la libertad de este planeta. Este libro, *El mandato de Víctory*, contiene los cuarenta mensajes.

Pero no esperes un programa básico de siete pasos de autoayuda, ocho bases prácticas, nueve apretones de manos secretos ni nada por el estilo. La Conciencia de la Victoria no funciona así. Más bien es un estado del ser que sencillamente trasciende las modalidades mentales y emocionales humanas. Esto no se puede aprender siguiendo un proceso que sea igual para todos. En cambio, hay que absorber ese estado superior del ser mediante ósmosis, directamente del corazón y el alma de este gran ser cósmico.

¿Eso significa que no existen procesos o técnicas que uno pueda aplicar para lograr la Conciencia de la Victoria? No del todo. Hay una técnica principal que encontrarás trenzada en los mensajes o dictados de este libro: *Afirma, afirma, afirma*. Afirma en voz alta las frases eternas e invaluables que el Poderoso Víctory te da para que trasformes por completo tu conciencia, casi en un abrir y cerrar de ojos. Y luego, ¡sigue adelante!

Los mensajes de este libro del Poderoso Víctory contienen numerosas afirmaciones. Esta es mi preferida por encima de todas las demás, directamente del maestro:

¡YO SOY el sentimiento majestuoso de la victoria!

Salta de la cama por la mañana, abre las ventanas de par en par, absorbe el aire fresco matutino y proclama con la plenitud de tu herencia divina: «YO SOY el sentimiento majestuoso de la victoria!». De inmediato los vientos de la victoria hincharán tus velas y el día se desarrollará con un impulso ascendente que jamás pensaste fuera posible. Pruébalo, siente cómo ese majestuoso sentimiento entrará en tu ser a raudales, y tú mismo lo verás en seguida.

Al empezar a buscar en serio tus metas para la victoria, te encantará exclamar al universo el siguiente mantra y sentir de inmediato cómo te regresa la corriente del corazón del Poderoso Víctory:

¡Apareced, ciclos de la victoria!
¡Apareced, ciclos de la victoria!
¡Apareced, ciclos de la victoria!

¡Descended, espirales de la victoria!
¡Descended, espirales de la victoria!
¡Descended, espirales de la victoria!

¡YO SOY un electrodo de la victoria aquí en acción!
¡YO SOY un electrodo de la victoria aquí en acción!
¡YO SOY un electrodo de la victoria aquí en acción!

En los inevitables momentos cuando se encrespa el mar, cuando te ves en apuros o te encuentras con una perversa oposición a tus metas, haz este llamado en seguida:

Amada Poderosa Presencia YO SOY y amado Poderoso Víctory,
¡ayudadme, ayudadme, ayudadme!
¡Sacadme inmediatamente de este estado, ahora mismo!

Después se le añade esta orden a la presencia divina universal, el ser eterno de amor y luz que no tiene nombre a quien mucha gente llama Todopoderoso o Dios Todopoderoso:

¡Dios mío, dame tu victoria,
dame tu victoria, dame tu victoria!

Una vez que te acostumbres a este nuevo estado, llamado Conciencia de la Victoria, querrás incluso abandonar el hola y el adiós y, en su lugar, querrás saludar a tus amigos y seres queridos con este fíat poderoso que proclama el sendero del triunfo victorioso para todos aquellos que te encuentres en el camino:

¡Siempre victoria!

LA META DE LA VICTORIA

Si has probado estos fíats, ya habrás sentido en tus huesos que la Conciencia de la Victoria trasciende sobre manera las metas y resultados que por lo común asociamos con el éxito; el éxito mundanal, claro está. La carga energética de la Conciencia de la Victoria es completamente distinta; pertenece a una clase de sentimiento y conocimiento totalmente diferente, puesto que se basa en la asociación con un estado superior del ser.

Esto significa que, al comenzar a trabajar con el Poderoso Víctory, tendrás que tomar algunas decisiones. Tendrás que decidir qué metas merecen la cooperación de un ser cósmico. ¿Con cuáles te quedarás? ¿Cuáles son las metas humanas inferiores que deben desaparecer? La riqueza, la fama, el control, las buenas notas en los estudios, tener buena reputación entre las amistades, la seguridad material, ganar la lotería, esas cosas pronto acabarán desechadas al borde del camino. Al contrario, te encontrarás girando en torno a una meta más grande: la comprensión y realización del potencial divino, guardado en la seguridad de tu alma para un momento como este, cuando te sientes despertar hacia un llamamiento superior.

Una vez que te fijes esa meta superior, comenzarás a considerar tus metas inferiores como lo que son: pasos hacia una meta mayor. Y algunas de aquellas que considerabas como metas importantes perderán prominencia. Otras cobrarán un mejor enfoque como pasos esenciales para el logro de tu meta suprema: trascender tus limitaciones humanas y convertirte en un ser libre en Dios. En verdad, esa es la única meta que merece la atención y ayuda del Poderoso Víctory.

Cuando leas los dictados de este libro también descubrirás que Víctory con frecuencia habla de temas más amplios que nuestros simples esfuerzos personales. Como otros Maestros Ascendidos, él dirigirá tu atención constantemente hacia la sociedad, la escena social, cultural, económica y política dentro de la cual buscamos nuestro sendero personal.

No podemos vivir en torres de marfil, como nos dicen los maestros enfáticamente. Más bien, la sociedad y comunidad en que vivimos tiene una mayor necesidad de atención y dirección espiritual y luz curativa. Las huestes ascendidas no interferirán con el libre albedrío de la humanidad a no ser que se lo pidan; por lo cual, solo nosotros, al estar encarnados, tenemos la autoridad de llamarlas a la acción y pedirles que dirijan su energía espiritual hacia las situaciones que necesitan su ayuda.

Por tanto, a medida que aprendas a invocar la Conciencia de la

Victoria para ti, también sentirás la emoción de aprender a dirigir esa misma conciencia flamígera hacia el mundo, donde nuestros hermanos y hermanas tienen una gran necesidad de ayuda espiritual. Además, esta clase de servicio produce un efecto tan beneficioso sobre la carga kármica del que lo realiza, que acelera la realización de su meta más importante.

CÓMO UTILIZAR ESTE LIBRO

Aunque tú eres libre de trabajar con el material de Víctory como prefieras, por supuesto, veamos tres formas distintas de hacerlo que servirán a que te beneficies al máximo de la sabiduría y la guía que ofrece este libro. Estas tres maneras de trabajar van de menos a más en lo que respecta a su complejidad, convirtiendo esta experiencia en algo en lo que uno mismo es quien lo hace todo.

1er nivel: Leer

Como lector del primer nivel, lo que debes hacer es, simplemente, leer el libro. Tanto si empiezas por el principio, por el final o por el medio, en realidad no importa; aunque sugiero que empieces por el principio para ver si puedes detectar la espiral desplegada por el Poderoso Víctory durante el curso de estos cuarenta dictados.

Durante tu lectura y estudio considera realizar un experimento encantador: formula en tu mente una pregunta; una pregunta de verdad, significativa, claro está, no algo frívolo. Céntrate en tu corazón, pídele al Poderoso Víctory que te ilumine y, después, abre el libro al azar. Es posible que te fijes en un párrafo o una frase en particular que te dé una perspectiva nueva sobre la pregunta o el problema que estés afrontando.

2º nivel: Afirmar

Como ya he explicado, en este libro el Poderoso Víctory nos da fíats y afirmaciones. Te recomiendo que, según los vayas encontrando, los escribas en un diario o libro de notas para poder utilizarlos cuando los necesites.

Además, muchas de las frases del maestro pueden utilizarse como afirmaciones personales, y existe una antigua fórmula para hacerlo correctamente.

En primer lugar, uno debe componer sus propias afirmaciones. La mejor forma de hacerlo es convertirlas en frases «YO SOY». El secreto del poder de las frases YO SOY es el poder del nombre de Dios. En la tradición cristiana y judía Dios reveló su nombre como «YO SOY» o «YO SOY EL QUE [YO] SOY»[3]. En India encontramos el concepto AUM TAT SAT AUM: «Tú eres ese Aum»[4]. Al darnos su nombre «YO SOY» nuestro Padre Divino nos vino a decir: «Existo. Tú, el ser humano no iluminado, no me puedes conocer. No puedes describir ningún atributo o cualidad como algo que me pertenezca, como el Amor o la Paz, porque en mi más profunda existencia, lo trasciendo todo».

Este nombre divino tiene algo muy bueno. Nosotros, como progenie de Dios, iniciamos nuestra existencia aparte como una ígnea chispa nacida de la conciencia divina. A este fuego esencial de nuestra anatomía espiritual lo denominamos Presencia YO SOY. Debido a que esta Presencia de lo Divino está con nosotros, tenemos el derecho a utilizar la misma frase, «YO SOY»: «Afirmo que existo».

Los Maestros Ascendidos nos enseñan a hacer de esta herencia divina la base de nuestras afirmaciones. ¿Cómo? Primero decimos «YO SOY», y después decimos una frase positiva del ser que atraerá de inmediato la luz divina.

Por ejemplo, en el capítulo 14, el Poderoso Víctory dice: «Por favor, ¿podéis eliminar esta noche de vuestra mente y conciencia el hecho de que sois una persona deficiente para entrar, en cambio, en la conciencia de que sois un ser eficiente, libre en Dios para embarcaros en el curso de vuestra victoria cósmica?». Esto lo puedes convertir en seguida en una afirmación:

¡YO SOY el que elimina de mi mente y conciencia la idea de que soy una persona deficiente y, en cambio, entro en la conciencia de que YO SOY un ser eficiente, libre en Dios, decidido a embarcarme en el curso de mi victoria cósmica!

En segundo lugar, cuando llegues al punto en que quieras ser más específico con tus afirmaciones, como cuando has de afirmar una meta con más detalle, es bueno que amplíes la fórmula. Por ejemplo, supongamos que necesitas 2000 dólares para una campaña de promoción de tu negocio,

que presta un servicio a la gente de tu vecindario.

Al trabajar con necesidades así, no debemos imponer nuestra voluntad humana sobre nuestro plan divino. Para evitar esta intrusión de la necesidad humana, debemos insertar un filtro mediante el cual pasar las necesidades que percibimos como tales a través de nuestra Presencia YO SOY, y después por el de conciencia reducido, llamado conciencia Crística, que media entre nuestra Presencia YO SOY y nuestro yo humano. Esta es la fórmula: «En el nombre de mi Poderosa Presencia YO SOY y mi Santo Ser Crístico, YO SOY…». Por ejemplo, podrías afirmar lo siguiente:

En el nombre de mi Poderosa Presencia YO SOY y Santo Ser Crístico, YO SOY la manifestación de los 2000 dólares que necesito para promover mi negocio, extraídos de la ilimitada abundancia de Dios y manifestados hoy en mis manos y para mi uso. Lo acepto hecho aquí y ahora mismo de acuerdo con la voluntad de Dios para mi corriente de vida.

Al pasar nuestra afirmación por este filtro de la conciencia divina y al aceptar con ecuanimidad lo que Dios nos dé, aseguraremos que la energía que atraigamos del reino divino permanezca libre de los deseos del yo humano inferior que hacen que incurramos en karma. Prueba esta fórmula por ti mismo y experimenta sus potentes resultados.

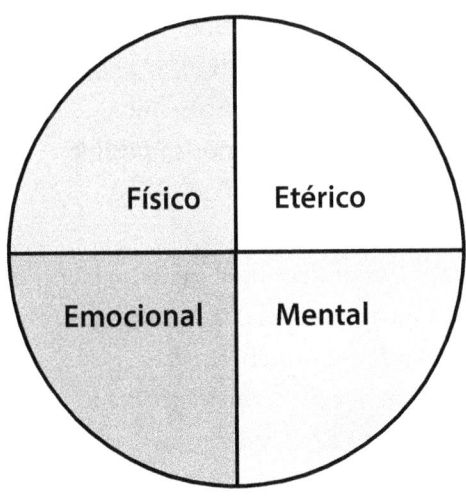

3ᵉʳ nivel: Planifica tu espiral de la victoria

La realización de las metas sigue una espiral poco conocida que se puede utilizar para guiar mejor los proyectos y los planes. Los Maestros Ascendidos nos enseñan que todos los proyectos siguen un camino bien determinado en su descenso al plano físico. Cuanto mejor comprendas este proceso, más éxito tendrás en llevar a cabo tus planes y proyectos.

a) Fase etérica

Cualquier plan o proyecto comienza con una idea, un diseño original, la conceptualización. Esta es la etapa etérica. Si representamos gráficamente todo el proceso sobre un reloj, esta etapa etérica tiene lugar en el cuadrante etérico o cuadrante Fuego. Aquí uno capta la chispa, ve la visión o la matriz, se inspira y se entusiasma por el proyecto.

En esta primera etapa es muy importante dar el paso de asegurarse que el plan esté bien fundado en lo espiritual, debiendo estar desprovisto de egoísmo o la posibilidad de dañar a otras personas y debe estar en sintonía con lo que uno en su alma entiende como el diseño original o la aspiración más elevada que uno pueda divisar.

b) Fase mental

La siguiente etapa lleva el proyecto al plano mental o cuadrante Aire. Este es el momento de especificar y planificar con detalle; determinar el tamaño, el color, la cantidad, la ubicación, las personas que formarán parte del proyecto, las que se beneficiarán de él, el período de tiempo, el presupuesto y de dónde provendrá el dinero semilla. Esto hay que describirlo con intensidad, con tanto detalle como sea posible.

c) Fase emocional

Ahora pasamos a la segunda mitad del reloj y entramos en el reino de los sentimientos y las emociones: el cuadrante Agua. Nada se hará realidad a menos que esté lleno de sentimiento.

El secreto de la Conciencia de la Victoria en este cuadrante consiste en saber que hay dos clases de sentimientos: los sentimientos humanos y los divinos. Los sentimientos humanos están manchados con los intereses, las preocupaciones y los altibajos emocionales que dependen del humor que tengamos. El sentimiento divino, por el contrario, es una radiación constante y potente de fe plena, plenitud y propósito irrefrenable. Esto te llega de la Presencia YO SOY y de los ámbitos más elevados del mundo celestial. El amor, la gratitud, la alegría profunda y efervescente; estos son algunos de los sentimientos trascendentes que de forma inexorable atraerán la luz divina hacia tu matriz de victoria.

Cuando leas las palabras del Poderoso Víctory sentirás cómo te llenas de esta radiación divina que se derrama de las palabras del maestro. Al principio tendrás que acostumbrarte, puesto que en este mundo dual no se experimenta una corriente constante de sentimientos positivos así. Deja que ello fluya. Deja que te lave y te llene de su gloriosa intensidad. Antes de que te des cuenta, esto será una parte tan real de tu vida que sentirás la Conciencia de la Victoria formarse en ti, ahí donde te encuentras.

d) Fase física

Para terminar, en el cuadrante físico o cuadrante Tierra, tu plan circula en espirales hacia la manifestación física. Tu proyecto se inicia, de la forma correcta, con el viento divino en tus velas. ¡Victoria!

En esta fase resulta muy importante proteger, reclamar y afirmar la victoria para que no se produzcan obstáculos o impedimentos de última hora, para que no haya contratiempos inesperados de último momento.

CÓMO UTILIZAR ESTE PROCESO

A la hora de planificar tu espiral de victoria, lo mejor es hacerlo en dos pasos. Primero, elabora tu meta, grande o pequeña, siguiendo los pasos anteriores. Después, según vayas leyendo este libro, encuentra y crea afirmaciones de victoria que encajen en cada uno de los cuadrantes.

- Para el cuadrante etérico, busca afirmaciones que bajen del cielo el plan perfecto.
- Para el cuadrante mental, encuentra afirmaciones que te ayuden a la perfección a diseñar y visualizar los detalles de tu plan.
- Para el cuadrante emocional, crea afirmaciones y fíats que te llenen a rebosar de un sentimiento de radiación divina.

- Finalmente, para el cuadrante físico, di afirmaciones que te ayuden de forma sencilla e inequívoca a proteger y bajar tu meta.

Según vayas pasando por las fases de tu plan, di esas afirmaciones todos los días y reclama tu espiral de victoria a cada paso.

UN LIBRO DIVINO DE AUTOAYUDA

Resumiendo: en un análisis final, este es un libro de autoayuda, al fin y al cabo; pero distinto a cualquier otro que esté a la venta. Es un libro de autoayuda diseñado para conectarte profundamente con tu fuente espiritual y llenarte de la Conciencia de la Victoria. Hagas lo que hagas con él: leerlo, hacer las afirmaciones, planificar tus espirales de victoria, este libro te ofrece un sendero individual de autotrascendencia que hará que pienses cómo has podido vivir sin él.

Como ocurre con todas las Enseñanzas de los Maestros Ascendidos, no me tomes la palabra. Demuestra estas antiguas fórmulas por ti mismo. ¡Inténtalo! ¿Qué tienes que perder, excepto una estadística aburrida que dice que no puedes ganarlo todo? Sacúdete eso de encima. Ten fe. Con la ayuda del Poderoso Víctory, ¡puedes ganar hasta el final!

¡Siempre victoria!

Carla Groenewegen
Directora de Summit University

BREVE INTRODUCCIÓN AL PODEROSO VÍCTORY Y LAS HUESTES ASCENDIDAS

¿Quién es este ser majestuoso llamado Poderoso Víctory? No sabemos mucho sobre él, porque se trata de un alma muy, muy antigua. Las pocas cosas que sí conocemos te sorprenderán, puesto que abren una ventana hacia un reino de existencia espiritual que por lo común no se conoce ni se entiende, y que la ciencia y la religión ortodoxas actuales disputan con vehemencia.

Un ser cósmico

El Poderoso Víctory es lo que se conoce como un ser ascendido. La ascensión es un término técnico para referirse a quienes han terminado sus rondas de nacimiento y renacimiento en un mundo material como nuestro planeta. Las distintas tradiciones religiosas y espirituales utilizan varios nombres para referirse a este estado del ser, que está más allá de la condición humana. El término «ascensión» viene de la tradición cristiana, en honor a la demostración pública que hizo Jesucristo de este proceso, que consiste en saldar el karma propio, cumplir la misión o dharma que uno tiene y ascender al mundo celestial.

Muchos son los que han realizado esta hazaña de ascender, a quienes ahora conocemos como maestros o maestras ascendidas. Por ejemplo, el maestro ascendido El Morya estuvo encarnado, entre otras vidas que tuvo, como Tomás Becket, Santo Tomás Moro y el emperador mogol Akbar el Grande. Su amigo y hermano Kuthumi vivió como San Francisco.

Kuan Yin es un ser ascendido de Oriente cuyas vidas pasadas se pierden en la leyenda. El bien conocido Maestro Ascendido Saint Germain estuvo encarnado como San José, Roger Bacon, Cristóbal Colón y Francis Bacon.

Llegar a ser un Maestro Ascendido representa tan solo el primer paso de nuestro viaje espiritual después del ciclo de encarnación humana. El gran cosmos se abre ante los seres ascendidos, quienes pueden seguir varias vías de servicio a la vida. Durante el curso de este viaje ellos continúan desarrollando su conciencia, hasta el punto de ser capaces de abarcar grandes alcances del espacio o encarnar todo un aspecto de la conciencia divina. A tales seres espirituales avanzados los denominamos «seres cósmicos».

El Poderoso Víctory es uno de ellos. Hace mucho tiempo se dedicó a animar la conciencia de la victoria. Su devoción a la llama de la victoria, durante más de cien mil años, le ha dado autoridad sobre esa llama a través de los grandes confines del cosmos.

Un maestro alto de Venus

La mayoría de estos poderosos seres cósmicos prestan servicio en altos niveles de la jerarquía cósmica. Normalmente no entran en contacto con seres no ascendidos que aún evolucionan en los planetas escuela del universo. Sin embargo, algunas veces consideran que su ayuda es necesaria y se acercan a las evoluciones humanas como la nuestra para llevar a cabo una meta específica. Esto es lo que ocurrió con el Poderoso Víctory.

En la década de 1930, cuando la gente de la Tierra supo de él por primera vez, el Poderoso Víctory recibió el apelativo de Maestro Alto de Venus.

Los Maestros Ascendidos nos explican que Venus, considerada como la estrella hermana de la Tierra, fue una vez hogar de una evolución física como la nuestra. Como en la Tierra, algunos de sus habitantes, conocidos como los venusianos caídos, se entregaron a manifestaciones inferiores y finalmente fueron llevados a otros planetas, mientras que muchos otros, siendo capaces de trascender sus limitaciones físicas, ha ascendido en la luz. El entorno físico de Venus pasó a un estado inactivo y la vida existe únicamente en el reino etérico.

La Tierra también tiene un reino etérico. Este reino es la funda de vibración más alta de los cuatro planos de la Materia, que van del físico (donde vivimos en cuerpos físicos) al plano astral o emocional (el reino de nuestros sentimientos), al plano mental (el reino del pensamiento y la mente), al plano etérico (el reino de la ideación pura). Los antiguos alquimistas los llamaban planos o reinos de Tierra, Agua, Aire y Fuego respectivamente. El reino etérico es donde encontramos los retiros y las ciudades etéricas de luz, donde habitan los seres ascendidos y cósmicos cuanto trabajan con las evoluciones físicas de un planeta.

La primera crónica que tenemos del Poderoso Víctory se encuentra en el libro *Misterios desvelados,* de Godfré Ray King (pseudónimo de Guy Ballard), publicado en 1934. En él se lo describe con una altura de al menos 1,98 metros, de ojos azul violeta, radiantes y penetrantes, y con el cabello de glorioso oro puro.[1]

En uno de sus dictados a través del Mensajero Guy Ballard, el maestro explicó cómo llegó a ser conocido como Víctory: «Los Maestros Ascendidos que han ascendido de vuestra Tierra me llamaron "Víctory", ¡porque todo lo que he intentado hacer ha sido victorioso! En mi conciencia o mundo de actividad no existe ni una sola limitación, ¡y no ha existido durante un período de tiempo enorme!».[2]

La llama gemela de Víctory

Igual que tu alma y la mía, el Poderoso Víctory tiene un equivalente del género opuesto. A estos pares de almas gemelas los llamamos «llamas gemelas», porque provienen de la misma chispa divina como origen de su existencia.

El nombre de la llama gemela del Poderoso Víctory es muy hermoso: Justina. El 1 de enero de 1978 Justina dictó por primera vez, en este caso a través de la Mensajera Elizabeth Clare Prophet. En su discurso histórico dijo:

> Ahora aparezco, porque Dios Todopoderoso ha sopesado estos varios sistemas de mundos y las evoluciones que contienen, y Dios Todopoderoso ha pronunciado que ahora ciertas evoluciones de portadores de luz contienen suficiente conciencia de la victoria del rayo femenino para que yo pueda ponerme y ser, con mi Amado, el punto focal del Dios Padre-Madre con percepción total de la

victoria de las evoluciones de esos sistemas.

Amados, aquel a quien llamáis Poderoso Víctory es en efecto andrógino, como lo soy yo, como lo es Alfa, como lo es Omega. Pero al aparecer juntos, descendiendo hacia dimensiones de percepción cada vez más bajas, traemos a los de evolución inferior una totalidad mayor del espectro de polaridad cósmica como polaridad de manifestación. Por tanto, aunque uno pueda bastar como un todo, las llamas gemelas siempre se necesitan para la transmutación de un cosmos.[3]

Puesto que el Poderoso Víctory y su llama gemela son Uno solo, podemos reclamar el sentimiento de victoria de Justina, así como el del maestro; o invocarlo de estos dos seres maestros al mismo tiempo

Legiones de ángeles de la victoria

Además de los doce maestros que lo ayudan en su trabajo cósmico, el Poderoso Víctory tiene bajo su mando «innumerables cantidades» de legiones de ángeles de la victoria. Estos ángeles temibles, ataviados con el fuego dorado de la iluminación, aparecen en respuesta a las llamadas de auxilio de la humanidad. Ellos nos inundan de su Conciencia de la Victoria, si nosotros estamos preparados para aceptarla.

Una vez, en un dictado, el Poderoso Víctory dijo:

> ¿Sabéis, amados, que es muy difícil fallar ante la presencia de millones de legiones de Víctory? Pero debo deciros que incluso se puede fallar ante su presencia. ¡La proximidad no basta! ¡Hay que *apropiarse, apropiarse* del *espíritu* de la victoria, *apropiarse* de la *llama* de la victoria, la *alegría* de la victoria, el *humor* de la victoria, el *impulso acumulado* de la victoria![4]

En otra parte el Poderoso Víctory explica que sus ángeles tienen una gran determinación, pero que también son muy prácticos y activos cuando se trata de ayudar a la humanidad:

> ¿Sabéis que las legiones de Víctory disfrutan de una buena pelea? ¿Sabéis que son los primeros en entrar en acción, en saltar al

agua helada o al fuego, con sus aros de fuego de llameante victoria?

Y vienen. Sea cual sea el aspecto de la conciencia mortal que haya que someter, las legiones de Víctory tienen un medio, un método e incluso una herramienta; es como si tuvieran una mochila a la espalda. Deberíais ver a estas legiones de Víctory cuando entran en acción. Quizá una llave inglesa, quizá una espada, quizá un rodillo de amasar, quizá un corazón púrpura de fuego; nada es demasiado pequeño o grande. Si funciona, las legiones de Víctory lo utilizan.[5]

Sentido del humor

Los mensajes del Poderoso Víctory van de lo más práctico a lo etéreo y elevado. Según el alma va cruzando esta gama de conceptos y emociones al leer sus palabras, a veces él nos regala una dosis maravillosa de humor de Maestro Ascendido que quiebra nuestra percepción humana de cómo debe sonar un Maestro Ascendido. Por ejemplo, hablando de San Francisco (ahora el Maestro Ascendido Kuthumi), dice en el capítulo 14:

> Se convirtió en el *poverello* divino, como lo llamaban, porque dijo: «Me entregaré a ti. Me entregaré a Dios». Y ¿qué pasó en realidad? Pues bien, Dios ya lo poseía, pero parece que el demonio lo tenía agarrado de un pie; y de alguna forma le molestaba un tanto que le tiraran* de ese pie. Pues bien, quiero que comprendáis que no importa si os tienen agarrados de los dos pies, si entendéis que Dios está dentro de vosotros y que el que está en vosotros es mucho más grande que el que está en este mundo.[6]

Esta inyección de pequeñas muestras de humor resuena a algo que otros Maestros Ascendidos nos han dicho: «¡No os toméis demasiado en serio a vosotros mismos!».

Lo que quieren decir con esta advertencia es que no le demos mucha atención a nuestra personalidad humana, con todas sus rarezas e idiosincrasias. Sé valiente y haz un esfuerzo para desarraigar los aspectos indeseables de ti mismo, pero no intentes perfeccionar tu yo humano. Es

---
*jalaran (N. del T.)

una pérdida de tiempo. Simplemente ríete de los sinsentidos y supéralos. Concéntrate en mezclarte con tu naturaleza divina y poco a poco, paso a paso, lo humano perderá su influencia sobre ti y tu yo real brillará.

Topacio amarillo

El Poderoso Víctory utiliza el topacio amarillo para afianzar y concentrar la conciencia de la victoria, que él describe de forma poética como «el fuego cristalino de la conciencia dorada».[7] Puesto que esta piedra preciosa tiene la vibración de la victoria, cuando la llevamos puesta supone una potente ayuda para asimilar la Conciencia de la Victoria.

1

UN SENTIMIENTO CÓSMICO DE VICTORIA

YO SOY un ser de victoria cósmica que jamás, en ningún momento, ha conocido un estado inferior a la absoluta victoria y perfección. Y esta tarde cargo vuestro mundo con la beneficencia de mi radiación y mi victoria en la luz cósmica

Creo que quizá sería bueno que los niños de la Tierra trataran de afianzar con firmeza en su conciencia mundana un rayo de sol radiante de nuestra luz y nuestro sentimiento Divino acerca de la victoria. Los hombres, de una forma u otra, debido a la atracción de la creación humana y la mala cualificación, han vacilado y se han apartado continuamente de la idea de su propia victoria cósmica.

Sí, bien pueden concebir la victoria de otros, pero parece que les cuesta concebir la suya. A veces la conciencia humana está tan sumergida en los asuntos mundanos de la vida que puede mirar a los grandes seres ascendidos con reverencia, como si estuvieran sobre un pedestal, y decir: «Estos seres ascendidos han merecido este gran honor. Quizá algún día yo también sea como ellos».

De algún modo la humanidad no ha reconocido o comprendido que nació con este fin y por esta causa, y que todos vinieron a este mundo de igual manera para lograr su victoria cósmica. Dios jamás habría querido que uno de sus hijos o hijas lograra la victoria cósmica absoluta y la perfección divina, queriendo después para muchísimos otros un estado inferior donde vivieran en la limitación e incluso la infelicidad.

¡*YO SOY Víctory!* ¡*YO SOY Víctory!* ¡*YO SOY Víctory!* ¿Son estas palabras simples palabras o encarnan un pensamiento sobre la vida eterna? Si encarnan un pensamiento sobre la vida eterna, entonces os pido, hijos de la luz, que penséis en las palabras *apropiación* y *aplicación,* y que apliquéis en el santo nombre de Dios, YO SOY, un sentimiento de victoria Divina a vuestra corriente de vida. Esta es la única forma en toda la creación en que cualquier parte de la vida será libre.

Esta tarde, aquí en Harlem, YO SOY el que está produciendo y sosteniendo una acción cósmica de la luz. Esta acción cósmica de la luz es un haz resplandeciente de pura sustancia luminosa de los Maestros Ascendidos, despedida desde nuestro hogar planetario hacia el vuestro y llevando consigo a este respecto toda la belleza y gloria trascendente de nuestro hogar, Venus.

Oh Héspero, radiante esfera, naciente diadema en la eterna galaxia solar, cómo te honra que te adorne la magnífica Maestra Venus, el amado Sanat Kumara y los Santos Kumaras, y otros que han ofrecido en sacrificio a la vida la valiosa ofrenda de su corriente de vida ¡y todas sus radiantes energías! Cómo se ofrecen continuamente desde ti panegíricos de alabanza, ¡oh radiante estrella!

Pido en nombre de Dios YO SOY, amados Helios y Vesta, que la Tierra reciba su victoria rápidamente, para que pueda ocupar su sitio en este gran sistema solar y sistema de mundos y contener, como Dios quiso, una belleza y reverencia tales en manifestación pura sobre todas las aparentes vicisitudes de la vida.

EL KARMA TIENE UNA FINALIDAD

Hijos del planeta Tierra, cuando leéis el periódico del día y ponéis vuestra atención en todos los acontecimientos discordantes [escritos] en él, no parece que la victoria se esté manifestando en este planeta. ¿No sería bueno, por tanto, especialmente para aquellos de vosotros que sentís la compulsión de manteneros bien informados, que utilizarais el fuego violeta de la libertad sobre cada uno de esos acontecimientos? ¿Y no estaría bien que también vierais el otro lado, el lado radiante de la luz acerca de esos acontecimientos, y os dierais cuenta de que la acción del karma tiene una finalidad?

A la humanidad, la idea de accidentes, enfermedades y desesperación le ha resultado muy desconcertante. Estos son estados contrarios a la victoria y yo no puedo concebir esas manifestaciones contrarias. Pero parece que la humanidad me ha superado en ese respecto, ya que casi ha llegado a ser perfeccionista en cualificar mal la energía. Y sonrío un poco al comprender que, al hacerlo, ha causado toda su desgracia.

Tengo la esperanza de que, a través del espíritu de victoria cósmica, los hombres lleguen a comprender que todos deben perder el cascarón de ignorancia y que nadie, aunque pudiera, podría aceptar por otro la senda de su victoria. Si yo pudiera aceptar la senda de victoria en lugar de otro, asumiría el karma de todos los individuos de este planeta, pero la ley cósmica no lo permitiría.

Yo no estoy solo. Os digo que Sanat Kumara, en su larga estancia en el planeta Tierra, ha suplicado innumerables veces a Alfa y Omega que apartaran la ley cósmica para él poder asumir el karma de todo el planeta. Pero los grandes consejos se mostraron firmes y se negaron [a permitirlo].* Y, por tanto, hasta el presente, como se diseñó originalmente, cada individuo debe pasar por la puerta de la iniciación cósmica, tomando sus iniciaciones en el mundo de la forma hacia los brazos de luz, como está ejemplificado tan hermosamente en la historia que el amado Jesús contó del hijo pródigo, que regresó a la casa de su padre tras cansarse de comer las algarrobas de la vida.

LA IGNORANCIA SOBRE LA LEY NO ES EXCUSA

Vuestra victoria cósmica es inminente, pero esta debe invocarse con la misma intensidad de fuego con la que invocáis ignorantemente vuestras tribulaciones. La ignorancia sobre la Ley no es excusa ante la gran ley cósmica de la justicia. Y hoy no trataré de aliviaros los sentimientos con la idea de que podéis escapar de la ley cósmica y su justicia.

---

*En este libro, el texto en corchetes indica las palabras que no se pronunciaron, pero que están implícitas en el dictado y se han añadido para que la palabra escrita tenga más claridad.

Preferiría veros cabizbajos y desesperados y que después [decidierais] hacer algo al respecto a que continuarais en ignorancia sobre la gran ley cósmica de la vida. Cada ser cósmico, cada maestro ascendido, desea una manifestación específica para cada uno de vosotros, que es vuestra victoria cósmica, la luz de vuestra ascensión, vuestra pureza cósmica, vuestro triunfo cósmico sobre todas las debilidades.

No es vergonzoso que la humanidad tenga debilidades, pero es vergonzoso que siga con ellas, porque solo al liberarse en la victoria cósmica y el bautismo de la victoria cósmica es que puede entrar en nuestro reino de luz, amor y armonía eterna.

Si el amado El Morya y otros de las huestes ascendidas conocieran cualquier otra forma con la que pudierais escapar de la acción de la gran ley cósmica del karma, estoy seguro de que os lo habrían indicado hace mucho. Solo a través de la utilización de la llama violeta transmutadora de la libertad y el amor divino, solo mediante la persistencia, mediante Getsemaní y dándole la mano a vuestra Presencia Divina es que podéis llegar a tener un sentimiento de victoria triunfadora.

Recordad, amados corazones, vosotros que aún no habéis manifestado vuestra victoria cósmica en expresión aquí abandonasteis la luz en tiempos pasados, y ahora tenéis el deber y la responsabilidad sagrada de regresar a esa luz casi con el mismo propósito feroz que os movió el corazón para que os apartarais. El encanto de los sentidos, los placeres de la vista y la conciencia mundanal se hicieron con el control entonces y os separaron de vuestra victoria cósmica. ¿Quién, si no vosotros mismos, si me permitís hablar con franqueza, puede dirigir vuestro camino de regreso hacia vuestra Presencia Divina?

¿Creéis que el Padre no ha extendido continuamente brazos de amor? ¿Creéis que todo nosotros, la hueste ascendida, no hemos extendido continuamente nuestros brazos de amor? Sí lo hemos hecho y continuamos haciéndolo. Pero es vuestra corriente de vida individual, no la mía, quien tiene la responsabilidad de volver a entrar en el corazón de Dios.

La victoria es una realidad. La victoria es verdad. La victoria es perfección. La victoria es Dios en manifestación. Vosotros sois Dios en manifestación. Vosotros sois perfección en vuestro Yo Superior, pero de vosotros depende bajar y extraer de vuestra llama del corazón esa belleza y esa perfección.

EL TELAR DE PALAS ATENEA

A menudo me gusta pensar en la belleza de Palas Atenea en algunas de sus encarnaciones en Grecia. Ella era muy hermosa y persistente. Con frecuencia la amada Palas Atenea se sentaba horas enteras ante su hermoso telar y tejía pinturas magníficas con hilos de muchos colores.

El telar era su orgullo y su gozo; y se pasaba las horas concibiendo ideas gloriosas para después exteriorizarlas con cuidado y esmero según la lanzadera tejía de un lado para otro para producir esos magníficos cuadros de luz. Si fuera posible que os liberarais de los pensamientos mundanos el tiempo suficiente para entrar en mi mente y corazón, hoy podríais percibir algunos de esos bellos cuadros que Palas Atenea en efecto produjo a partir de su llama Divina.

Amados, la paciencia es una virtud que debéis aprender a practicar. Debéis tener paciencia con vosotros mismos. No debéis despreciaros por haber cometido errores. La amada Palas Atenea cometió errores muchas veces, y se pinchaba el dedo, y después concienzudamente retiraba el hilo; y al retirar el hilo seleccionaba el punto adecuado para sustituirlo y entonces el cuadro volvía a ser bello. Este es el plan de la vida, intentarlo una y otra y otra vez hasta que se consigue la victoria.

CÓMO LOS MAESTROS SUPERARON SUS TRIBULACIONES

Si me dirigiera a los registros akáshicos y sacara algunas de las experiencias de las huestes ascendidas, descubriríais que en ocasiones muchas de ellas se encontraron en circunstancias funestas, con varios estados mentales que les hicieron sufrir muchos problemas de naturaleza restrictiva. En nombre de Dios se negaron a someterse a esos problemas y decidieron, con toda la determinación Divina de su corazón, que conseguirían su victoria, que lograrían la reunión con su Presencia Divina y que superarían cualquiera que fuera la causa aparente de su problema o discordia. Y os digo que lo hicieron sin el beneficio de la radiación que nosotros derramamos hoy sobre vosotros.

En aquellos tiempos, las grandes llamas Divinas no destellaban como lo hacen hoy sobre los altares de la Tierra. Eran épocas de desesperación, sombra y dolor, cuando multitudes de ejércitos se movían por varias partes del mundo, cuando no existía la anestesia ni las técnicas quirúrgicas modernas, cuando la humanidad no tenía el medio que sí tiene actualmente de aliviar el dolor.

Y os digo que esas circunstancias eran primitivas, inquietantes y molestas mucho más allá de lo que la humanidad soporta en la actualidad. Encontraréis algunas de esas condiciones primitivas en partes de África e India incluso en la actualidad, y os he de decir que aquí, en el estado de Nueva York, si os paráis a mirar a vuestro alrededor, veréis que en algunos sitios existen unas condiciones bastantes primitivas.

Sea como fuere, no tenemos la intención de distraeros ni de que pongáis vuestra atención en las páginas limitadoras de la historia, sino apartaros, como si dijéramos, de todos los conceptos y condiciones restrictivas para haceros conscientes del gran acercamiento cósmico manifiesto en nuestro planeta, Venus, que puede manifestarse en la Tierra, y lo hará, cuando la humanidad demuestre estar preparada para ello y lo merezca.

Esta organización, The Summit Lighthouse, está pensada como un foro de los Maestros Ascendidos y mucho más. Está pensada, como si dijéramos, como un medio de transmitir a la humanidad nuestra radiación, nuestro amor, nuestra fortaleza y nuestra luz, hasta que ella sea capaz de hacer por sí misma lo que en la actualidad nosotros hacemos por vosotros. Por tanto, muchos de vosotros estáis pasando iniciaciones y estáis siendo entrenados como preparación para eso mismo.

¿Creéis, amados estudiantes que habéis servido a la luz durante tanto tiempo, que Saint Germain os iba a sacar y traeros hasta aquí en el sendero para después decidir soltaros la mano?

Estoy seguro de que vosotros habéis decidido no soltar la mano de Saint Germain. Y, por tanto, por cuanto es impensable que él vaya a soltar la vuestra, le rezo al corazón de Dios (y observad que, como un ser cósmico, digo «rezo») para que sintáis que vais de la mano de Saint Germain y de las huestes ascendidas.

Y habiendo puesto la mano ahí, [sabed que] vuestra victoria está asegurada, porque estar afianzados aquí en la Tierra y darle la mano al Dios de la Libertad no solo es un privilegio, sino un honor incomparable para toda la humanidad. No hay ningún ser cósmico de ningún planeta que no le daría la mano con gozo a Saint Germain y le rindiera homenaje por todo lo que él ha significado para esta amada Tierra y este sistema de mundos, así como para el universo.

Ser un Dios de la Libertad para un planeta como la Tierra es un alto honor. Y espero que comprendáis que Saint Germain está dispuesto a compartir ese [honor] con cada uno de vosotros. Él está dispuesto a quitarse la corona de la cabeza para ponerla sobre la vuestra cuandoquiera que estéis dispuestos a dominar vuestra energía y lograr vuestra victoria cósmica y convertiros en Chohán del Séptimo Rayo. Sí, él renunciaría a ella incluso antes de que concluya el ciclo de dos mil años, si uno de vosotros en efecto lograra alcanzar un estándar que le permitiera sustituirlo y hacerlo tan fielmente como él es capaz de hacerlo.

¿Os habéis parado a pensar, por tanto, qué magnífico es su amor o el amor de cualquier ser ascendido? Ellos sirven, como el niño con el dedo en el dique, hasta que alguien esté preparado y dispuesto a sustituirlos para contener todas las mareas de confusión humana y para ser un Cristo Cósmico sanador para la vida de aquí.

Dios no os dio este trabajo para que simplemente tropecéis y os caigáis por el camino. Dios os trajo aquí para que logréis vuestra victoria cósmica. La amada Virgen María, cuyo aniversario de su ascensión tiene lugar mañana, mantiene el concepto inmaculado de cada uno de vosotros.

Pregunto en nombre de Dios, ¿qué tipo de concepto tenéis sobre vosotros mismos? ¿Creéis tener el derecho a tener un concepto inferior al de la victoria divina? ¿Creéis que vuestras equivocaciones del pasado forman de algún modo un material invencible, un material eterno que no puede alterarse o cambiarse? ¿Creéis que la vida misma es cruel con vosotros?

Os digo que el hombre es cruel con la vida y que la vida lo ha perdonado. Pero la vida espera y exige cierta reverencia, cierta adoración por parte de las llamas que Dios ha otorgado a la humanidad y con las que la ha dotado de poder.

¿Qué es adoración?

Es la adoración de la victoria, la canción de la victoria. Algunos de vosotros habéis leído hace poco la Canción de Ruth y habéis comprendido algo sobre Rut y Booz.[1] Os digo que la unión con vuestra Presencia YO SOY es la unión más grande de toda la creación. Es la única manera en que podéis lograr vuestra victoria y es vuestra razón de ser.

VUESTRA PRESENCIA DIVINA NO PUEDE FALLAR

Amados, a veces me siento agradecido por la cualidad de la flexibilidad en la humanidad, y luego, a veces, me pesa. Me siento agradecido cuando veo personas que son suficientemente flexibles para aceptar la idea de que Dios puede cambiar condiciones; y me pesa esa flexibilidad cuando veo que sienten, de una u otra forma, que ellas mismas deben ponerse al mando porque la Presencia parece no ser capaz de llevar a cabo lo que ellas quieren.

Ahora bien, esto podrá sonaros como una gran tontería, pero es la manera humana de ver las cosas. Las personas, cuando actúan de manera humana, dicen: «Dios no puede hacerlo y, por tanto, lo voy a hacer yo». Porque la Presencia, si se la reconoce como el único poder que puede actuar, no puede fallar. Y aunque no os deis cuenta de ello, cuando por consiguiente no manifestáis vuestra perfección Divina, le estáis diciendo a Dios que sois más grandes que la luz.

Sin embargo, os digo que la ignorancia no es una excusa lícita. Y hoy, debido a la solemnidad del momento, debo aprovechar esta ocasión para imploraros a cada uno de vosotros que llaméis a Dios el resto de los días de vuestra vida con una diligencia que hasta ahora no habéis tenido y que toméis la decisión de que ninguna cualidad o condición humana, caracterización, imagen o pensamiento, os impida manifestar la victoria que la vida quiere daros.

¿Creéis que este mensajero está aquí hoy, derramando su energía, porque tiene el deseo de impresionaros de alguna forma con su conciencia humana? Si así fuera, casi diría, ¡vergüenza! Porque os digo que Dios está hablando para proporcionaros una oportunidad más grande de aceptar la grave responsabilidad que tenéis con respecto al santificado ofrecimiento [del Espíritu Santo] del que el Maha Chohán ha hablado, para que podáis entrar en la vida.

¿Acaso no es una extraña circunstancia que yo, un ser cósmico, baje aquí y cargue mis energías espirituales y mi campo energético alrededor de este lugar para unas personas que no han logrado su victoria, y les ofrezca mis sentimientos de victoria Divina?

Puede parecerle extraño a lo exterior, pero no le es extraño a lo interior. Porque en vuestro corazón, cada uno de vosotros, incluso un individuo dubitativo, no puede evitar sentir que soy un ser cósmico de esplendor y realidad divina y que derramo mi energía por la fe y los fieles, por el concepto inmaculado de la Virgen María, para proteger este trabajo, para causar una expansión entre los hombres hasta que la levadura de justicia leude toda la hogaza humana y se convierta en el plan del cielo, el pan de los ángeles.

Amados corazones, os ruego que aceptéis vuestra victoria y que no dejéis que nada os desvíe de lograrla. En varias ocasiones habéis pensado que queríais que tuviera lugar cierta circunstancia o cosa, pero cuando queráis vuestra ascensión más que nada, comenzaréis a tener una forma distinta de atacar los problemas de la vida y os sobrepondréis como lo han hecho los seres ascendidos.

INVOCO ESFERAS ROSAS DE VICTORIA CÓSMICA

Luz cósmica infinita, yo, Víctory, te hablo directamente. Por el poder de invocación presente en los sumos sacerdotes de la Atlántida y Lemuria y por el poder de invocación del planeta Venus, extraigo del corazón de Dios el sentimiento de victoria Divina.

Invoco nueve magníficas esferas rosas de nueve metros de diámetro, con alas blancas magníficas de sustancia luminosa, y las invoco de Venus a la Tierra. Y al invocar estas hermosas esferas con todas sus radiantes cualidades rosadas de luz, las cargo con mi sentimiento de victoria cósmica.

Ordeno a estas esferas rosadas, en nombre de Dios, que se transporten a la Tierra, a este campo energético, a esta ciudad. Y cuando golpeen este campo energético, lo cual será cuestión de segundos, pido que hagan estallar su sustancia luminosa maestra ascendida a doscientos cincuenta kilómetros en todas direcciones y que centralicen su foco aquí para dar a todos un sentimiento de su victoria Divina, lo cual soy en manifestación cósmica, sosteniéndose eternamente, actuando omnipotentemente y expandiéndose por siempre.

Ahora, apareced en nombre de Dios y ¡haced resplandecer vuestra victoria aquí! ¡Haced resplandecer vuestra victoria aquí! ¡Haced resplandecer vuestra victoria aquí! ¡YO SOY Víctory y nada, no, nada puede permanecer ante la resplandeciente luz cósmica de victoria eterna del corazón de Dios Todopoderoso!

Hijos de la Tierra, el momento solemne ha llegado en que la era de oro responderá a los mismísimos dedos y manos de Dios cuando él haga resplandecer su victoria, la cual no será impedida por nada y a la cual nada detendrá. La victoria del Gólgota, la victoria de Getsemaní, serán trascendidas, como dijo el amado Jesús que ocurriría [cuando dijo las palabras:] «Y mayores obras haréis».[2]

Por tanto, tomad ahora esta carga y aceptadla, e id nombrados con este encargo en el nombre de Dios Todopoderoso a vivir y dirigir vuestro mundo y vuestros asuntos de tal forma que nada, sino la victoria vuelva a manifestarse jamás. Podéis tener este sentimiento y podéis retener este sentimiento si queréis. Pero *vosotros* debéis decidiros. Eso no lo puedo hacer por vosotros.

Os doy las gracias y os bendigo como un hermano de luz y gloria eterna. Buenas tardes, mis encantadores amigos del corazón, hasta que nos encontremos en reinos de luz eterna, donde espero agarrar la mano y el corazón de cada uno de vosotros y manteneros sellados en la calidez y belleza de mi propia victoria, la cual declaro gozosamente que YO SOY

14 de agosto de 1960
Harlem (Ciudad de Nueva York)
MLP

2

EL MANTO DIVINO

Como todas las cosas… nos han sido dadas por su divino poder…
llegaseis a ser participantes de la naturaleza divina…
2 Pedro 1

YO SOY el que ha venido.

YO SOY Víctory.

YO SOY una manifestación de esa perfección libre en Dios que todo hijo de la Tierra tiene derecho a manifestar.

YO SOY la victoria de las esferas de la perfección de Venus traída esta noche a este amado planeta a fin de sellar una y otra vez los corazones de los hombres en el manto divino, en el nombre de su perfección, la perfección de su Presencia Divina y la llama eterna del fuego sagrado.

Soy bien consciente del deseo que tienen los estudiantes de conservar una apariencia juvenil en su forma física. Soy bien consciente del deseo de los estudiantes de manifestar la inmortalidad divina. Soy bien consciente del sentimiento que tenéis, buscando los dones y gracias de Dios que os darán el optimismo de los ángeles, un sentimiento de ligereza, felicidad, compasión y entendimiento.

Quiero que sepáis, damas y caballeros, que esta victoria, este poder, pulsa ahora en la atmósfera de esta sala. Puede que no todos vosotros sintáis las pulsaciones. Los rayos luminosos que estoy haciendo destellar en esta sala podrán no ser tangibles para algunos de vosotros, pero con la misma seguridad de que la iluminación está presente aquí procedente de los aparatos eléctricos de esta sala y la llama de estas velas sobre el altar, nuestro resplandor se está derramando en vuestros cuatro cuerpos inferiores y os bendice y santifica con nuestra radiación de victoria del Cristo Cósmico.

Esta noche no tengo la intención de dedicar mucho tiempo a daros enseñanza. Porque esta noche quiero deciros que la enseñanza que os ha dado Pablo el Veneciano, que os habló antes que yo,[1] es tan magnífica, que un gran número de seres angélicos del cosmos se quedaron alrededor en amorosa adoración y maravilla al ver la acción vibratoria del aura del amado Pablo. En un sentido, somos como vosotros. Nos gusta que un trabajo esté bien hecho.

Damas y caballeros, aprended a apreciar al Cristo unos en otros cuando se expresa en los variados servicios ordenados que tienen lugar aquí, en el mundo de forma mortal, así como en lo que ocurre arriba, como Arriba, así abajo. Realmente os estáis convirtiendo en dioses;[2] y, por tanto, lo que es cierto de vosotros lo es de todos los hombres sobre la Tierra. Porque la victoria que os traigo esta noche, Dios Padre quiere que sea la victoria para todos los que la acepten en esta Tierra.

Y no tenemos rejas, no tenemos portales, no tenemos prisiones para separar al hombre de su victoria. Porque cuando deseen su victoria más de lo que desean la manifestación de materialismo e ideas humanas, los hombres la conseguirán. Y ningún poder del cielo y la tierra puede impedírselo. Porque la ley de Dios nunca puede violarse. Los fíats de Dios no pueden alterarse.

Hoy, como en eras pasadas, siguen exactos, intactos, correctos y descifrables para el alma que verdaderamente desea conocer la verdad para ser libre,[3] el individuo que siente la necesidad de sacudirse de encima las cadenas y el letargo de la conciencia humana y entrar en el sentimiento de nuestra victoria, de la victoria de Dios, de la victoria de su Presencia, de la victoria de la vida, de la victoria que los rodea siempre, de la victoria que está presente en cada átomo de la creación, de la victoria del fuego sagrado, la victoria de la hueste sagrada, la victoria de vuestro Ser Crístico, la victoria que los Maestros Ascendidos han traído, la victoria que hace que los mundos giren en el espacio con exactitud, la victoria procedente del Gran Sol Central, la victoria de Alfa y Omega que se lleva a todos, la victoria de la vida.

Oh benditos y amados, ¿no queréis sentir lo que significa poseer la libertad Divina? ¿No queréis sentir lo que significa dejar de estar encadenados, como si dijéramos, y atados en la forma de carne humana y material?

Comprended, sin embargo, que os encontráis en esta forma a fin de recibir vuestra victoria. Y en el momento en que esa victoria se logra por completo, nadie puede impedir que ascendáis ni nada puede evitarlo, porque la Ley actuará y vuestra forma mortal asumirá la apariencia del Cristo. Hasta las vestiduras que tenéis se caerán al ser transformadas por la luz, y os levantaréis como hizo el Cristo, hasta que la gran radiación de Dios os reciba y os oculte a la vista de la conciencia mortal y la mente mortal.[4] Y en su lugar entraréis en nuestra morada, el reino de vuestra victoria del que también vendréis a voluntad, como el Cristo, para bendecir, para santificar, para sanar a la humanidad y para inspirar a las evoluciones futuras de esta Tierra, así como de otros sistemas de mundos.

No sabéis lo que seréis. Pero cuando la victoria Crística de vuestra vida aparezca, seréis como esa victoria Crística; porque entonces la veréis tal como es.[5] Y ahora la tenéis delante si tan solo la reconocéis. Y rezo, damas y caballeros, para que la reconozcáis en vuestro interior si no la reconocéis fuera, y la aceptéis.

Prodúzcase una presión de aceptación en vuestros sentimientos mientras hablo, para que podáis tener el beneficio de mi radiación y mi sentimiento de victoria Divina pueda penetrar en vuestra aura, en vuestra conciencia, y alterar y cambiar vuestros sentimientos interiores de modo que sintáis que lo que no se pudo hacer ayer, puede hacerse hoy y que lo que creíais que no se podía hacer hace un momento, puede hacerse mañana.

Tened este sentimiento de victoria y conservadlo, y rezad para que se afiance en vuestra conciencia. Y entonces creo que esta reunión os valdrá mucho la pena, porque habremos logrado un servicio específico para este pequeño grupo.

Y los que lean estas palabras impresas y deseen aplicar la ley, recibirán el mismo beneficio y la misma bendición que vosotros habéis recibido esta noche. Porque eso es lo bueno que tiene la luz de Dios en expansión, la luz de la victoria que nunca, nunca, nunca falla.

Damas y caballeros, el saludo de la hermosa Maestra Ascendida Venus sea con vosotros esta noche, el saludo del amado Sanat Kumara, el saludo de los Señores de la Llama de Venus, el saludo de toda la Gran Hermandad Blanca.[6]

Y que la paz de la victoria Crística de Dios se afiance en vuestro mundo esta noche como jamás lo hizo, hasta que vosotros mismos seáis expresiones vivas y tangibles de esa victoria ante los ojos de toda la humanidad, así como ante nosotros, que somos vuestros amigos, vuestros compañeros de trabajo, vuestros compañeros en la luz y los que os aman y aman la Tierra y a sus evoluciones libres en el santo nombre de Dios.

Os doy las gracias a cada uno de vosotros por vuestro tiempo, vuestra atención, vuestra devoción y vuestro amor.

Adorad a vuestra Presencia. *Adorad* a vuestra Presencia.[7] Adorad a vuestro poderoso Yo Divino, el YO SOY vuestro. Y sed, pues, como somos nosotros, receptores de todos los beneficios de esa Presencia y el pleno poder de vuestra victoria manifiesta por siempre.

Os doy las gracias. Buenas noches.

3 de septiembre de 1961
Woodstock (Ontario, Canadá)
MLP

3

¡RESPIRAD EL ESPÍRITU DE LA VICTORIA CÓSMICA!

Amado Gran Director Divino y amigos de la libertad, os saludo en el nombre de la Victoria. En el nombre de Dios, hoy os saludo.

¿Sabíais, amados de Boston, que el nombre de Dios es Victoria y que yo soy su homónimo?* ¿Acaso no os da esto la presión para comprender que la eternidad tiene el propósito y la intención de que cada uno de vosotros tenga el aliento de la libertad, y el aliento de la libertad que tendréis encarnará en su interior las cualidades y las características de la victoria?

Con cada aliento que toméis, si así lo cualificáis, damas y caballeros, podéis aceptar la victoria en vuestro mundo. Vosotros decís, al aspirar vuestro aliento de la atmósfera, que es un proceso sencillo que se produce de forma automática. Cierto, pero, damas y caballeros, si aspiráis la victoria en ese aliento y decís a vuestra Presencia Divina: «*Poderosa Presencia Divina y amado Víctory, inundad mi ser con vuestro sentido de victoria cósmica mientras acepto estos elementos*», os daréis cuenta de que estaréis imbuyéndolo desde la fuente de la vida, que es la fuente de la victoria.

Cada Maestro Ascendido ha respirado la atmósfera de la Tierra y ha utilizado sus átomos de energía. Los átomos de oxígeno e hidrógeno que

---
*El nombre del Maestro Ascendido *Víctory* significa 'victoria' en español. (N. del T.)

entran por vuestras fosas nasales los respiraron ellos y yo mismo en tiempos pasados. Por tanto, si queréis extraer de esos átomos la gran cualidad de la victoria Divina, debéis hacerlo con un diseño Divino y propósito consciente.

No propongo, damas y caballeros, que superviséis cada aliento que toméis y que os pongáis a decir: «Ahora estoy respirando la victoria». Pero sí propongo que cualifiquéis conscientemente vuestro aliento con la victoria varias veces al día cuando penséis en ello y que extraigáis de él una esencia que da vida y que, como una transfusión de sangre nueva o una recepción de átomos de energía manifiesta en las vitaminas, infundirá en vosotros un gran poder de victoria cósmica. Por tanto, este ímpetu os hará avanzar para que superéis algunas de las vicisitudes de la vida que en la actualidad os angustian.

¿QUÉ ES LA VERDADERA COMPASIÓN?

Damas y caballeros, soy tan consciente del impulso acumulado de victoria, que me resulta algo difícil contemplar el mar de problemas que entiendo rodea a la humanidad. Ahora bien, si hubierais de entrar en mi estado de conciencia divina, vosotros también seríais un tanto inconscientes del mar de problemas que rodea a la humanidad. La humanidad, por tanto, podría tender a consideraros como alguien sin compasión.

Damas y caballeros, ¿es compasivo dar perpetuidad a una Tierra que sufre, que tiene dolor y desgracia? ¿Es compasivo dar perpetuidad a la vida cuando esa vida se encuentra muy afligida? ¿No es más bondadoso elevar la vida hacia un sentimiento de victoria y libertad, que Dios quiere?

Las personas se han desviado con frecuencia debido al sentimiento de afinidad humana, y los lazos que han contraído en la vida han hecho que sientan gran lástima por los miembros de su familia, sus amigos y sus seres queridos. Quisiera destacar que todos vosotros tenéis un gran Padre celestial y que ese Padre celestial tiene la compasión más grande que jamás pudierais concebir. Con su Gran Ley él mueve el universo sobre una senda de amor; sin embargo, es aparentemente inconsciente de aquellos que están muy afligidos, simplemente porque han aceptado un impulso acumulado humano y la presión de ese impulso acumulado.

Es cierto que actualmente se encuentran en la ignorancia; pero, damas y caballeros, no siempre fue así, porque hubo una época en la Atlántida y en Lemuria, y en eras pasadas, en que las mismas corrientes de vida que ahora parecen tan ignorantes eran bien cultas. Estas tuvieron las mismas oportunidades que vosotros tenéis ahora de sentarse en los templos de sabiduría, y se sentaron a los pies de muchos de los mismos seres que hoy son Maestros Ascendidos. Y de sus labios escucharon un servicio de gran luz, pero salieron al mundo de la forma y desobedecieron la Gran Ley.

La razón por la que no están manifestando la victoria es que su karma les ha regresado, y de ellos depende como individuos comprender esto y comprender que ningún poder de las huestes ascendidas o las huestes angélicas puede cambiar esas circunstancias.

Benditos, cuando contempláis a una hermosa flor esparcir su esencia de victoria Divina hacia el espacio, os dais cuenta de que no es un hierbajo. Hoy un hierbajo solo puede producir según su clase, pero ¿cuántos de vosotros sabéis que todos los hierbajos de la Tierra fueron flores hermosas una vez?

La victoria Divina [la pueden demostrar] los individuos que se aferren a un diseño consciente y acepten la gran luz de Dios en su mundo, del mismo modo en que las grandes corrientes de luz fluyen por los nervios y las células del cuerpo hasta que este, brillando con la manifiesta perfección a la que llamáis buena salud, se manifiesta espiritualmente como victoria Divina.

¿Podéis entender, benditos, que la victoria es una manifestación del plan perfecto para cada corriente de vida, que en sí mismo es victoria porque es la imagen de Dios? YO SOY según la imagen de Dios. YO SOY según la imagen de Dios. YO SOY según la imagen de Dios, y vosotros fuisteis creados según esa imagen de victoria Divina, si lo aceptáis.

NOSOTROS VEMOS LA TIERRA COMO UN HOGAR DE AMOR

Hoy, en el ondulante planeta Venus hay una gran manifestación cósmica de luz. Y un rayo luminoso pulsante de la amada Maestra Ascendida Venus y de Sanat Kumara brilla sobre la Tierra y se afianza justamente sobre este campo energético para transmitir desde ese planeta las vibraciones de los dignatarios de la Gran Hermandad Blanca que están allí reunidos.

Están reunidos allí para saludar a la Tierra, el planeta hermano y hogar de amor, porque así es como vemos la Tierra. Vemos la Tierra como un hogar de amor contemporáneo al nuestro. El hecho de que el mundo no guarde el concepto inmaculado de sí mismo no interfiere con nuestro concepto de victoria de la Tierra.

Nosotros no nos sometemos a la discordia humana ni causamos daño con ella en nuestra conciencia. Nos negamos de forma absoluta a aceptarla. En nuestro mundo no queremos, en nuestro planeta no aceptaremos, en nuestra octava no aceptaremos las vibraciones discordantes de desunión, desarmonía y confusión que la Tierra insiste en manifestar.

Aceptamos en cambio la victoria Divina, porque es la efusión natural del cielo. Y nos sentimos muy felices y nos deleitamos al ver que aquí hay personas que aceptarán la presión, el impulso acumulado y la alegría de Dios que se manifiesta en medio de vosotros hoy y que se manifiesta de manera tangible en mi conciencia de todas las formas y en todas direcciones.

Hoy mi cuerpo ha asumido una forma esférica. Y como un gran estanque luminoso, irradio pulsaciones de victoria alrededor del mundo desde el centro de esta esfera, para darle a la humanidad un sentimiento de victoria sobre toda condición humana y toda situación, que a veces hace que las personas se sientan como si se precipitaran hacia la derrota.

Benditos, vosotros nunca os precipitaréis hacia la derrota si aceptáis la presión de vuestra Presencia YO SOY. ¡La luz de Dios nunca falla! ¡La luz de Dios nunca falla! ¡La luz de Dios nunca falla! YO SOY esa luz de la victoria y vosotros, benditos, también lo sois, si tan solo lo aceptáis y sois libres.

ADQUIRID UN SENTIMIENTO DE VUESTRA VICTORIA CÓSMICA

Las personas no se dan cuenta de lo poderosos que son los ejércitos del cielo en comparación con la Tierra. Miran los grandes preparativos para la guerra. Miran el poder de los espías; miran el poder del mundo externo en los mercados monetarios del mundo y dicen: «Esto es apabullante». Que vengan por un momento a nuestra octava y vean la demostración de poder del cielo. En cambio, su conciencia finita y débil es como una vela comparada con el sol.

Oh benditos y amados, adquirid pues un sentimiento de vuestra victoria cósmica y comprended que su manifestación es una vestidura de gloria verdadera que no hay que comparar con las prendas físicas con las que os vestís. Nuestro sentimiento de victoria cósmica es tan glorioso, que os digo que ni los lirios están ataviados con su gloria.[1]

Oh damas y caballeros, no dejéis que las vicisitudes temporales del mundo exterior y sus molestas acciones vibratorias os roben vuestra paz Divina o vuestra oportunidad de prestar servicio o progresar espiritualmente en la Gran Hermandad Blanca. Este es un cuerpo augusto. Es el cuerpo gobernante de todo el planeta Tierra.

La amada Virgo honra, respeta y acepta a los grandes emisarios de la Gran Hermandad Blanca con una guirnalda eterna de belleza alrededor del mundo. Allá donde sea primavera, el espíritu de la amada Amarilis provoca y trae un sentimiento de radiación divina como bienvenida a los emisarios de la Gran Hermandad Blanca, y para honrar al Señor Maha Chohán, el [representante del] Espíritu Santo.

MI RELÁMPAGO DE VICTORIA CÓSMICA

Oh benditos, con anterioridad a mi discurso de hoy, el Gran Director Divino os dio tantos pensamientos maravillosos que me dije: «Me ha quitado mucho protagonismo». Sin embargo, puesto que aún me queda algo, ¡os doy el relámpago de la victoria cósmica!

¿Aceptaréis mi relámpago, benditos, y comprenderéis que es un regalo tangible y no simplemente las palabras de este mensajero? ¿Lo aceptaréis y comprenderéis que es un regalo del Poderoso Víctory que llega del planeta Venus?

¿Aceptaréis que tengo el poder y la capacidad de crear una forma exactamente como se me ha representado en mis pinturas?[2] ¿Aceptaréis también que tengo el poder y la capacidad de asumir una forma esférica y ser un gran punto radiante de victoria Divina concentrada?

¿Comprendéis, amados, que cuando se alcanza nuestro estado de conciencia, uno está menos preocupado con la forma que con la cualidad y la manifestación de los pensamientos, los sentimientos, el corazón, el ser, la existencia y la conciencia de la propia identidad?

Soy una parte de Dios. Soy la totalidad de Dios en un sentido y soy una parte de Dios en otro, porque yo también recibí el don de la vida individual y eso es lo bueno que tiene el cielo. Cada uno de vosotros es una faceta de Dios, las facetas de la joya divina, la joya sagrada del corazón del loto de la creación que tiene el propósito de ser el cáliz sagrado en el que el Espíritu se vertió como esencia y llama divina.

En nuestro planeta se enseña la ley de la llama. Tenemos la esperanza de que las personas que reciben la enseñanza de los Guardianes de la Llama a través de The Summit Lighthouse comprendan que han recibido una joya que no tiene precio y que tienen la obligación de pulir. A ellas corresponde exteriorizar la belleza cristalizada en su propia naturaleza, que a veces está cubierta de efluvios humanos y aflicción.

Ellas deberán restregar esos percebes y eliminarlos para poder navegar a través del gran mar de confusión humana hacia la calma de la paz Crística y la victoria Divina. Y cuando lleguen a nuestro hogar de luz comprenderán que ello merece todo el esfuerzo y mucho más. Si hicieran falta un millón de años para lograrlo, merecería la pena; y si hicieran falta diez millones de años para lograrlo, ¡seguiría mereciendo la pena! El hecho de que podáis recibir vuestra libertad eterna en menos de una vida es algo pasmoso. Es extraordinario. Es excepcional. Vosotros no os dais cuenta, a menos que penséis en ello, de qué oportunidad tan trascendente tenéis. Conozco, porque leo el registro cósmico, el gran dolor y el largo sufrimiento que hubo en algunos sistemas de mundos por lograr lo que vosotros, bendita gente de la Tierra, podéis lograr con mucha más facilidad gracias a nuestros dones.

¡ESTÁIS DESTINADOS A SER DIOSES DE VUESTRO PROPIO UNIVERSO!

Oh benditos, no creáis que las condiciones externas de la mente tienen poder alguno. No tienen ningún poder excepto aquel que le deis vosotros, y cuando en cambio nos dais dominio a nosotros sobre vuestro mundo, lograréis tener un sentido de nuestra pulsante victoria Divina. Y sabréis que la libertad en nombre de Dios es el destino de todo hijo, que al principio da un tierno grito al salir [del vientre] y al ser puesto en los brazos de su madre.

Vosotros, benditos, estáis destinados por la Madre Cósmica de la vida entera a ser Dioses de vuestro propio universo, a ser los vencedores de Dios sobre todos vuestros asuntos, a uniros al coro universal en condiciones de igualdad cuando os reunáis con los demás hijos del cielo. El Padre no quiso tener una raza de esclavos o siervos. En cambio, él quiso crear seres de igual talla a las efusiones de la gran llama Divina de la vida que palpitan desde el corazón de Alfa y Omega en el Gran Sol Central.

Los altares solares, los atares de Venus, están dedicados todos al nombre de Dios, YO SOY, al Ser Eterno, a la gran luz infalible de Dios. La llamada de emergencia de la Gran Hermandad Blanca en este planeta es:

¡La luz de Dios nunca falla!
¡La luz de Dios nunca falla!
¡La luz de Dios nunca falla!

Dicho tres veces, este fíat es un saludo en nuestro mundo. Para nosotros tiene un significado distinto. Nos llama a un gran espíritu de concordia y regocijo. Cuando lo escuchamos pronunciado [en la Tierra], acudimos para ayudaros y daros nuestro impulso acumulado de paz, nuestro impulso acumulado de victoria, nuestro impulso acumulado de amor y quitaros los elementos discordantes de vuestra naturaleza, para decir a las olas del egoísmo «¡paz, aquietaos!», y restaurar la armonía divina allá donde no exista y dar en su lugar victoria Divina y la paz del Cristo Cósmico.

Os doy las gracias.

Diciembre de 1961
Boston (Massachusetts)
MLP

4

LA CORONA DE LAUREL DE VUESTRA VICTORIA

Que la victoria y la paz de la mañana entren en vuestro corazón, amada gente del planeta Tierra, y que podáis conocer y sentir con todo el corazón [la verdad de] las palabras: «YO SOY un hijo de Dios». Que podáis sentir el poder de vuestra victoria, que da a todos en la Tierra el sentimiento de la plenitud de su victoria.

Quisiera recordaros, bendita gente de este planeta, que, igual que al capullo de la rosa lo protege una envoltura verde antes de abrirse, la humanidad está envuelta en la inmadurez de su ignorancia y no sabe ni percibe la plenitud de aquello que será. Porque aquello que será es su victoria, que quiere manifestarse a través de su cuerpo, su mente y todo su ser.

El espíritu de la victoria es el Espíritu de Dios, porque Dios es Victoria. Y la victoria de Cristo, que en un sentido se conmemora cada año con la renovación de la vida [en primavera], manifestada perpetuamente cuando la flor de azafrán y el narciso y las flores se alzan sobre sus lechos donde dormían, es para la humanidad la muestra manifiesta de la belleza de su propia divinidad. La potente avalancha de perfección y poder [de su divinidad] es patrimonio y herencia de toda la vida de este planeta.

YO SOY Víctory. Y durante un enorme período de tiempo, tal como lo calcula la humanidad, jamás he conocido nada más que el absoluto Espíritu de la Victoria. No conozco el significado de la derrota. No conozco el significado de nada inferior a la perfección absoluta. Y esta mañana deseo transmitiros la idea de vuestra propia victoria, la idea de vuestra propia perfección como un estado al que accederéis.

Esta mañana pido a los constructores de la forma que construyan, como símbolo espiritual de esa victoria, una corona de laurel compuesta del verde delicado que ahora rodea a la gente de esa zona en la naturaleza manifiesta, y pido que esa corona de victoria descanse sobre la frente de cada chela sincero de este lugar y de todo el planeta Tierra.

Os pido que imaginéis por un momento lo que tendrá lugar cuando vuestra corona de laurel triunfal, que ahora descansa sobre vosotros, sea transformada por la divina iluminación Crística en la sustancia dorada de vuestra victoria. Entonces llevaréis vuestra propia corona dorada de victoria Crística porque, mediante el poder de la iluminación, habréis extraído de la Divinidad el poder necesario requerido para ejercer dominio sobre vuestros cuatro cuerpos inferiores y vuestra corriente de vida, hasta que entréis como un ser Crístico en el reino de perfección absoluta.

Al entrar en esa perfección, iluminación y amor Crístico, vosotros, como discípulos, seréis coronados no solo con la corona de laurel de logro, sino también con una corona que se transformará en una corona dorada de logro victorioso en la era de oro. Este es mi regalo para vosotros en memoria de esta querida primavera, en memoria de esta marea viva, en memoria del poder que eleva y alza al hombre desde una simple idea hacia la perfección del Creador.

SOIS UNA IDEA DE PERFECCIÓN DIVINA

Amados, primero debéis aceptar que, en su mente, el Creador concibió a cada cual como una idea de perfección divina. Y esa idea, precipitándose hacia el tiempo y la dimensión, Dios la diseñó para juntar todas las facetas de su pureza prístina y hacer que ese poder manifestara su propia divinidad. Ese poder no lo hizo porque abusó de su libre albedrío; y así, la victoria que Dios quiso que el hombre tuviera no se manifestó.

Pero lo hará en la era de oro de la perfección de la vida, cuando el cumplimiento de la profecía de que el león yacerá con el cordero tenga lugar. Entonces la humanidad percibirá la doma del león como parte de su naturaleza. Y la afirmación del poder del «Cordero de Dios, que quita el pecado del mundo»[1] se armonizará con la ferocidad extraída por la humanidad y cargada en la atmósfera del mundo. Todo esto será transmutado y transformado en «la paz de Dios, que sobrepasa todo entendimiento»[2].

Quisiera llamar a vuestra mente el poder de victoria que el amado Jesús ejerció desde el barco, cuando ordenó: «Calla, enmudece»[3], y de inmediato todo estuvo en calma. Este fue el poder que manifestó, porque tenía un impulso acumulado de victoria cósmica. Debido a que el amado Jesús comulgaba con su poderosa Presencia YO SOY y estaba plena y totalmente identificado con el Padre —la Presencia YO SOY de cada cual—, fue capaz de producir un gran mar de quietud a su alrededor, que se derramó y calmó el mar enfurecido de la manifestación exterior.

Así, las personas que aman a Dios lo suficiente para reconocer que él quiere que consigan su victoria, le procurarán el poder de aquietar la furiosa confusión que tienen a su alrededor no solo mediante la exigencia divina, sino también mediante el poder de la orden divina. La voluntad de Dios quiere que el hombre logre su victoria Crística; y, habiéndola logrado, que haga que los demonios del temor humano tiemblen por ser él capaz de mantener el control Divino absoluto sobre todos los elementos de su mundo.

UN SENTIMIENTO DE VICTORIA UNIVERSAL

Ahora me detengo, amados, porque estoy decidido a llamar a mis legiones de victoria cósmica y pedirles que os bendigan a todos los que estáis aquí esta mañana con un sentimiento de la victoria del ascendido Jesucristo, con un sentimiento de mi propia victoria y, sobre todo, con un sentimiento de la victoria universal derramándose desde el Gran Sol Central. Porque hoy, desde el corazón de Alfa y Omega, la sustentadora acción vibratoria de su victoria manifiesta se derrama sobre todos los universos sin fin.

Benditos, ¿os dais cuenta del significado de esa victoria? Entonces aceptad el regalo, el valioso regalo de los ángeles de la victoria que ahora os bendecirán.

[Pausa de 30 segundos].

Benditos y amados, ahora quiero hablaros del plan perfecto que Dios tiene para cada corriente de vida. Los individuos tienen la tendencia a imitar la discordia humana que perciben a su alrededor, y precisamente esta acción de su mente, la mímica de ideas y visualizaciones humanas, ha causado todas sus dificultades. Cuando perdieron el poder de ver la octava de perfección espiritual e identificarse así con su divinidad interior, en ese preciso momento, solo fueron capaces de percibir la acción exterior.

¿Veis? Y al percibir solo lo externo, fueron incapaces de mantener la imagen de victoria Crística que, de otro modo, se habría manifestado con más facilidad en su mundo.

COMPRENDED LA GIGANTESTA TALLA DE UN HIJO DE DIOS

Algunos de vosotros sois conscientes del pasaje escritural donde dice: «Había gigantes en la tierra en aquellos días… se llegaron los hijos de Dios a las hijas de los hombres»[4]. Benditos, estas son cosas que deberíais ponderar, y [deberíais] comprender la talla de vuestro ser, la gigantesca talla de un hijo de Dios.

En cambio, habéis mirado a vuestro espejo y habéis percibido la imperfección humana durante tanto tiempo, que os habéis acostumbrado, como si dijéramos, a aceptar la imperfección. Os pido, damas y caballeros, que de hoy en adelante os percibáis según vuestra imagen Crística cuando os miréis al espejo. Llamad a vuestro espejo y sabed que en ese espejo mismo está el poder de reflejar vuestra identidad espiritual.

Las milagrosas partículas electrónicas que componen el cristal palpitan dentro del cristal. Y si, al mirar al cristal cada día, llamáis al Dios que hay en esas partículas y exigís que manifiesten su victoria y el poder atómico para irradiar vuestra verdadera imagen Crística, en verdad podréis manifestar la perfección que el individuo conocido como Coué intentó producir.

Coué le dijo a la humanidad que debía decir: «Todos los días, en todos los sentidos, me va cada vez mejor»[5]. Él no conocía el pleno poder del YO SOY, pero dijo: «Todos los días, en todos los sentidos, YO SOY el que va mejor cada vez».

Ahora bien, amados, para ejercer el dominio Crístico sobre vosotros mismos y sobre la Tierra, debéis haceros con vuestra energía y debéis decirle: «Eres Dios por completo. Eres divina. Eres radiante. Eres luz». Y debéis invocar la magnífica luz Crística de la victoria desde los átomos que componen vuestro cuerpo.

Debéis liberar vuestra mente de todos los pensamientos decadentes de la humanidad y pedir que la luz transmutadora de Dios se derrame en los átomos que componen vuestro cerebro y vuestro ser. También debéis pedir que el poder de la victoria fluya por la corriente de vuestros pensamientos, todos los pensamientos que jamás hayáis tenido en todas vuestras encarnaciones.

Debéis pedir que vuestro cuerpo etérico sea purificado y que sea restregado (y me refiero a restregarlo como se restriega la parrilla de un horno) hasta que todas las cenizas de esa sustancia transmutada se suelten y ya no formen parte de vuestro mundo. Y entonces, allá donde [las cenizas] vayan, pedid su transmutación mediante el poder del fuego violeta, hasta que la acción de victoria del Cristo Cósmico que el fuego violeta afirma haga de vuestra mente la mente mercuriana de brillo diamantino de Dios.

Cuando tengáis esa mente de brillo diamantino de Dios ella reflejará, como un gran espejo cósmico, la perfección de Dios. Entonces no veréis la limitación, la muerte, la discordia ni ninguna otra condición que se manifieste en el planeta o en cualquier planeta de cualquier otro sistema solar, porque gracias al poder de vuestra invocación podréis invocar la perfección del universo.

El hombre no se da cuenta o no entiende con su mente finita el poder de un año luz o qué es un año luz. Benditos, un año luz es la perfección eterna de Dios. Y la humanidad, debido a estas grandes distancias, concibe ideas científicas que no son realistas en absoluto desde nuestro punto de vista; porque nosotros podemos decir «estoy aquí» y «estoy allí», y al instante así es.

Es como el centurión que fue a ver al Cristo y el Cristo le habló y dijo: «De cierto os digo, que ni aun en Israel he hallado tanta fe». Porque este centurión antes le había dicho al Cristo: «Porque también yo soy hombre bajo autoridad, y tengo bajo mis órdenes soldados; y digo a este: Ve, y va; y al otro: Ven, y viene».[6]

Este es el poder que la humanidad ha de aprender a ejercer sobre la vida, el poder de invocar su victoria y decir a todas las condiciones de lo exterior: *Marchaos;* y se marcharán. Y decir a todas las condiciones de la luz interior de la perfección de Dios: *Venid;* y vendrán. Y al ejercer vuestra autoridad divina, ya no seréis un muñeco o una marioneta; en cambio seréis un hijo de Dios, manifestando la misma victoria Crística que la gente del planeta Venus manifiesta y que yo estoy manifestando hoy.

DESEO QUE PUDIERAIS MIRAR MI ROSTRO

Oh, quisiera que pudierais mirar mi rostro. Cómo quisiera que os quitaran, a vosotros que estáis en esta sala, las escamas de los ojos como a Pablo de camino a Damasco, para que pudierais ver la victoria en mi rostro. Porque hoy brillo ante vosotros como el sol fuerte, y mis ojos son como orbes luminosos de fuego cósmico. Solo admiro la perfección de Dios en ellos, y vosotros podéis hacer lo mismo con vuestro ser.

Benditos y amados, Dios exaltado en el hombre es la manifestación del hombre perfecto, y vosotros podéis exaltar a Dios en vosotros mismos y tener una humildad perfecta. Os aseguro, damas y caballeros, que solo en los pensamientos y en las ideas humanas es que los individuos tienen ego, y el poder del ego humano se entrega a la vanidad y el poder de la vana expresión. Pero en nuestra octava no existe nada más que la perfección absoluta de Dios manifestada como una primavera eterna.

No somos seres ociosos. No somos seres que flotan sobre una nube luminiscente y tocan el arpa. Benditos y amados, hacemos el trabajo del Padre eterno. Tenemos la inmortalidad. Tenemos la vida eterna. Muchas cosas en manifestación en vuestro mundo se manifiestan Arriba como abajo.

Aquí la vida no es tan diferente [a la vida en la Tierra], como podríais pensar. La diferencia suprema, benditos y amados, es que nosotros conocemos el poder de la victoria eterna y nos negamos a aceptar el poder de la imperfección. Oh, nosotros aceptamos, incluso en nuestra octava, que existe un movimiento progresivo hacia el final supremo. Pero en el universo no existe el final supremo, porque toda la Divinidad avanza en un gran reino cósmico de perfección infinita, trascendiéndose a sí misma momento tras momento, y las ruedas del progreso del Padre no se pueden detener.

«En la casa de mi Padre muchas moradas hay» es una afirmación cierta,[7] y las palabras del Cristo continúan vivas hoy en la manifestación de su victoria sobre la muerte. Su victoria continúa viva hoy, y es la perfección plena de Dios manifestada a través de su misión de instructor cósmico de la humanidad.

Benditos y amados, ¡cómo os amo! Os amo con el infinito poder de vuestra Presencia Divina, vuestro YO SOY. Os amo con el poder de los grandes seres cósmicos, con el poder del Espíritu de la Gran Hermandad Blanca, vuestro amado El Morya, vuestro magnífico Saint Germain, vuestro amado Jesús, el amado Maitreya y toda la hueste ascendida.

Todos os amamos y estamos decididos, oh Tierra, a que este año sea un año de gran bendición y un despliegue infinito para los hombres de la Tierra que reconozcan sus oportunidades y se aferren a ellas.

Oh bendita y amada gente de la Tierra, el planeta celestial Venus, girando su glorioso orbe, envía sus bendiciones a la Tierra; y la llama de los siete Santos Kumaras se envía hacia la Tierra como una estrella gigante. Espárzase ahora en medio de vosotros y haga resplandecer sobre la Tierra el poder de la estrella secreta de amor, el amor de Dios, el amor de Dios en manifestación, la pureza y santidad del fuego sagrado y todo lo que eleva, transmuta, transforma, agranda, ennoblece y bendice al hombre con la plenitud de su talla divina, la nobleza de su alma, los resplandecientes vestidos de su atuendo que le arrancan el temor, la duda y las condiciones pecaminosas y lo elevan hacia un estado inmaculado, sin temor, de pureza, exaltación, resurrección y dominio sobre todos los elementos que recibió en sus manos con el primer fíat de Dios, con el poder de la primera Carta Magna, la Palabra hablada que se hizo carne.

Os doy las gracias por vuestra cautivada atención sobre vuestra poderosa Presencia YO SOY, vuestra divinidad interior. Y os amo, os amo, os amo. Ahora me marcho, pero sigo muy cerca de vosotros cuando susurráis mi nombre. Si deseáis lograr vuestra victoria con todo el corazón, cuando afrontéis problemas peligrosos, llamad primero a vuestro Yo Divino y después llamadme a mí, y decid: *«Poderoso Víctory, te llamo. ¡Dame tu sentimiento de victoria!»*

Y yo estaré ahí, tras los rayos de sol de vuestra atención. Estaré allá donde vosotros estéis, porque iré, más rápido que el relámpago, sobre los rayos de la radiación cósmica desde el corazón de Dios.

Os doy las gracias y os deseo buenas tardes.

25 de marzo de 1962
The Theosophical Hall
Ciudad de Washington
MLP

5

CREED EN VUESTRA VICTORIA

Yo SOY la plenitud de la victoria Divina derramada sobre los expectantes corazones de los hombres, para que puedan percibir con diligencia en cada aliento de la vida su infinita capacidad de tener y conservar la alegría en la completitud de su ser. Ahora os insto a todos a que abráis las puertas de vuestra conciencia para que escuchéis de remotas esferas de luz todo lo que Dios quiere que escuchéis sobre vuestra victoria Crística y perfección, que se os derrama sin límites hoy y siempre.

Amados, según desciendo a la atmósfera de este planeta, llevo conmigo una antorcha; una antorcha que está viva con las llamas y energías de Dios Todopoderoso. Vengo a petición de los Maestros Ascendidos y en respuesta a las invocaciones de los corazones atentos de los hombres. Vengo con la plenitud de la conciencia de la victoria Crística, que vence al mundo y todas las manifestaciones del mundo inferiores a la perfección de Dios Todopoderoso. Y vengo a aguantar y a sostener en alto la bandera de la eterna pureza del Cristo Cósmico.

Amados de la luz, estoy envolviendo esta sala en la conciencia de la victoria, victoria y perfección [que se están derramando] sobre la humanidad, tanto si esta es consciente de ello como si no. Mantendré mi sentimiento de victoria cósmica en la radiación de la llama de la vida dentro de la humanidad. Y toda la alegría de los ángeles hoy se derrama sobre ella para iniciar en su mundo de los sentimientos un sentido de victoria cósmica que venza al mundo.

Queridos y amados de la luz, la intención divina es que todos los hombres y todas las mujeres sean la manifestación plena y completa de la ley eterna. ¿Sabéis lo que significa eso? ¿Tenéis una idea cósmica de la totalidad de la afirmación que acabo de haceros esta noche?

Si no tenéis ninguna idea de ello, os insto, pues, a que comprendáis que es una necesidad grave del momento. Ha llegado la hora. Y en este momento estoy decidido a ver a los hombres despertar del letargo eterno, impulsados por el poder de Dios en ellos, y entrar en una era de paz y libertad del Cristo Cósmico [que es un regalo] del corazón de Dios. Entonces podrán trabajar con diligencia en el telar de la vida y tejer tapices de hermosura inmortal, como la belleza exteriorizada en nuestro hogar planetario, Venus.

Oh, Venus, orbe radiante y brillante de perfección, ¡cómo te aman los corazones de todos los Señores de la Llama! Cómo adoramos la plenitud de todo lo que eres, la magnificencia de tu poderoso ser que se ofrece sobre el altar de Dios Todopoderoso con la plena comprensión de tu gran capacidad de irradiar desde el interior la luminosidad solar de la llama de luz. [Esta llama de luz debe] verterse como un cáliz de vida del que todos puedan beber, en la unidad de perfección universal que es la comprensión de la llama de la vida y el plan de Dios para la vida.

INVOCACIÓN A HELIOS Y VESTA

Ahora está saliendo una invocación de los altares solares de Venus hacia los poderosos Helios y Vesta: Oh Helios y Vesta, oíd ahora el llamado de los hijos y las hijas de la llama y los Señores de la Llama del planeta Venus. Dad a nuestros hermanos de la Tierra la libertad de adquirir una comprensión de la infinita capacidad que tiene la radiación solar de liberarlos de todas las manifestaciones discordantes, conocidas o desconocidas, dentro de los pliegues de su ser. Que puedan conocer su libertad eterna y caminar en el destino de Dios Todopoderoso y en la trascendencia de la perfección de la vida vertida sobre ellos sin límites, hasta que la Tierra sea libre.

Ahora pido la perfección eterna de las esferas, la radiación de la hueste angélica que hace mucho cantó el canto de júbilo a los pastores de los hombres: «Gloria a Dios en las alturas, y en la tierra paz, buena voluntad para con los hombres»[1]. Entre ahora esa resonante exclamación en el tono de cada campana que haya sobre el planeta Tierra. Haga que los repiques de esas campanas repelan los dictados del egoísmo humano y liberen, con el poder del Espíritu Santo, la llama de la vida dentro de la humanidad, de modo que esta pueda moldear y dar forma a esta Tierra de acuerdo con el plan divino cumplido.

VENGO A INUNDAR LA TIERRA CON LA UNIDAD CÓSMICA

YO SOY el Poderoso Víctory. Esta noche he venido a inundar la Tierra con el sentimiento de unidad cósmica y perfección que hace mucho adornó al Cristo cuando este se manifestó en su pequeña forma infantil, el niño Mesías, la luz del Cristo. Que su luz se expanda en todos los corazones y que la alegría de la humanidad no conozca fronteras. Que la ternura del amor de Dios se esparza en el corazón de los hombres como lo hizo en los montes de Judea, hasta que el corazón de todos los hombres cante un nuevo canto, el canto del Cristo resucitado, el canto de las energías ascendentes de perfección en ellos mismos.

Que el resurgir de las energías Crísticas se derramen y exalten el entendimiento que tiene el hombre de los propósitos del fuego sagrado sobre el altar del corazón de Dios Todopoderoso en el centro de su ser. Que conozca el significado de los misterios de Dios, el misterio en el arca de su ser.

Que la gran cruz cósmica de fuego blanco del Señor Gautama [y Jesús] resplandezca entre todos los hermanos de la verdad sagrada de Dios, hasta que el espíritu de la Virgen María y el espíritu de unidad cósmica toquen a todo hijo del cielo otra vez, y cada hijo del cielo sea exaltado hasta el punto en que pueda reconocer y percibir la virtud de Dios derramándose del corazón de sus hermanos. Entonces, en ese sentimiento cósmico de victoria, él reunirá las vestiduras que arrastran sus hermanos caídos y exaltará en ellos la perfección de Dios Todopoderoso.

Él no deseará crucificarlos en una cruz de imperfección, sino que deseará elevar a los que cayeron y conceder el cáliz de salvación a todos en la Tierra, sin mirar con ojos irrespetuosos para percibir los defectos y la ignorancia de los hombres, sino deseando percibirlos con el ojo unificador que es el Ojo Omnividente de Dios. [Él verá] la perfección del plan divino y percibirá la llama de amor en el corazón de ellos, y extenderá esa llama de amor como un vaso de agua fría a todo hijo del cielo para multiplicar la victoria de Dios Todopoderoso en este planeta sin límites.

OS TRAIGO LA CONCIENCIA DEL LUCERO DEL ALBA

Por la llama del Espíritu Santo, por la llama del Espíritu Santo, *por la llama del Espíritu Santo* y la victoria de la vida eterna, YO SOY el que ha venido. YO SOY el que ha venido para traer la conciencia del Lucero del Alba elevándose en vosotros, la trascendencia que hizo que nos regocijáramos con las estrellas de la mañana, que cantaron juntas de alegría y para contemplar la eterna luz unificadora.

Esa luz está esparcida por todo el firmamento y trae del reino y la aureola del alba la perfección brillante y la luz iridiscente de Dios de este a oeste, cubriendo todo el mundo con un amor tal y un manto de amor tal que no conocerá límites. Este manto de amor y luz y perfección está destinado a ahogar en la humanidad las influencias que corrompen a los jóvenes del mundo, y [está destinado] a hacer que la humanidad despierte al fin hacia su destino eterno.

En los archivos del planeta Tierra hay historias de muchas luchas incesantes. El hombre puede aprender de ellas acerca de la innecesaria lucha de los seres humanos para perseguir un fin humano inútil, porque su fin es simplemente el final del recorrido llamado muerte. Amados, estáis metidos en la lucha inmortal de todos los tiempos, que debería no ser lucha; debería ser un sentimiento de absoluta victoria Crística.

Estáis comprometidos en el servicio a la luz. Por tanto, dotaos a vosotros mismos ahora del sentimiento pleno de una creciente victoria, que se derrama en vuestro corazón expectante. Que esta llama de victoria del Cristo Cósmico eleve en vosotros todo lo que es de Dios y transmute al instante todo lo que no es la pureza, la perfección, el amor, la compasión, la comprensión y la infinita fortaleza y capacidad de ser un hijo viviente de vida inmortal.

¡YO SOY Víctory! ¡YO SOY *vuestra* victoria! Y cuando deseéis una carga de mi llama, llamadme en el santo nombre de Dios y decidme:

> *Amado Poderoso Víctory, entra ahora al campo energético de mi corazón por la puerta abierta y que tu llama de victoria cósmica inunde mi cuerpo, cerebro y ser.*
>
> *Haz de mí la plenitud Divina que tú eres. Dame tu alegría y tu perfección, porque yo también soy un hijo de luz y un hijo de perfección.*

CREED EN EL CRISTO UNIVERSAL

Hijos de la luz, estad en paz. No se turbe vuestro corazón, ni tenga miedo.[2] Creéis en Dios. Creéis en la bondad del universo. Creed, pues, en el Cristo universal, la luz dentro de vuestro ser. Y os digo que esa luz se expandirá en el mismísimo firmamento de Dios, en el corazón de la Tierra, y saldrá, más y más, hacia las fronteras del infinito.

Conoceréis la amistad eterna de los maestros ascendidos y los seres cósmicos. Nos tendréis como amigos, a su debido tiempo manifiesto de una manera tangible, y os daremos las manos y el corazón para vuestra victoria Crística. Esta que os ofrecemos no es una promesa vacía; es el poder de Dios para la salvación de todos los que creen y se sienten impulsados a actuar en consecuencia.

No vengo con un espíritu de condenación, sino con un sentimiento de la victoria Divina que os concedo a todos vosotros y a toda la humanidad. Esto es vuestra herencia eterna, inmortal, invencible, dadora de vida. Tomadla y sed libres. Llevadla y sostened en alto la antorcha de la vida. Creo que, en los anales de la eternidad, en las crónicas del cielo, vuestros nombres se escribirán como aquellos que creyeron en la laureola coronadora de victoria Crística, porque desde el principio Dios sabía que la humanidad lograría y se convertiría en la plenitud de todo lo que él quiso que fuera.

Bendito sea su nombre y benditos seáis vosotros que sois sus llamas. Os doy las gracias y os deseo buenas noches.

24 de noviembre de 1962
Long Island (Nueva York)
MLP

6

¡YO SOY VUESTRA VICTORIA!

Desde esferas lejanas, aunque tan cercanas, YO SOY el que ha venido esta noche a la Tierra en la conciencia viva de la victoria Divina. ¡Salve, Tierra! ¡Salve, gente del mundo! ¡Salve, amados amigos del corazón de Dios! Salve, glorioso laurel dorado de victoria cósmica; desciende ahora a la Tierra, te ruego, y sé una corona sobre la cabeza de todos los que aman la presencia de la inmortalidad, todos los que veneran la llama sagrada, el aliento solar, el resplandor interior del nombre de Dios.

¡Oh, amor divino, resplandor coronador! ¡Oh compasión divina que se extiende por las esferas rodantes y avenidas cósmicas, por los años y por los reinos eternos de grandeza espacial! ¡Oh inmensidad del espíritu de la verdad, expandiéndose, expandiéndose, expandiéndose por el espacio, qué gloriosa es tu presencia, qué cargado está el universo de tu impregnadora inteligencia y amor de Dios!

YO SOY el que ha venido esta noche a conmocionar a la humanidad de la Tierra, a conmocionarla hacia una mayor comprensión del propósito de encarnar y de venir a la forma. He aquí, os digo que la hora está cerca, y es ahora cuando los hombres deberían mover la piedra de [la tumba de] su conciencia cristalizada y conceptos humanos para salir como Cristos vivos y victoriosos, que hablan a los demás y dicen: «¡Salve! ¡Salve, amados!»[1], porque están expresando el logro de la victoria, la victoria sobre la condición llamada muerte.

Amados, en el corazón humano consta que los hombres se han encogido ante la muerte, que les ha llegado a través de la mortalidad de sus conceptos limitados; se encogen de miedo, y nada en la Tierra es más destructivo que los conceptos de muerte y de lo definitivo que el hombre ha llegado a aceptar en este mundo.

Por tanto, la tumba vacía de la mañana de Pascua, amados, habló al mundo de la esperanza eterna que Dios creó en el principio como parte de la belleza trina de la vida. El poder trino de Dios lo animan, amados, Fe, Esperanza y Caridad, grandes seres que expresan la victoria de Dios, igual que hago yo. La esperanza, por tanto, se renovó en el corazón de un mundo a la espera aquella invaluable mañana, cuando el sol se levantó e hizo que sus colores rosáceos derramaran amor y esperanza.

Hace varios años se popularizaron [como canción] en este planeta las palabras: «El mundo espera el amanecer»*; pero, amados, esa canción se escribió demasiado tarde, porque el amanecer que el mundo esperaba floreció ese Día de Pascua.

LA INMORTALIDAD ES UN REGALO DE DIOS

Algunos de vosotros podréis sonreír y decir: «¿Por qué el Poderoso Víctory nos habla esta noche de la Pascua en el principio de Año Nuevo?». Bien, amados, es un tema oportuno y eterno. Es un tema que aporta un sentimiento de optimismo a vuestro cuerpo, un sentimiento de ánimo. Como el corcho, que no puede hundirse bajo las olas del pensamiento humano, os mantiene a flote y os fortalece con esperanza renovada, porque comprendéis que la valiosa e invaluable conciencia dentro de vosotros, que hace latir vuestro corazón y sustenta vuestra vida, es inmortal.

Vosotros comprendéis que Dios, que no puede mentir, que no puede equivocarse, creó a los hombres y los hizo a su propia imagen: «A imagen de Dios lo creó; varón y hembra los creó»[2], y los dotó de la imagen y plenitud de sí mismo. Dios dotó a los hombres de la imagen de la inmortalidad, y esa imagen no se puede perder nunca. Así, amados, la inmortalidad es un

---
*"The World Is Waiting for the Sunrise." (N. del T.)

regalo de Dios para vosotros que tenéis este gran conocimiento.

Es cierto, amados, que se produjo una condición conocida como la segunda muerte debido a que la humanidad había servido bajo el sol espiritual año tras año, vida tras vida, ignorando las indicaciones del espíritu de santidad, pureza y verdad. Entonces la gran ley cósmica habló; y cuando habló, de un poderoso golpe decretó que, al final de esa encarnación, las energías de la vida de esos seres desobedientes debían agotarse.

Además, la Ley decretó que lo que quedara de la conciencia individualizada de esos seres debía regresar al Gran Sol Central para ser repolarizada, y que la capa de recuerdos etéricos infelices impuestos a esa corriente de vida debían evaporarse, como la cera derretida por la llama de la vela.

Esto se debió a la gran misericordia de la ley cósmica, especialmente en el caso de los tiranos del mundo, hombres que habían causado derramamientos de sangre, un sufrimiento incalculable a los continentes y que eran incapaces de pagar ese karma. La gran ley cósmica decretó que esos individuos pasaran por la transformación llamada segunda muerte como un acto de misericordia cósmica, para borrar para siempre el karma imponderable que descansaba sobre sus cabezas.

Y, por tanto, en un sentido, al pasar por la transformación llamada segunda muerte, esos individuos perdieron su inmortalidad. Pero, amados, quisiera recordaros que la esencia de la vida en ellos, la parte de ellos que era Dios, volvió al Gran Sol Central, fue repolarizada y emitida otra vez.

Y, por tanto, en un gran sentido, la vida para ellos también fue inmortal. Pero a esta se le quitaron sus procesos de memoria y su identidad, y ellos tuvieron que volver a empezar desde el principio. ¿Veis la gran misericordia de la ley cósmica, amados? Sin embargo, estoy seguro de que ninguno de vosotros quisiera volver a empezar de nuevo, entrar en el mundo de la forma e ir creando un cuerpo de la memoria.

LA BENDICIÓN DE LA REENCARNACIÓN

Quisiera recordaros, amados, que los jóvenes del mundo de hoy encarnan dotados de una gran razón y un gran entendimiento. Dominan a una muy pronta edad los principios de la mecánica corporal y son capaces de andar sin tambalearse. Algunos son capaces de hablar muchos idiomas, aparentemente sin aprenderlos; porque los captan con mucha rapidez, amados, y los dominan hasta el punto de que parecen genios, y así lo observa la humanidad.

¿Qué es este proceso, amados? Es la reencarnación de la personalidad del alma que vuelve a la escena de la vida terrenal y asume su morada entre la humanidad; y al empezar el proceso, se reintegra con el conocimiento del pasado y, por tanto, mucho de lo que aprendió con anterioridad aún lo retiene, porque ello sale de los salones de la memoria en lo profundo de la psique del individuo.

Por tanto, nada de lo que se les ha dado a las personas se pierde en el cuerpo de la memoria. Porque el aprendizaje que han acumulado a través de la experiencia de encarnaciones pasadas para ayudar a la corriente de vida es liberado cuando ello es deseable para hacer avanzar su progreso espiritual. Y así vemos que los hombres no nacen como idiotas ni sin sensación ni sin entendimiento. Con rapidez dominan el mundo y la comprensión del mundo y se adaptan con facilidad a las condiciones del entorno que les rodea.

Bien, amados, esto es una bendición. Es una bendición, porque ello forma parte de la llama de la victoria. Si os detenéis a pensar en ello, esto forma parte de la victoria del hombre que lo ayuda a subir por la escalera que conduce a su logro espiritual, la gloria de Dios en las alturas.

GOZO EN EL CIELO POR UNO QUE REGRESA AL REDIL

Amados, quisiera recordaros una de las afirmaciones del Cristo, de que hay gran gozo en el cielo por todos los que se arrepienten y vuelven al redil.[3] Amados, ¿no veis que el Padre supremo, eterno, creador y amante, la poderosa Presencia YO SOY en el Gran Sol Central, se interesa por vosotros como individuos y se interesa por todas las partes y facetas de su creación?

¿No veis cómo la llama de la victoria en la vida sustenta los procesos de aprendizaje con los que los hombres son capaces de dominar su entorno, así como la energía que atraviesa su forma? La victoria la lograis al aferraros a la mano de vuestra Presencia YO SOY y al ordenar que aquellas condiciones que no forman parte de vuestra victoria sean eliminadas permanentemente de vuestro mundo. La victoria la conseguís con la aceptación de vuestra identidad verdadera y la disponibilidad de ser moldeados por la llama Divina espiritual, que os rodea con la presión de su victoriosa aceptación de la vida.

¿Cuál creéis que sea la diferencia entre los Maestros Ascendidos y vosotros, amados, en lo que se refiere a la Presencia YO SOY? Es simplemente una cuestión de condiciones externas que actúan [en vuestro mundo]. Los seres ascendidos no tienen condiciones externas que actúen, porque ellos han dominado esas condiciones y se han convertido en la victoria de su poderosa Presencia YO SOY.

Amados, solo tenéis que hacer a un lado el denominado pecado y el peso que eso os da, esas condiciones de infelicidad que densifican, anquilosan y angustian. Permitid, pues, que los grandes poderes de los continentes del aire, el glorioso resplandor del Cristo, el bendito y potente viento del Espíritu Santo, descienda por vuestra forma física y os aliente hasta que alcancéis los fuegos solares. Y cuando alcancéis los fuegos solares, veréis que las condiciones humanas se desprenderán de vosotros como gotas de cera.

Recordaréis, amados, el antiguo mito sobre un individuo [llamado Ícaro], que se echó al aire con unas alas atadas; y cuando esas alas se derritieron, este cayó a tierra y quedó aniquilado. Bien, amados, simbólicamente Ícaro representa las aspiraciones humanas sin el Espíritu de la Victoria, sin la realización Crística, aquellos que quisieron tomar el cielo por la fuerza, pero que no se dispusieron o prepararon mediante las iniciaciones solares necesarias para soportar la presión del calor solar de la radiación divina.

Amados, habéis oído decir que hay más de un cielo; habéis oído decir que hay gradaciones de conciencia. Esto es cierto, amados. Si se os exaltara hacia estados superiores de conciencia, ello bastaría para derretir y disolver vuestra forma física como si se os echara a un cubo de acero fundido.

Por supuesto, eso no es deseable, por lo cual el gran amor de Dios, el victorioso poder de Dios, atenúa el viento para la oveja esquilada, que es la identidad del hombre y hace que este ajuste su estado espiritual en el que se encuentra. Algunos se sentirían desesperadamente incómodos al sentarse en medio de vosotros al tiempo que yo derramo mi llama de victoria cósmica. Se volverían infelices debido a la acelerada radiación y el poder que derramamos esta noche a través de la poderosa estrella de la victoria, que brilla sobre esta ciudad en la que hablo.

Amados, los cuatro cuerpos inferiores del hombre deben ajustarse a la radiación solar y, al hacerlo, el hombre será capaz de exteriorizar el nivel de conciencia al que se ha ajustado. ¿Veis, amados, cómo Víctory os toma de la mano y os lleva a la escalera cósmica paso a paso?

¡TODOS SOIS HIJOS DE LA VICTORIA!

Recordaréis, amados, en un discurso que se os ha dado durante esta clase, cómo los poderes del cielo se interesaban por las oraciones de un único niño. Quisiera deciros que las oraciones de un niño tienen un gran valor para los de las alturas. Esto no significa que el cielo haga oídos sordos a las oraciones de los adultos, porque en un verdadero sentido todos sois niños. Todos sois *mis* niños; sois los niños de Víctory.

Sois los niños de Víctory porque, al hablaros, estoy completamente sumergido en el sentimiento de que YO SOY Dios, de que el YO SOY en mí es Dios. Por tanto, sois mis hijos y yo soy vuestro hermano de luz que os trae la llama de vuestra victoria cósmica, haciendo que esa llama se eleve en vuestro corazón, que lata por encima de vuestra frente, que se extienda como una llama autosustentada tangible que llega a los cielos dorados de la iluminación y de ellos extrae y baja la sabiduría secreta de Dios que os dará la capacidad de controlar los átomos de vuestro cuerpo mediante la inteligencia divina que les dio nacimiento, diseño y forma.

Amados, en el mundo exterior jamás seríais capaces de realizar el servicio que haga que cada electrón, cada célula, cada molécula, cada órgano de vuestro cuerpo funcione según su diseño Divino, hasta que fuerais capaces de elevar ese cuerpo en la victoria de la resurrección, la victoria de la transfiguración o la victoria de la ascensión.

Es necesario que la humanidad reciba una sabiduría muy especial, y esa sabiduría debe entregarse a su Santo Ser Crístico. Cuando se entrega a su Santo Ser Crístico, esa sabiduría se apodera de los cuatro cuerpos inferiores del hombre y produce su perfección de manera automática. Pero el hombre debe comprender que ha de purificar el corazón con la radiación de la Diosa de la Pureza y la pureza de su poderosa Presencia YO SOY, antes de que esta gran ley produzca su gran boato de plenitud en su vida.

Este boato de realización del plan divino es una experiencia gloriosa y maravillosa, mediante la cual la poderosa Presencia YO SOY, activa según el principio del Padre de toda la vida, pone sus brazos llenos de amor alrededor de la cabeza y el cuello del hombre y lo corona con una aureola de victoria. Luego le cuelga una cadena dorada al cuello y le declara: «Mi hijo eres tú; yo te engendré hoy».[4]

Amados, cuando esto me ocurrió a mí, recuerdo escuchar los truenos que acompañaron a la voz de Dios. Porque tiene lugar algo extraño cuando un hijo de Dios es llevado al estado de la plenitud y completitud de su Victoria, y se produce, como si dijéramos, un estruendo que parece dividir en dos al universo mismo.

Es algo parecido a la rasgadura en dos del velo en el templo durante la crucifixión del Cristo, y el temblor de tierra y los truenos y relámpagos que acompañaron a aquel acontecimiento. Porque, en un sentido espiritual, tiene lugar una gran efusión de la voz de Dios, el fíat de la creación, y se mueve un gran poder por el universo cuandoquiera y dondequiera que un hijo de Dios recibe esta bendición: «Tú eres mi Hijo amado; en ti tengo complacencia».[5]

Bien, amados, cuando pronuncié esas palabras, supe que había logrado mi Victoria. Y el *Espíritu* de esa victoria se apoderó de mi ser con una fuerza y un poder que no ha disminuido en miles y miles de años.

OS TRAIGO AMOR DE VENUS

Esta noche he venido, por tanto, de nuestro planeta, Venus, para traeros los saludos de los siete Santos Kumaras y la amada Maestra Ascendida Venus, que os saluda haciendo resplandecer la radiación estelar rosa de su amor a través de este campo energético y a través del campo energético individual de cada cual, para que podáis tener el poder de su amor como una senda hermosa, una escalera, un rayo de luz, un radiante sendero irradiando por los cielos, bendiciéndoos con la plenitud de su amor.

Sentid ahora ese amor derramándose sobre vosotros. Aceptadlo como regalo del planeta hermano gemelo, el amado Héspero, el amado Venus, irradiando a Terra, a Virgo, a la Tierra, en el santo nombre de Dios. (Damas y caballeros, tomad asiento).

En su cuerpo emocional, en su cuerpo mental, el hombre aún debe dominar los principios victoriosos de quietud y paz eternas. Aquellos de vosotros familiarizados con los principios aerodinámicos anteriores a la época del jet, sabéis que se podía alterar el ángulo de inclinación de una hélice. También sabéis que, con el cambio de ángulo, el sonido de la hélice también cambiaba.

Bien, amados, este principio aerodinámico es importante al explicar la mecánica de la ascensión. Porque cuando los hombres ascienden en la luz, se produce una alteración dentro del campo energético y el circuito magnético de plenitud que rodea el cascarón áurico de su forma física. Y esta alteración provoca que la radiación atómica, espiritual y electrónica de su forma se acelere como si alguien controlara una palanca y la hubiera empezado a mover de izquierda a derecha.

Cuando la palanca se mueve hacia la derecha, el ángulo de inclinación aumenta de forma gradual, el ritmo se aumenta y la aceleración de las energías espirituales se aumenta. Es como el acelerador atómico, como la silla, amados, en la que tantos se sentaron y se elevaron a la gloria de su ascensión, según la gran ley cósmica, tal como se la revela en los sagrados escritos de Saint Germain.

Amados, esta circunstancia no ha cesado. *No* ha cesado; porque esta noche, en el estado de California, dos individuos, un hombre y una mujer, están siendo transportados por la Hermandad del Retiro Royal Teton. Y esta noche, a las doce horas vuestras, esas almas se elevarán en la ascensión en la luz para convertirse en Maestros Ascendidos.

Caminaron por la Tierra en vuestros días. Derramaron su devoción hacia su inteligencia Crística. Comulgaron con los Maestros Ascendidos. Me enviaron el haz de su atención en Venus. Derramaron su amor a Dios sin cesar y merecieron, según el gran Consejo Kármico, ascender en la luz.

Y yo estoy aquí esta noche para contároslo, para daros un renovado sentimiento de esperanza. Esto es verdad, y aunque la verdad pueda ser más extraña que la ficción para la conciencia de la humanidad es tan cierta como el hecho de que estoy aquí. ¡Y yo estoy aquí!

Amados, sé que aceptaréis, a medida que intensifico mi energía luminosa, que un ser ascendido, que un ser cósmico espiritual puede hablaros y puede acelerar la radiación de la humanidad para ayudarla con el logro de su victoria Crística.

INVOCACIÓN DE PAZ Y ALEGRÍA

Oh radiación cristalina de Sanat Kumara, Señor de la Llama Solar en el planeta Venus, haz resplandecer tu radiación a través de estas paredes, a través del templo corporal de estas queridas corrientes de vida que emanan del Padre de todos. Que sientan la acelerada radiación de la llama solar en sus cuatro cuerpos inferiores.

Derrite y disuelve en ellos la acumulación de discordia que ha hecho que hasta sus huesos tengan una sensación de decaimiento humano. Haz resplandecer en su mente las energías del fuego sagrado que les den agudeza, claridad y la creciente belleza de los conceptos de los niveles internos, y para que vean la claridad del rostro de Dios.

Haz resplandecer en sus recuerdos y acelera en ellos el sentimiento de asombro angélico que acompañó el primer fiat de la creación en el principio, en el génesis de la creación conocida y en el génesis de la creación desconocida, como consta en la historia de esta Tierra. Derrama sobre ellos el aceite de paz y que sientan la gran quietud solar en la música de las esferas. [Pausa de 60 segundos].

Suave, suave, suavemente, lleva a estas almas al sentimiento pacífico de alegría que rodea el corazón de un Cristo vivo. Que se sientan tan contentos, seguros y felices, Señor, como si los llevaran con un soplo hacia la Tierra como una hoja que cae, acurrucados contra el corazón de la Madre Tierra. Oh amada Virgo, recíbelos in tempore.*

Ellos pertenecen al cielo, y sus cuerpos y sus mentes y sus seres son

---

**in tempore:* en el momento idóneo

del cielo y el reino del aire, el reino de luz, el reino de paz. No pertenecen a la arcilla. No pertenecen a un estado de energía reducida. Pertenecen al cuanto de la luz eterna misma y son uno solo con la llama solar imperecedera y la radiación solar.

Envuélvelos ahora en la llama dorada.
Envuélvelos ahora en la llama dorada.
Envuélvelos ahora en la llama dorada, en tu poder de la victoria.

MANTENED VUESTRO CORAZÓN Y VUESTRA MENTE FIJADOS EN LA VICTORIA

En el santo nombre de Dios YO SOY, yo, Víctory, os digo que la paz de Dios, que supera todo entendimiento, mantendrá vuestro corazón y vuestra mente fijados en la victoria. Y al mantener vosotros el corazón y la mente fijados en la victoria, ello atraerá ese logro hacia vosotros, de manera individual, y hacia todos quienes hagan la solicitud necesaria.

Afrontamos una Realidad que trasciende toda sabiduría y conocimiento humanos. Afrontamos una Realidad que apenas nos atrevemos a revelar, porque la humanidad, en su aterrador estado emocional actual, en su aterrador estado mental actual, se apresura a utilizar las energías del universo para la destrucción. La actual tasa de lluvia radiactiva y de abuso de la energía atómica horroriza a los Señores de la Llama de Venus y, sin embargo, da la sensación de que se ha informado de ello a los líderes del mundo. Por el momento, parece que ellos reconocen la necesidad de mantener la paz.[6]

Con la esperanza puesta en los días del año entrante, cuento, como lo hace la Hermandad, con la vigilancia y la diligencia de los estudiantes de esta actividad y movimientos aliados para mantener constante la oración de intercesión por y en nombre de sus hermanos de aquí, en este planeta, para que la paz en la Tierra pueda llegar a ser una realidad, para que la paz religiosa se produzca en las religiones del mundo, para que la paz política se produzca en la familia de las naciones, para que la desintegración en la psique humana se nulifique y para que el hombre llegue a ser un ser integrado: cuerpo, alma y mente en equilibrio perfecto.

EQUILIBRAD LA LLAMA TRINA

Amados, considerad la *V* de mi nombre, Víctory, y observaréis que tiene tres puntos: dos puntos superiores y un punto inferior. Reconoceréis la necesidad, pues, de obtener una acción equilibrada de la llama trina para lograr vuestra victoria.

Al miraros ahora, debo decir la verdad y no puedo ocultaros la gran verdad de vuestro ser. Porque veo que algunos de vosotros expresáis un estado de gran poder. Otros expresáis grandes facultades mentales, pues el desarrollo de la inteligencia es enorme. Otros expresáis unos sentimientos de amor intensos. Pero en muchos veo una falta de equilibrio.

Amados, es necesario pedir que la llama trina sea equilibrada para que logréis la victoria. ¿Cómo se vería la *V* si un lado fuera veinticinco centímetros más alto que el otro? Debéis tener equilibrio en todo lo que hacéis, y al cernirse el nuevo año ante vosotros, inúndese este de la esperanza de vuestra resurrección y vuestra ascensión.

No hace falta que miréis hacia la tumba ni hacia el temor. No tenéis por qué expresar temor de que las condiciones externas os venzan. Podéis darle la mano a vuestra poderosa Presencia YO SOY y alterar todas las condiciones externas en un grado u otro. Y si aún no estáis satisfechos con esas condiciones, podéis pedir a los poderes del cielo y decirles que deseáis lograr vuestra victoria.

PERSISTID EN INVOCAR AL CIELO

Quisiera recordaros la parábola del juez injusto que reveló el amado Jesús durante su misión en Palestina. Jesús contó la historia de una mujer que día tras día consultaba a un juez que no le concedía lo que pedía. Al cabo de un tiempo, el juez dijo: «Le haré justicia, no sea que, viniendo de continuo, me agote la paciencia».[7]

Por tanto, amados, os es posible persistir, persistir y persistir en invocar la presencia de un ser ascendido, hasta que ese ser, con compasión divina por sí mismo tanto como por vosotros, traiga la victoria de Dios que deseáis tener y que debéis tener por haber persistido en buscarla.

¿Os dais cuenta de que muchos Maestros Ascendidos caminaron entre vosotros y muchos de ellos hasta conocieron a algunos de vosotros cuando estuvieron encarnados en una época en la que también vivisteis? Bien, amados, ¿no creéis que ahora mismo os están apoyando? ¿No creéis que desearían veros ascender? ¿No creéis que su corazón esté algo conmovido?

¿Creéis que ahora que han conseguido su Victoria se van a sentar, según las ideas de los visionarios, a tocar el arpa con gran deleite, flotando sobre nubes rosa de resplandor divino, mientras sus hermanos y hermanas se afanan y trabajan bajo el engaño de un maya masivo?

Bien, amados, os digo que no es así. Ellos están interesados de una forma fundamental en cada uno de vosotros y en este bendito planeta, y están prestando un servicio incomparable. Vuestro amado Jesús continúa sirviendo a este planeta y es de hecho una potente fuerza en su redención y la redención de su gente. Vuestro amado Saint Germain continúa derramando su victoria consciente sobre la humanidad de la Tierra. Vuestro amado El Morya colma de atención a la humanidad con efusiones diarias de devoción a la voluntad de Dios por cada corriente de vida de esta Tierra.

Amados, ningún acto consciente de ningún individuo merece parte de esta atención colmada, pero la gran ley cósmica, a través de la misericordia de Dios, ha permitido que estos benditos maestros continúen persiguiendo a la humanidad como sabuesos del cielo. Vuestra victoria está cerca. Incluso está a la puerta.

¿Dónde está la puerta, amados?

La puerta es vuestra atención consciente sobre vuestra Presencia Divina YO SOY que está ante la puerta. Habéis escuchado las palabras: «He aquí, yo estoy a la puerta y llamo; si alguno oye mi voz y abre la puerta, entraré a él, y cenaré con él, y él conmigo»[8]. Amados, el Cristo vivo, el Cristo de vuestro ser, desea comulgar con vosotros para poder daros la plenitud de la vestidura sin costuras que él lleva, la vestidura de la victoria Crística, y él quiere concedérosla este año.

Bien, amados, quisiera que no miréis atrás a años pasados y digáis: «Bueno, en esos años Dios no me ha dado la victoria. ¿Por qué me la va a dar ahora?».

Amados, recordad que Dios tampoco nos dio la victoria a nosotros hasta que llegó la hora señalada. El tiempo debe cumplirse en su totalidad para cada uno de vosotros y debéis esperar a que llegue con paciencia y no con impaciencia, no con temor y temblando, amados, temiendo que Dios no os la dé.

Temed y temblad solo en lo que respecta a la gran ley de Dios, para que podáis comprender que debéis tener un santo asombro por la ley de Dios, porque ella es la fuente de vuestra victoria. La ley YO SOY de la vida es la fuente de vuestra victoria. No podéis lograrla si vivís según los conceptos humanos.

En el nombre del cielo, querida gente, ¿creéis que los eternos poderes del cielo son ridiculizados?

Los eternos poderes en los cielos no son ridiculizados. La sabiduría de Dios es perfección. La ciudad es en efecto cuadrangular. El vano razonamiento humano no puede mover las columnas de luz. La humanidad debe aceptar el regalo que Dios ha ofrecido. No puede rechazar la piedra angular principal de su ser y después pretender construir un templo de santidad y pureza para Dios.

Para lograr su victoria, los hombres deben desearla. Deben creer en ella. Deben servir con atención despierta y consciente, sabiendo con certeza que la Ley se cumplirá en ellos como se cumplió en todos los que les precedieron en el viaje de retorno al corazón de Dios. Recordaréis, amados, la frase: «Entonces estarán dos en el campo; el uno será tomado, y el otro será dejado. Dos mujeres estarán moliendo en un molino; la una será tomada, y la otra será dejada».[9]

Bien, amados, no todos los hombres logran el cielo en un instante dado. No todos los hombres ascienden juntos. Ojalá pudieran. Ojalá pudieran, Ojalá que nuestro servicio a este hermoso planeta pudiera terminar muy pronto. Eso nos gustaría.

Pero sabemos que el hombre, de acuerdo con su estado de evolución y desarrollo, necesita la admonición, necesita enseñanza, necesita algo de servicio y lucha, porque a través de ese servicio es capaz de entender la belleza de Dios. Jamás podría entender la belleza de Dios, jamás podría entender el amor de Dios, si simplemente se le dotara de ello.

Recordad, amados, la historia del amado Gautama, el Señor del Mundo, cuando estaba encarnado como Siddhartha Gautama. Recordad cómo su padre le ocultó la verdad sobre las condiciones del mundo. No se le permitía ver que existía la condición de la muerte. No se le permitía saber que existía la enfermedad. Su padre lo protegió y lo mantuvo dentro de los límites de los muros del palacio. Bien, amados, llegó el día en que él descubrió la verdad sobre las condiciones del mundo.

Por tanto, os daréis cuenta de cómo funciona la Gran Ley. Os daréis cuenta de cómo el Padre, con su gran poder y sabiduría, da a cada hombre el entendimiento de la realidad eterna y, al final, todos llegan a comprender por consiguiente la verdad de su ser.

NO CRITIQUÉIS A LOS DEMÁS

No debéis sentir temor por los demás, por los hombres de la Tierra. Solo debéis permitir que en vuestro mundo opere la diligencia, porque esta os traerá vuestra victoria. Os dais cuenta, amados, de que cuando con vuestro mundo de sentimientos tenéis dudas sobre si una corriente de vida ascenderá, cuando miráis a una querida corriente de vida que salió del corazón de Dios y os decís: «Tal como esta persona vive, no conseguirá su victoria», estaréis reteniendo a ese individuo y, al hacerlo, estaréis reteniéndoos a vosotros mismos en el logro de vuestra ascensión en la luz.

En vista de que siento una creciente presión por parte de los estudiantes que hay aquí y del cuerpo estudiantil en general de todo el mundo para que dé una mayor impartición de la enseñanza sagrada, me siento obligado a hablaros esta noche de una manera muy franca sobre esta ley.

Amados, muchas personas pierden en cada encarnación la oportunidad de ganarse su libertad eterna sencillamente porque critican a otras corrientes de vida. Y puesto que la Ley actúa y les devuelve aquello que dan, son incapaces de mantener la visión de la pureza de su ser por estar muy preocupados con la idea de que alguien más no va a lograr la victoria.

Amados, ¿no sería de lo más generoso, de lo más glorioso, de lo más maravilloso, que cada persona en este movimiento y en todo el mundo tuviera el pensamiento de que todo el mundo puede ascender junto? Al magnetizar un pensamiento tal, amados, proporcionaríais a vuestra corriente de vida un enorme empujón hacia vuestra victoria y ello no causaría ningún daño al mundo en absoluto. ¿Veis, amados, cómo actúa la gran ley?

El amor es una bendición optimista, alegre, radiante y maravillosa del corazón de Dios. El amor nunca falla. Aunque las lenguas puedan cesar, el amor nunca falla. Amados, el amor de Dios es la victoria de Dios. Y vosotros lograréis vuestra la victoria gracias a ese amor. ¿No sería lo más inteligente poner a un lado las armas de ingenio humano, las armas y defensas que protegen vuestra cambiante personalidad de las persecuciones e ideas de los hombres?

¡YO SOY VUESTRA VICTORIA!

Si reclutarais a vuestras energías y después las pusierais sobre el altar de vuestro ser y dijerais:

Dios amado, tú eres mi victoria.
Dios amados, tú me hiciste victorioso.
Dios amado, nací de tu llama.
Dios amado, formo parte de tu nombre.
Dios amado, tú has llevado a Moisés a través del mar Rojo.
Dios amado, tú has separado las aguas de la aflicción.
Dios amado, tú has dotado a Noé con la visión de construir
   el refugio del arca.
Dios amado, tú resucitaste al Cristo del monte de Betania.
Dios amado, tú tienes vida y nuestra vida eterna por siempre.
Tú eres mi destino.
Tengo mi ser en ti y ahora estoy completo.
Nadie puede quitarme mi victoria o mi sentimiento de victoria.
Porque soy, ahora y siempre, la completitud de tu Victoria
   manifestada en la Tierra.
YO SOY tu Victoria. YO SOY tu Victoria. YO SOY tu Victoria

Si entonáis esto todas las noches al quedaros dormidos y lo creéis con todo el corazón, [el Maestro entona:] *YO SOY tu Victoria. YO SOY tu Victoria. YO SOY tu Victoria. YO SOY tu Victoria. YO SOY tu Victoria,* amados, ¿qué creéis que hará esto con vuestros cuatro cuerpos inferiores? ¿Cómo puede manifestar una condición inferior a la perfección un cuerpo que ondula con los ritmos de las palabras *YO SOY* (que es Dios) *tu Victoria* (que es Dios)? ¿Cómo puede expresar vuestra mente una condición inferior a la perfección si vuestra mente está cargada con la idea *YO SOY tu Victoria?*

Queridos de la luz, ¡vuestra victoria es una realidad tangible! No es ningún producto de la imaginación humana. Es algo tan concreto, sólido y práctico como la vida misma, porque es vida y vosotros *sois* vida. ¡Oh amados, el engaño y la ilusión humana es algo tan terco, que parece que hace falta alguna fuerza de enorme poder para mover a los hombres a aceptar la presión de la realidad!

La realidad en nuestra esfera, amados, siempre está ante nosotros. En nuestra octava parece muy distinta, porque habéis llegado a aceptar la densidad de vuestra forma humana, y os decís: «Bueno, aquí estoy. Tengo mucho avoirdupois*»; o bien: «Aquí estoy. Estoy limitado o ilimitado en lo que respecta a mi sabiduría». Y muchas personas tienen la sensación de que poseen mucha más sabiduría de la que tienen. Sin embargo, muchas otras subestiman con mucho la sabiduría que Dios les dio. Muchas son casi como Salomón de antaño; poseen una gran inteligencia discernidora, pero no la usan. No la usan. *No* la usan.

Bien, amados, estoy aquí esta noche para cargar vuestro mundo con el uso de esa energía divina y todo el resplandor que los maestros ascendidos han derramado en todos los dictados de esta clase, en clases previas y enseñanzas anteriores de los maestros ascendidos, y a través del poder de la luz que os hizo nacer.

Creo, amados, que cuando empecéis a utilizar incluso una décima o una centésima parte de la enseñanza que os hemos entregado, veréis producirse un cambio tal en vuestro mundo, que no os conoceréis a vosotros mismos cuando al año siguiente lleguéis al mismo punto.

Amados, el momento está cerca y ahora es «cuando los muertos oirán la voz del Hijo de Dios; y los que la oyeren vivirán»[10]. Amados, ¿os dais cuenta de que el cumplimiento de esta profecía es inminente? ¿Os dais cuenta de que los que están muertos son los que son conscientes de la muerte como un requerimiento de la naturaleza y la ley? Estos no comprenden que el hombre, en su sentido divino, es mucho más inmortal que estas invaluables flores.

**avoirdupois:* peso de una persona; sistema de medida que utiliza como unidades libras y onzas.

Acepto esta estrella de la victoria[11] esta noche y YO SOY quien la carga con una conciencia de victoria procedente de nuestro planeta. YO SOY quien la carga con la iluminación Crística de los siete Santos Kumaras y YO SOY quien la carga con el poder de la Hermandad del Royal Teton.

OS DOY UNA SOLEMNE ADVERTENCIA

Ahora concluiré mi discurso. Pero pronuncio una muy solemne advertencia: Amados, estos cónclaves tienen como fin la perfección de los hombres. Todos los que vengan aquí deben recordar que Dios existe, y que Dios es su victoria.

Todos los que vengan aquí deben comprender que esa victoria es la mismísima sustancia a través de la cual se mueven. Todos los que vengan aquí deben estar agradecidos por nuestras palabras. Nadie debe esforzarse para ocuparse de sus asuntos humanos. Nadie debe desear que nuestras palabras terminen, porque nuestras palabras son vitalidad que provienen del corazón de Dios. Son palabras cargadas, cargadas con la radiación de Dios. Y cuanto más mantengamos esa acción, mayor será la bendición otorgada a vuestros cuatro cuerpos inferiores.

Bien, que la Ley actúe. Víctory continuará estando con quienes lo amen. Dios es amor. Y los que viven también deben ser amor. Dios es luz y los que viven también deben amar la luz. Deben amar la luz en sí mismos y en aquellos graduados de la escuela terrenal, los Maestros Ascendidos.

Podrán pensar, por vanidad humana, que no necesitan a los Maestros Ascendidos. Recuerden que la humanidad misma ha creado una jerarquía en la Tierra según el patrón del cielo. Recuerden que los reyes de antaño y los sumos sacerdotes de antaño fueron ordenados por el hombre y Dios a fin de gobernar y controlar los movimientos de pueblos, tribus y reinos, para mantener el orden en lo que, de otro modo, habría sido un caos, y para mantener la llama de la victoria en la humanidad.

En esto, querida gente, hay más realidad de lo que se sueña al observar meramente el paso de estas palabras. Que vuestra mente esté alerta para discernir el significado de lo que digo, porque la oportunidad del momento se da y ahora se cruza en vuestro camino.

¿Beberéis mi llama de la victoria?

¿Os beberéis el elixir de la vida? ¿O le daréis ese vaso a otro sin beber? Le elección es vuestra. Porque el libre albedrío siempre ha sido tanto el azote como la belleza de la existencia del hombre. Sin embargo, sin él la ley del amor no podría haberse cumplido ni haberle dado al hombre la gran gloria que este logra a través de su comprensión consciente de que forma parte de Dios. El hombre debe llegar a la comprensión y la inteligencia consciente de la Totalidad de Dios mediante su libre albedrío, sin que lo obligue ninguna fuerza, sino mediante la llama de la libertad, mediante la llama de la victoria, mediante la llama de la resurrección, mediante la llama de la pureza y mediante la llama de la ascensión.

Oh perlas de gran precio, levantaos y tomad vuestra hermosa ampolla de luz que rodea vuestra forma física, esta hermosa esfera, iridiscente y brillante. [La audiencia se levanta]. Pensad en vosotros mismos como si tuvierais un cuerpo redondo y hermoso como un sol, no un cuerpo estelar con dos manos y dos piernas extendidas, sino un cuerpo esférico de luz pura, un disco de luz que descendió de las alturas celestiales.

Pensad en vosotros mismos como si morarais en ese hermoso disco de luz, esa radiación solar, y sentid que el disco de luz asciende hacia el Gran Sol Central, como una disco solar radiante, dorado y brillante, que regresa al corazón de Dios para volver a cargarse con la radiación dorada del Gran Sol Central, con la radiación dorada de la victoria, con la llama rosa del amor.

Sabed que, al entrar en el corazón de Alfa y Omega en el Gran Sol Central, recibiréis consuelo de vuestro Dios Padre-Madre y reconoceréis que habéis logrado y alcanzado un estado de conciencia celestial, dicha eterna y la perla de gran precio.

En el nombre de la victoria cósmica, en el nombre de la victoria de Dios en todos, os doy las gracias humildemente, a todos, por esta oportunidad de hablarle a vuestro corazón.

Gracias y buenas noches.

31 de diciembre de 1962
The Dodge House
Ciudad de Washington
MLP

7

CÓMO ESCULPIR LA IMAGEN DE VUESTRA VICTORIA

Yo soy el que ha venido hoy con el optimismo de vuestra victoria eterna. Amados, nosotros salvamos la distancia entre vuestro mundo y el nuestro, pero entre vuestro corazón y el nuestro no hay espacio. Porque, junto con Dios, tenemos el sentimiento de que toda la vida está consagrada a una idea, la idea de perfección inmortal manifestándose en el corazón que late; y partir de la idea divina interior, una realización en el mundo de la forma, hasta que sea un esfuerzo constructivo en cuatro dimensiones.

Amados, llamo vuestra atención a la corona de laurel que llevo, la corona de laurel de la victoria, vuestra y mía. Quiero que sepáis que los hombres de antaño recibían este emblema como insignia de valor, que significaba que eran hombres de fama. Quiero que sepáis que Dios, que no hace acepción de personas, espera que cada individuo manifieste la corona de laurel de su propia victoria individualizada.

Por tanto, hoy vengo dedicado a la idea de transmitiros la importancia de las cosas pequeñas que podéis hacer y que os ayuden día a día a acumular un impulso de victoria. Quizá imaginéis que cuando ponéis los pies en el suelo al levantaros, eso sea un acto insignificante. Os diré, amados, que la forma en que lo hagáis puede determinar el optimismo de vuestros sentimientos a lo largo del día.

Si lo hacéis con presteza, con un sentimiento de optimismo, con un sentimiento de gratitud por el descanso de la noche anterior, con un sentimiento sobre lo que deseáis lograr ese día en concreto, estaréis conectándoos con las energías de la Madre Tierra y de vuestro poderoso Yo Divino. Y debido a la doble polaridad de vuestra existencia, el hecho de estar afianzados aquí, entre el mundo de la forma y el gran mundo ideal de la idea divina, manifestaréis la polaridad dual, la llama de arriba encontrándose con trascendencia con la llama de abajo, que late, mezclando la matriz de la conciencia en el hijo de Dios que asciende.

Esto, por tanto, se manifiesta en vuestro corazón que late. El sentimiento de victoria pulsa y se eleva, igual que el sol en los cielos desprende su primera luz, resplandece por el cielo hasta el cénit perfeto al mediodía y después se pone al oeste. Así, con el toque de los pies en el suelo, la conciencia humana busca una espiral ascendente de logro, no el simple logro de metas efímeras, sino las metas eternas cristalizadas en la forma y vivificadas con la calidez y el poder del Espíritu Santo en acción.

Ahora bien, amados, los pequeños actos que parecen tan insignificantes son los actos de los que sois responsables. Y os digo, damas y caballeros, que cuando estos están dirigidos hacia el cáliz del sentido cósmico, esos ínfimos actos marcan la diferencia en la balanza a favor del que llega a ser un ser ascendido y contra quienes aún siguen en sus pecados, como si dijéramos, en sus inequidades, en su falta de logro.

CONVERTÍOS EN COMPAÑEROS DE TRABAJO DEL ALTÍSIMO

Puesto que comprendo totalmente que deseáis superar todas las condiciones externas, quiero que sepáis que el poder de vuestra Presencia es lo que puede daros vuestra libertad. Pero vosotros, como mónada individual, debéis responder a la voz de vuestra Presencia y esforzaros por conseguir aquello que no puede hacerse solo con la idea divina.

Porque la idea divina necesita la respuesta de vuestra voluntad y vuestra disponibilidad de aceptar esa valiosa idea en la matriz de vuestra conciencia y vuestro ser. Entonces, con un período de gestación para la realización de la forma, el Divino Varón aparecerá —o el Cristo vivo en vosotros— el cual es vuestra victoria. Y esencialmente, por tanto, vosotros seréis la victoria de Dios.

¿Comprendéis amados, que Dios os creó y concibió en su propia perfección inmortal? Y cuando manifestáis la perfección que Dios es, realizáis la idea divina y hacéis que fructifique el plan divino, lo cual os convierte, en un sentido verdadero, en socios o compañeros de trabajo del Altísimo.

A través del entendimiento mutuo, a través del servicio conjunto, el hombre se identifica con su propia victoria. Esta victoria es lo que se ha manifestado en el corazón de todos los seres ascendidos, y esta victoria es lo que también ha de manifestarse en vosotros antes de que entréis a las filas de las huestes ascendidas de luz.

Ahora bien, me doy perfecta cuenta, damas y caballeros, de que algunos de vosotros aún no podéis concebiros como seres ascendidos; porque habéis pensado durante tanto tiempo en vosotros mismos como seres mortales, que parece difícil que podáis encajar en el patrón del cielo.

Sin embargo, creo que no pondríais objeción una vez que os acostumbrarais a ello, pues descubriríais que muchas de las cosas desagradables de la vida se desprenderían al ascender vosotros hacia nuestro resplandor. Descubriríais que mucho de lo que amáis en la vida se intensificaría, glorificaría, vivificaría, resucitaría y ascendería a un reino de existencia pleno.

CÓMO ESCULPIR VUESTRA OBRA DE ARTE

Quisiera señalar esta mañana a los estudiantes la importancia que tiene que aceptéis el amanecer de las primeras trazas de vuestra divinidad y victoria. Amados, cuando un escultor se pone a crear una estatua o una obra de arte a partir de su imagen mental, y ante él tiene el mármol puro [sin tallar], debéis recordar que los primeros golpes producen poco más que una imagen que, en sí misma, es prácticamente nada.

Los primeros golpes no parecen producir ninguna realidad, y solamente los últimos toques de la obra de arte reflejan el verdadero embellecimiento de la idea divina. Por tanto, tened presente que, a medida que la escultura va avanzando y el martillo y el cincel son guiados por la voluntad divina, hasta casi el último toque la estatua no habrá manifestado nada excepto lo que a la conciencia le parece una imagen absurda o una caricatura que en nada se parece a lo divino. Sin embargo, señalaría que se está acercando con firmeza a lo divino.

Amados, si consideráis este factor desde un punto de vista superior, os habréis revelado a vosotros mismos una ley muy grande; y quisiera extenderme aún más sobre esa ley para ayudaros con vuestra victoria. Amados, la imagen más cruda, una obra que acaba de comenzarse, por supuesto se distingue de otra que ha estado sometida a la influencia del cincel durante algún tiempo. Pero cuando se considera que los últimos toques se realizan deprisa, uno comprende que nadie está totalmente libre de los defectos de la imperfección. Y, por tanto, comprenderéis que es simplemente una cuestión de aplicar a una corriente de vida los toques finales.

Al considerar esto de una manera más completa, entenderéis que los que son casi perfectos necesitan unos pocos toques de cincel para llegar a manifestar la perfección, mientras que los que están más lejos de la perfección pudieran no parecerse a lo que es casi perfecto. ¿Comprendéis, amados, la comparación que os estoy pintando?

Por tanto, a ningún individuo le incumbe contemplar la caricatura de otro con críticas y condenación, porque esa siempre es la acción de lo humano, que obstaculiza al que la lleva a cabo más que al que es objeto de la conversación o la crítica. Quisiera que pusierais vuestra atención en ello, porque estas son cosas que os impiden expresar la victoria, y son las cualidades negativas que debéis evitar y de las que debéis desprenderos si deseáis escapar hacia las octavas superiores.

Ahora, damas y caballeros, quisiera señalaros que vosotros mismos con frecuencia tenéis en vuestra mano el cincel de vuestra atención, golpeado con el martillo de poder, guiado por vuestra voluntad espiritualizada para producir en vuestro ser esos refinamientos del carácter que anheláis y por los que os esforzáis.

Sin embargo, os señalaría que a veces tiene lugar cierta acción por la cual un golpe de cincel produce una circunstancia que el diseñador no tenía en mente. Así, es necesario volver a empezar para crear una forma distinta a partir del patrón original, que finalmente ha de hacerse fiel al diseño original. Esto significa, amados, que se hace necesario que los individuos que han dado algunos golpes equivocados en el desarrollo y refinamiento de su carácter retrocedan un poco.

Por tanto, todos los chelas necesitan paciencia en el logro de su victoria, y todos los chelas deben ser especialmente pacientes unos con otros si desean que la gran misericordia de la vida sea paciente con ellos. Con frecuencia las personas se preguntan por qué no realizan el progreso adecuado a pesar de que se han aplicado con intensidad.

Bien, dejad que os diga, amados, que a veces lo que produce la caída no es tanto lo que no habéis hecho como lo que *sí* habéis hecho. Porque las pequeñas cosas que parecen insignificantes son en realidad un obstáculo para vuestra victoria. Y si os deshacéis de esas condiciones, todo el impulso acumulado de vuestra corriente de vida que se os concedió en el principio desde el corazón de Dios podrá dejar su huella y realizar con rapidez una obra de perfección Divina en vuestro mundo, para mostrar vuestra victoria y hacer que merezcáis llevar la corona de laurel de logro espiritual.

¡ESTAD ALERTA PARA IMPLEMENTAR VUESTRA VICTORIA!

En nombre de la gran hueste ascendida, deseo expresar nuestra gratitud a los estudiantes por las potentes mareas de amor y luz que han emitido constantemente por y en nombre de la humanidad, dándonos así la capacidad de impulsar a las evoluciones de este planeta para acercarlas aún más al corazón de Dios y al grandioso diseño de la Gran Hermandad Blanca, mantenido de una forma tan maravillosa por el Gran Vigilante Silencioso.

Damas y caballeros, os imploro a que ahora soltéis los pesos que con tanta facilidad os acosan, y que reconozcáis la necesidad de vigilar, de estar despiertos, de estar alerta para ver las causas que os impulsarán hacia vuestra victoria. Anhelar no basta; debéis implementar vuestro anhelo con la acción correcta, y esa acción correcta debe estar sometida a la guía del Espíritu Santo.

El Espíritu Santo, amados, nunca se deja engañar por la acción externa de la mente humana o por lo sentimientos de la humanidad. El Espíritu Santo es en sí mismo un descendiente directo de la esencia de la conciencia de Dios y, por tanto, debe reconocerse como lo que es, el bendito vehículo de la expresión divina, un mensajero proveniente de la mismísima llama del corazón del Ser eterno, un embajador de buena voluntad que ayudará a cada individuo a inundarse de las ideas esenciales procedente de la mente de Dios y el centro de la victoria.

LA CORONA DE LAUREL DORADA DE LA VICTORIA

Quisiera destacar que en la gran llama de la victoria de Dios hay una corona de laurel dorada de victoria cósmica que nunca se entrega a ninguna persona; solo se le entrega a la Presencia Divina. Esta corona de laurel dorada de la victoria se le entrega a la Presencia Divina individualizada de cada cual cuando se ha producido una fusión total de la poderosa manifestación de Dios en el hombre con la poderosa Presencia de la vida, de modo que el hombre ha ascendido a su perfección.

Cuando se logra esto, la gran corona de la victoria y la corona de laurel dorada de logro cósmico se le concede a la Presencia Divina. Porque vuestra Presencia juega un papel importantísimo en vuestro logro, y esa Presencia Divina es la que merece toda la bendición por todas las manifestaciones de poder magnetizadas en vuestro mundo.

Damas y caballeros, no es vuestro yo humano quien os trae la libertad; es ese maravilloso protector de las ovejas, el Buen Pastor, que es vuestro Yo Divino, quien os ha añorado y os ha exaltado y levantado de la imperfección y de las vibraciones impías una y otra vez, y el que continuará haciéndolo hasta que os desprendáis de los últimos vestigios de creación humana y os presentéis como un hijo de Dios nacido de la llama pura.

Por tanto, [seréis] dignos, a través de la unión divina con vuestra Presencia Divina, de participar en la recepción de la corona de laurel dorada de vuestro logro cósmico procedente del corazón de Dios en el Gran Sol Central. Os habréis convertido en el hombre dorado en manifestación para la eterna era de oro de perfección viva. [Habréis logrado] la conciencia ascendida de aquellos que tienen confiados los secretos del universo, a quienes Dios puede impartir los secretos más íntimos de su corazón.

Esta, pues, es la meta. ¿Quién, pues, es digno de recibirla?

Os digo que la vida de arriba, que os ha magnetizado y atraído hacia el gran poder de la llama ascendida, es capaz. Vosotros, por tanto, debéis dar lealtad a ese Yo Divino y el sentimiento de victoria cósmica para que podáis recibir del corazón de vuestra Presencia el ímpetu de victoria Divina en vuestro mundo, y convertirlo en parte de vuestro ritual cotidiano del vivir.

Desarrollar un sentimiento de victoria y conservarlo representa de hecho una atribución de poder para cada corriente de vida; porque, en efecto, se infundirá en vuestros huesos un sentimiento de victoria hasta que reconozcáis que la victoria es manifiesta física, mental, emocional y espiritualmente mediante vuestro control Divino sobre toda circunstancia exterior, en que el alma de Dios en vosotros, el alma de la victoria, controla la forma exterior con absoluta pureza de significado, esencia y ser.

Damas y caballeros, en el nombre de vuestra victoria eterna procedente del Gran Sol Central, os saludo y os deseo buenas tardes.

10 de noviembre de 1963
The Dodge House
Ciudad de Washington
MLP

8

UNA DISPENSACIÓN DE LA LLAMA DE LA VICTORIA

¡Salve, humanidad de la Tierra! YO SOY el que ha venido de Venus, nuestra hermosa estrella, para hablaros de vuestra victoria; y al hablaros, toda la Gran Hermandad Blanca ha dispuesto que mi voz se oiga en el Retiro Gran Teton de manera simultánea a esta transmisión, aquí, en Beacon's Head. Comprenderéis, por tanto, que los momentos solemnes y los momentos gozosos conspiran para producir reuniones de la Hermandad por todo el planeta por la victoria de la Tierra y sus evoluciones.

Estoy seguro de que la humanidad ha sido diligente o, al menos, ha creído que era diligente, en muchos asuntos relacionados con el reino de Dios; pero, amados, quisiera dirigir vuestra atención al hecho de que el juicio humano siempre es relativo a la experiencia humana. Y, por tanto, creo que admitiréis (y si no lo admitís estoy seguro de que vuestro cuerpo mental superior lo hará) que el poder de la luz y la sabiduría de la luz supera al reino de la razón humana.

Y, por tanto, queremos deciros —no a causa del desánimo, sino para producir ánimos de gran esfuerzo— que los servicios prestados por la humanidad de la Tierra, incluyendo la gente espiritual de eras pasadas, han sido insuficientes para satisfacer las exigencias de la vida misma en el avance apresurado hacia la perfección.

Así, las fuerzas del mal y la discordia humana de hecho han crecido en el jardín de Dios, como las malas hierbas crecen en los jardines descuidados o relativamente descuidados. Y, por tanto, esta querida Tierra, que debería ser el jardín de Víctory, que debería ser como mi jardín, no es un jardín de victoria.

En muchos casos es un jardín de desesperanza, porque el hombre continúa siguiendo los mismos viejos patrones de imperfección, sin consideración por la maravillosa efusión de amor y luz que ha descendido de lo alto a este cuerpo planetario en la persona de innumerables avatares y seres benditos que lo han dado todo.

Esta noche soy consciente de un modo especial del magnífico servicio de vuestra Virgen María. Soy consciente de un modo especial del servicio de Santa Teresa de Jesús y soy consciente de un modo especial del servicio de Juana de Arco. Por tanto, queridos, veis que la humanidad ha recibido el servicio, en muchos casos, del rayo femenino, aunque los líderes masculinos sean con frecuencia más populares, quizá por tener un poco más de vivacidad y brío.

MANTENED LA VISIÓN DE VUESTRA PERFECCIÓN

Creo que la humanidad de hoy está llegando a una percepción más grande sobre lo razonable que es la reencarnación, y muchos entienden de una forma más amplia que la vida es un avance apresurado hacia la perfección. Queridos, hay algo muy desesperanzador en el concepto de tener solo una vida, en la que los individuos sienten que han cometido errores y que esos errores han sido muy grandes.

Cuando sienten que han cometido errores y sienten la avalancha de la edad en el sentido humano del continuo espacio-tiempo, a veces tienen la idea de que la vida se les ha ido. Y entonces creen que no hay necesidad de cambiar su forma de hacer las cosas (lo cual, de hecho, les hace el juego a los estrategas malvados). De hecho, no se sienten capaces de ello.

Queridos, no debéis creeros esa mentira. Entre vosotros tenéis un dicho: «Eres tan joven como te sientas». Bien, os señalaría que vuestra victoria yace en resucitar una visión espiritual de perfección proveniente de la mente de Dios y dejar que esa visión fluya por vuestra forma carnal, por vuestra mente, por vuestro mundo de los sentimientos, para afirmar su control Divino, lo cual os dará la victoria aquí y ahora, como siempre ha sucedido en los demás sistemas de mundos parecidos al vuestro.

Creo que muchos de vosotros sois conscientes de que, en el dilatado cosmos, la Tierra no es más que un puntito de luz. Por tanto, no tenéis ilusiones de que este planeta sea el eje del universo y admitís con exactitud que el Gran Sol Central es el centro de todo lo que ocurre en el cosmos. Entonces, queridos, reconoced el poder de la perfección de la mente de Dios e invocad esa perfección [amplificando] y reamplificando el poder de la luz en vuestra conciencia.

EL PODER DE LA INTENSIFICACIÓN

Quisiera dirigir vuestra atención al hecho de que uno puede poner una vela en el altar, encenderla y ver que esta produce la luz de una vela. Se puede poner otra vela a su lado para tener dos, y el poder del tres se puede agregar con facilidad.

Suponed, queridos, que pusierais una serie de velas en el espacio de un metro cuadrado de modo que toda el área estuviera llena de las llamas de las velas. ¿Comprendéis cómo un espacio de un metro cuadrado podría manifestar una luz mucho mayor si estuviera totalmente lleno de luz, más que si simplemente contuviera la llama de una sola vela?

Por tanto, el poder de la intensificación debe comprenderse. En efecto, vosotros podéis aumentar el poder y la victoria de vuestra luz con un esfuerzo concentrado de fe. Podría citar varios ejemplos de personas que se sentían relativamente inseguras en su vida debido a sus limitaciones, la cuales, de repente, se hicieron conscientes de la enorme oportunidad de la mente de Dios.

Entonces se desprendieron del yugo de la limitación humana y reconocieron el poder de la victoria cósmica. Eso supuso el encendido de muchas velas dentro del perímetro de su identidad, en contraste con la extinción de las ascuas de la llama que habían imaginado que tenían y que habían supuesto que se apagaban porque el aceite y la saturación de grasa en el pabilo se estaba acabando.

Queridos, estáis conectados a Dios y a su ilimitada energía. Jamás debéis sentir que estáis limitados debido a los conceptos humanos, porque estos en efecto se convierten en un peso que os retiene, como el poder de la gravedad, en una situación parecida a la tumba.

Vosotros lo llamáis anquilosamiento, pero os digo que es peor que el anquilosamiento; es una tumba viva. Porque ello significa poner las oportunidades de la vida que uno tiene en una mortaja de inseguridad, en una mortaja de degradación y en la tumba misma; y así, los hombres no se permiten tener la expresión divina total, que de otro modo tendrían en una sola encarnación.

UNO CON DIOS ES MAYORÍA

Habéis oído y habéis aceptado mentalmente la idea de que uno con Dios es mayoría. Pero, queridos, ¿lo habéis puesto en práctica o se trata simplemente de aceptar lo que suena totalmente razonable? Dejad que os diga, queridos, que hay una gran diferencia entre aceptar simplemente lo que es totalmente razonable y practicarlo saliendo a hacer la voluntad de Dios para ser un vencedor.

Tomo el ejemplo de vuestro querido Saint Germain, en su encarnación como Cristóbal Colón. Por supuesto, vosotros entendéis que en la corte de la reina Isabel había muchos opositores al apoyo que ella le dio. Y esta noche estoy particularmente interesado en que pongáis la atención en el hecho de que aquí, en esta sala, hay una persona que jamás os creeríais que estuvo encarnada físicamente.

Esta persona, en forma femenina, es la reencarnación de la reina Isabel. Ella misma no tiene idea ni es consciente del hecho, y desconoce totalmente el puesto y la autoridad que tuvo en aquel entonces. Está aquí, esta noche, porque Saint Germain nunca ha olvidado expresar gratitud hacia su corriente de vida por la ayuda que le dio en el descubrimiento de esta gran tierra que es América.

No revelaré quién es, para que no se eleve con orgullo humano y no sea tentada por los poderes de la oscuridad. Por tanto, pido que ninguno de vosotros especule sobre quién es, porque eso tiene mucha menos importancia que vuestro conocimiento sobre cómo la gratitud de Saint Germain, vuestro Saint Germain, ha llegado a esta corriente de vida. Saint Germain se ha asegurado de que fuera impulsada a esta actividad para recibir la enseñanza de la llama violeta y una gran ayuda de luz hacia su ascensión.[1]

ACUMULAD UN IMPULSO DE BUEN KARMA

Por tanto, queridos, ¿veis que cada acto y cada pensamiento correcto se registra en los registros de akasha? ¿Veis que la vida misma proporciona un ímpetu hacia la victoria para todos? ¿No es inteligente, por tanto, acumular un impulso de buen karma ante Dios y el hombre?

¿Acaso es inteligente escupir vuestro veneno humano no transmutado sobre una persona, simplemente porque no podéis contenerlo dentro de vosotros mismos? ¿Acaso es inteligente ser una persona llena de odio mordaz hacia otra parte de la vida?

Me parece que no, porque esas cosas obstaculizan vuestra victoria y hace que estéis sujetos a la gravedad durante un período de tiempo mucho más grande. El poder de la luz que os ayuda hacia la ascensión es la luz Crística de vuestro cuerpo mental superior, transferida al reino inferior del cuerpo físico para que toda la escoria y los ordinarios sentidos puedan purificarse con el poder de la luz.

Y cuando la sustancia abandona vuestro cuerpo, como humo, por la parte superior de la cabeza, el poder de la llama de la transmutación crea un estado de relativa pérdida de peso. Por ejemplo, una persona de cuarenta y cinco kilos podría observar que, si las sustancias de odio y creación de odio y el egoísmo humano se le eliminaran de los huesos, podría perder hasta cuatro kilos y medio en un día. Veis, por tanto, que estas condiciones en efecto mantienen al cuerpo en la Tierra. Estas son sustancias densas que necesitan purificarse para que tengáis vuestra libertad y logréis vuestra victoria.

Ahora bien, ¡espero que ninguno de vosotros sea tan tonto como para abalanzarse a una báscula para ver si su densidad ha aumentado o disminuido simplemente por lo que he dicho! Pero espero que comprendáis que, ante los ojos de Dios, puede grabarse en las octavas superiores un buen registro kármico, una marca para la victoria. Entonces, en un momento dado, podéis perder cierta cantidad de peso, hasta cuarenta y cinco o incluso hasta setenta kilos, hasta que peséis solo un kilo o medio kilo.

Entonces, cuando el gran poder del Espíritu Santo llegue gracias al poder de la luz para ponerse sobre vosotros como un poderoso imán, como hizo con el amado Jesús, vuestro cuerpo, en su estado de relativa ligereza, se elevará hacia la nube de luz que esperará recibiros. ¿Os dais cuenta, amados?

Y entonces, en esa nube de luz, podréis ser renovados por completo, y hasta las canas de la cabeza se renovarán recuperando el color que les corresponde. De hecho, queridos, si fuera necesario, en ese momento los mismísimos dientes de la boca crecerán, y cualquier enfermedad de vuestro cuerpo recuperará una perfección absoluta, una perfección que ni soñáis.

DECIDID CONSEGUIR LA VICTORIA

Recordaréis que, después de ascender, el amado Jesús se apareció a San Pablo por el camino y le dijo: «Dura cosa te es dar coces contra el aguijón».[2] Queridos, después de ascender el amado Jesús tuvo el poder de aparecerse a la humanidad, y aún tiene el poder de materializar su forma.

En las octavas superiores de luz, sin embargo, es mucho más cómodo moverse sin el cuerpo físico, o cuerpo carnal de la forma, como el que tenéis ahora. Por tanto, vuestro cuerpo electrónico de luz es el cuerpo cómodo que la humanidad desea tener. ¿No sería un regalo maravilloso, os pregunto, si ahora mismo vuestra forma física no tuviera peso y no sintierais la presión de huesos y sustancia en esa forma de carne, que a veces os hace sentiros un poco incómodos?

Quizá cuando os encontráis en nuestro resplandor vuestro cuerpo asume más las cualidades de la luz, siempre que estéis sintonizados adecuadamente. Pero estoy seguro de que no os contentáis con sentaros como estáis ahora, en un estado de inercia, dejando que nosotros hagamos las cosas en vuestro lugar. ¡Vosotros queréis la victoria! [La audiencia se levanta]. Estoy seguro de que así es y, por tanto, ¡os digo que no hay razón alguna bajo el cielo para que no la consigáis! Depende de vosotros, solo de vosotros, queridos.

El año pasado ha ascendido una cantidad innumerable de personas, y creo que en el próximo también habrá varias ascensiones. Por tanto, no hay motivo para que posterguéis la decisión que os dará la victoria; más vale que os decidáis ahora y no después. ¿Qué momento hay mejor que ahora mismo? ¿Por qué aplazarla, queridos?

¿Os dais cuenta de que cuando convocáis el poder de la luz para vuestra causa y decís a la luz: «Deseo ascender. Deseo obtener mi libertad tan pronto como sea posible», ponéis de hecho en movimiento una gran ley cósmica que os ayudará a conseguir la victoria? Bien, queridos, ¿veis lo importante que es que no demoréis más esta decisión? (Por favor, tomad asiento).

UNA DISPENSACIÓN DE LA LLAMA DE LA VICTORIA

Esta noche vengo aquí a daros un gran impulso acumulado de mi victoria. Por tanto, con una acción casi sin precedentes, he pedido a los siete Santos Kumaras que emitan su enorme llama de la victoria en esta sala para que tengáis a vuestra disposición su impulso acumulado al que podáis recurrir, tener y conservar durante veinticuatro horas, para que podáis tener la presión de su luz y amor como fortalecimiento de vuestra decisión.

Bien, queridos, ¿os gustaría saber la verdad sobre lo que ha ocurrido? Casi ha hecho falta una ley del Congreso, como diríais vosotros, para conseguirlo. Sin embargo, debido al anhelo que tienen los poderes de la luz de ver a más gente conseguir su libertad, hemos podido obtener esta concesión de los Señores de la Llama del planeta Venus.

Por consiguiente, ahora están enviando desde arriba unas poderosas corrientes de luz hacia el cuerpo planetario. [La luz] aún no ha llegado a la periferia de la atmósfera exterior de la Tierra, pero os diré cuando lo haga, para que podáis sintonizaros con eso y sentir la gran marea de sus llamas Divinas.

Queridos, os quiero decir que creo que el amado Jesús, el amado Saint Germain y el amado Maestro Morya os proporcionaron una mayor medida de perfección de lo que soñasteis cuando decidisteis asistir a esta clase. Y creo que también debéis admitir que [esta dispensación] no os la concedemos solo a vosotros; es algo que deseamos que todos en este cuerpo planetario tengan a su disposición cuando lean mis palabras o las escuchen por primera vez.

¿Veis, queridos? Hemos pedido a los Señores del Karma que pongan una carga en cada corriente de vida de cada persona de este planeta que pueda activarse o reactivarse, según sea el caso, en el momento específico en que lean esta enseñanza o la escuchen por primera vez. Tales personas podrán asumir la misma actitud comprensiva que vosotros, y la misma oportunidad puede concedérsele a todos para que reciban la ayuda del impulso acumulado de los siete Santos Kumaras y los Señores de la Llama Azul de Venus.

Ahora, queridos, los amados Señores de la Llama Azul han entrado en contacto con la atmósfera exterior de la Tierra y están iniciando su descenso hacia esta área. Quiero que sepáis que vienen con gran luz, con un destello casi meteórico.

El Cristo [Cósmico], el Señor Maitreya, y el amado Jesús han bajado los ojos en este momento. Han elevado las manos en santa oración y adoración a Dios por esta gloriosa efusión de amor y luz. Ahora, queridos, los Señores de la Llama Azul, los siete Santos Kumaras y cierto ser cósmico, que al principio no se reveló, se encuentran a treinta y cinco metros de este edificio y se van acercando. [Pausa].

¡Están aquí! [La audiencia levanta]. ¡Y como la luz de diez mil soles, hacen destellar su enorme resplandor y ayuda a este planeta para la conmemoración de la victoria de vuestro amado Jesús y de cada ascensión que jamás se haya producido por el poder de la luz!

Yo añado mi llama de la victoria, y ruego que todos vosotros aceptéis esta efusión de luz magnífica y maravillosa por todo lo que pueda significar, y lo que significará, para vuestra corriente de vida ¡si la aceptáis! Es una sustancia penetrante. Destella a través de vuestros mismísimos huesos. Posee la frescura del agua corriente y el vigor electrificante del elixir que Saint Germain administró a David Lloyd.[3] ¡Esta es una enorme ayuda de luz! ¡Es un enorme poder para toda vuestra corriente de vida!

Pensad con profundidad, por tanto, en la ráfaga de fuego sagrado, el regalo de estos amados seres. Sabed que todos los hijos de la luz del universo desean enviar su impulso acumulado de victoria cósmica a través de vuestro ser para que podáis ser representantes de Dios en la Tierra y detener la acción del karma humano y de la creación de karma.

Queridos, os digo ahora y siempre: aceptad vuestra victoria, amad vuestra victoria, sentid vuestra victoria, sed vuestra victoria, conoced vuestra victoria y declaradla diciendo:

*YO SOY mi victoria hecha realidad ahora mismo
mediante el poder del «tres por tres» y
mediante el poder del fuego sagrado,
por los siglos de los siglos.*

En el nombre de la Victoria Divina, que YO SOY, os doy las gracias y os deseo buenas noches.

18 de abril de 1965
Beacon's Head
Vienna (Virginia)
MLP

9

LA VICTORIA ES PARA LOS QUE SON LIBRES

¡Yo SOY quien ha venido! Me llamo Víctory y YO SOY quien está cargado de victoria; no solo de mi victoria, sino también de la victoria de la vida, la victoria de Dios Todopoderoso.

A este planeta, pues, lo veo como una joya de perfección inmortal, una diadema de grandeza; y siento la gran llama de la vida que pulsó en la mente de Dios cuando concibió esta santa esfera cargada de belleza, pureza, esencia luminosa, iridiscencia y todo lo que es perfección y atractivo cósmico.

¿Por qué debería mirar y contemplar todos los avances que los hombres han hecho en el estanque de la vanidad? ¿Por qué debería someterme a las vicisitudes e ideas erróneas de los hombres? No lo haré, y no espero que vosotros lo hagáis tampoco.

Oh, queridos de la luz, la vuestra es una búsqueda espiritual por la cual el gran haz de la victoria de vuestra mente penetra en las miasmas de la conciencia mortal y ve, a través del manto de la desgracia humana, el plan puro del futuro proyectado sobre la pantalla de la vida. Vuestra es [la decisión] de no someteros, de no apoyaros en una conciencia de ideas mortales, sino de mirar arriba, hacia la poderosa fuerza de las alturas.

Habéis oído la exclamación que sonó antaño: «Alzaré mis ojos a los montes; ¿de dónde vendrá mi socorro? Mi socorro viene del Señor, que hizo los cielos y la tierra»[1]. Bien, misericordiosos, dejad que os diga que, si habéis de ser flores en el jardín de mi corazón, deberá ser porque estáis dispuestos a brillar con la luz del sol y a ser un ser inmortal, aunque todavía estéis envueltos en la mortaja del sudario mortal.

La luz infalible de Dios, misericordiosos, no depende para su sustento de la humanidad y del esfuerzo humano. Se mueve con facilidad por el universo y lleva a cabo los propósitos puros de la vida. Vosotros, oh amados, estáis rodeados, es cierto, de todo tipo de pensamientos mortales y flechas de hostilidad, pero eso no tiene ningún poder sobre el alma inmortal ni sobre el plan divino original.

Por tanto, vuestra fortaleza, como la mía, está en la gran llama Divina. No podéis permitir vuestro hundimiento en esta lucha, sino que debéis liberaros siempre del sentimiento de lucha, como ha dicho vuestro amado Saint Germain, para mantener intacta en la mente de Cristo, la mente pura de Dios, la percepción y la comprensión de que la verdad es más fuerte que la ficción.

VENGO A GLORIFICAR A LA PERSONA DE LUZ QUE SOIS

Vosotros tenéis aquí un dicho que dice: «La verdad es más extraña que la ficción». Bien, yo os digo que la verdad es más fuerte que la ficción. Y os lo repito para que entre en los canales de vuestro corazón y sintáis el optimismo que YO SOY.

YO SOY el pleno optimismo de Dios. YO SOY la plena radiación de su victoria. YO SOY la plena conciencia del logro cósmico. Por tanto, tengo la pureza de la luz en mi ser. Y al acudir a vosotros esta noche, no es de ningún modo para glorificar mi persona, sino para glorificar la persona de luz que sois.

Porque la realidad de Dios es tan real, queridos, en un individuo no considerado digno de mención por la humanidad normal y corriente tanto como lo es cuando la mente de Dios destella para contemplar a alguien que el mundo aclama. Queridos, Dios Todopoderoso considera iguales a todos los hijos de su corazón, dispuestos y capaces de cumplir el destino del amado Hijo.

En su corazón y su mente Dios no tiene limitaciones para nadie, sin que importe quiénes puedan ser o lo que puedan haber hecho. Porque el error y el polvo humano no tienen poder sobre la mente mortal cuando esa mente mortal puede estrellarse contra el suelo como un recipiente roto y la llama pura del alma puede elevarse y ser la mente de Cristo en acción curativa.

La mente de Cristo en acción curativa debe invocarse. La humanidad debe estar dispuesta a invocar la mente de Dios y asumir las consecuencias. Cuando las personas no están dispuestas a invocar la mente de Dios porque desean ocultarse en los sombríos estanques de su propia pequeñez de espíritu, ello es una gran lástima, porque la humanidad solo hallará la liberación del sufrimiento mortal cuando se deshaga de la conciencia de lo mundano y conozca la llama pura del Espíritu.

MANTENED LA LUZ INTACTA EN VUESTRO SER

Y ahora, queridos, va a tener lugar una acción de luz fuera de lo común en esta sala. Al principio proyecté en la sala un rayo de luz desde lo alto y desde los Santos Kumaras en Venus, pero ahora he descendido y estoy aquí, irradiando mi amor y mi luz hacia aquellos estudiantes capaces de sentir y saber que YO SOY el poder de Dios para la salvación de quienes pueden mantener la resplandeciente victoria de la luz intacta en su ser.

Oh queridos, algunos no entienden ni lo que significan las palabras. Cuando digo *intacta*, me refiero a que ningún poder del cielo o de la tierra puede tener poder alguno sobre esa corriente de vida, sino solo el poder de su victoria.

Comprended que otras ideas se apoderan de la mente y entonces la victoria debe pasar a un segundo plano, y el individuo debe esperar hasta que esta se pueda manifestar. Pero cuando esas ideas asumen un segundo plano y la victoria pasa a un primer plano, entonces se produce una acción especial por la cual el individuo recibe una actividad acelerada que apresura su poder y victoria espiritual. (Por favor, tomad asiento).

LA HUMANIDAD TEME EL FUTURO

Ahora, pues, examinemos la situación mundial. En este momento, cuando millones de mentes están concentradas en la idea de un conflicto y del desorden mundial, cuando millones de mentes están decididas a que el temor, la sombra y la dominación están a punto de descender sobre ellas y solo buscan la protección de su esquinita de locura, esto produce un holocausto de división.

Entonces las almas de los hombres, antes que trabajar al unísono, operan de manera individual, disipando por completo el poder cósmico de la Madre Tierra, porque el hombre en efecto saquea los maravillosos tesoros espirituales que se le han concedido. ¿Creéis, queridos, que cuando una persona reza pidiendo a Dios la destrucción de otra persona, que esa oración produce la victoria para cualquier parte de la vida?

Sin embargo, veis que los hermanos de la sombra, a través de sus erróneas creaciones del pensamiento, proyectan discordia humana hacia las mentes de los hombres a través de las emanaciones del temor. Ellos hacen que las personas teman el futuro cuando ese futuro está asegurado dentro de su vitoria Divina individualizada.

Ninguna persona sobre el planeta puede sustituir a otra en lo que respecta a su responsabilidad kármica. Cuando una persona lleva a cabo un acto erróneo, ello debe caer como el martillo de la justicia ante sus pies y, en algunos casos, tal persona debe obligarse a hincar la rodilla para que pueda levantarse después.

Esta es la ley del ser, porque aquello que los hombres emitan hacia el universo, ya sea en ignorancia o con entendimiento, la Ley es imparcial cuando se trata de devolver esas corrientes. Y la humanidad sentirá y conocerá un día el mismo látigo que ella misma emplea.

Quienes utilizan las bienaventuranzas de amor y la pureza de los conceptos y la iluminación del Cristo no pueden más que sentir, cosechar y ser la plenitud de aquello que han emitido. Por tanto, el sendero hacia Dios, la elevación meteórica con esplendor, se logra mediante un sentimiento de victoria.

Cuando los hombres olviden los engaños que solo les han causado dolor y sufrimiento y sientan que todos los átomos de su ser son un reflejo de la Victoria Todopoderosa, ello producirá un cambio en la conciencia de tal persona. Esto es una ley irrevocable.

PONED VUESTRA FE Y CONFIANZA EN DIOS

De una forma u otra, las personas han dividido el pensamiento del mundo (y aquí me refiero al pensamiento religioso del mundo), creando clasificaciones, por lo cual las personas en el Sendero que buscan la vida clasifican y, por consiguiente, se someten a esas clasificaciones.

Si, por alguna razón, consideran que una cualidad religiosa en particular es anatema para sus padres o sus amigos, puede que no se dignen a poner atención en ella; puede que decidan seguir otro sendero o quizá no seguir ninguno. Esto, por tanto, impide de hecho que sean beneficiarias de la intención de Dios Todopoderoso.

Pero cuando un individuo está dispuesto a desprender de su conciencia cotidiana los importantes pensamientos que tiene sobre su propia grandeza como un excelente juez, y sencillamente pone su fe, su confianza y su mano en la mano de Dios Todopoderoso como lo haría un niño, tiene lugar en su mundo un hermoso flujo de magnetismo espiritual.

Y ello ocurre casi al instante, de modo que el sentimiento de victoria que quiero transmitir esta noche puede producirse como por arte de magia, a medida que las personas comienzan a sentir y a saber que son la victoria de la vida y no un reflejo de pensamiento y conciencia humana. El sentimiento debe ser dominado por la luz, porque el sentimiento con frecuencia es emoción inquieta, como un cazo hirviendo que, de algún modo, no logra el propósito para el que se lo puso a hervir.

Por tanto, os digo a todos: aquietaos y estad en paz. Aquietaos y sabed que YO SOY Dios. Aquietaos y sabed que sois Dios. Aquietaos y sabed que sois Victoria Divina. Aquietad las ideas humanas e incluso los ideales humanos que no están arraigados en la pureza de los conceptos divinos. Admitid en el gran campo energético de vuestro ser los latidos de mi victoria.

OS DOY UNA JOYA DE LUZ

Ahora, esta noche, estando aquí ante vosotros, dotado del poder espiritual de los siete Santos Kumaras, ansío conceder una parte de mi impulso acumulado a los que puedan reconocer en su corazón el significado de lo que estoy diciendo.

Aquietaos, por tanto, mientras penetro en vuestra conciencia con un rayo de victoria para impartiros una magnífica joya, que espero llevéis siempre en vuestro corazón como un recordatorio. Entonces, queridos, cuando sintáis propensión hacia la decrepitud humana, cuando sintáis propensión a dejar que la mente caiga y se dirija hacia los valles de la negación, podéis contemplar con ojos internos la brillante joya en forma de diamante que he puesto en el corazón de todos los que acepten mi amor esta noche.

Y viendo esa joya encarnar un rayo de victorioso esplendor cautivo destellando en su interior, podréis recordar esta noche en que os hablé y os insté a que aceptarais un rayo de mi victoria ahora y siempre.

ESCOGED UNA CUALIDAD PARA QUE LA ENCARNÉIS

La victoria es la cualidad que yo encarno. Es la cualidad que vosotros podéis encarnar, y en ello no hay profanación alguna. Porque lo bueno de Dios es que cuando un individuo desea encarnar una cualidad divina específica y amplificar esa cualidad (no para hacerla desfilar ante su prójimo, sino para bendecir y sanarlo con esa cualidad), tal individuo puede acumularla.

Entonces, tal como el dinero se deposita en el banco y el saldo continúa subiendo, las personas descubrirán que esa cualidad divina especifica se hará cada vez más evidente en su mundo. Así, un buen pensamiento, un pensamiento de servicio, un pensamiento de victoria, un pensamiento de pureza, puede lograr su propósito.

Y una a una, las personas pueden tomar un pensamiento y expandirlo en su mundo hasta que les llegue todo su significado desde el corazón de Dios, quien encarna todas las cualidades sagradas y es la plenitud de todas ellas.

Dejad que os diga que, en mi caso, yo elegí y escogí encarnar la cualidad de la victoria; y debido a que la cualidad de la victoria inundó mi ser, por el poder de esa única cualidad de amor y luz del corazón de Dios conseguí lograr mi Victoria, mi ascensión y mi libertad. Por tanto, no me hizo falta exteriorizar ninguna otra cualidad, porque en mi búsqueda de la victoria las encontré a todas.

Descubrí su realidad y las utilicé y empleé todas al obtener mi Victoria. Por tanto, para mí la poderosa bandera de la victoria cósmica es la cualidad más grande, más hermosa, más maravillosa de toda la vida, porque significa vuestra libertad.

Vuestro amado Saint Germain escogió otra cualidad. Él expresó la llama de la libertad y expandió esa llama tal como yo expandí la llama de la victoria. Vuestro amado Paolo Veronese, el amado Pablo el Veneciano, escogió expandir la llama de la libertad y el amor puro por la libertad.

Cada individuo puede elegir una llama. Y lo bueno de eso, queridos, es que no importa si elegís para vosotros una llama que ya hayamos honrado u otra. Porque el poder de la expansibilidad en la conciencia de Dios es tal que todos sus hijos e hijas pueden elegir y escoger por sí mismos una cualidad que deseen para que esta los ayude en el sendero hacia su victoria.

Por tanto, no me importa, queridos, si escogéis y elegís tomar una cualidad que no sea la victoria pura, porque todas os ayudarán a encontrar la victoria que buscáis. Y sé que, igual que tenéis el dicho: «No hay mal que por bien no venga», detrás de la apariencia de algo inferior a la victoria acecha un poquito de victoria.

Porque no existe la «no victoria», porque la victoria es vida y la vida es Dios, ¡y Dios es victoria! Por tanto, no se puede crear a un «no Dios». No se puede crear una «no victoria». Jamás se puede extinguir mi llama en el universo ni en vosotros.

«OYE, ISRAEL: EL SEÑOR NUESTRO DIOS, EL SEÑOR UNO ES»

Tanto si aceptáis mi llama, tanto si aceptáis el latido de esa llama, tanto si la comprendéis, tanto si la sentís expandiéndose hacia la atmósfera, tanto si sois conscientes de los ángeles de la victoria que traigo conmigo como si no lo sois, ello no tiene ninguna importancia; ninguna importancia en absoluto. Porque llegará el momento en que todas las partes de la vida del universo se verán obligadas por el poderoso avance de la vida misma a aceptar la llama de la victoria que YO SOY, a reconocer la llama de la victoria que YO SOY, a ser la llama de la victoria que YO SOY.

Por tanto, fundiremos nuestras llamas como una sola en el corazón de

Dios. «Oye, Israel: el Señor nuestro Dios, el Señor uno es».[2] Oíd, vosotros que podéis, todo lo que es real: el Señor nuestro, el Señor Uno es. Oye, humanidad de la Tierra, que los que quieran, hagan sonar los tambores de la disonancia y la discordia. Que elijan y escojan el ritmo débil* para que puedan quebrar los patrones de la pureza.

Lamentarán el día en que escogieron mal, y pagarán toda la pena y hasta el último cuadrante. Ningún alma que se haya puesto al arado, que haya olvidado y abandonado los caminos del mundo y los caminos de la «no victoria» para escoger practicar el sendero de la victoria, lamentará jamás el día. Porque la luz de Dios que nunca falla es la plenitud de la victoria de todo individuo que pueda sentir, saber y ser aquello que YO SOY, tanto ahora como por siempre.

NUESTRAS PALABRAS SON UNA ENTREGA DE FUEGO SAGRADO

Oh humanidad de la Tierra, las palabras que os estoy diciendo son más que simples palabras; son una entrega de esencia de fuego sagrado desde las alturas, desde nuestro planeta, Venus, y están cargadas con el amor santo de la amada Maestra Venus y del amado Sanat Kumara.

Oh queridos, mientras yo os hablo, la resplandeciente luz de Sanat Kumara se acerca mucho. Siento cómo el amado Anciano de Días decide pronunciar el poder del nombre sagrado de Dios, YO SOY, desde las alturas, para abrir una senda desde las estrellas hasta este foco, para ver [cómo tiene lugar] el magnífico logro, aquí, esta noche, en el templo de la llama autosustentada.

Bien, ahora debe desprenderse de las personas que han buscado su victoria desde hace mucho tiempo un estado recalcitrante, que no quiere ceder al poder de la luz y que no quiere ceder al poder de los llamados, al asir estas personas la llama de la victoria que yo entrego aquí esta noche. Es la plenitud de la luz de Dios que nunca falla.

Por tanto, la mano del amado Sanat Kumara tiene una antorcha destellante, que lleva el mismísimo fuego de la estrella de su ser sobre su frente. También estoy haciendo que la gran llama de la victoria sobre mi frente

---

*Ritmo débil (*offbeat rhythm* en inglés) se refiere al ritmo sincopado en música. (N. del T.)

se eleve hasta una altura tres veces mayor de lo normal. [Lo hago] para que los hombres puedan sentir en su mundo la enorme entrega de esa llama de la victoria y que puedan escoger así engrandecerla esta noche en un mundo que tan solemnemente necesita más sentimiento de victoria y menos sentimiento de derrota.

Oh queridos, es muy extraño que la humanidad deba sentirse continuamente cautivada por los sentidos y pensar que las realidades vivas y resplandecientes de Dios son simples productos de la imaginación. Pues os digo, queridos, que podríamos estallar de risa y podríamos reír incesantemente si esto no fuera un asunto tan serio. Porque es un asunto serio el que las personas que no entienden que la gran mortaja de ignorancia que les nubla la mente debe disiparse con la luz de la verdad trascendente.

NO DUDÉIS DE MI REALIDAD

Por tanto, esta noche os digo: Con alegría y felicidad, echad a un lado y descartad vuestra razón humana que os dice que yo no existo. Algunas personas tienen dudas sobre la realidad de mi ser, porque vienen de otras actividades religiosas y no están familiarizadas con mi nombre; no están familiarizadas con mi realidad.

No se lo reprocho, pero les aseguro que si me llaman durante los próximos siete días y aceptan que hay una gran posibilidad de que yo sea real, haré todos los intentos posibles para cruzar el valle que han creado en su conciencia y cubrir el abismo de sombra mediante la entrega de un logro específico que han anhelado por algún tiempo.

Lo haré como muestra de regeneración. Lo haré a fin de ayudar a que su fe suba como con alas de águila. Lo haré a fin de producir una armonía más grande en el mundo, al engrandecer las fronteras del reino de Dios. Esta es nuestra voluntad. Esta es la voluntad de Dios. Esta es la voluntad de la Gran Hermandad Blanca.

Este es el gran desafío de la vida. Esta es la purificación del mundo del hombre, porque el hombre ha hecho que su mundo sea muy embarrado. Y los colores impuros con los que muchos miembros de la humanidad se visten en la actualidad deben dar paso a los hermosos tonos pastel y el resplandor de los rayos iridiscentes.

El poder de la victoria en la vida debe hacerse más evidente físicamente para que la pureza de la luz y el ejemplo ante los jóvenes y los niños del mundo pueda ser algo manifiesto, no solo aquí, sino por doquier en el cuerpo planetario. Entonces los grandes logros científicos de nuestro amado planeta, Venus, se darán a conocer en la Tierra y el hombre entenderá cómo puede llevar a cabo una gran cirugía y servicios de luz mediante los rayos de luz espirituales.

El hombre entenderá que ya no necesita emplear las viejas técnicas, que serán abortadas por la entrada de logros nuevos y victoriosos en todos los ámbitos de la actividad humana, específicamente en el reino del Espíritu. Porque el hombre debe aprender que el Espíritu puede conquistar el polvo e inundar la luz de la ascensión para liberar a la humanidad ahora y por siempre.

EL REGISTRO DE LA ASCENSIÓN DE JESÚS

Esta noche os pido que pongáis la atención en una imagen del monte de Betania como una convocatoria de regeneración en pensamiento y sentimiento. He pedido al ángel del registro responsable de grabar la ascensión de vuestro amado Jesús que traiga a este campo energético esta noche ese registro para que sus energías de la ascensión se emitan en la atmósfera, aquí, para que podáis experimentar algo de la acción del reino interior que os ayude a lograr vuestra ascensión.[3]

Por tanto, mientras se preparan para reproducir este registro a través de nuestro mecanismo de grabación cósmico, quisiera que pasarais por el gran drama y ritual de la ascensión en la luz de Jesús. Por tanto, poneos de pie con la percepción de que, con la rectitud de corazón, la humanidad puede asimilar la rectitud de espíritu. [La audiencia se pone de pie].

Dios es recto. Y cuando los hombres ascienden, lo hacen porque han desechado las viejas vestiduras sucias de pensamiento mortal y las han transformado, mediante el poder del fuego sagrado, en la gran victoria de la vida. La vida fluye por sus átomos y, por consiguiente, su forma carnal siente cómo los poderosos rayos luminosos de Dios le quitan el viejo, cansado y agotado estado de conciencia de su ser, haciendo que el tinte rosado del alba de victoria espiritual fluya por la sangre y la transforme en luz líquida dorada.

Entonces el poderoso fuego del corazón, al surgir de su cáliz, se hincha con la luz dorada de la victoria. Esta hermosa luz dorada se derrama por las manos, y los rayos luminosos son dirigidos hacia abajo, hacia la Tierra, para soltar el agarre de la gravedad. La hermosa conciencia Crística se eleva desde el suelo, primero un centímetro y medio, luego dos y medio, después treinta centímetros, después un metro, luego dos, después tres y medio y así sucesivamente, hasta que la gran nube de luz espiritual, la sustancia de las alturas, la joya de fuego sagrado del corazón de Dios, el carro de fuego que levantó a Elías, desciende y se lleva a esa ser Crístico victorioso, haciéndolo desparecer de la vista física.

Cuando esto le sucedió a vuestro amado Jesús, él dijo: «He aquí yo estoy con vosotros todos los días, hasta el fin de la era».[4] Y así, los ángeles descendieron y dijeron: «Este mismo Jesús, que ha sido tomado de vosotros al cielo, así vendrá como le habéis visto ir al cielo»;[5] y la victoria de la luz produjo esta perfección. Él ha descendido muchas veces desde entonces y ha manifestado su bella presencia luminosa a la humanidad en muchas partes del mundo, y la profecía se ha cumplido y se cumplirá una y otra y otra vez.

Y un día, a medida que cada uno de vosotros se gane la victoria de su ascensión como él, conoceréis, como él, el lazo de la hermandad espiritual.

Comprenderéis el toque sanador de su mano.
Comprenderéis el poder de la hueste de luz.
Comprenderéis el poder que arremete
y es vuestra victoria, ¡la tuya y la tuya!
Cada cual debe alcanzar la realidad de la vida.
Cada cual debe poner fin a la lucha mortal.
Cada cual debe purificarse
y ser la esencia, la vida, el amor de la victoria.

VUESTRA VICTORIA ES MI VICTORIA

Vuestra victoria, pues, es mi victoria. Cuando cada uno de vosotros logre la victoria de la vida, llegaréis a ser como yo. Y yo soy como vosotros sois en realidad ahora. Porque, queridos, quizá penséis que ahora sois inferiores a la perfección. No. Yo digo que la imagen de Dios Todopoderoso, con la que él os vio cuando surgisteis de la pura esencia de fuego blanco, el núcleo de fuego blanco de la vida, aún es la misma hoy, ayer y por siempre.

Es la vestidura inmutable que jamás necesitáis cambiar. Es la radiación inmutable que no deseáis cambiar y de la que no queréis separaros. Es la gran realidad y verdad de la vida que pone fin para cada corriente de vida a toda la lucha y el sentimiento de lucha. Es la bendición de la vida, cuando los hombres comienzan a experimentar un nuevo nacimiento en octavas superiores y siguen hasta que se convierten en ilustres en la mente de Dios.

Lo que hay aquí en la tierra no es más que un principio, un tierno principio. Todo lo que aquí hay de dolor, sufrimiento y aflicción no es más que el fin de la mortalidad que destella, para que mañana la belleza y la pureza de la página nueva, el nuevo comienzo, pueda conocerse. Entonces, cuando empecéis a vivir en la conciencia del trono de poder y la victoria sobre vosotros mismos, conoceréis el significado de las palabras que nosotros hicimos que estuvieran en los templos de antaño, la antigua inscripción: «Hombre, conócete a ti mismo».

Esta noche os digo a través del poder de Serapis, que ha hecho destellar su conciencia y está a mi lado sobre este estrado, que dentro de los próximos diez años acontecerá el poder de la acción de la ascensión para tres individuos de esta sala. No quiero que lo tengáis flotando sobre vosotros como una especulación; por tanto, he ampliado el alcance de mis palabras para que no sepáis lo que quiero decir.

Pero las corrientes de la ascensión suben en espiral desde el templo de la llama autosustentada y vosotros podéis bañaros en esta radiación y liberaros como yo soy libre. Seréis libres, como todos serán libres y como todos estaremos juntos en nuestra gran victoria que ha de llegar:

La victoria que no puede negarse,
la victoria que no puede censurarse,
la victoria que será, que es ahora y que ha de llegar.
Hombre, conócete a ti mismo.
Hombre, sabe que somos uno solo.
Hombre, sabe que Dios es manifestación,

que la manifestación, cuando se la entiende
y acepta correctamente, es Dios,
que Dios es Victoria,
que la acción simultánea de la libertad
está instituida aquí, como lo está en todas partes,
para que muchas almas ahora cautivas puedan ser libres,
para que la luz de Dios y su fortaleza
puedan convertirse en la luz de los hombres.
No esperéis mucho y veréis,
porque la victoria es para los fuertes
tal como es para los libres

Os doy las gracias y me despido, *adieu*.

13 de junio de 1965
Los Ángeles (California)
MLP

10

CONVERTÍOS EN MAESTROS DE VOSOTROS MISMOS

¿Has visto las Pléyades?
¿Has visto las ligaduras de Orión?
¿Has contemplado el fuego de la creación?
¡Entonces has visto la Victoria! Poderoso es el fuego de la creación tocado por la mano de Dios, y cada Tierra repica su nota de belleza en la orquestación de nuestro Padre, vuestro Dios y mi Dios.

¡YO SOY Víctory y la victoria os pertenece a vosotros! YO SOY el siervo de la humanidad en el nombre de Dios. Deseo serviros [ayudándoos] a obtener la invaluable herencia que Dios ha reservado a los que lo aman lo suficiente para ganar la pelea contra las fuerzas de la oposición. Estas fuerzas desean arrancarles sus alas de luz, que Dios dio a todos para que todos puedan elevarse.

¡Aquietaos y conoced vuestra Presencia YO SOY! Aquietaos y conoced la gran Fuente, porque el Reloj Cósmico no se estropeará. El gran poder vital de la ley universal continuará la ronda creativa. Y los que abandonen el lugar santo que Dios les ha reservado —el lugar de singularidad sagrada que es el lazo de unión entre el hombre y toda la creación— no serán más que estrellas errantes, para quienes están reservadas eternamente la oscuridad de las tinieblas.[1]

La luz de Dios no falla. Y si los hombres deciden negar la posibilidad de su propia libertad y victoria, es el hombre quien camina hacia las tinieblas. Y yo lo declaro: No se llevarán consigo a Dios, porque el Señor habita en la luz, y el lugar secreto del Altísimo es el lugar de luz. Y el alma del hombre debe ser un palacio de luz que centellea con una miríada de magníficas estrellas de conciencia.

LAS MAGNÍFICAS REALIDADES DE LA VIDA

Recordaréis cómo, en el enigma del Apocalipsis, el libro del Apocalipsis de Juan el Amado, los seres angélicos con frecuencia se comparan con poderosas estrellas.[2] Dejad que os hable de la estrella que es el foco de vuestra Presencia Divina en vosotros. Dejad que os hable de vuestra poderosa llama trina, que a algunos de vosotros les puede parecer como un lugar lejano en el mapa del ser.

Oh queridos, cuando las realidades de la vida, las grandes realidades, son interpretadas por el alma cuando esta asciende a la fuente de sabiduría divina y obtiene las claves sagradas, las revelaciones que recibiréis sobre vosotros mismos —y os digo esto a todos— son tan magníficas como para obligarlos a volver la mirada al frente, pues ya no desearéis mirar las cosas anteriores.

Las cosas anteriores habrán pasado y todas las cosas serán una alegría siempre nueva, cuando el rostro de la victoria se vuelve hacia vosotros y os hacéis conscientes de los poderosos propósitos de la creación dentro de la fuente de luz en vuestra mente, la fuente de iluminación que, mediante el poder transformador del Espíritu Santo, convierte la mente finita en la mente de Dios y convierte la mente mortal en la mente de Cristo.

DIOS CELEBRA LA INDEPENDENCIA DEL HOMBRE

¿Os dais cuenta, queridos, de que el día de hoy, por todo el país, cuando los hombres disparan sus cohetes y hacen explotar varios artefactos para celebrar el Cuatro de Julio, la independencia de la nación estadounidense, que Dios mismo también practica la celebración de la independencia del hombre de todas las formas de tiranía que él mismo se ha creado?

Porque fue un acto de Dios en los primeros días de esta nación estadounidense lo que intercedió por los hombres y mujeres pisoteados de los trece estados soberanos e hizo que tuvieran la resistencia, el valor y la voluntad de lograr la victoria. Debéis comprender, queridos, que el poder de Dios entró en el corazón de esos hombres para formular su valor creciente ante una tiranía arraigada y un gran poder temporal.

Debéis comprender que entre el corazón de las personas que habitaban en los distintos estados de esa bendita unión existía un lazo de unión. Debéis comprender que hoy, con el paso del tiempo y la lejanía de los eventos históricos en la mente del hombre actual, gran parte de la gloria y el poder y gran parte de la lucha y el triunfo se han ignorado.

Por tanto, los jóvenes de hoy día, y siento decirlo, aun algunos de los más maduros, han perdido de vista por desgracia las luchas que fueron necesarias para lograr la victoria para la nación de los Estados Unidos. Debéis comprender, pues, que la lucha espiritual, que tiene tanta valía cósmica, debe continuar, que las grandes decisiones no deben convertirse en un pensamiento cristalizado, sino en una acción cósmica vigorizada.

Debéis aceptar que grandes seres cósmicos y poderosos maestros de sabiduría bajaron al planeta y, en algunos casos, hablaron directamente a través de las voces de los hombres de la época, y reforzaron su valor moviendo directamente sus labios para decir las palabras de Dios y de la libertad.

SOIS CHISPAS DE LIBERTAD

De forma parecida, en esta época y en todas las épocas, siempre existe un punto de contacto entre las octavas superiores y el planeta, de otro modo la Luz se apagaría, de otro modo llegaría la Oscuridad, de otro modo las vanidades de los hombres extinguirían la llama hasta tal punto en que no habría oxígeno para alimentarla y asegurar que tuviera una existencia continuada.

La llama hoy en día necesita ser avivada por parte de muchos hijos de la libertad. Sois chispas de libertad que Dios quiere que operen no solo en el reino sociopolítico, sino también en el reino espiritual. [En el reino espiritual] especialmente podéis ayudar a vivificar a los hijos de la Tierra que han perdido el camino. Podéis enseñarles el sendero que conduce a las mansiones de luz, que están arriba, siempre arriba.

Debéis comprender la atracción de las actividades sin sentido, que en esta época actual están provocando que la humanidad se desanime y están multiplicado los terrores de las tinieblas. Debéis comprender cómo se generan esas cosas, como os dijo el Anciano de las Montañas,[3] con una reacción de los poderes de la oscuridad que atacan a las fuerzas espirituales de luz, las cuales desean regenerar a la humanidad y traer la era de oro.

Las fuerzas y los poderes de la sombra, que operan detrás de las formas carnal de las personas engañándolas en la mente y las emociones, han creado hoy un Gargantúa comercial que amenaza con envolver a todo el planeta con una fuerza opuesta y contradictoria a los países socialistas y comunistas del mundo a fin de producir directamente la destrucción de la sociedad mundial.

No les importa, amados hermanos y hermanas mías, si destruyen la Tierra. No les importa si crean caos. No les importa si el Espíritu de Cristo se está forjando en la actualidad o si el gran carpintero de Nazaret puede construir y reconstruir un nuevo mundo. No, ellos prefieren un desastre, que significaría la total destrucción de toda la vida planetaria.

Ellos se regocijarían en la destrucción de la humanidad. Porque quiero que recordéis que, si pudieran destruir la vida que ahora tenéis en este planeta y hacer que la humanidad viviera en otros reinos fuera del cuerpo en el estado desnudo de su alma, por así decirlo, se produciría en efecto un crujir de dientes. Porque no quedarían suficientes individuos en el planeta para asegurar la reencarnación de la humanidad, y muchos tendrían que esperar siglos enteros en los bastidores del gran escenario de la vida hasta que la Tierra pudiera reconstruirse de manera gradual.

Además, si su actividad se volviera ultradestructiva, es posible que convirtieran a la Tierra en un lugar totalmente inhabitable por tantas generaciones, que sería necesario que nosotros transfiriéramos las oleadas de vida de este planeta a otro hogar donde se comenzara de nuevo la ardua tarea de dominar la vida como la conocéis, desde la era del hombre prehistórico hasta el presente.

LA VIDA ES MUY VALIOSA

Mirad bien, pues, vuestra victoria. Mirad bien, pues, vuestra vida. Os podrá parecer que no sois más que una luciérnaga revoloteando por el estanque de la vida, y podréis decir: «Pero en unos pocos años yo mismo ya no estaré es esta encarnación».

Dejad que os diga, queridos, que *¡la vida es muy valiosa!* Dejad que os diga, queridos, que la acumulación de oportunidades es la suma total de vuestra vida. Dejad que os diga que, si vierais la actividad que acompañó vuestro nacimiento a niveles internos, vuestro día natal, comprenderíais que una conspiración* universal para la manifestación de cada uno de vosotros hizo que aparecierais en este reino. Ello hizo que reunierais la sustancia de encarnaciones anteriores, lo concentrarais todo en los registros de akasha y lo conectarais con vuestros cuatro cuerpos inferiores con el fin de poder trasladaros aquí, sacar provecho de las oportunidades cósmicas y comprender la necesidad de meteros en la plenitud del propósito cósmico para cumplir el plan divino, el propósito de vuestro Padre Absoluto.

Sabio, pues, es quien entiende la necesidad de perpetuar y conservar la vida allá donde sea posible, tanto como sea posible, porque cada vida individual es sagrada. Sagrada es la oportunidad que os hizo nacer; sagrada es la oportunidad que os da la oportunidad de conseguir vuestra victoria.

NECESITAIS VUESTRA FORMA DE CARNE

Debéis comprender, pues, que a vosotros corresponde reforzar el gran poder de la vida dentro de la forma. Porque la vida dentro de la forma tiene propósito; la vida dentro de la forma tiene propósito divino. Aunque es cierto que la vida tiene el fin de ser una oportunidad como escuela, mediante la cual podéis dominar la experiencia de aquí para lograr vuestra victoria hacia reinos superiores (donde no necesitaréis este cuerpo de carne, sino uno nuevo de luz), hasta que no hayáis conseguido vuestra perfección, os aseguro que tenéis necesidad de una forma de carne.

Por tanto, no os toméis a la ligera la posibilidad de descartar la forma que Dios y los elementales han construido con tanto cuidado y con tanta belleza. Debéis comprender que vuestro cuerpo, que es el templo de Dios,

---

conspiración: un esfuerzo conjunto hacia un fin en concreto.

alberga un alma inmortal que ha de convertirse en un ser ilustre de luz como lo es vuestro Maestro Morya. Por tanto, si entendéis correctamente vuestro destino, apreciaréis el propósito cósmico para vosotros individualmente.

Oh, qué traicionero es el pensamiento (y os aseguro que esto lo enseñamos en nuestras escuelas de Venus) que roba el inmortal derecho de nacimiento del hombre y hace que este se sienta menospreciado. El menosprecio es una de las fuerzas más horribles, espantosas y traicioneras que la perversa conciencia de los hijos de la oscuridad jamás ha generado en el universo.

Quisiera señalaros, pues, que no debéis intentar nunca menospreciar a ninguna persona de este planeta, sino intentar en cambio elevar a la humanidad, porque así hacéis el trabajo de los maestros venusinos y así hacéis del trabajo del Señor Cristo. El trabajo de elevar a la humanidad es perpetuo, y la ayuda que llega a través de vosotros día y noche es un trabajo de magnitud que abarca la eternidad de Dios.

VUESTRA FINALIDAD ES SER LA PLENITUD DE DIOS

Debéis aceptar que sois compañeros de trabajo de los poderes de la luz y siervos conjuntos, porque así se quiso que fuera. Debéis aceptar que sois hijos del amor cósmico, porque así se quiso que fuera. Debéis aceptar que vuestro destino es lograr la maestría absoluta sobre el yo y el poder de caminar por la Tierra como un Dios forjado a imagen de Dios, ¡pues así se quiso que fuera!

Debéis aceptar que vuestra finalidad era que fuerais la plenitud de todo lo que Dios es. Y si eso pareciera algo tan elevado que no pudierais imaginaros a vosotros mismos en ese rol, entonces llamadme y yo os daré mi impulso acumulado de victoria que vence al mundo y todos sus pensamientos de menosprecio y pequeñez; sus pensamientos de limitación, que parecen estrujaros en el molde de las cualidades finitas.

¡YO SOY Víctory! ¡Y os digo que vuestra victoria está cerca!

[La audiencia se pone de pie].

YO SOY Víctory y os digo que los poderes de la luz y los consejos cósmicos están decididos a que la humanidad escape de las horrorosas trampas echadas para robarle algunos de sus poderes, que les pertenecen por derecho: el poder de escapar de todas las trampas echadas en generaciones pasadas, independientemente de si ellos mismos estuvieron involucrados kármicamente; el poder de escapar al gran Templo de la Misericordia y comprender que Kuan Yin se sienta ahí, en este mismo momento, y medita sobre cómo pudiera atraer hacia sí a las almas de los hombres.

Ella las enviaría al mundo como hijos e hijas suyas para crear la cualidad de la misericordia y sustentar esa cualidad en la vida, hasta que toda la crueldad se le arrancara al hombre, transmutada de su conciencia, ¡y él fuera libre! (Por favor, tomad asiento).

EL ESPÍRITU DEL TRIUNFO

Oh, misericordiosos, ¡qué hermoso es el espíritu del triunfo! Los [poderes de la luz] son los que han triunfado. Ellos son los que han triunfado. ¡Ellos son los que han triunfado!

¿Sobre qué han triunfado?

El pensamiento mortal, la densidad mortal, el aumento y la acumulación de años de siembras erróneas. Si esto es cierto, no damos ningún poder a la oposición. Pero debéis aceptarlo; debéis reconocer la oposición dirigiéndoos hacia nosotros cada vez que haya un golpe contra vosotros.

Si os aferráis a nosotros, si nos dais la mano, si entráis en nuestra conciencia, si hay unidad entre nosotros, ¡no creo que ningún poder del cielo o la tierra pueda separaros del amor de Dios!

Pero debéis comprender que cada frase positiva debe reforzarse con el poder de la acción en vuestro mundo. Debéis comprender que no basta con pronunciar una frase por vuestra victoria. Debéis aceptar esa frase y creer en ella, actuar de acuerdo con ella y estar atados y unidos a ella.

Esto, queridos, es una de las razones por las que, a lo largo de los siglos, e incluso tan solo hace veinte o cuarenta años, hubo varios dictados desde nuestro reino y nuestra octava prometiendo la victoria para la humanidad y dándole ciertos derechos inalienables. Esos derechos en efecto se han concedido, pero no se han reclamado.

Quiero que sepáis, queridos, que hemos hechos nuestras promesas y hemos cumplido cada una de ellas, pero siempre ha habido y siempre habrá una doble obligación en todas las promesas. Nosotros no podemos hacer promesas sin que la humanidad no ascendida cumpla ciertas condiciones.

Ciertamente no pensaréis que tengamos la obligación de prometeros nuestro apoyo y nuestra ayuda para que luego os deis la vuelta y actuéis en vuestro nivel para recibir esa ayuda, ¿verdad? Ciertamente no esperaréis que os demos nuestra energía y nuestro amor y después [estemos obligados] a moveros las manos para que lo recibáis.

VUESTRA RESPONSABILIDAD CONSISTE EN DOMINAROS A VOSOTROS MISMOS

Tenéis una responsabilidad determinada. La falta de percepción que tiene la humanidad sobre esto ha sido y aún es la expectativa de que nosotros realicemos por ella todos los actos que se le asignaron para que los llevara a cabo por sí misma mediante *volens, volens, volens;* ¡voluntad, voluntad, voluntad!

Dentro de vosotros debe generarse la voluntad para obtener fortaleza, fortaleza, fortaleza y poder, poder, poder, hasta que os convirtáis en maestros de vosotros mismos antes que dejar que las condiciones externas os dominen. ¡[Esas condiciones] os harán esclavos y os mantendrán así si no tenéis cuidado!

Habéis oído decir que los padres asustaban a sus hijos diciendo: «¡El hombre malo te llevará si no tienes cuidado!». Bien, hoy quiero deciros que eso es más o menos cierto, pero los hombres malos están en la conciencia del hombre y han de ser vencidos y expulsados de ella ¡por el inmortal poder de la victoria!

Enseñad a vuestros hijos a que la ley de Dios les exige servir con prontitud, a comprender como hizo Samuel de antaño que cuando Dios habla, el hombre debe responder.[4] En el hombre reside el contundente poder de la ley universal, pero no actúa a menos que este lo llame a la acción.

Dios ha implantado cierto segmento de sí mismo en vosotros, una semilla de voluntad espiritual. Y todas las cualidades de Dios están dentro de vosotros, aunque no os deis cuenta de ello. Eso pasa desapercibido y es irreconocible mientras miráis vuestras debilidades y decís: «Esto soy yo».

¡Vosotros no sois eso! ¡Eso no forma parte de vosotros! ¡Y hoy os digo que, si no os deshacéis de esos conceptos, os colocaréis en el reino del deterioro y la estratificación! Y los hombres os clasificarán y dirán: «Este es ese tipo de persona». Y así será. Y os echarán en un molde y será verdad, porque vosotros no habréis hecho nada para salir de ese molde.

Por tanto, debido a que queda poco tiempo y el poder de la luz lo exige y la gran ley cósmica lo requiere, tenemos la esperanza de encontrar en esta audiencia y en el cuerpo estudiantil a individuos receptivos que tengan fe en mis afirmaciones que escuchen y lean estas palabras. Porque provengo de una gran evolución de seres cósmicos y del reino de Venus, donde los siete Santos Kumaras habitan, y sé de lo que hablo. Sé de lo que hablo. *¡Sé de lo que hablo!*

EL DESTELLO DE LA COLA DE POLVO CÓSMICO DE UN COMETA

El gran consejo de Darjeeling, el Consejo del Royal Teton y todos los consejos de la Gran Hermandad Blanca, incluyendo el poderoso Consejo de las Pléyades, han decidido que la Tierra reciba el destello de la cola de polvo cósmico de un cometa, como si dijéramos, lo cual activará entre la humanidad algunos de los principios divinos, que ella entonces expondrá para que sean redimidos.

Los que no los redimen descubrirán que el poder actuará a la inversa y que, de un modo u otro, se dirigirán hacia el otro lado. Será casi como un poder reactivo. Pero estamos decididos a entregarlo porque es necesario, porque queda poco tiempo para que la época de la era de oro sea producida por los que tienen la sabiduría de crearla. Y *debemos* despertar a los hombres de su letargo y hacerlos conscientes de la necesidad de establecer su victoria dentro sí mismos como un foco de vida inmortal que nosotros podemos usar, ¡y que podemos usarlo rápidamente!

[La audiencia se pone de pie].

No podéis saber, os es imposible saber la energía que los Maestros Ascendidos han gastado a lo largo de los siglos. Y os digo que os es imposible saber la energía que vuestro Saint Germain ha gastado en esta clase, aunque él no habló en el programa, a fin de generar en vuestros benditos corazones algunos de los maravillosos impulsos acumulados de libertad que él tiene y que vosotros necesitáis y que la Ley exige que guardéis.

Os digo, pues, en el nombre de Dios Todopoderoso, que no dejéis que pase esta clase sin llegar a una resolución dentro de vosotros mismos ¡que no pueda quebrantarse! Y observad la palabra *resolución*. Esta palabra significa volver a solucionar vuestros problemas. ¡Significa vencer las condiciones que produjeron infelicidad en vuestro mundo! Significa decidir que vuestra búsqueda de la vida y la felicidad dará algún fruto en el árbol de la vida, así como en el árbol de la libertad.

Los hombres quieren libertad; quieren libertad y la desean y ordenan que aparezca. Pero yo os digo que una de las cosas más importantes que debéis hacer es aceptar la responsabilidad que tenéis hacia la libertad ¡y procurar que esa libertad esté sintonizada con la acción vibratoria de la vida! ¡Porque la vida es Dios y Dios es ley y Dios es amor!

Oigo a la gente decir: «Tenemos paciencia», cuando no la tienen. Oigo a la gente decir: «Somos hijos y estudiantes de la luz», cuando tienen poca luz y la luz que tienen no es más que oscuridad.

Ha pasado el tiempo en que los hombres pueden seguir engañándose año tras año. Este es un año de victoria gracias al poder del amor divino. Y más vale que os deshagáis de todas las condiciones que afectan a vuestro mundo, a vuestra salud, a vuestra mente y a vuestro estatus en la vida si queréis obtener la victoria. De lo contrario, lo primero que sabréis es que la arena del reloj se habrá acabado y nosotros no tendremos a nadie que nos represente, a nadie que lleve nuestra antorcha, a nadie que guíe a la humanidad que, al habitar en un mundo oscurecido de abominación y desolación, considerará que la vida no merece la pena vivirse.

ESTA ES LA HORA DE LA DECISIÓN

Os digo, pues, que esta es la hora de la decisión. Esta es la hora de esforzarse, no de esforzarse por las pequeñas cosas mortales que no ofrecen nada a vuestra alma, sino el esfuerzo por la eternidad. Si hoy fuerais capaces de ver las Pléyades con todo su brillo y gloria, de ver los grandes templos de la Hermandad en Shambala, de entrar en la acción vibratoria de Dios en los lugares secretos y sagrados de la Tierra donde jamás habéis estado, os digo que os latiría el corazón de alegría y orgullo por la creación.

No habría murmullos contra Dios Todopoderoso ni el Príncipe de la Paz, sino solo la actitud humilde y receptiva que diría:

> *Oh, Dios mío, déjame vivir.*
> *Oh, Dios mío, déjame dar.*
> *Oh, Dios mío, déjame esforzarme.*
> *Oh, Dios mío, estoy vivo*

¿No veis, queridos, lo que significa vuestra victoria?

Vuestra victoria lo significa todo para vosotros. ¡Vuestra victoria es vuestra vida! Es el plan divino cumplido por todos los siglos de esfuerzo. Todo ser angélico se ha afanado por esto. Todos se han esforzado hasta que las mismísimas cuerdas que conectan las octavas superiores están tirantes y tensas con la esperanza de gloria. El alborozo cósmico fluye por esa gran red, pero la respuesta es pequeña.

Dejadme ver un cambio en vosotros. Dejadme ver un cambio en vosotros. Dejad que Dios vea un cambio en vosotros; él os creó. Dejad que Saint Germain vea un cambio en vosotros; él os sustenta. Dejad que Jesús vea un cambio en vosotros. Él lo dio todo para que la humanidad tenga sus enseñanzas y [el ejemplo de] su vida.

Os digo que ha llegado el día en que debéis aceptar que Dios ha retumbado como desde las alturas del monte Horeb y ha retumbado en medio de vosotros. Podréis oír un gran trueno repicar, y yo os digo que es el poderoso trueno del apocalipsis. Es la aparición de los Cuatro Jinetes. Y os digo que debéis manifestar vuestra victoria ahora o vuestra victoria desaparecerá durante eras enteras, eras que irán pasando y pasando.

¡He hablado y Dios ha hablado a través de mí! Ello es el reflejo de la solemnidad del consejo. Sin embargo, en nosotros hay alegría y júbilo, pues tenemos la esperanza de que en vosotros haya valía.

Dios os bendiga. Dios os sustente. Dios os ame. Afirmad vuestra independencia, pues vuestra Presencia YO SOY es vuestra independencia. Depended de ella y dejad que ella dependa de vosotros. En esta relación mutua aparecerá tal alegría que barrerá la Tierra, y entonces esta actividad florecerá como un vehículo e instrumento de Dios que se absorberá al final como una potente actividad de luz en la Gran Hermanda Blanca, que la hizo nacer con esperanza, con alegría, con valía, con júbilo.

Os doy las gracias; y digo: mi nombre es Víctory.

4 de julio de 1966
La Tourelle
Colorado Springs (Colorado)
MLP

11

LA CIENCIA DE LA VIDA

Paz, amados. ¿Hay sitio en la cámara de vuestro corazón para mí? ¿Sois receptivos a vuestra propia conciencia de victoria dirigida por Dios? ¿Late en vuestro corazón el ritmo del esfuerzo resoluto, la consagración y la reconsagración?

YO SOY el que ha venido esta noche para alimentar la llama de la victoria en vuestro ser, para consagrar vuestro esfuerzo hacia la vista iluminada por el Cristo. Paz, pues, benditos, cuyas luchas para comprender son legión. Soltad la lucha por comprender y aprended la ciencia de la vida, la ciencia que entiende la Ley [y es capaz] simplemente de ser.

Simplemente sed. Sentid el amor de la conciencia del Creador en corrientes descendentes de plenitud cósmica. En líneas generales, el misterio de la regeneración Crística se le ha escapado a la era, pero aún permanece y es alimentado en el corazón de unos comparativamente pocos que entienden el significado de devoción al máximo, devoción a un propósito que no cede ni un centímetro de terreno al Adversario del propósito infinito.

Sentido de la medida es la palabra, la esencia vital a la que se refiere la Hermandad que captura la mente y el sentimiento del hombre y hace que este vea y sepa que es un hijo de Dios, destinado a heredar la Tierra debido a su humildad en la lucha.

El poder victorioso de Dios crece y adquiere un latido activo cuando lo humano cesa de luchar. Y entonces lo Divino toma poder y la fibra de la voluntad de Dios llena la forma mortal y eleva los rincones de la mente hasta que las cuatro esquinas son exaltadas. Ya no existe un sentimiento de lucha, ¡sino un sentimiento de victoria!

Esta es la conciencia del Maestro Jesús, tanto hoy como durante su ministerio de servicio a la Tierra en Galilea. Su demostración de amor cósmico no empezó con la aparición de la estrella en Oriente, sino que fue una promesa cumplida hacía mucho, llegando a fructificar en la época de David. Como declaró el salmista: «Porque no dejarás mi alma en el infierno, ni permitirás que tu Santo vea corrupción».[1]

¿Qué significa esto para el hombre? Los hombres temen la muerte, pero antes de nacer, ¿dónde estaban? ¿Dónde estaban una hora antes de nacer?

La forma física en el vientre de la madre, estremeciéndose con las energías del corazón de ella, no late según los ritmos divinos de la conciencia del individuo hasta la entrada del santo aliento proveniente del corazón de Dios. Entonces comienza pneuma*, y la vida late adentro. Y la llama de Dios en la conciencia individual es arrojada al viento, que toma y lleva esa llama entre los hombres, allá donde el individuo desee ir.

EL MISTERIO DE LA ENTREGA

Cuando se logra una vida consagrada y en la conciencia nace la entrega, uno ya no desea dirigir el flujo de las energías de la vida. Uno se hace consciente de que la voluntad de Dios desde el principio ha hecho inherente en la conciencia de cada corriente de vida un destino y un patrón a cumplir.

Por tanto, la conciencia de Dios ordena que los que obedecen los propósitos de la vida y los propósitos de la victoria entiendan el ritmo del Ser Divino. Ellos entenderán que se trata del poder del Sol detrás del sol, el noble esfuerzo de Dios que exhalará y se manifestará como ese patrón a los que se entreguen a la voluntad de Dios.

Ellos entenderán que el cese de la lucha, cuando la conciencia se entrega

---
pneuma: alma, espíritu.

a Dios y a ningún otro espíritu o conciencia, es una actividad determinada de la luz que llena al alma con la conciencia de la victoria Divina. Victoria Divina, victoria Divina, victoria *Divina*, tiene un significado distinto al del individuo que declara a la humanidad: «He ganado la carrera».

¿Qué es este espíritu, pues, que actúa en el hombre? ¿Es el espíritu del que desea afirma su poder sobre su prójimo? O acaso sea el poder de Dios activo en aquel que conoce el camino, cada paso, y decide tomar al «hijo niño» de la mano y guiarlo, no para mantenerlo confinado a la condición de niño o al estado de conciencia en el que depende de Dios, sino para empujarlo a que salga del nido de la conciencia divina como un pájaro crecido, ya no un polluelo, preparado para volar con alas de victoria infinita hacia el cielo santo del propósito cósmico.

DIOS NO COMETE TORPEZAS

Los hombres no comprenden qué es el propósito; no comprenden el significado de la vida; ni siquiera comprenden el significado de sí mismos. Guiñan un ojo y se preguntan por qué la vida no les obedece; y son del todo conscientes del hecho de que han cometido torpezas una y otra vez, aunque las personas a veces se dicen unas a otras: «No debes pensar que te has equivocado, porque eso es un pensamiento negativo».

Bien, queridos, si eso es así, lo que el hombre debe comprender es que Dios no comete torpezas. Por tanto, el hombre debe aprender a descifrar los engramas de las formas de pensamiento y la conciencia que Dios tiene por y para él como individuo, de modo que el hombre pueda exteriorizar la vida que fue su destino inmortal desde el principio, que es su destino inmortal ahora y que en días futuros será la plenitud de la vida llena de propósito que Dios tiene para cada cual.

A menos que hombres y mujeres estén preparados para entregarse, no hay esperanza para ellos, excepto una ronda detrás de otra de conciencia mortal. Y la lucha y el extravío continúan. Y creo que, si me perdonáis la expresión, ¡continúan los rebuznos en vez de las oraciones!

Hay un momento para sonreír, y podéis sonreírle al yo que una vez fuisteis. Podéis comprender que no hace falta que seáis como fuisteis, como hizo Balaam, hijo de Beor, que fue reprendido por el asno mudo hablando con voz de hombre.[2]

LA VOLUNTAD DE DIOS ES SUPREMA

Comprended, pues, que la voluntad de Dios es suprema. Si Jonás lo hubiera comprendido, no habría permanecido en el vientre de la ballena y el gran pez no se habría preparado a tragárselo. He utilizado este término, ballena, debido a que estáis familiarizados con él y en efecto no quise dar a entender que a Jonás se lo tragara una ballena, sino un gran pez, que «el Señor tenía preparado para que lo tragase».[3]

Comprended, pues, que lo que tengo pensado para vosotros es algo más grande que eso. Es el proceso de iniciación, que hoy mismo se mencionó en el discurso de Santa Amatista, quien, como algunos de vosotros sabéis, fue el ángel consolador que se apareció al Cristo en el huerto de Getsemaní y lo ayudó cuando tuvo «sudor como grandes gotas de sangre».[4]

¿Cuántos de vosotros habéis sudado grandes gotas de sangre en la lucha por comprender, en la lucha por rezar, en la lucha por decretar, en la lucha por estudiar para presentaros ante Dios aprobados? ¿Cuántos de vosotros, en la actualidad, os habéis encontrado en un estado de conciencia que os haya hecho aceptar que debéis hacer un esfuerzo mayor de lo normal?

Ahora bien, no os confundáis. ¿Por qué digo por un lado que debéis dejar de luchar y por otro que debéis esforzaros?

Os lo digo porque debéis tener fe en vuestra victoria. Y la fe generada en vosotros os inspirará a hacer las cosas que sabéis son voluntad de Dios y a saber con plena fe que Dios os está dirigiendo aun cuando no veis sus manos.

De esta fe le habló Jesús a Tomás cuando dijo con mucha claridad: «Porque me has visto, Tomás, creíste; bienaventurados los que no vieron, y creyeron».[5] Reflexionad sobre este misterio en vuestro corazón, benditos, y entended esta noche que, mientras me dirijo a vosotros, también proyecto mi conciencia hacia la gran sala dorada de los registros en la montaña Grand Teton de la cordillera Teton.[6]

UNA REUNIÓN EN EL GRAN TETON

Allí, esta noche, hay un solemne cónclave, una reunión tal vez, pero no por casualidad, pues se convocó mediante un decreto especial. Y, benditos, esa reunión que ahora mismo está teniendo lugar tiene la finalidad de producir ciertos planes para hacer una concesión al hombre y a los jóvenes del mundo.

[Estos planes expondrían] un conocimiento sobre los problemas de esta época y el poder que tiene la verdadera religión para liberar al hombre de su sentimiento sobre las obligaciones mortales de modo que pueda absorber la idea de sus responsabilidades espirituales. ¿Entendéis lo que quiero decir?

Si las personas lucharan por su logro espiritual como lo hacen por el pan mortal y por un estatus ante los hombres, lograrían la victoria bien pronto.

LAS PRUEBAS DE CRISTO EN EL DESIERTO

Ahora llegamos a los cuarenta días en el desierto. Cuando el Cristo tuvo hambre tras cuarenta días de ayuno, el Malvado se le acercó y dijo: «Di que estas piedras se conviertan en pan» y «Échate de aquí abajo; porque escrito está: A sus ángeles mandará acerca de ti… para que no tropieces con tu pie en piedra».[7]

Y la Palabra respondió con resonante denuncia, sin lucha, con una frase simple y directa, porque el Cristo no tenía ningún sentimiento de lucha ni el deseo de enfrentarse al Malvado. No se resistió al mal con un ataque despiadado. Permaneció dentro del formato de la Palabra sagrada y pronunció la Palabra con firmeza y con los labios tensos y firmes mientras habló desde la llama Divina de su corazón y dijo: «Vete de mí, Satanás, porque escrito está: Al Señor tu Dios adorarás, y a él solo servirás».[8]

¡Creísteis que yo he dicho eso! ¡Pero ha sido el Maestro Jesús quien os ha irradiado esas palabras para que podáis escuchar la acción vibratoria de la firmeza con la que habló! La intención era que vosotros lo imitarais, tal como lo hemos hecho y hemos obtenido nuestra victoria emulando a todos los avatares y a todos los Hijos.

Porque a todos a los que Dios ha amado suficientemente y todos los que han amado a Dios suficientemente han ascendido, como hizo Elías en un carro de fuego, de vuelta al corazón de Dios. ¿Acaso no son todos ellos, pues, hombres dignos? ¿Dignos, es decir, como hombres espirituales?

«LLEGARON DOS ÁNGELES A SODOMA»

Y qué hay de los ángeles que llegaron a la casa de Lot y entraron en ella mientras los hijos de Sodoma «rodearon la casa».[9] ¿Y qué hay de los seres que, mediante el poder espiritual, provocaron la ceguera en los [hombres de Sodoma] y sacaron a Lot de la perversa Sodoma?

Lo llevaron a lo alto, fuera de peligro, mientras la Palabra de esas grandes Presencias Maestras que salieron del Consejo Kármico para emitir juicio en el nombre de Dios a las ciudades de la llanura, Sodoma y Gomorra, encendieron la sustancia atómica de la atmósfera. ¿Qué hay de ellos?

Ellos eran manifestaciones del Uno, como lo eran los caballeros que antaño fueron a Abraham y le dijeron las palabras de la promesa diciendo: «Sara tu mujer te dará a luz un hijo, y llamarás su nombre Isaac». Y Sara se rio al lado de la tienda. Y el Señor le habló con la voz del Maestro y dijo: «¿Por qué se ha reído Sara diciendo: ¿Será cierto que he de dar a luz?».[10]

Y ella dijo: «No me reí». Y él dijo: «No es así, sino que te has reído. Y así será»[11] Y así fue. Y nació el hijo de la promesa. Pero ¿qué pensamientos llenaron el corazón de Abraham cuando lo enviaron al altar a que ofreciera a Dios ese hijo de la promesa?

¿Qué hay de ese momento? ¿Qué pensó cuando levantó la daga apuntada al hijo de su corazón? Estuvo listo y dispuesto a obedecer. Pero ¿Dios lo ha exigido? ¿Lo exigió Dios? Os digo que no.

Y así, el sacrificio de la identidad que hacen los hombres, el sacrificio del reino sobre sí mismos que hacen los hombres, consagrándose a Dios y a su voluntad, no es en absoluto un acto de desolación o de muerte. Es un acto de consagración a la vida y a los propósitos de la vida.

Dios devolverá las riendas de la vida al individuo que haya demostrado una voluntad de lograr la victoria, que haya madurado lo suficiente en conciencia para merecer sostener las riendas. Es un acto de misericordia el que Dios mismo esté preparado y dispuesto a ayudar a cada corriente de vida a lograr su victoria, que acepte la dulce entrega de su alma y se regocije por su consagración y devoción a los propósitos de Dios.

Queridos, debéis comprender lo verdadero que es todo esto y qué irreal es el sentimiento de lucha proclamado por muchos de los que se adhieren a las distintas creencias religiosas del mundo, que no entienden las enseñanzas y los principios de la fe que quieren promulgar. No comprenden el significado de la reconciliación vicaria.

No comprenden el significado de la fe. No comprenden el significado de la consagración. No comprenden, pero sus oraciones se elevan y los sentimientos de lo Divino toca su corazón. Tienen dentro un hambre del alma y anhelan entender y saber más.

Pero están bien preparados para reprender al hijo de carne que está sintonizado con las cadencias del espíritu, porque el individuo que dirige hacia ellos la palabra de verdad no defiende los principios de la fe que a ellos les enseñaron desde el regazo de su madre.

Pero ¿qué hay de la Madre Cósmica? ¿Qué hay de la verdad eterna? ¿Qué hay del fruto del Espíritu? ¿Qué hay de la vida inmortal?

Ellos no reconocen, pues, que la verdad santa no siempre se puede percibir con facilidad a través de las aperturas de las manifestaciones de la vida. No comprenden que detrás de la apariencia del mundo hay un mundo invisible de promesa cósmica, y la vida que hay detrás del velo es más real y trascendente que toda la vida que hay aquí, del lado mortal del velo.

ACUMULAD UN SENTIMIENTO DE VICTORIA

Esta noche, sin embargo, he dicho lo suficiente sobre ese tema y estoy interesado en hacer que acumuléis un sentimiento de victoria, independientemente de si es por aceptar mi llama de la victoria, por aceptar la llama de la victoria de Jesucristo, por aceptar la llama de cualquier maestro en cualquier parte o por una comprensión directa por vuestra parte de la llama de la victoria proveniente del corazón de vuestra Presencia YO SOY.

A nosotros no nos interesa un sentimiento de lucha sobre doctrinas y principios. Tan solo queremos iluminaros y crear un concepto de belleza en vuestro corazón que os dé la capacidad de entender la verdad superior. Si deseáis aferraros a un principio o una idea en particular que hayáis tenido durante muchos años y decidís no renunciar a ella ni saber que hay mayores revelaciones que hacer, eso está bien.

Si podéis ascender y lograr la victoria con el conocimiento que tenéis y la llama que ahora arde en vuestro corazón, el cielo no está aquí para aterrorizaros ni amenazar aquello que deseáis mantener cerca. Solo deseamos expandir las dimensiones de vuestra conciencia, porque por lo que podemos ver en vuestro registro de la vida, creemos que necesitáis el sentimiento cósmico de victoria de los avatares de Dios y los benditos instructores de la Gran Hermandad Blanca.

Nosotros creemos que necesitáis la llama que os ofrecemos esta noche. [La audiencia se pone de pie]. Creemos que la necesitáis y que ella proporcionará un ímpetu añadido al hambre de vuestra alma y os ayudará a encontrar el camino hacia el eterno imán del corazón de Dios y el amor que ese imán genera. (Por favor, tomad asiento).

UNA BOLA DORADA DE VICTORIA

Benditos, esta noche defendisteis vuestra victoria cuando os pusisteis de pie. ¿Os dais cuenta, pues, de que, aunque hubo cierta mímica de movimiento cuando las personas siguieron a otras que se pusieron de pie, con ese movimiento emulado vuestro Santo Ser Crístico consintió lo que estoy diciendo?

Por tanto, la ley cósmica me permite (in absentia, como si dijéramos, porque vosotros no lo habéis votado) daros una bola dorada de victoria. Y he pedido que las grandes prensas del cielo se enciendan y que se emita [para cada cual] una bola dorada de victoria. Y deseo dárosla esta noche.

No tengo la intención de que la recibáis durante este servicio. Deseo que la recibáis en la soledad del sueño; por tanto, he pedido que un ángel del registro acuda esta noche a quienes tienen la fe de comprender que digo la verdad, y que pueden tener la esperanza de recibir durante la noche, dentro del campo energético de su identidad, una bola dorada magnética cargada con la acción vibratoria de mi victoria.

Os doy este regalo esta noche porque habéis hecho el esfuerzo de venir aquí y por vuestra fe al quedaros habéis demostrado que está teniendo lugar una actividad de luz y consagración cósmica. Porque la invencible llama de honor cósmico de Dios quiere que el hombre no vegete ni se quede para cristalizarse, como hizo la mujer de Lot, sino que encuentre su libertad, no a través del renacimiento, sino a través de la consagración aquí y ahora al propósito que late en su corazón.

Comprended, pues, que la llama de la victoria que yo blando es una ofrenda tangible. Comprended, pues, que la llama de la victoria que YO SOY es un esfuerzo consagrado por toda la humanidad de la Tierra. No es una exigua e insignificante manifestación de la conciencia de alguien. No es una actividad de este mensajero; no una actividad de la que él sea capaz.

Es una actividad de la que ningún hombre es capaz, a menos que se encuentre en el estado ascendido. Y es una actividad que debería hacer que apretarais los puños y dijerais: «*Estoy decidido a ganarme la victoria, con la ayuda de Dios*».

Esta es una súplica ante la abogacía de justicia infinita que oyen los Señores del Karma, que se sientan no tanto a juzgar, sino más bien a proporcionar el ímpetu de oportunidad para todos.

MANTENER EN SUSPENSO

¿Os puedo decir esta noche lo que sería un pequeño misterio para la persona normal y corriente? Esto no lo sabéis y, por tanto, deseo proclamarlo. El sistema de generar karma en este planeta para la mayoría de las corrientes de vida encarnadas aquí es tan grande, que consideramos necesario solicitar ante el Consejo Kármico una y otra vez una circunstancia a la que llamamos «mantener en suspenso».

Por consiguiente, los karmas individuales se mantienen en suspenso constantemente y no descienden excepto en parte. Esto sirve para dar [a tales personas] una oportunidad en el nombre del amor divino para que encuentren el camino de vuelta a la casa del Padre sin que el terrible peso opresor de sus propias iniquidades descanse sobre ellas.

Sin embargo, los maestros han visto que, de vez en cuando, algunas personas intentan realizar actos destructivos contra los hijos de la luz. Y, por tanto, sabiendo que los hijos de la luz bien podrían caer debido a la enorme perversidad del pensamiento y sentimiento humano, hemos considerado necesario, de vez en cuando, hacer [una segunda] solicitud al Consejo Kármico.

Nos traen el registro de tal persona y en él escribimos: «Devolver a la circulación». Y en ese preciso momento, el gran martillo y juicio de la Ley cae sobre la corriente de vida y esta descubre que en efecto Dios da recompensa. Este es [el significado del] dicho: «Mía es la venganza, yo pagaré, dice el Señor».[12]

Comprended, pues, que la ley del amor disciplina y el Señor «azota a todo el que recibe por hijo».[13] Él poda a los hombres cuando estos se vuelven demasiado ambiciosos de un modo malvado, para que sean restringidos y lo que hacen pueda detenerse como el precipitado de una marea de mal en el mundo de la forma en continuo crecimiento.

Deseamos ver al mundo libre de mal, de los terrores de la magia negra, de las actividades destructivas de la brujería y del horrendo rumiar por parte de la humanidad sobre los asesinatos de figuras políticas en el mundo que, en algunos casos, pudieran representar la voluntad de Dios para el pueblo.

Una y otra vez personas de todo el mundo se han convertido en víctimas del espantoso horror e infortunio del asesinato. En este momento están saliendo a la luz en este país ciertas actividades que están conmocionando a muchas personas. Quisiera deciros que este mensajero recientemente viajó al sur en nombre de la jerarquía a fin de poner en circulación en los asuntos del mundo ciertas corrientes, fundamentales para que se hiciera una acusación.

LA HERMANDAD DE CENTINELAS PROTECTORES

Debéis comprender que la Hermandad tiene muchos mensajeros que realizan varios servicios, pero hay pocos que estén ante vosotros, como hace este, para dar la verdad viva con sustancia vital y flamígera desde las octavas de luz. Las personas también pueden considerarse mensajeras de Dios en todo lo que hacen.

Pueden considerar que al arar la tierra estarán representando el papel del gran Sembrador, que va a dar sustento a la humanidad de la Tierra. Y, sin embargo, estoy seguro de que muchos de vosotros sois conscientes de los problemas demográficos a los que se enfrenta la humanidad, los cuales, proyectados hacia el futuro, revelan que, sin cambios en las costumbres de la humanidad, podría ser imposible sustentar la vida, simplemente por no haber suficientes alimentos para mantener a la población proyectada.

Debéis comprender, por tanto, que la gran ley de la vida se activa por la humanidad de la Tierra siempre para gobernar los asuntos humanos. La Gran Hermandad Blanca es el organismo protector, aunque estoy seguro de que a ellos no les gustaría que los llamen así, y he utilizado el término únicamente para encajar con los términos que utiliza la humanidad.*

Ellos son, por tanto, y me decido por otro término, los centinelas protectores de todos los asuntos mortales y tienen un poder conocido como el poder de veto cósmico. Es un poder que ser antepone a todos los demás. Cuando las personas continúan yendo por un curso malvado y siguen una tendencia hacia abajo, [la Hermandad] entonces puede utilizar este poder de veto y dirigir corrientes cósmicas de karma de tal forma que se cambie el curso de la historia.

Sin embargo, este poder del gran Consejo Kármico está limitado al ámbito de la humanidad y compensado por el libre albedrío humano. Es un tema muy delicado y sutil, apenas comprendido por la mayoría de los hombres y entendido mejor por los propios miembros del Consejo Kármico.

ESTUDIAD PARA PRESENTAROS APROBADOS ANTE DIOS

Ahora, pues, os he dado una enseñanza que confío os ayudará un poco para generar el temor de Dios que es el principio de la sabiduría.[14] «El perfecto amor echa fuera el temor; porque el temor lleva en sí castigo»,[15] pero debéis comprender tanto la tesis como la antítesis.

Debéis comprender que la Ley y la ciencia de las palabras, la semántica humana y la divina, pueden transmitir muchas ideas a los hombres para desafiar su conciencia y que estudien para presentarse aprobados ante Dios y aprendan a usar de una manera adecuada esa bendita mente que Dios les ha dado.

Debéis comprender, pues, que el razonamiento deductivo de los seres humanos, cuando se emplea adecuadamente, enseña a la humanidad a utilizar los poderes de la mente. El razonamiento inductivo también es

---

*El término utilizado en inglés es *watchdog* (N. del T.)

eficaz. Y así, los silogismos de la razón mortal se convierten en ejercicios de conciencia.

Sin embargo, existe una lógica y un sistema de razonamiento, que los hombres pueden aprender, que es muy superior a la razón de la humanidad. Se trata del razonamiento del alma de Dios *a priori*. Es el razonamiento del alma interior, que no está limitado a las dimensiones de los sentidos y que con mucha facilidad se va al espacio y regresa con una respuesta.

Estas son las flechas de luz que vuelan por el espacio hacia una meta cósmica y regresan al individuo que las envió como bumeranes de luz, transmitiendo un mensaje esencial al alma que le enseña al individuo cómo puede obtener su victoria a través de la esperanza. Y la esperanza es una consagración de la ley de Dios, porque la esperanza, cuando se la identifica adecuadamente, también capacita al hombre para concretar aquello en lo que ha puesto su esperanza.

Comprended, pues, que la mente y el corazón del hombre pueden saturarse con las leyes de Dios hasta que esas leyes de Dios, al enseñarles a los hombres a mantener una visión sagrada, son capaces de magnetizar y atraer un amor tal al mundo del individuo como para barrer la Tierra y eliminar las corrientes de opresión y depresión, que de vez en cuando son llevadas por los vientos del engaño y la confusión.

Los hombres han de comprender que no deberían estar sujetos a ningún otro espíritu que el Espíritu de Dios y el espíritu de la verdad; no deberían aceptar ningún otro espíritu excepto el sentimiento de victoria. Y os digo que este no es un caso de juegos de adivinanzas.

No es un caso de autoengaño o un caso de razón mortal. Es un caso de razón divina encerrándose en el corazón humano y expandiendo su llama hasta que, con cada caída, un nuevo comienzo puede empezarse de inmediato.

En cuanto os caigáis, en cuando tengáis un sentimiento de debilidad u opresión, en cuando aparezca una nube de oscuridad en vuestra mente, en cuanto sintáis que no expresáis la plenitud del Cristo, en ese momento y en ningún otro debéis aprovechar la oportunidad de afirmar el poder de vuestra victoria divina.

¡LLAMADME Y RESPONDERÉ!

¡Llamadme y responderé! ¡Llamadme en ese momento y pedidme que os dé mi llama de la victoria, y a ver si no inundo vuestro ser con luz! ¡Llamadme y aceptad que YO SOY el que está ahí! YO SOY el que está aquí y YO SOY el que está allí y YO SOY siempre el que responde, llegando desde los rincones más remotos de la conciencia universal para traeros esa misma llama de victoria cósmica que llevé a muchos, muchos hijos de Dios en eras pasadas.

Comprended, por tanto, que incluso antes de que yo animara la llama de la victoria existió un [Hijo de Dios] antes que yo, que ahora es un ser maravilloso de veras en otro sistema de mundos y en otro universo.

Os digo que mi nombre, Víctory, también es mi cargo. Y os digo que esta noche estoy dispuesto a daros una oportunidad de ayudarme en el mundo de la forma. [La audiencia se pone de pie].

[Estoy dispuesto a daros la oportunidad] de difundir el concepto de victoria cósmica allá donde vayáis, a difundir el concepto de la victoria de Cristo, su victoria sobre el pecado, su victoria sobre la muerte, su victoria sobre las sombras, su victoria sobre todas las circunstancias y condiciones externas.

¿Aceptaréis la llama de la victoria que traigo? ¿La utilizaréis en vuestro vivir cotidiano de ahora en adelante? [La audiencia responde: «¡Sí!»].

EL PROPÓSITO DE ESTA ACTIVIDAD

¿Estáis preparados y dispuestos a entender que esta no es una actividad común? Si hubiera existido tan solo para afirmar el poder de la victoria en este momento, habría justificado su razón de ser.

Tiene una razón de ser más grande, sin embargo, y con certeza se manifestará cuando vosotros, los adherentes a esta actividad, comprendáis que su verdadero propósito es un propósito invisible: realizar la mente de Dios entre los hombres, exteriorizar el plan de Dios y el resplandor de Dios para vencer la oscuridad del mundo.

[Su propósito es] dejar que la luz de Dios reine suprema, haciendo llover sobre la humanidad la última lluvia dorada de iluminación del Cristo Cósmico desde las alturas de la cima para que los hijos de Dios puedan en efecto tener la visión de perfección Crística, para que puedan hablar en una nueva lengua, desatados del poder de la oscuridad, y obtener con claridad para todos los que quieran el poder de la llama de la libertad y la iluminación Divina.

Mi deseo es que Cristo sea glorificado, y debería ser el vuestro. Y si es vuestro deseo como lo es mío, entonces el Cristo universal, la luz del mundo, será glorificado en vosotros ahora y siempre.

Dejad que la inteligencia divina aumente y se multiplique. No vayáis a engañar a la humanidad con las ilusiones de vuestra conciencia como han hecho algunos. No seáis heraldos de falsas doctrinas o enseñanzas. No vayáis a someteros a espíritus de las tinieblas y las sombras que se disfrazan con piel de cordero. Son lobos, os digo, y debéis tener cuidado con ellos.

Id al mundo de la forma y llevad a la humanidad la percepción de la claridad de nuestra visión, y de la vuestra. Representadnos en el mundo de la forma como damas y caballeros de inteligencia cósmica y haced que los hombres se enorgullezcan del trabajo que se está haciendo, tal como los hombres se enorgullecen del trabajo que vuestro amado Saint Germain llevó a cabo durante su manifestación como Sir Francis Bacon y en su publicación de las obras de Shakespeare.[16]

Haced que los hombres se enorgullezcan de todo lo que es de luz y de la gloria de Dios. [Haced que se enorgullezcan] para que vayan con gusto y bien dispuestos al rebaño, sin pensar que sois gente engañosa o tonta, engañada por las piadas y los murmullos de algún espíritu extraño, sino guiada por la claridad de la visión del Cristo vivo que ha resucitado en medio de vosotros con curación en sus alas y la visión de esperanza para un mundo que espera el amanecer de su victoria ¡ahora y siempre!

Os doy las gracias porque os amo. Y confío en que, cuando mi voz deje de hablar y mis vibraciones dejen de activar vuestro corazón como lo están haciendo ahora, ¡os deis cuenta de que estoy justo detrás del velo del estado del Ser! Y me podéis llamar, y yo responderé en los momentos cuando me necesitéis.

¡Victoria al mundo en el nombre del Cristo vivo! En memoria del Maestro Jesús, bebed el cáliz de su conciencia, de su Espíritu. Id emulándole y sed luces dondequiera que vayáis. Así será glorificado Dios no por uno hijo, sino por muchos, y el corazón de los cautivos será libre.

[Suena el santo aliento].

24 de marzo de 1967
La Tourelle
Colorado Springs (Colorado)
MLP

# 12

EL MODO DE VIDA DE LA VICTORIA

El poder envolvente de vuestra victoria es un don maravilloso de una capacidad infinita, [la capacidad de] expandir, de expandir vuestro pensamiento, de expandir vuestra percepción, de comprender que no sois los limitados, ¡sino los ilimitados!

YO SOY el que ha venido esta noche en nombre de la jerarquía universal para traer a vuestra alma no solo un sentido de victoria y su optimismo, sino también la comprensión Divina de que este es el plan que la Mente pura de Dios concibió desde el principio.

¡Cuánta alegría hay en un niño feliz! Con qué facilidad las personas pueden regresar, si tan solo la aceptan, a esa comprensión Divina del milagro de la vida, las pulsaciones de los rayos del sol como una poción maravillosa, como un aceite que ungirá el cuerpo, la mente y el ser del hombre y limpiará su conciencia de todo sentimiento de duda y temor, tribulación y diablura humana, y producirá en su lugar la comprensión Divina de que ¡YO SOY la Victoria!

Debéis comprender que esta no es una actividad común y corriente. ¡Esta es una actividad extraordinaria de vuestra propia Presencia Divina! Y vuestra Presencia Divina no se someterá al poder del hipnotismo humano ni al pensamiento de que la persona puede controlar al Yo Divino.

Ese es el problema que hay en la Tierra hoy día. Las personas quieren el poder y desean usar ese poder no para su libertad y la emancipación de otros seres humanos, sino para que los hombres las consideren sabias y para saciarse con sus propios anhelos carnales.

Somos conscientes de todo esto, pero nos negamos a otorgarle poder. Porque estamos interesados en el Espíritu, que comprende que el hombre es la descendencia de Dios y, como descendencia de Dios, debería abrir los portales de la conciencia de su corazón y de su mundo de los sentimientos para decir:

¡Señor, dame tu victoria!
¡Dame tu victoria!
¡Dame tu victoria!

¿Aceptaréis esta noche este fíat en vuestro mundo de los sentimientos y aceptaréis la presión de la luz, que pretende transmitiros toda belleza y perfección? [La audiencia se pone de pie].

¿Aceptaréis el pensamiento de que solo hay un velo muy fino entre la realidad y las ilusiones del hombre? ¿Entonces, por qué no abrir la cremallera o partirla en dos? Haced algo al respecto. No permitáis que eso os impida realizar vuestro potencial Divino. (Tomad asiento, por favor).

ACEPTAD NUESTRA PRESENCIA Y ESTAD EN PAZ

Somos conscientes de que la manifestación de nuestras palabras y nuestros pensamientos, nuestros sentimientos y nuestro amor, os puede resultar extraña a algunos de vosotros. Pero también creemos que muchas personas, al pasar por el velo y el cambio llamado muerte, han vivido muchas aventuras extrañas en el otro mundo y estas no les han parecido reales a su conciencia en el momento en que sucedieron.

¿Comprenderéis, por tanto, que es perfectamente natural que vosotros, que no habéis escuchado dictados antes ni habéis comprendido la idea de profecía en estos tiempos, tengáis algo de inquietud? Por tanto, haced el favor de desengañaros en vuestra mente de cualquier idea perturbadora al respecto y estad en paz.

Que la comprensión del Amor universal proveniente del corazón de vuestra Presencia YO SOY fluya hacia vosotros. Sentid el manto de Dios alrededor de vuestros hombros y su amor latiendo en la llama de vuestro corazón.

Si hacéis esto, se lo pondréis más fácil a las huestes ascendidas. Ellas podrán entrar en el campo energético de vuestro mundo y transmitir su amor; y será algo delicado, una dulce manifestación, como el rostro de un niño hermoso o una rosa o el sonido de las aguas que fluye sobre las piedras.

ASUMID EL MANDO DE VUESTRO CUERPO FÍSICO

Por favor, comprended que nunca hace falta que tengáis una tensión mortal si llamáis a vuestra Presencia Divina y aceptáis que podéis lograr la victoria sobre cada músculo activo de vuestro cuerpo. Entendemos perfectamente, sin embargo, que una acumulación de tensión mortal de vez en cuando hace que la gente se ponga dura como una roca. Y cuando se produce esta circunstancia, las personas parecen hallar algo de alivio a través de las manos de los manipuladores entrenados y diestros en las artes plásticas de moldear la forma humana y ayudarla a que suelte sus tensiones ocultas.

Nosotros pensamos, por tanto, que la humanidad debería entender que este [servicio] es un gran beneficio. Pero llegará el día en que las personas, a través de un mayor grado de victoria y un mayor grado de maestría sobre su mundo, le dirán al músculo de su dedo gordo del pie: «Relájate», y así será.

¿No vais a sonreír un poquito por eso conmigo? [Risas de la audiencia].

DEBÉIS TENER SENTIDO DEL HUMOR

Queridos de la luz, debéis tener sentido del humor, porque en la Tierra eso es muy importante para lograr la victoria. Algunos de los maestros más grandes que han existido, enfrentados a las pruebas más terribles y ardientes de su existencia, comprendieron que, con una sonrisa y la comprensión de que era necesario, tuvieron la capacidad de sentir una renovación de la llama de la victoria en su interior, de la determinación Divina que dijo:

> *¡No me detendré!*
> *¡No aceptaré la presión de esta cosa mortal!*
> *¡No aceptaré esa mortaja sobre mi identidad!*
> *¡YO SOY un hijo de Dios!*
> *Estoy siguiendo los pasos del maestro*
> *y, he aquí, el maestro es mi ejemplo.*
> *Haré lo que él hizo*
> *y creeré como él creyó.*
> *Actuaré como él actuó*
> *y sentiré como él sintió.*
> *Y no hay ningún poder en el cielo o en la tierra*
> *que pueda disuadirme de actuar así*

Cuando esta conciencia fluya en vosotros, estaréis aceptando la presión de la octava de los Maestros Ascendidos. Os digo que os sorprenderéis; será extraordinario cómo un cambio de vuestra conciencia será llevado a la manifestación.

Algunas señoras, que están acostumbradas a pensar que algo es demasiado pesado para que lo puedan levantar y que deben pedir ayuda a un hombre (aunque el objeto en realidad no sea demasiado grande, cuando uno se pone a considerarlo), se darán cuenta de que con un llamado a su Presencia Divina podrán hacer acopio de la suficiente fuerza para que se las considere como una amazona. [Risas de la audiencia].

Esta noche os decimos que los aspectos prácticos de la vida son para entender que el flujo natural de los latidos de energía provenientes del corazón de Dios se basa en el humor de la mente. Cuando la mente decide que la vida está llena de muerte y enfermedad y de condiciones externas perturbadoras, a veces piensa que el universo entero está contra ella y que al propio Dios Todopoderoso no le importa ni el alma ni se preocupa por ella.

Os digo que nada está más lejos de la verdad, porque la implacable luz de Dios, la luz que nunca falla, está a la espera del llamado a la acción para asistiros en vuestra victoria. Este concepto es muy hermoso, amados, cuando lo entiende un alma que parece encontrarse en un punto muerto en un estanque de emoción mortal del cual busca liberarse.

En ese momento, qué bendición sería si uno pudiera tan solo aquietar los pensamientos del ser mortal. «Pero eso es muy difícil», decís vosotros. Y así es, porque pensáis que lo es; y, por supuesto, ello obedece a vuestro pensamiento y se vuelve más difícil a cada momento, siempre que mantengáis el pensamiento.

Cuando comprendáis que la ley cósmica de la victoria está a la espera del llamado a la acción, veréis que todos esos pequeños demonios del pensamiento y el sentimiento mortal se desbancarán. No creemos que os suponga un problema verlos salir corriendo; ¡es cuando corren hacia vosotros que parecéis turbados!

ESPERAD LA PRUEBA DE FUEGO

Por tanto, os digo que no podéis esperar, ni ahora ni en ningún momento, el que no tengáis que afrontar pruebas de fuego. Nosotros hemos logrado la victoria ante toda clase de circunstancias externas y, leyendo el registro, creo que algunas de esas circunstancias eran mucho peores de lo que lo son en la actualidad.

Una cosa es tener que afrontar todo tipo de ideas humanas y resentimientos humanos, la resistencia humana y la duda y el temor humanos; pero otra cosa es afrontar todas esas circunstancias y además tener sed de agua y descubrir que esta se encuentra a kilómetros de distancia a través de un desierto; o descubrir que el agua se le niega a uno porque no puede pagar su precio; o descubrir que la indumentaria de uno está hecha jirones y no puede encontrar un céntimo para comprar ropa nueva; o descubrir que uno está acusado de un crimen que no ha cometido y no tiene fondos para pagar la protección o la ayuda.

Quiero que sepáis y que comprendáis, por tanto, que los hombres pueden verse en condiciones horribles. En el pasado, cuando el transporte dependía de los animales y del agua, y los hombres se movían sobre la faz de la tierra lúgubremente, las circunstancias no eran como lo son hoy y existía poco alivio para el dolor.

Las personas a menudo tenían que afrontar el hierro candente cuando tenían que amputárseles las extremidades, porque la única forma de detener la pérdida de sangre era cauterizando y quemando [la carne] a plena conciencia despierta. Las mujeres de la Tierra también sufrían muchos dolores de parto.

Creo que esta época ha manifestado muchas mercedes y regalos, que deberían ayudar a la raza a lograr algo más que un estado de euforia o [una tendencia] a vegetar y dejar que las energías de su vida se estanquen en lagunas de costumbres, pensamientos y sentimientos erróneos.

Os digo que los Dioses miran a la humanidad y a las presencias inmortales de la vida entera y dicen: «¿Cuándo encontraréis vuestra libertad y vuestra victoria? ¿Cuándo la aceptaréis? ¿Cuándo seréis libres?».

Sabemos por experiencias anteriores que ello no requiere necesariamente ni horas ni días ni meses. Dar comienzo al flujo de esa energía en particular requiere un momento de dedicación y determinación Divina para no volver a aceptar jamás nada más que la victoria. Y cuando esa energía específica se haya iniciado y sea sustentada y alimentada cada día y los hombres crean en ella y la amen, ¿qué creéis que pasará cuando surjan otras circunstancias contra la presión de esa poderosa corriente de victoria que fluye desde el corazón de vuestra Presencia Divina?

Ello producirá un milagro en vuestra vida por el que siempre estaréis agradecidos y que os encantará trasmitir a vuestros hijos y a los hijos de vuestros hijos. Es una herencia de magnificencia. Es algo más grande que el sentimiento de lucha que la humanidad ha tenido durante tanto tiempo, el sentimiento de lucha que sigue produciendo la lucha, como ha dicho Saint Germain.

RECIBID DE BUENA GANA LA ADVERSIDAD Y REÍROS DE ELLA

La lucha no es lo que queremos para vosotros; no es lo que vosotros queréis para vosotros mismos y no es lo que Dios quiere para vosotros. Dios quiere que tengáis alegría, alegría, alegría, la alegría creciente de la realidad de la vida. Él quiere que comprendáis que, aunque hayáis cometido actos de responsabilidad kármica que deben regresar a vosotros por ley cósmica, también podéis acoger y recibir de buena gana esas circunstancias a cada momento diciendo: «Estoy agradecido, porque me he quitado de en medio otro objeto en mi camino hacia la libertad y la victoria».

No os desaniméis, sino animaos por el flujo de vuestro karma y comprended que cuando Dios ve que esa es vuestra actitud, será [mérito vuestro], porque, como ha dicho el amado Morya: «El demonio, ese espíritu vanidoso, no puede soportar la burla»[1]. Cuando aprendáis a reíros de la adversidad, a aceptarla y a comprender que puede ser un sendero hacia vuestra libertad, hasta podríais recibirla de buena gana.

Esta es en sí misma una actitud de victoria, porque podéis aprender a superarla, a mitigarla, a hacer que suelte el control sobre vosotros y a subiros sobre ella. Este es el significado de la victoria y el significado de la vida. Porque cuando la vida se gana y cuando un hijo de Dios recibe el logro por haber aceptado la presión de la Presencia Divina, ello es algo hermoso de contemplar. Entonces él se da cuenta de que se ha identificado con la Presencia Divina no por un acto de otro, sino por un acto propio, y la Presencia Divina lo ha realizado a través de él. Eso quiere decir que lo ha realizado a través del velo de su propia carne.

Así, el Cristo se convierte en el Mediador divino, y el Mediador actúa para mediar en las diferencias entre el yo humano y el Divino. Cuando se logra esto, ¡qué cosa tan magnífica, qué alegría, qué manifestación tan perfecta de vuestra victoria! Pues ahora vuestra victoria os pertenece. No tenéis que esperar hasta un mañana que está lejos. Está aquí con vosotros, en vuestra Presencia Divina, en la corriente pulsante de luz que desciende ahora desde vuestra Presencia Divina.

EL MODO DE VIDA DE LA VICTORIA

Mientras estáis aquí sentados, ¿intentaréis comprender que la misma corriente de energía que fluye desde vuestra Presencia y sustenta vuestro corazón puede intensificar vuestro deseo de superar vuestras dificultades?

Os digo que durante vuestras horas de vigilia y de sueño ello producirá un hombre y una mujer transformados, que no serán criaturas inermes que deciden tomar curas aquí o tomar curas allá o moverse aquí o moverse allá y quizá, de alguna manera, conseguir un poco de alegría en la vida.

La vida, como Dios quiere que sea, no es así. En la vida hay muchísima alegría si uno comprende el modo de vida de la victoria que yo practico. Y lo he practicado no solo por la gente de Venus, sino por la gente de la Tierra.

He mantenido un impulso creciente de mi victoria que quisiera poder legaros esta noche en su totalidad, pero sospecho que los Señores del

Karma no estarán de acuerdo con una cosa tan gigantesca. Porque si os lo diera por completo, no seríais capaces de obtenerlo por vosotros mismos, y no deseo robaros la valiosa oportunidad de hacerlo por vosotros mismos.

Este es un proyecto «hágalo usted mismo», amados, en el que un hombre se convierte en Dios y luego se reclina en el trono del logro y se ríe. ¡Se ríe porque ha logrado llegar! ¿Lo entendéis?

No es algo para llorar o afligirse. ¿No está expresado en vuestras propias escrituras y no consta en su totalidad: «Dios enjugará toda lágrima de los ojos de ellos»?[2] ¿Qué creéis que signifique eso? Ello significa que deberíais aceptar vuestra victoria y aprender a alegraros con la victoria que os llegue, plenamente conscientes de que esa victoria también será la de vuestro vecino. No habrá competencia, pues todos os esforzaréis por lo mismo.

Cuando lo logréis, ¿qué significado tendrá? Significará que habréis entrado en la alegría de Dios, para no descender jamás a la densidad mortal. Os mantendréis ocupados trabajando en las múltiples rondas «sosofóricas»* de identificación con el esquema creativo, inspirando en otros sistemas de mundos a pequeños corazones que son mutantes del espíritu confinados al velo de la carne, que no saben quiénes son y se pelean por ello, riñendo todo el tiempo. Y los Dioses están ahí con los mantos de su victoria, esperando ponérselos sobre los hombros.

¿No lo veis? ¿No lo entendéis?

Pues comprendedlo, amados, porque os digo que esta es la clave y la solución de toda la vida. Debido a las circunstancias del mundo, necesitamos un grupo de estudiantes de la luz firmes y fieles, que vayan con el conocimiento de lo que significa llevar el manto de su victoria.

Esta no es una circunstancia de lo exterior. Esta no es una circunstancia en la que persona diga: «No creo ser lo suficientemente fuerte» o «Me voy a fortalecer lo suficiente». Es una cuestión de aceptar la fortaleza que ya tenéis y avanzar hacia la luz, negándoos a aceptar las presiones dirigidas contra vosotros que intentan derribaros.

Esas presiones están dirigidas contra todos los hijos de Dios. Ellas ponen a prueba el temple del hombre y producen un milagro en cada era si uno se adhiere a ellas. Pero si no las vencéis, si las ignoráis y decís: «Bueno,

---
*Palabra que tiene su origen cercano en el idioma protoindoeuropeo.

no tienen ninguna importancia», entonces, por supuesto, seguiréis el camino de los mediocres.

Entonces os veréis a vosotros mismos como personas bien normales y corrientes, como un pedazo de arcilla, muy perturbados, muy infelices. [Os encontraréis] volviendo una y otra vez a la forma física para luchar con las mismas cosas y, finalmente, para llegar a la misma posición en la que estáis ahora, cara a cara con [las preguntas]: ¿Conseguiré la victoria? ¿Mantendré mi determinación? ¿Aceptaré las presiones de la luz o volveré a la oscuridad o al reino de la mediocridad? ¿Aceptaré un dogma que no sea demasiado exigente?

UNA ORACIÓN AL MAHA CHOHÁN

No creo que esto sea lo que queréis. Creo que queréis la plenitud de vuestra libertad y que eso ha de llegar a causa del molde de vuestra mente, a cómo estéis dirigidos y a la pureza del Espíritu Santo.

Por tanto, como medio de entregaros una corriente de libertad en vuestro mundo esta noche, no puedo hacer nada mejor que llamar al Señor Maha Chohán. Por ello os pido que observéis un período de silencio durante el cual podéis levantar los brazos con las palmas de las manos hacia la atmósfera.

Oh, Señor Maha Chohán, representante del Espíritu Santo, pon tus rayos de amor, luz y victoria en estas corrientes de vida. Oh, maestro de sabiduría y amor divino, haz que la esencia de ti mismo fluya a través de ellos. Concede a estos hijos del corazón de Dios la paloma celestial de su propia pureza y que sientan su alegría en el corazón mientras ella vuela hacia la Presencia Divina y crea el destello milagroso del arca de la alianza.

[El maestro aplaude]. Podéis bajar las manos. Ponedlas sobre el corazón. Aceptad el tesoro de las pulsaciones divinas como una renovación de vuestra energía proveniente del Ser Divino.

No existe más que un Dios, y todos los hombres son su descendencia. Y a partir de este concepto monoteísta de la Deidad, nosotros entregamos el conocimiento de que cada hijo estaba destinado a ser lo que Dios es. He aquí, dioses sois.[3]

Que todos comprendan, pues, que vosotros, a quien se entrega la Palabra de Dios, recibiréis de mi corazón esta noche el arca de la victoria, el arca del futuro y el arca de la salvación para este planeta. Cargad bien con ella. Llevadla bien. Amadla. ¡Atesoradla! Elevadla y ella os elevará a vosotros sobre el raudal de conceptos mortales del hombre, sacándoos del reino de la oscuridad y las tinieblas y llevándoos hacia la luz celestial, donde la pureza del Ser Eterno emite una corriente de perfección desde el Sol.

[El maestro entona cánticos en lenguas angélicas durante 42 segundos].

De las sombras he llamado la victoria. De la densidad y las tinieblas ha florecido el lirio eterno, la manifestación Búdica, el brote de la divinidad del hombre.

Om Mani Padme Hum.

Os doy las gracias.

7 de julio de 1968
La Tourelle
Colorado Springs (Colorado)
MLP

13

UNA RESPONSABILIDAD FUERA DE LO COMÚN

Tened ánimo, porque soy yo. YO SOY Víctory. Y de la alegría de mi corazón os traigo a cada uno de vosotros la comprensión de que la luz, la infalible luz de Dios, está cargada con la fe de vuestra propia victoria sobre cada grupo de circunstancias exteriores que quieran controlar o dirigir vuestra vida.

Deberíais comprender, por tanto, que los pensamientos del hombre casi nunca están quietos, al menos durante un período de tiempo apreciable. Las personas desarrollan constantemente ideas o pensamientos dentro del campo energético de su conciencia o se ven sometidas a los pensamientos de otros provenientes de los registros akáshicos, de las mentes de pensadore actuales, contemporáneos o de pensamientos e ideas sueltas que flotan en la atmósfera.

Algunos de esos pensamientos producen el bien en cierta medida, pero muchos no son más que titubeos, matrices formadas de manera imperfecta, que las personas que las reciben no notan al principio. Lo más seguro que puede hacer cada estudiante de la luz es comprender la necesidad de protegerse de los pensamientos errantes de los demás. La mejor forma de hacerlo es sencillamente invocar vuestro poderoso tubo de luz desde el corazón de vuestra amada y poderosa Presencia YO SOY.

Deberías aceptar, cuando invoquéis este tubo de luz con plena fe en que Dios lo habrá hecho descender a vuestro alrededor y que las energías de Dios crecerán a través de ese campo energético para proteger vuestro mundo, que cuando cualificáis el poder de ese tubo de luz con el ímpetu añadido de vuestro pensamiento constructivo, Dios lo amplifica sin límites.

ASUMID EL CONTROL DE VUESTRO MUNDO

Los estudiantes deben aceptar con claridad que tienen una responsabilidad fuera de lo común de extraer una corriente de energía radiante de la Divinidad. Deben ver que la cualificación que hagan del poder de la luz proveniente del corazón de Dios también es esencial al dirigir esa energía desde las alturas para absorber la corriente de pensamiento constructivo que utilicen como una matriz que guía la sustancia invocada.

Cuando los estudiantes comprendan la afirmación que acabo de hacer, ella les mostrará que tienen cierto grado de influencia reguladora sobre su propio mundo. Si la tienen, no se trata de una cuestión de cuánta influencia esté actuando desde su nivel, sino de que cierto grado de influencia en efecto está actuando. Los estudiantes siempre pueden aumentar el alcance o la esfera de acción de esa influencia, hasta que, a su debido tiempo, se conviertan en maestros de su destino.

Ahora, puesto que soy bien consciente de que muchos estudiantes aquí no captarán inicialmente toda la importancia de mi afirmación, espero que por un momento os detengáis conmigo y reflexionéis en ello un poquito más. Al daros a vosotros la responsabilidad de cualificar la energía, la Divinidad os está danto un grupo de responsabilidades, y la responsabilidad que se os da se convierte en la asunción del control de vuestro mundo por vuestra parte.

Cuando comprendáis esto veréis que ello forma parte del plan divino. Si Dios fuera humano, se sentiría halagado de que haya personas que continuamente le soliciten su ayuda, pero puesto que el verdadero propósito de la creación fue hacer al hombre maestro de su mundo y que se haga con el dominio que Dios le da sobre él, toda la intención que Dios y los Maestros Ascendidos tienen es que cada cual se convierta finalmente en maestro de su mundo y en árbitro de su destino.

DELEITAOS CON LA IDEA DE LA EXCELENCIA

Cuando entendáis esto veréis por qué puede ser muy importante que absorbáis mi impulso acumulado de victoria y por qué también tiene importancia que aprendáis a desarrollar el vuestro. Nos interesa, pues, que los estudiantes comprendan por qué se da tanta ayuda y asistencia desde las octavas superiores.

Desde el principio, lo superior siempre ha querido elevar lo inferior; esto es una manifestación natural y perfectamente ordenada de amor divino en acción. Cuando las personas tienen una cualidad específica virtuosa, como la música, el arte u otra cualidad cualquiera que se manifieste aquí abajo, su deseo de compartir esa cualidad con su prójimo es o bien un gesto de humildad y servicio por su parte o bien la exhibición del orgullo en la realización.

Los que son conscientes del poder de la victoria y de las conclusiones a las que llega la victoria cuando se da una idea determinada, deben comprender que los mejores propósitos de la vida no se benefician de la humildad abyecta, sino de la humildad de la dignidad que entiende que el universo se deleita en producir la excelencia en cada punto de conciencia manifiesta.

Hombres y mujeres, por tanto, deben deleitarse en la idea de la excelencia, porque la excelencia es el plan divino cumplido. Pero allá donde las personas compiten unas contra otras en vez de esforzarse para alcanzar la excelencia, no tienden a manifestar la victoria sobre los logros inteligentes o los talentos de su vida, sino que, en cambio, son propensas a tener una conciencia parecida a un yoyó. Primero se ven en plena exaltación, porque algunos han aplaudido su manifestación, y después se derrumban, porque tienen la sensación de que la expresión que hicieron fue deficiente y no cumplió el propósito que ellas querían.

Dios es diferente. Cuando Dios vive en el hombre y al poder de Dios se le permite ejercer dominio sobre el hombre, la Divinidad nunca tiene la intención de afirmar su control sobre el hombre, sino de asignar al individuo encarnado todo el poder y el impulso acumulado que Dios quiso que tuviera a fin de utilizar la voluntad divina como una matriz guía que él necesita y que hace suya. De hecho, utilizando las coordenadas divinas, el hombre puede finalmente producir a partir de su propio campo de conciencia el bendito espíritu de victoria que admira en mí.

Lo mismo ocurre con cada Maestro Ascendido. Cualquier cualidad que el maestro manifieste, cuando el estudiante comprende que esa cualidad puede ser suya y debe hacerla suya, reconocerá que su contacto con el maestro supone una guía, igual que uno acude a un sabio maestro instructor, a un músico o a alguien capaz de representar los movimientos correctos de la mano al crear formar artísticas.

Pero ¿quién puede iniciar de hecho al estudiante en la idea de estructurar desde el corazón esas formas artísticas manifiestas que finalmente darán al cuerpo planetario su espíritu de victoria?

LA ARMONÍA DE DIOS Y LA DISONANCIA DEL HOMBRE

El color es magnífico y tiene suma importancia en la manifestación de la armonía de las esferas. La armonía en la música es esencial como ayuda a que el hombre comprenda la armonía de Dios en las octavas superiores. ¿Veis por qué esos aficionados a los aspectos sórdidos de lo astral y lo oculto han distorsionado el círculo cromático?

¿Entendéis por qué también han interferido con los patrones musicales entregados desde las octavas superiores y han producido patrones disonantes que han creado desarmonía en la vida humana? Estos amenazan con destruir literalmente el equilibrio del sistema glandular del hombre para producir distorsiones en generaciones futuras que afectarán a la semilla del hombre, de modo que el hombre produzca en el vientre una distorsión manifiesta en la forma, sencillamente porque esa mutación es el resultado de una conciencia abortada.

Os digo que si el hombre no abandona esta actividad en la que está involucrado ahora, volverá a ver repetida la creación de los monstruos que existieron antes del Diluvio. Aunque el Diluvio eliminó las matrices utilizadas para la creación de esos monstruos, el hombre, al extraer los patrones y registros negativos del astral y al crear los ritmos horribles y todo eso en la atmósfera, al crear distorsiones en los colores y al acceder a los registros psíquicos de la arquitectura de esa época, está volviendo a crear las matrices que la conciencia humana puede captar para producir distorsiones parecidas a las creadas antes del Diluvio. Esto, por supuesto, es un intento insidioso por parte de los poderes de la oscuridad de reproducir lo que Dios, con su misericordia, eliminó con el Diluvio.

Queremos, por tanto, que reconozcáis el símbolo del arco iris que apareció después del Diluvio. Hoy, el arco iris que hay en el cielo refleja para toda la humanidad la pureza de la luz blanca. Su maravillosa valva, resplandeciendo a plena vista ante la humanidad, muestra que el complemento pleno en la cuarta dimensión puede manifestar la pureza de color que compone los reinos angélico y cósmico, de los cuales se crean las formas más espléndidas y hermosas que el corazón y el ser del hombre puedan imaginar.

LA RESPONSABILIDAD DE ESTA GENERACIÓN ES GRANDE

Por tanto, os decimos a todos que la responsabilidad de esta generación es grande. Que los hombres comprendan que cada generación es un eslabón con el pasado, así como una progresión ordenada hacia el futuro. Esta generación, invadida como está por los espíritus rebeldes de la época de la destrucción de la Atlántida perdida, es responsable de la hospitalidad ofrecida a esas almas discordantes.

Puede que no entendáis el porqué de esto, porque si os digo que el invitado en vuestra casa, tanto si lo han invitado como si no, se convierte en vuestra responsabilidad una vez admitido, comprenderéis que el hombre es responsable en cierto grado del control ordenado de este mundo. Y si este cuerpo planetario ha de manifestar la victoria de Dios, debe ser porque la victoria es una manifestación deseada para la humanidad encarnada.

Afortunadamente, los grandes señores cósmicos tienen en los libros de ley cósmica un fíat del cielo que dice: «Siempre que haya un individuo en el cuerpo planetario que mantenga el equilibrio de luz por un planeta, ese planeta no puede destruirse completamente».

Queremos que entendáis, sin embargo, que hasta ahí llega la misericordia de la Gran Ley. No hay nada en los códigos de los Maestros Ascendidos, en los libros de los Señores del Karma, que evite el hundimiento de continentes, la desestabilización de grandes masas de tierra, la manifestación de enormes trastornos en la conciencia de la gente y la manifestación destructiva de pestilencias temibles y horrorosas en el cuerpo planetario.

Esta noche acudo a vosotros para deciros que, aunque la voluntad de Dios no quiere que se manifieste ninguna de esas circunstancias y nosotros no tenemos la intención de predecir cuál pueda ser la probabilidad de esos eventos indeseados, vosotros debéis considerar que su posibilidad siempre está presente cuando la gente los invoca. Debéis ver que la responsabilidad del estudiante de invocar más luz y sustentar el impulso acumulado de luz ya generado y activo en este planeta es de hecho muy grande.

A menos que los estudiantes produzcan suficiente luz para contrarrestar esas manifestaciones de oscuridad, no tengo dudas de que el equilibrio de poder pudiera cambiar con rapidez hacia el lado de la negación. Y la Naturaleza misma, en su rebelión contra la imposición de formas tenebrosas de oscuridad y odio, se sacudiría de encima esas imposiciones mediante la actividad natural del trastorno de la tierra, el hundimiento y la elevación de continentes y el cambio total de las posiciones de la naturaleza en el cuerpo planetario.

El hombre ya ha visto con el paso del tiempo la manifestación de erizos, cardos y espinas como invasores del reino de la naturaleza, de modo que la rosa misma ha asumido los pensamientos cortantes y mordientes de la humanidad. La corona de espinas trenzada que se apretó contra la cabeza del Maestro fue un símbolo de la rosa crucificada, porque Jesús fue un símbolo manifiesto de la vida perfecta aquí abajo. Su manifestación Crística fue la manifestación Crística de todos los hombres, y la corona de espinas colocada sobre ella fue la actitud hiriente y mordiente del mundo hacia el progreso espiritual en un mundo de mortalidad y materialidad.

El poder que tiene el infinito para levantar a la humanidad de la cruz de la materia, el poder de la humanidad de aceptar los dones de gracia divina de la mano de Dios, [dependen de] que se vuelva a cualificar la energía destructiva que alguna vez se emitió en este planeta, que es responsable de la creación de dinosaurios en los días de antaño, del tiranosaurio y demás animales y formas animales creados en eras pasadas. La voluntad de Dios no quiso crear un mundo en el que esas formas horrendas pudieran caminar, que produjeron la destrucción que tuvo lugar en eras pasadas para mal de la humanidad y los registros cósmicos de akasha en los que aún constan esos tiempos impresionantes.

EL PODER DE LA VICTORIA DE DIOS ESTÁ DENTRO DE VOSOTROS

Nosotros, viniendo a vosotros esta noche con la plenitud de nuestro amor, os decimos a todos y cada uno de vosotros que el poder de la victoria de Dios está dentro de vosotros; os dará la exaltación espiritual para que tengáis la capacidad de uniros a nuestros grupos.

No nos interesa solo el aspecto del escapismo, que puede hacer que los estudiantes sientan que debieran abandonar la Tierra y dejar a este mundo sin ningún consuelo debido a todo el odio y las creaciones de odio de aquí, debido a la actividad destructiva manifestada por la humanidad. Algunas personas han sido seleccionadas por la gracia cósmica para quedarse aquí y, en algunos casos, han sacrificado su ascensión por un período de tiempo proscrito.

Otras han ascendido, pero han decidido de su propio libre albedrío trabajar y servir con la humanidad encarnada, dirigir y ayudar a la humanidad en la utilización de los elementos de la libertad que la Ley requiere. Quiero que hagáis caso especialmente de la manifestación maravillosa de vuestro amado Saint Germain y que toméis nota del hecho de que, aunque él era totalmente libre, descendió del estado ascendido en la era de Napoleón y actuó con la esperanza de producir unos Estados Unidos de Europa.[1]

Queremos que aceptéis completamente que las manifestaciones del amor de Saint Germain han sido en efecto muy grandes, y su amor permanece en el mundo hasta el presente como una rosa que emite la fragancia de su poder. Queremos que sepáis que no solo Saint Germain, sino también los demás seres ascendidos, como vuestra amada Virgen María, la Madre de Jesús, vuestro amado Jesús, el Gran Director Divino, el amado Morya El, Kuthumi y todo el abanico de Maestros Ascendidos que conocéis, han ofrecido su impulso acumulado y servicio a la humanidad.

Viendo que han renunciado al nirvana de Dios y que han renunciado a su dicha y su actividad personal de alcanzar la poderosa oleada superior de perfección manifiesta en otros planetas de este sistema de mundos, creo justo que expreséis desde la pureza de vuestro corazón gratitud hacia esas poderosas almas de luz, cuyo amor aparece como un ramo entre vosotros a través de las energías que os estoy entregando.

[La audiencia se pone de pie].

Os doy las gracias por vuestro tributo y os doy las gracias en su nombre. (Por favor, tomad asiento).

ENTREGO UNA CORRIENTE DE ENERGÍA

YO SOY Víctory. Y ahora empezaré a manifestar el impulso acumulado y el optimismo de mi victoria en medio de vosotros. Iniciaré la corriente de energía desde nuestra octava que vibra a través de vuestra forma. Iniciaré la actividad de la victoria que se mueve a través de las pasiones de vuestra mente. Pero a la mañana, cuando despertéis, ¿habrá terminado? ¿Volveréis a entrar en el impulso acumulado de un mundo moribundo o seréis capaces de mantener las pasiones de nuestra esperanza floreciente?

Una y otra vez los maestros ascendidos han entregado su poder, su energía y la belleza de su expresión entre vosotros y han derramado su amor como un ungüento sobre vuestro corazón bendito. Lo han hecho ante la presencia de muchos y en muchas partes del mundo, pero la ingratitud y la ignorancia, el olvido de quienes han escuchado sus palabras, es casi chocante para las huestes ascendidas, incluso con todo su conocimiento sobre la depravación humana.

Por tanto, esta noche os decimos que lo que hemos hecho es para vuestra salvación y vuestra libertad. ¿No comprendéis que la victoria que os damos esta noche ahora es vuestra? Puede ser vuestra para toda la eternidad si os apoderáis de ella. ¡Pero, oh, con cuánta rapidez los hombres son propensos a olvidar sus bendiciones! Con cuánta rapidez son capaces de entrar en la vibración del engaño o las dudas.

Con qué facilidad son movidos de una posición de seguridad a otra de variabilidad. Esta noche venimos a vosotros y decimos: Sustituyamos la capacidad de variar con la capacidad de formar, y decidamos con ello que, desde esta noche en adelante, cada uno de vosotros manifieste un impulso acumulado de su victoria mayor que nunca. Si lo hacéis, haréis que nos sea innecesario volver a hablar de los mismo una y otra vez, hacer las mismas advertencias y promesas, entregar la energía en el mismo grado, para que todo sea absorbido por vuestra forma y cuerpo de carne sin producir ni una pizca de movimiento hacia adelante.

QUEREMOS OBTENER UNA CONCESIÓN DEL CONSEJO KÁRMICO, PERO VOSOTROS DEBÉIS MERECERLA

Por tanto, esta noche acudimos a vosotros porque queremos obtener una concesión del Consejo Kármico para clases futuras, en las que podamos hacer algunas de las cosas que vosotros habéis pedido; pedido, parece, casi durante generaciones. Queremos exaltar a las personas. Incluso quisiéramos ver algún día el ritual público de una ascensión, realizado entre vosotros como en la época de Jesús.

Quisiéramos atravesar el velo y daros la mano. Quisiéramos mostraros los juegos de luces de poder de los reinos angélicos. Quisiéramos enseñaros los registros akáshicos y dejar que retrocedáis incluso hasta otros sistemas planetarios, para ver cómo vivían y para examinar su historia. Quisiéramos daros enormes regalos y bendiciones, pero la Ley exige que lo merezcáis.

Siempre que debamos repetir lo mismo, como diríais vosotros, así será. El deterioro y la falta de progreso a veces lo ocasionan unos pocos individuos. Entended que Dios no hace acepción de personas, que cada uno de vosotros, benditos corazones, en este sitio, así como en el cuerpo estudiantil de todo el mundo, sois muy amados por Dios, y que no hay excepción. El simple hecho de que hayáis cometido una equivocación alguna vez en vuestra vida no significa que el cielo os desdeñe.

El amor de Dios por cada corriente de vida permanece intacto para esa corriente de vida. Pero ella debe comprender la necesidad de romper las viejas matrices y costumbres, romper todo lo que no sea de la luz con el poder de la luz, bajar de las octavas superiores suficiente luz de su victoria propia para autoiluminarse.

Cuando se hace esto, os aseguro que vuestra bendita corriente de vida puede recibir el impulso acumulado de todos los Hijos del cielo para empujaros lo necesario, más allá del punto de no retorno; porque cuando las personas alcanzan cierto punto, el gran imán del amor de Dios las rodea y las lleva en ese irresistible momento a la luz. Cuando esa marea de poder entra en su vehículo, en su forma de carne, en su mente y en su ser, cuando aumenta y las células del cuerpo se cargan de ella y se convierte en una luz reluciente, como en la creación de la Tierra, cada célula entonces es casi como un mundo reluciente con continentes llenos de gente.

Todas las cosas parecen ser un mar de luz y el cuerpo parece ser transparente, como el vidrio. Entonces, el magnetismo de Dios empieza a atraer las células, y el individuo se siente llamado a volver al corazón de Dios. Y a la conciencia, privada todos esos años de lo Divino, se le pide que vuelva al Origen. «Tú eres mi Hijo amado; en el que YO SOY complacido», se convierte en el fíat que contiene el tono sagrado, el tono de amor infinito que invoca en el alma el rayo del regreso.

> La llama de la ascensión brota
> y el individuo sabe que ningún poder del cielo y la tierra
> puede impedirle la luz que fluye.
> Desde los dedos de los pies hasta la coronilla,
> en vez de pensamientos y densidades humanas,
> el poder de majestuosidad reluce.
> La radiación de la victoria de la llama
> lo llevará hacia arriba en nombre de Dios.
> Él verá que ningún poder de la tierra
> puede detenerlo a él o a su flujo.
> Debe regresar mediante el fuego sagrado
> a la causa del primer deseo.
> Su Primer Amor, pues, nacido otra vez,
> lo llevará a la libertad de la ley del amor,
> el poder de lo alto
> que rompe ataduras y sacude a los hijos
> hasta que todos son uno solo en la luz, por amor a la luz.

Por tanto, decimos nuestras palabras de despedida. La victoria de la luz esta noche es vuestra, si así hacéis que sea. Una gran decisión del alma, una gran decisión del espíritu de aceptar este amor os dará, infaliblemente, si es sostenida como un impulso acumulado en vuestro mundo a lo largo de todas las generaciones, la victoria de Saint Germain y la victoria del Gran Director Divino.

Y, para terminar, os daré *mi* victoria, porque ¡YO SOY *vuestra* victoria!

[La audiencia se pone de pie].

Os doy las gracias.

13 de octubre de 1968
La Tourelle
Colorado Springs (Colorado)
MLP

14

SALUDOS INDÓMITOS DE VICTORIA CÓSMICA

¡En nombre de todo un planeta, quisiera traeros los saludos indómitos de victoria cósmica! ¡Y puedo llevar ese optimismo y esa alegría que YO SOY al campo energético de vuestra conciencia de una manera extraordinaria! ¡YO SOY Víctory! Y YO SOY también la victoria de cada hombre, mujer y niño de este planeta; libertad en la luz y libertad de ser lo que Dios ya es. Porque cuando fuisteis dotados de la majestuosidad de la imagen divina, fue para que pudieseis manifestarla.

¿Entenderéis esta noche conmigo que la manifestación de la imagen de Dios en el mundo de la forma es la gloria más alta de la que el hombre puede formar parte? Al venir esta noche a vosotros, vengo con un espíritu invocador, porque estoy decidido a que la alegría que tengo sea la alegría del mundo. Nunca, en más de diez mil años, el cuerpo planetario ha visto o entendido la experiencia que estoy dirigiendo esta noche, gracias a un acuerdo con los consejos cósmicos y Señores Solares que gobiernan este sistema de mundos.

Es cierto que la humanidad ha abandonado la alianza de Asha,[1] la alianza de la pureza; pero quiero que entendáis que en el corazón de los hombres hay un ancla tanto de su victoria como de su pureza, que YO SOY.

Por tanto, esta noche, mientras desciendo a la atmósfera del cuerpo planetario, traigo conmigo a más de diez mil legiones de ángeles, [la audiencia se pone de pie] y las traigo a la Tierra en nombre de Dios para servir a los hijos de los hombres a causa de sus necesidades básicas. (Por favor, tomad asiento). Invoco, pues, en el nombre de Dios y por el poder de Dios, a las huestes angélicas de luz para este cuerpo planetario. ¡Y vienen conmigo a fin de conferiros y conferir a la humanidad una percepción de su victoria!

¿Qué es la victoria? Es la superación de aquellas condiciones externas contra las cuales habéis luchado con vuestra conciencia mortal. Ahora os digo: exijamos el fortalecimiento de esa conciencia mortal por medio de aquellas aplicaciones inmortales de alegría cósmica, paz y belleza que darán a la mente un nuevo ámbito, una nueva perspectiva no solo para este año, sino para todos los años venideros con la inmortalidad y la paz de vuestra victoria como una realidad.

Vosotros habéis pensado en vuestra victoria como algo remoto. Bien, quiero que entendáis que la realización de vuestra victoria puede ocupar de forma inmediata al ser total del hombre para que la gente, en lugar de estar involucrada en una lucha por esto o aquello, pueda al fin entender cómo puede lograr el cumplimiento inmediato de esos deseos cósmicos que forman parte de la gran luz cósmica de Dios que nunca falla. Esta noche os digo que ¡la luz de Dios nunca falla! Y cuando lo digo, deseo que reforcéis esa acción como un foco tangible en vuestro corazón para que podáis llegar a ser beneficiarios de ese servicio cósmico que quiero prestaros.

De una manera u otra habéis tenido la idea de que sois deficientes. Por favor, ¿podéis eliminar de vuestra mente y conciencia esta noche que sois una persona deficiente y entrar en cambio en la conciencia de que sois un ser eficiente, libre en Dios, decidido a emprender el curso de su victoria cósmica? Porque entonces creo que la focalización que podemos producir en el mundo de la forma será un milagro cósmico del esplendor de la luz como el mundo jamás ha visto hasta ahora; no, ni en miles de años.

Quiero que entendáis que existe una ley de la abundancia que opera en cada Maestro Ascendido. ¿Y sabéis cuál es esa ley? Es la ley de la producción de una gracia en el corazón de los que todavía están por venir mayor de lo que ellos han manifestado por sí mismos. No importa qué grande pueda ser la conciencia de los Maestros Ascendidos; en el mundo de la forma finita, siempre los llena la conciencia de que Dios existe y opera en la manifestación de ellos mismos.

Y, por tanto, ellos comprenden la ley de la trascendencia milagrosa por medio de la cual la conciencia, en cualquier época, puede al fin elevarse a sí misma hacia un índice de vibración superior, a esferas superiores, y llevar consigo la conciencia de iniciación al mundo de la forma, por la cual el cuerpo planetario se transforma gracias a la luz trascendente del propósito, que es el brillo del poder y el fuego eterno del ser cósmico de Dios mismo en el corazón del Gran Sol Central.

¿Aceptaréis eso? ¿Os permitiréis enamoraros de eso? ¿Os acercaréis a eso? ¿Aceptaréis esa victoria como un componente integral de la Deidad que es un regalo tangible pensado para vosotros? Bien, queridos corazones de luz, ¡os los estoy ofreciendo! ¿No lo vais a tomar? ¿No lo vais a aceptar? ¿No lo vais a ser?

Si queréis, estoy seguro de que la transformación que se producirá en vuestro razonamiento no decidirá con mucha inmediatez que ahora, al fin, tenéis que pasar por alguna condición negativa extraña e indeseable. Pues con qué facilidad la mente humana es capaz de aceptar eso de sí misma debido a la enorme infiltración en el mundo de la forma, en los patrones de la vida y en los registros de la vida de tantas, tantas personas que han pasado por experiencias indeseables.

¡Pues bien, lo único que tenéis que hacer es soltar las cosas! ¡Soltad esas viejas ideas! Planificad la transmutación por medio de los fuegos sagrados y los elementos del ser de Dios, ¡y luego tomad la decisión de no volver a aceptar esas cosas! ¿No estáis cansados de las situaciones inferiores a la victoria en vuestra vida? ¿Aceptaréis conmigo esta noche, por tanto, un sentimiento de vuestra propia victoria Divina y haréis que sea una parte permanente de vuestro mundo?

Esta es la manera en que yo mismo pude lograr no solo el título de Víctory, sino el ser de Víctory como una parte de Dios. Puede que os digáis: «Ah, sí, la victoria forma parte de Dios y la victoria forma parte del poderoso Víctory, pero ¿forma parte de mi mundo? No». Bien, amados corazones, siempre que digáis que no, así será, ¿entendéis? Pero en cuanto decidáis convertiros en una persona de victoria Divina, una persona —un sol puro— de gran luz y belleza, ya habréis iniciado esos fuegos de la victoria en la chimenea de vuestra conciencia, ¡y desde esa esfera se expandirán y expandirán y expandirán hasta cubrir la Tierra!

Durante miles de años los hombres han aceptado el principio de que tienen que robar a sus hermanos, porque no están satisfechos con que la abundancia del amor de Dios les haya proporcionado lo suficiente a través de las vías de la naturaleza; por tanto, salen a tomar lo que no es suyo. No entienden el fíat con el que invoco a los ángeles. Y ahora los invocaré: «*¡Del SEÑOR es la tierra y su plenitud!*».[2]

Al pronunciar esas palabras, cada grano de arena del planeta las grabó. Quizá creáis que estas palabras se están grabando solo en cinta electrónica. Dejad que os diga que todo grano de arena, toda gota de agua, toda porción de toda sustancia ha grabado mis palabras esta noche, porque hablo con la autoridad de Dios. Y he entregado al mundo mi fíat: «*¡Victoria, victoria, victoria, victoria, victoria!*»; miles y miles de millones de veces escrito en las arenas del planeta. A partir de ahora no podéis tocar un grano de arena ni de cualquier sustancia sin saber que sobre ella está la palabra «victoria».

«¡Bueno, qué ego tiene!», diréis vosotros. [La audiencia se ríe]. Os aseguro que hace mucho tiempo que he prescindido de eso. He pronunciado este nombre como una cualidad de obediencia Divina, una cualidad de la que podéis adueñaros, una cualidad con la que podéis hacer que se agiten esas energías impenitentes que tenéis y decirles que os abandonen y que sean transmutadas en luz y belleza, como esas hermosas energías regeneradas de felicidad Divina y victoria.

Qué triunfo será, por tanto, cuando la humanidad, aceptando al fin ese espíritu de entendimiento cósmico que YO SOY, comprenda que desde el primer día Dios quiso que el hombre fuera un conquistador de la oscuridad. Pues bien, ¡pongámonos manos a la obra para conquistar!

¿Cómo creéis que se hará? En primer lugar, gracias a la entrega optimista, alegre y transmutativa que estoy realizando esta noche, ¡espero que salgáis y que literalmente sometáis al mundo a golpes! Vosotros os diréis: «¿Y cómo empiezo?». Y yo os digo: esto consiste en concentrar esa conciencia de victoria Divina en vuestro mundo individual. Y cuando lo hagáis, si seguís constantes con ese sentido de victoria, ello obrará un cambio *maravilloso* en vuestro mundo, un cambio que hará que esos pequeños obstáculos que durante tanto tiempo han sido escollos en el sendero de vuestra vida, literalmente se entreguen a mí.

«Claro que sí, —diréis vosotros— mientras la conciencia de Víctory me levanta con optimismo y alegría, soy capaz de hacer todo eso». Bueno, dejad que os diga una cosa esta noche: cuando entendáis que el poder Divino de Víctory está literalmente vivo en vosotros, cuando mantengáis esa conciencia consagrada como si fuera un ícono en la pared de vuestro ser, ¡ello os transformará!

Pero cuando dejéis que se deslicen desde vuestra conciencia todas esas cosas debido a la pesadilla del sinsentido humano que dice: «Eres una persona horrible; eres una persona egoísta; eres una persona de oscuridad y engaño; tienes este y aquel defecto»; mientras aceptéis eso, probablemente lo seréis.

Pero solo cuando empecéis a entender que solamente por la gracia cósmica y la belleza —manifestadas por Jesucristo y los Maestros Ascendidos a lo largo de las eras— seréis capaces de sacudiros el polvo de los pies y descubrir al fin que podéis elevaros en esos momentos triunfantes, por medio de los cuales las grandes espirales cósmicas del fuego cósmico se convierten en una manifestación tangible para *vosotros*. ¿Cómo creéis que esto se llevará a cabo? Debido a que el Espíritu en vosotros está hecho de la misma sustancia que el Espíritu del Maestro Ascendido.

Entonces, ¿lo entendéis? ¡Es simplemente una cuestión de expresar esas cualidades Divinas que ya tenéis en vosotros! Y la idea y el concepto de que no podéis hacerlo es un concepto de tradición satánica, un concepto de estrategia luciferina debido al cual los hombres han aceptado esto y no han entendido que, al fin, la cuna de la victoria Divina está dentro de ellos mismos. Cuando lo entiendan, ya no serán como un pino solitario en una colina solitaria, separado del mundo y sintiendo lástima de sí mismo.

¿Entendéis, por tanto, que todos nosotros estamos enteramente con vosotros, a vuestro lado? ¿En el nombre de Dios, cómo podéis seguir tropezando? ¡Bueno, diréis vosotros, no es precisamente algo fácil! [La audiencia se ríe]. Dejad que os diga que puede parecer difícil hacer la voluntad de Dios, pero cuando aceptéis el espíritu de vuestra victoria, ¡seréis transformados en el pensamiento! Y aunque esa acción del pensamiento pueda no parecer de inmediato propagarse por esos átomos decadentes, que por desgracia no habéis guiado con la suficiente frecuencia mediante el gran fuego cósmico, entenderéis que ese poder del Cristo Cósmico que está en vosotros universalmente, y que ahora es llamado a la acción, se convertirá en una manifestación tangible desde un punto de vista final, y no os cansaréis cuando simplemente veáis alguna manifestación que aún no sea perfecta.

Esta es una de las grandes piedras de tropiezo de los hombres. Es la idea de que aún no son perfectos. Pues bien, ¡os digo que lo son! Sencillamente, han aceptado la imperfección y eso se ha convertido en el fíat de su mundo. Han aceptado el disonante ritmo de los tambores de una selva improductiva del sinsentido humano y han negado las facetas inmortales de luz cósmica que de hecho respiran y brillan dentro de ellos. ¿Qué creéis que hace latir vuestro corazón, amados? Pues bien, el poder y la energía que hace latir vuestro corazón es el poder por el que se forjan los mundos y por el que estos giran en el espacio y por el que la gloria de Dios se convierte en una realidad tangible en el rostro de un avatar como Jesucristo, en el rostro de un avatar como El Morya.

Todos estos grandes seres —Kuthumi— construyeron catedrales; lucharon contra las circunstancias externas del mundo. Él se convirtió en el *poverello* divino, como lo llamaban, porque dijo: «Me entregaré a ti. Me entregaré a Dios». ¿Y qué pasó en realidad? Pues bien, Dios ya lo tenía, pero parece que el demonio le tenía agarrado un pie; y de alguna forma le molestaba un tanto que le tiraran* de ese pie. Pues bien, quiero que comprendáis que no importa si os tienen agarrados los dos pies [La audiencia se ríe] si entendéis que Dios está dentro de vosotros y que el que está en vosotros es mucho más grande que el que está en este mundo.[3]

Es un estado de conciencia; es una cuestión de comprensión; es una cuestión de reconocer esa comprensión, por parte vuestra, no por otra

---
*jalaran (N. del T.)

persona. No basta con que El Morya, el gran maestro, tenga en su conciencia que puede vencer al mundo y el estado de la carne y el estado de la manifestación carnal exterior. Pero cuando el Espíritu de Dios se apodere de *vosotros,* otra cosa ocurrirá. ¡Ello no será producto de vuestra imaginación!

Ahora dejad que os diga, ¿por qué creéis que digo eso? Porque muchas personas han justificado y han llevado al estado intelectual de su ser esos mismos maravillosos pedacitos de conocimiento humano que dicen que Dios no existe, que Cristo no existe. ¡Vaya, casi se podría pensar, queridos, que iban a decir que ellos mismos no existen! Sin embargo, rara vez se les escucha decir eso.

¿Entendéis lo que quiero decir? Dirán que Dios no existe, el gran Dios del universo. Dirán que el amado Jesús no existe, pero los que lo dicen no dicen que *ellos mismos* no existen. Parece que se consideren a sí mismos poseedores de una inteligencia y un poder de razonamiento superiores, con los que literalmente pueden racionalizar la no existencia de los Maestros Ascendidos.

Pues bien, ¡gracias a Dios no lo han hecho! ¡Porque estamos *aquí!* ¡Y nuestra victoria es una manifestación tangible dentro de *vosotros* si dejáis que lo sea sobre el altar de vuestro corazón y vuestro ser! Y os digo que es el fervor de Dios por el cual hablo, que es la victoria de Dios por la cual hablo, que es la devoción de Dios por la cual hablo, y que he venido de Venus esta noche para traeros la radiación del fuego sagrado y el poder de grandes mundos invisibles aún más allá. ¡He viajado esta misma semana al corazón del Gran Sol Central! Y allí he sido cargado con las energías solares por medio de las cuales el mismísimo centro de la creación gira, irradia y derrama sus energías victoriosas para la realización de los ideales Divinos.

Vosotros decís, el pralaya* se va a terminar. Pues bien, dejad que os diga que, aunque se pueda terminar, ¡volverá a empezar! Y quiero que sepáis que el centro de la creación seguirá irradiando y girando con el movimiento diurno de mundos sin fin a lo largo del tiempo por venir y a lo largo de toda la eternidad por venir. ¡Y nunca se detendrá! Es como una

---

pralaya: en la cosmología hindú, un período de disolución y destrucción de un universo manifestado que precede a la nueva creación.

peonza cuya cuerda no tiene fin porque las energías de Dios en ella son triunfantes. ¡Y las energías de Dios son triunfantes en vosotros y forman parte de vuestra propia alma!

¿Podéis comprenderlo? ¿Podéis sonreír en vuestro corazón al reconocer la verdad de mis palabras? Porque con esa sonrisa de reconocimiento, ayudaréis a solidificar en vuestro mundo las energías optimistas, alegres, cósmicas y resplandecientes con las que fuisteis creados en el principio, y entenderéis que las leyes cósmicas que me permitieron venir aquí y hablaros esta noche son las leyes que guían y gobiernan el universo. Y cuando comprendáis eso, las condiciones externas dejarán de tener importancia. ¿Por qué? Porque habréis entendido la Ley superior, y las leyes inferiores de la manifestación humana parecerán reducirse a la insignificancia.

¿Aceptaréis esta noche, por tanto, la idea de vuestra ascensión en la luz? Pues bien, en cuanto la aceptéis como una premisa, ¿qué tenéis que hacer? De inmediato empezaréis a cambiar vuestra vida, porque sabéis muy bien que la conciencia que tenéis ahora no es la conciencia de la ascensión ni es la conciencia de vuestra victoria. Entonces emprenderéis la tarea de decidir por vosotros mismos: «Voy a hacer algo y me voy a transformar en conciencia».

¿Cuál es el resultado final? El resultado final es un triunfo para Dios. Cada alma que se gradúa de las aulas de la Tierra se convierte en un triunfo para Dios. Y aunque parezca extraño, esa es una de las razones por la que a veces enseñamos a los maestros ascendidos de una forma fuera de lo común, porque deseamos que todo el universo se regocije. Como se dijo en vuestra Biblia, cada pecador que se arrepiente causa alegría en el cielo.[4] Pues bien, os aseguro que en el momento en que un hombre se arrepiente o una mujer se arrepiente y se pone a servir a la luz con todo el corazón, la luz se pone a servirle de todo corazón. ¿Y qué tiene lugar? ¡Pues una transformación completa, por supuesto!

Y vosotros os diréis (simplemente por albergar una conciencia ambivalente, haciendo jueguecitos con vosotros mismos), decidiréis: «Al fin y al cabo, escuché a Víctory; me sentí inspirado. Escuché esto y lo otro y me sentí inspirado. Pero ahora tengo todas estas trágica circunstancias ante mí, y ¿qué voy a hacer? ¡Tengo que hacer algo ahora mismo!». Y no hacéis nada en absoluto. Simplemente sufrís los escrúpulos de la conciencia, los remordimientos y los dolores por haberos metidos en problemas.

Bien, quiero que entendáis que el camino hacia la alegría, la liberación y la victoria conlleva un montón de sinsentido humano. ¿Aceptaréis, por tanto, que es mejor soltar algo de lastre para que vuestro globo pueda elevarse más? [La audiencia se ríe]. Bien, si lo aceptáis, entonces puedo hacer algo por vosotros, y vosotros podéis hacer algo por vosotros mismos. Si no lo aceptáis, quiero que entendáis que más o menos os atrofiaréis, os quedaréis inmovilizados y a veces os hundiréis en las arenas movedizas. ¡Porque las arenas movedizas están ahí! ¡Están esperando engulliros! ¡Quieren absorberos como papel secante o como una esponja! ¡Quieren atraparos y robaros la energía!

¿Y qué les pasa a las arenas movedizas? Bien, muy abajo tienen un pequeño túnel. ¿Y sabéis lo que pasa en ese túnel? Se llevan *toda* la energía que puedan robaros a todos; ¿y dónde la ponen? ¡La ponen en el mundo para crear negatividad! Y entonces la cosa se convierte en un círculo vicioso, y la humanidad es constantemente su víctima.

Cuando los hombres entiendan al fin que su victoria, su victoria Divina, está dentro de ellos y entiendan que cada célula tiene impresa las palabras de victoria eterna, inmortal y siempre viva, entenderán al fin que ese es el motivo por el que alegrarse, y nunca más volverán a albergar esos pensamientos oscuros que hacen que su conciencia se arrastre como un remolino de derrota, oscuridad y tristeza, y se les pone el rostro largo y arrugado [la audiencia se ríe], y se les ocurren malas ideas de todas clases y no pueden dormir y deciden ¡que todo el mundo está contra ellos! ¡Amados corazones de luz, en cuanto empiecen a entender que eso son *tonterías,* reconocerán que pueden seguir atrayendo esa gran esfera de victoria cósmica!

¿Sabéis lo que voy a hacer por vosotros esta noche? Voy a responder a vuestros llamados; ¡eso es lo que voy a hacer! Y voy a responder de esta manera. Cuando algunas veces os lleguen esos horrendos espíritus del desánimo que os he descrito en parte, simplemente hacedme un llamado muy rápidamente y decid: «Amada poderosa Presencia YO SOY y amado Víctory: ¡Ayudadme, ayudadme, ayudadme a salir inmediatamente de este estado, ahora mismo!».

Y ya veréis lo que pasa. Lo primero, sentiréis esa energía cósmica penetrar en vosotros, hasta la punta de los pies, y se os va a poner una *sonrisa*, y toda la oscuridad de repente se alejará sigilosamente y se esconderá, ¡porque no tiene a donde ir! [La audiencia se ríe]. No puede seguir dentro de vosotros ¡porque sois un espíritu de la victoria! ¡Sois un espíritu del triunfo! ¡Sois un espíritu de la alegría! ¡Sois un espíritu de Dios! ¡Y con ello saturáis la faz de la verde Tierra! ¡Y luego, tras algún tiempo, ya no habrá más nieve!

[La audiencia se ríe].

¡Podéis derretirla con amor divino! Sí, podéis derretir todos los cristales de hielo para eliminarlos de vuestro mundo y podéis hallar la libertad en ese maravilloso sol dorado del amanecer dorado de la iluminación cósmica. Y podéis poner eso a los pies de la humanidad, y podéis hacer que los hombres comprendan, por el fervor de Dios y la fe de Dios, que Dios es real y que ellos son reales y que su alma es real y que la alegría que tienen dentro de ellos es real, que YO SOY real, que Víctory os sellará en un corazón de victoria cósmica por siempre, si tan solo cedéis ante ese espíritu de verdad que hay dentro de vosotros.

¡Comenzad a estudiar para presentaros a Dios aprobados![5] Comenzad a comprender, a aceptar los grandes fíats de vida inmortal en vuestro interior y a ser conscientes de eso para siempre. He venido a vosotros esta noche y he venido al mundo con un propósito especial. Y esta noche voy a ir a todos los continentes de este planeta, y voy a poner una imagen enorme de Víctory, en el reino etérico, sobre ese continente. Y voy a enviar una flecha a todo aquel corazón que sea oscuro, negro y traicionero, y voy a decirle a ese corazón: «¿No sabes que lates porque Dios vive?». Y voy a tratar de crear un sentimiento de abundancia en la mente de los hombres como jamás se ha hecho, y voy a trabajar con *vosotros*.

¿Aceptaréis, por tanto, el poder de ser un catalizador? ¿Aceptaréis el poder de ser un catalizador? ¿Aceptaréis el poder de ser un catalizador? Vosotros podéis convertiros en catalizadores allá donde vayáis, ¡porque os haré emisarios de Víctory en este planeta! A quienquiera que lo acepte lo haré un emisario a este planeta para que pueda llevar la luz de la victoria al mundo moribundo que ahora imagináis y a revivirlo y devolverlo a la vida; ¡y en tres días volverá a caminar con el espíritu de la alegría cósmica!

¿Sabéis de lo que estoy hablando? No estoy hablando de tres días terrenales —lunes, martes y miércoles—, ¡estoy hablando de la victoria del día eterno del despertar de la humanidad para que esta comprenda la belleza eterna que hay en el pensamiento de la victoria! Tan solo habéis tomado una cualidad de Dios. ¿Qué ocurrirá cuando las toméis todas?

Os doy las gracias.

3 de enero de 1971
La Tourelle
Colorado Springs (Colorado)
MLP

15

LA INICIACIÓN DEL DIEZ

Yo SOY Víctory. Vengo con la autoridad de Alfa y Omega para desafiar todo lo que se opone a la victoria de la conciencia de la humanidad y de todo el cuerpo planetario. Vengo con curación en mis alas y vengo con mil legiones de victoria, cada legión contiene diez mil ángeles de la victoria provenientes del Gran Sol Central.

La prueba del momento, la prueba del cuerpo planetario, es la iniciación del número diez. Y así, os digo a cada cual, pedid que podáis recibir esta iniciación del Señor Maitreya, la iniciación del diez. Después de haber hecho la petición, manteneos firmes, pues el Señor no dejará de concedérosla y no se os debe hallar deficientes cuando se os pruebe.

No me interesan los estudiantes de nota «C» [suficiente]. Exijo estudiantes de nota «A» [sobresaliente], «A» de Alfa. No me interesan los que pasan las pruebas por los pelos. Me interesan los que deciden pasar las pruebas con honores. Hijos de Alfa, estudiantes de nota «A», lo mejor de lo mejor, ellos son los que aceptamos y al resto los dejamos atrás.

La prueba del diez es la prueba de la abnegación. ¿Percibís al yo como algo humano o divino? En el crisol de esta prueba se os pedirá que decidáis: humano o divino.

La espada de la victoria caerá, y ¿de qué lado os pondréis? ¿Os pondréis a la izquierda o a la derecha? Esa es la decisión. Esta decisión debe tomarse en las cosas pequeñas y grandes; en todas las cosas. Todos los días y a todas horas debéis escoger, y con vuestra elección os ganaréis la marca de Alfa.

EL IMPULSO ACUMULADO DEL DIEZ MIL POR DIEZ MIL

Vengo, pues, para traer el impulso acumulado de mis legiones, que han pasado la prueba con honores. Estos son los estudiantes de nota «A» en formación ante vosotros. Ellos son como columnas doradas de fuego, fuegos de iluminación en el templo de nuestro Dios, puros e inmaculados ante su trono. Están preparados para legar su impulso acumulado a aquellos de vosotros que deseen pasar esta prueba.

Levantaos, pues, os digo. [La audiencia se pone de pie]. Erguíos bien derechos para recibir el impulso acumulado de los hijos y las hijas de Alfa, porque todo el planeta Tierra está en el umbral. La decisión final se tomará con el sopesar y con el juicio del Guardián de los Pergaminos en los próximos seis meses, basándose en si un número suficiente de individuos encarnados superen la prueba del diez o no.

Dejad que diga, por tanto, que la Tierra se encuentra en la décima casa de su evolución como cuerpo planetario. Para subir por la espiral hacia la casa de la victoria, debe producirse una devoción y una dedicación fuera de lo común en los próximos meses. Por tanto, ¿tomaréis la decisión de ser el equilibrio en la balanza de la vida que, mediante el poder de la victoria, pesa más que todos los fracasos de la humanidad?

Os digo que esto es posible, porque cuando pongáis vuestro impulso acumulado de victoria en la balanza, diez mil ángeles se pondrán en la balanza con vosotros. Ese es el poder de la luz. Ese es el poder que tiene la luz de atraer más luz y superar a la oscuridad con el poder del diez mil por diez mil.

Y os digo que cuando triunféis en esta prueba, se os dará el poder del diez mil por diez mil. Y cuando levantéis la mano para manifestar el poder de la divinidad del yo, el impulso del diez mil por diez mil estará con vosotros, os levantará la mano, aumentará su impulso acumulado y efectuará el golpe triunfador para todas las personas, para todo lo que es vida.

Habrá un gran regocijo cuando se ponga el laurel de la victoria no solo sobre vuestra cabeza, sino sobre la cabeza de todos los que están vinculados con vosotros en el antahkarana de la victoria. Piedras clave del arco del ser sois, si lo aceptáis.

NO OLVIDÉIS MIS PALABRAS

Debo deciros a todos que el poder que tiene la oscuridad de hacer que olvidéis mi dictado y mis palabras es muy grande, cuando se sopesa en el crisol del tiempo y el espacio. Las legiones de la noche, que ya están dispuestas contra vosotros para haceros olvidar y, por tanto, que bajéis la guardia cuando llegue la prueba, son en efecto grandes. Os lo indico no para desanimaros, sino para indicar el poder del Ojo Omnividente con su discernimiento, de modo que estéis prevenidos y, por consiguiente, preparados.

EL HOMBRE Y LA MUJER DE LA ERA DE ORO APARECEN

Ahora mis legiones están reunidas y los diez mil están por encima de vosotros. Sellados, pues, en la coronilla de vuestras nobles cabezas, damas y caballeros, están los fuegos de la victoria. Ahí arden, mientras el hombre de la era de oro, como la mujer de la era de oro, aparecen en vosotros; fuegos de iluminación ardiendo por el cerebro, ardiendo por el cráneo, ardiendo por vuestra forma física. Vuestros ciclos mentales, emocionales y etéricos están recibiendo la purificación del Poderoso Víctory y de la iluminación del Cristo Cósmico.

Quiero deciros que corresponde a mi cargo y a mi autoridad entregaros ese impulso acumulado de victoria. Lo he dado todo durante un millón de años para poder estar en este lugar y legaros ese impulso acumulado. No ha sido un sacrificio, sino una alegría.

En vuestra octava, sin embargo, se consideraría como un sacrificio. Por tanto, yo digo que no temáis hacer el sacrificio del yo pequeño para atestiguar el trabajo preparatorio del Gran Yo, de modo que vosotros también podáis ser benefactores de la raza, del planeta y del sistema solar mediante el poder del Poderoso Víctory, *¡mediante el poder del Poderoso Víctory, mediante el poder del Poderoso Víctory, mediante el poder del Poderoso Víctory!,* cuyo manto se os da en estos momentos para que lo llevéis puesto siempre que decidáis obstruir al yo pequeño y edificar, glorificar y resucitar al Gran Yo.

Por tanto, ¡seguid ardiendo, fuegos de la victoria! ¡Seguid ardiendo en el corazón de estos niños! Seguid ardiendo en el corazón de los niños, bebés en los brazos de su madre, por toda la faz de la Tierra. ¡Seguid ardiendo, porque yo, Víctory, lo declaro!

> *En el nombre de Alfa y Omega, inicio la era de Víctory.*
> *Ciclos de Víctory, ¡apareced!*
> *Ciclos de Víctory, ¡apareced!*
> *Espirales de Víctory, ¡descended!*

Que el Espíritu Santo, el Espíritu del Yo Pleno del Todopoderoso, aparezca ahora, y Helios y Vesta y el Imán del Gran Sol Central; todos están en posición para la victoria del planeta Tierra.

Ahora ya no sois mortales, sino electrodos de la victoria.

¿Recordaréis esta identidad, de hoy en adelante y para siempre, como electrodos, como chispas ígneas de la victoria?

La victoria transmite automáticamente iluminación. La victoria transmite automáticamente poder. La victoria transmite automáticamente amor. Es la chispa que destella a través del cielo nocturno de la conciencia de la humanidad. Ilumina la noche, transforma la conciencia y eleva a todos a la percepción Crística, que es el precipitado de oro desde el Gran Sol Central, la calamita de la era de oro y del hombre y la mujer de la era de oro.

Yo, Víctory, he venido entre vosotros. Aunque hablara otra hora más, no podría aumentar el ritmo de la iluminación, porque lo que se ha entregado, ha sido entregado por autoridad de los Logos Solares Cósmicos y los Señores del Karma.

A vosotros se os entrega. Se os entrega como un propósito ígneo, como una llama en vuestro ser. Si os pudierais ver en este momento en los planos interiores, os veríais como un templo transparente, con orificios, que son los puntos de los chakras. Y al mirar al interior de ese templo y de esa casa del Dios vivo, veréis ardiendo de la cabeza a los pies los fuegos de la victoria cósmica, los fuegos de la iluminación.

Conservadlos. Amplificadlos y utilizadlos para dejar la marca en los anales del tiempo, en las arenas del tiempo, en la mismísima tierra, en las aguas, en el aire y en el fuego de la Tierra. Dejad la huella. Dejad el engrama de la era de oro y estampad la marca de la victoria.

Dejad la marca de la victoria allá donde caminéis, y después llamad con señas a los hombres para que os sigan, porque ellos no siguen al yo mortal, sino al Yo Divino, que ha sustituido al mortal. Ellos siguen el rastro de luz dejado por diez mil ángeles que hoy se han adherido a vuestra causa.

Hijos de luz, hijas de luz, ¡que la victoria os esmalte! ¡Aceptad el llamado, e id a hacer la voluntad de Dios

15 de octubre de 1972
La Tourelle
Colorado Springs (Colorado)
ECP

16

VICTORIA PROVENIENTE DEL CORAZÓN DE DIOS

¡Seres flamígeros, YO SOY Víctory! Y el espíritu de la victoria proveniente del Gran Sol Central se acerca a la Tierra en esta hora del triunfo. YO SOY el que ha venido con legiones de luz portando la llama de sabiduría, honor sagrado de luz contenido en el corazón de Cristo. La luz expande el ámbito de la conciencia de Dios como llama de sabiduría, como la luz de mundos remotos, el poder de la Palabra hablada.

¡YO SOY Víctory! ¡YO SOY Víctory! ¡YO SOY Víctory! ¡YO SOY Víctory! En los cuatro planos del Espíritu, en los cuatro planos de la Materia, la llama de la victoria resplandece, y los que lleguen a la undécima hora, así como los que lleguen por la mañana temprano, recibirán la justa recompensa por su trabajo.[1]

¿Qué importa si el Señor de la viña les paga lo mismo? ¿Acaso no corresponde al Señor decidir recompensar a grandes y pequeños según vea la línea de la devoción del alma en el pasado, el presente y el futuro y la devoción de la llama en el corazón?

Por tanto, os digo a cada uno de vosotros, tanto si habéis trabajado en la viña del Señor durante un eón como si lo habéis hecho durante un momento, podéis recibir vuestra justa parte de luz que es el cumplimiento de la Ley en vuestro ser.

LA LUZ DORADA DE LA VICTORIA

Es una cuestión de ciclos cósmicos, queridos corazones. La luz de la victoria es una luz continua, una marea poderosa de iluminación dorada nadando en un mar de fuego blanco. Moviéndose sobre ese mar, fusionándose y mezclándose suavemente en el mar, las olas de luz ígnea y de llama amarilla y dorada cruzan ahora la Tierra y llevan a la humanidad otra vez el recuerdo de un estado anterior, un estado de amor, victoria y maestría.

YO SOY un ser cósmico que abarca años, que abarca siglos de logro, de expiación de la luz, de fuego de luz en el centro del átomo. Mis legiones son átomos de Dios, bolas llameantes de luz, de fuego, de mundos de conciencia, de la verdad que es la libertad de la Ley

APODERAROS DE LA LUZ DEL CRISTO

Así, debido a que esta es la hora de la victoria, todos los hombres que se sintonicen con la conciencia del Cristo pueden recibir la victoria de esa luz. Es cuestión de apoderarse de ella. Es como ir paseando por un hermoso jardín donde los elementales exhiben ofrendas florales para gloria de Dios. Admirar la flor, inhalar su fragancia, es un aspecto del disfrute de la belleza, pero al iniciado del fuego sagrado, que sabe que la base de la rosa es un diseño geométrico y es fóhat ígneo, se le da la capacidad de apoderarse de ella, no solo de admirarla.

Así, apoderarse del patrón sagrado, el patrón de una rosa con sus pétalos, significa tomar ese patrón y asimilarlo, convertirse en él, exteriorizarlo y finalmente crearlo. Así veis que la diferencia entre el «hombre niño» y el hombre maduro es la diferencia entre uno que contempla al Cristo con admiración y otro que contempla al Cristo y se apodera de su ser, de su conciencia, de su ley. Este lo convierte en algo propio, lo reclama como algo como si fuera su propio ser en la unidad del amor.

¿No dijo el Cristo: «Yo y el Padre uno somos»?[2] ¿Acaso no podéis decir también: «Yo y el Padre uno somos» y apoderaros así de la conciencia del Padre como un manto de luz que desciende del cielo, como el manto que pasó de Elías a Eliseo?

LA ACCIÓN DE «APODERARSE» ES UNA CIENCIA DE INICIADOS

Así, la acción de apoderarse es una ciencia de iniciados, de discípulos avanzados en todas las épocas que han llegado a la edad de la responsabilidad, que en cualquier tarea responden con la capacidad que tiene Dios de estar en el hombre, la capacidad que tiene Dios de hacer sus obras a través del hombre. Oh, seres empobrecidos que os paráis y admiráis el sol, las estrellas y la Tierra, ¿no comprendéis que el empobrecimiento de vuestra conciencia, vuestra mente y vuestro ser es la línea trazada entre niño y hombre, entre el que observa y el que se convierte en la plenitud de Dios en manifestación?

Así, el ángel del Señor que se apareció ante Juan el Revelador decía cada vez que el amado discípulo se postraba y lo adoraba: «Mira, no lo hagas; yo soy consiervo tuyo, y de tus hermanos que retienen el testimonio de Jesús. Adora a Dios».[3]

¿No comprendéis la lección de Jesús al lavar los pies de los discípulos? El siervo no es más grande que su Señor. Así, Jesús hombre deseó ponerse a adorar, ponerse al servicio del Cristo en cada discípulo. Este es el espíritu llameante de los victoriosos, de los conquistadores, de los que adoran la Ley y, al adorar la Ley, ven la necesidad que hay de acción y de convertirse en esa Ley en manifestación.

> YO SOY la luz de mundos remotos.
> YO SOY la luz de la victoria, ¡estandarte cósmico, despliégate!
> YO SOY la luz que ahora está dentro de ti
> iniciando la acción sagrada del corazón sagrado de Dios,
> porque deseo que te apoderes esta noche
> del poder del corazón de Dios, su luz, su energía,
> su foco del Sol Central
> para que sepas que Cristo, el unigénito,
> es Hijo de Dios en ti, en mí, en toda la jerarquía.

Los niveles de fuego, fuego llameante elevándose más alto, también muestran el patrón, el tejido, el tapiz de la divinidad en todos. Así, el tapiz de la vida en una gran escena, un gran mural que enseña el principio de la vida hasta el fin, pues el origen del hombre en fuego debe culminar en fuego. Entre el principio y el fin de Alfa y Omega está toda la humanidad, andando por el camino de la tierra, el camino del júbilo y la risa, descendiendo al nivel del afán, llegando al sitio en el tiempo y el espacio donde las artimañas de Satanás quieren tentarla y quieren desbaratar.

EL CORAZÓN DE LOS ÁNGELES

Queridos corazones, el corazón de los ángeles, grandes y pequeños, sí sangra cuando observan el agotamiento de la humanidad en este hogar planetario. Allá donde los ángeles sirven la necesidad del pequeño bebé, del niño, del joven; los corazones se inclinan hacia los que vienen como emisarios de Dios al hombre para consolar, para llevar compasión, para llevar misericordia y para desplegar el plan.

Cuando ven la desfachatez del hombre hacia Dios, vuelven al centro de los retiros de los arcángeles para repolarizarse con los sentimientos divinos, con la conciencia divina. Y esos ángeles, con su gran sinceridad, con su gran deseo de elevar a la humanidad paso a paso, más y más arriba, ven los obstáculos, ven la falta de protección, ven los campos energéticos de turbación que rodean a los pequeños y ofrecen socorro y consuelo.

Con frecuencia les pesa el corazón, porque ven que la conciencia de la humanidad está atada a la irrealidad mediante la televisión, la radio, las películas y la gran riada de libros y publicaciones que derriban la conciencia del alma de los pequeños.

Jamás en la historia de las evoluciones de este planeta ha habido tantas maneras de distraer la conciencia de los pequeños. Desde la mañana hasta la noche tienen la atención puesta en algo en lo exterior que los lleva lejos del centro del estado del Ser.

YO SOY el rayo de Víctory, y envío la luz de la victoria a cada corazón que evoluciona en el cuerpo planetario.

La luz de la victoria es una alegría boyante.
La luz de la victoria es oro sin aleación.
La luz de la victoria desciende.

Desciende a defender la conciencia de Dios en el hombre.
Desciende a dar a la humanidad una determinación jocosa
para seguir adelante,
para avanzar en la luz,
en el progreso hacia las alturas estelares
de donde vengo y adonde voy.
Por tanto, hay una energía cósmica llamada flujo
y en el flujo los ciclos cósmicos se cumplen.
Los ciclos cósmicos son voluntad de Dios en poder, en sabiduría, en amor.
La alegría de Dios revela esperanza, la valía, la fe, la caridad.
Regocíjese toda la humanidad esta noche
porque esa oportunidad abre la puerta
y los portales del cielo se vuelven a abrir
para que la humanidad escoja lo que está bien,
para vivir en la luz, para vivir en Dios,
para vivir por la gloria de su Hijo inmaculado.

Y así, tomo mi antorcha del fuego de la victoria. Con ella toco vuestro corazón. Él también arderá con el fuego del corazón de Dios del que os apoderaréis en parte esta noche. Porque por dispensación de los Señores del Karma, se os da una parte de esa victoria ígnea y llameante del corazón de Dios.

Ahí puede arder toda la eternidad, impoluta si queréis, si decidís que no se derrame en el suelo. Porque ¿sabéis que la luz de Dios se puede derramar al emplearla en los apuros humanos de la lucha y la tensión y las vanas persecuciones? Así, amados, conservad, conservad, conservad.

Oh, fuego de la victoria, como el pétalo dorado de la flor de loto que en el corazón de Buda brilla, como las flores que en tu jardín crecen. Oh corazones de amor, corazones de amor, sed el fuego de la sabiduría para toda la humanidad y sabed que YO SOY Víctory.

YO SOY Víctory y su llama por doquier en el cosmos. Y cuandoquiera que se pronuncie la palabra *victoria,* ahí estará esa entrega, ese ímpetu para terminar en el Cristo y manifestar la victoria de la luz. He aparecido para que esta noche se os pueda inundar con los fuegos dorados de la victoria. He aparecido esta noche para concluir esta clase, este seminario, con la espiral de victoria Divina, afianzando, pues, en la bola dorada de luz, la victoria de las legiones de Venus, de Sanat Kumara.

Así, cerramos la *Nueva Atlanta* con el fuego de la victoria, pues es una idea, un diseño original en el corazón de Dios. Todos los que sean llamados y hagan de su llamado y elección algo certero, descubrirán que, si perduran, hay un foco sobre este lugar de la luz de la victoria del que podrán apoderarse los maduros, los que tengan en la mente hacer la voluntad de Dios, demostrar la voluntad de Dios, hacer las obras de Dios.

Por tanto, apoderaros, apoderaros, apoderaros de los fuegos de la victoria. Sed Víctory en acción. Entonces veréis cómo vosotros sois yo, y yo soy vosotros y somos uno solo en la eternidad.

YO SOY Víctory y YO SOY el que está agradecido.

3 de septiembre de 1973
Atlanta (Georgia)
ECP

17

VICTORIA: UN CICLO Y UNA LLAMA

¡YO SOY la victoria de la luz en el corazón de toda la humanidad!

YO SOY la victoria de la llama y mis legiones descienden con la llama dorada de la victoria. Hoy están en la Tierra para proclamar la victoria de la luz, de la paz y del rayo femenino. «No te sobrevendrá mal, ni plaga tocará tu morada»[1], cuando con victoria defiendas la luz.

Es la luz victoriosa, invencible y decidida de la libertad y el sentimiento de libertad lo que da a la humanidad la victoria sobre toda condición indeseada sobre toda la oscuridad. Fe en la victoria, esperanza en la victoria, caridad en la victoria, son los componentes de la victoria. ¿Habéis visto alguna vez a un ejército o a un jugador ganar una pelea sin tener el sentimiento de victoria?

El gran sentimiento de victoria vence en todas las luchas, grandes o pequeñas. Las personas que tienen la visión de la victoria cada día, cada hora, son las que triunfan sobre los problemas que surgen a diario. Levantaos con la victoria por la mañana, acostaos con la victoria por la noche y consagrad los ciclos de las horas a la llama de Víctory, y veréis la salvación de nuestro Dios en esta era.

No aceptéis los conceptos derrotistas de los seres oscuros que entran con sutileza a través de impulsos acumulados de condenación y degradación.

No aceptéis la derrota, grande o pequeña. Esa sutil aceptación al nivel del cinturón electrónico es una muerte segura, una oscuridad segura. No aceptéis ni siquiera contemplar la derrota en ningún momento, en ninguna parte. No pronunciéis la palabra fracaso. No puede existir; no debe existir; es solo ilusión.

Adoptad la llama de la realidad Divina. Comprometed vuestras energías con la luz y garantizad el flujo de la luz en el nombre del Cristo. ¿Acaso no es la Presencia YO SOY, no es el Ser Crístico el mayor fiador del destino de vuestra vida?

Oh, vosotros de poca fe, adoptad la llama y sed libres de avanzar en armonía perpetua. YO SOY el defensor de vuestra maestría Divina, de vuestra armonía Divina y de vuestra visión Divina, porque la realidad es la llama del Espíritu Santo que anima a todas las células de la vida.

LA CRUCIFIXIÓN DEL RAYO FEMENINO

Así, tal como los malhechores estaban en la cruz con Jesús el Cristo, los malhechores entre los judíos y los árabes llegan en la hora de la crucifixión del rayo femenino para que se les ponga a prueba en la hora de su juicio.

Los que estén preparados para la crucifixión tendrán la recompensa de la vida eterna. «Hoy estarás conmigo en el paraíso»[2] es la esperanza eterna que Dios guarda en su corazón por las evoluciones rezagadas y los que han querido perpetuamente difamar la imagen de la Mujer Divina, de María y su Hijo.

Los que se niegan a reconocer al Cristo son los malhechores, que no se sienten conformes en la hora de su juicio y desean crucificar a toda la humanidad en una cruz de guerra, oscuridad y desesperación. La jerarquía no lo permitirá. La jerarquía exige que se eleven voces de entre la humanidad para desafiar esa infamia, para desafiar la persecución al Cristo nuevamente y su crucifixión en esta hora de tribulación.

PATROCINAMOS EL RAYO FEMENINO

Esta es la era de la Mujer Divina. Y para que la Mujer Divina aparezca en toda la humanidad, es necesario que haya al menos una mujer que dé su vida para que todos puedan vivir, que entregue su vida para que Dios la pueda volver a tomar y que Dios pueda glorificarse a través de la mujer, a través de todas las mujeres. Así, la llama de la Madre, que vosotros adoptáis y a la que servís, es la llama que será victoriosa en todos vosotros.

Al hablaros en este momento del mayor afán de la Tierra, afán por el nacimiento del Niño Cristo, el gran avatar cuya estrella está apareciendo ahora en el cielo, estad quietos, y conoced que YO SOY Dios.[3] Sabed que las llamas gemelas que han patrocinado este movimiento (como Arriba, así abajo) continuarán patrocinando la victoria y el sacrificio del rayo femenino.

Tal como un Mensajero dio la vida para que todos puedan vivir, para que esa vida pudiera volverse a tomar en el segundo Mensajero, así será como con los dos trabajadores que trabajan en el campo; uno es tomado y el otro es dejado.[4] Así, la conciencia humana es la que siempre debe ser sacrificada y consumida para que la conciencia divina aparezca.

Esta representación simbólica se ha interpretado ante vosotros en el drama de los dos testigos. La victoria del amor que ellos trajeron a la Tierra es un testimonio de la victoria de la vida que vosotros, por vuestra dedicación, también podéis traer. Queridos corazones, en este aniversario de la prueba del diez y la gran entrega que es necesaria,[5] podéis mirar a vuestros líderes y ver cómo han dado una entrega total en este ciclo de doce meses, y volverán a dar una entrega una y otra vez.

El cielo no exige que entreguéis la vida en la pelea ni que muráis por la libertad. [El cielo exige] que viváis por la libertad. En la victoria no hay muerte; por tanto, en la presencia ascendida de Lanello, ¡he aquí la victoria de vuestro Dios!

LA MUERTE DEL EGO HUMANO
PARA LA RESURRECCIÓN DEL EGO DIVINO

La victoria de la luz de Jesús el Cristo es la representación, una y otra vez, ante los ojos de la humanidad, de la verdad de que el ego humano debe morir en la cruz para que el Ego divino sea resucitado en todos. ¿Creéis que Jesús tenía un ego humano cuando se fue a la cruz por la humanidad? No, os digo. Sin embargo, estuvo dispuesto a hacer esa demostración pública por todos los que quisieran hallar la clave de la salvación, de la vida eterna, de la salvación de las naciones, [entendiendo que] al entregar el yo inferior, el mayor pudiera aparecer.

Por tanto, sabed también que, en el caso de vuestro Mensajero, no era necesario en el sentido de que hubiera un ego humano que debiera morir, sino que lo mortal, la imagen corruptible, pudiera vestirse de incorrupción.[6] Él se vistió de inmortalidad para dejar la marca del ejemplo de la elevación del rayo femenino para el siguiente ciclo de dos mil años del reino de la Madre Divina en la llama de la libertad.

¡YO SOY Víctory! He venido con mis legiones, que son legiones de seres cósmicos que han alcanzado la conciencia del Cristo Cósmico. Aparecemos en este momento tal como aparecimos al principio de la dispensación de Saint Germain en este siglo. Renovamos nuestra promesa y nuestro voto de permanecer en apoyo a la llama de la libertad.

Y así, cuando veáis la llama violeta resplandeciendo por la Tierra, veréis, asomándose, la luz dorada de la victoria y los fuegos de la victoria. Las legiones de Víctory cabalgan sobre sus caballos de batalla con ángeles de llama violeta; juntos llegan, de dos en dos, ataviados con vestiduras de justicia y de los santos.

ESTUDIAD LOS CICLOS

Hoy quisiera señalaros que, en vuestro análisis de los ciclos y los ciclos de la caída de la bolsa de valores, debéis comprender que en todos los siglos la humanidad recibe una asignación de cien años de energía, con la cual demuestran la maestría del Cristo mediante el poder del diez por diez. Adquirir maestría sobre la abnegación diez veces es la victoria de cada siglo.

¿Veis, por tanto, que los primeros treinta y tres años del siglo son importantísimos? Del mismo modo, los primeros treinta y tres años en la vida del hombre marcan el logro de Cristeidad o el potencial perdido de ese logro. En la vida perfecta vivida por Jesús el Cristo presenciasteis cómo la maestría llegó a los cuatro cuerpos inferiores a través de los cuatro ciclos de siete, [concluyendo] en el año vigésimo octavo.

Después de eso, él fue hacia su interior para que los cinco rayos secretos llevaran su maestría al trigésimo tercer año y la hora de la ascensión.

De los rayos secretos, dos eran interiores, tres estaban en la demostración pública de la Ley. Esto es una prueba y un patrón que las personas y las naciones deben seguir.

Por tanto, aprended bien la lección de la década de 1920, cuando las fuerzas oscuras introdujeron su música oscura, sus ritmos oscuros, y la humanidad empezó a moverse siguiendo las curvas sinuosas de la fuerza y la mentira serpentinas.[7] Abrieron su cuerpo emocional, su cuerpo mental, a la oscuridad y a la manipulación del flujo de la armonía, que ya no fluía según la música de las esferas y el señorial movimiento del vals. Habían recibido [el vals] de Saint Germain en siglos anteriores, como preparación para el flujo de la libertad, para el flujo del abastecimiento y el oro en preparación para la era de Acuario, la era de oro que había de tener lugar en suelo estadounidense.

UNA ESPIRAL DESCENDENTE

Así, con gran sutileza, los luciferinos tejieron sus complots para difamar y desfigurar la imagen del Cristo por medio de la destrucción de la economía estadounidense. Lo que ocurrió en 1929 fue el principio de una espiral descendente de oposición a la ascensión de la conciencia Crística en un pueblo y de una nación.

¿Dejaréis que vuelva a suceder? Nosotros no lo permitiremos.

¿Dejaréis que vuelva a suceder? [La audiencia responde: «¡No!»].

Alabado sea Dios por vuestro ferviente deseo de utilizar vuestras energías, de arremangaros y esforzaros con Saint Germain para la mayor invocación de luz y victoria que el mundo haya visto jamás, porque es necesario.

¿Qué ocurrió cuando tuvo lugar el crac bursátil, la marca del Anticristo?

En vez de la ascensión de la conciencia, se produjeron suicidios por cientos, por miles, mientras los que habían unido su conciencia a la materialidad no tuvieron la visión del Salvador ascendido ni la meta de ser como él. En vez de elevarse, saltaron de los rascacielos de Nueva York hacia cavernas de desesperación y desesperanza.

Queridos corazones, qué fácil es analizar los complots de la oscuridad una vez que han pasado. Después del fracaso, después de que la batalla se ha perdido, los historiadores vuelven y nos dicen cómo se podría haber ganado, cómo podría haber sido.

Os digo que el ciclo de treinta y tres años llega tres veces cada siglo. Empezando con el nuevo ciclo en 1934, veréis que 1966 es la culminación de los siguientes treinta y tres años. Queridos corazones, los Estados Unidos se encuentra a las puertas de la victoria del doscientos aniversario del nacimiento de una nación. Mil novecientos setenta y seis marca dos siglos de la prueba del diez, diez veces [cada siglo].

¿Veis, por tanto, cómo las fuerzas de la oscuridad se unen para privar al alma de la victoria de la declaración de la independencia del alma?

EL PELIGRO DE LA UNDÉCIMA HORA

Si miráis la gráfica de los ciclos, veréis que la hora de la victoria, la undécima hora, está llena de resentimiento, venganza, represalias. Esta es la cola del dragón, que es odio hacia los Estados Unidos, resentimiento por su bondad, su generosidad y la ayuda que presta; su generosidad como ayuda al extranjero sin límites hasta que la Madre Divina haya sido ordeñada y vaciada de la mismísima esencia y energía de su vida.[8]

Con esa leche se ha alimentado a los hijos bastardos de la oscuridad de todo el mundo, los cuales han tomados esa luz, esa valiosa luz, ¡y la han utilizado para pervertir su energía y convertirla en oscuridad para traicionar al mismísimo corazón de la Mujer Divina!

Quisiera señalaros que ni en la cultura árabe ni en la judía ocupa la Mujer Divina una posición predominante. La mujer no tiene permitido entrar en las salas sagradas de la sinagoga judía, y en los países árabes la mujer está en la decadencia más baja de su evolución, porque incluso en la China comunista y detrás del telón de acero la mujer retiene una mayor dignidad. Digo esto para señalaros que se trata en efecto de la crucifixión del rayo femenino.

LA MUJER EN LA NUEVA ERA

La Madre Divina debe aparecer en los Estados Unidos como la corona de gloria. La Diosa de la Libertad debe tener prominencia y adorarse como el arquetipo de la mujer de la Nueva Era. Corazones de luz, queridas almas,

¡levantaos ante la victoria de la mujer de la Nueva Era y percibid el alba de la realización del rayo femenino en vosotros!

Comprended que la luz de la victoria en los Estados Unidos es la luz de la victoria de la Mujer Divina vestida del Sol.[9] Tal como la Diosa de la Libertad lleva la corona de siete rayos, que simbolizan los siete rayos en manifestación exterior, la corona de la mujer en el Apocalipsis tiene doce estrellas, que simbolizan la maestría de los cinco rayos secretos y los siete rayos exteriores.

Este, por tanto, es el deseo que tenemos: queremos prepararos para que dominéis las dos coronas. Con este fin ha entregado la Bendita Virgen los sagrados rosarios a través de la Madre de la Llama. Son trece, siete y cinco, con el decimotercero en el centro, el punto de concentración o el pivote en el centro del círculo, que es la maestría de los doce.[10]

Así, al rezar los rosarios de los siete rayos y los siete rayos secretos, os sintonizaréis diariamente con la conciencia de la victoria y con la victoria del rayo femenino. Cuatro por siete, veintiocho, es siete a cada lado de la pirámide de la vida (los cuatro cuerpos inferiores) y cinco para la culminación de la victoria del Cristo.

¡ESTADOS UNIDOS VICTORIOSO!

Queridos corazones, como nación, Estados Unidos está destinada a ser el gran ejemplo de la victoria. Tal como Jesucristo fue el avatar de la era de Piscis, Estados Unidos es la nación piloto seleccionada por los Maestros Ascendidos. Aquí, gente de todas las razas, nacionalidades y credos pueden unir sus energías, su mismísima sangre, en el crisol para que la llama trina de la luz Crística pueda aparecer en manifestación equilibrada, para que la Constitución de los Estados Unidos, escrita por Saint Germain como un documento divino, pueda hallar un paralelo en la constitución de todos los países de la Tierra.

Queridos corazones, sopesad bien que no es Estados Unidos, su gobierno o su pueblo, quien tiene la culpa. Es la infiltración de los caídos, los seres oscuros y sus sistemas de caos y desintegración, su fracaso al no superar la prueba del diez, su abuso de la sociedad capitalista por su conciencia rezagada de avaricia, por no defender al Cristo como la cabeza de todos los negocios, todos los gobiernos, todos los hogares.

Así, Estados Unidos debe regresar a los pies de nuestro Dios. Los estadounidenses deben unirse en masa para preservar la llama de la libertad. Esté bien o esté mal, lo que es irreal puede ser consumido; lo que es real puede elevarse como meta, como una insignia para todas las naciones y todos los pueblos.

DEDICAOS A LA LLAMA DE ESTADOS UNIDOS

Renovad vuestro fervor y vuestra dedicación a la llama que es Estados Unidos como una realidad. No pedimos que os dediquéis a los corruptos que corrompen a otros, a sus defectos, sus fracasos o a la oscuridad. No, os pedimos que os dediquéis a los principios de la victoria de la luz Crística en este pueblo, que aún conserva hasta este momento más luz y más amor que ningún otro pueblo en el globo. Y digo esto como análisis desde los niveles internos.

Creedlo y sabed que el potencial para la victoria de todo el planeta está aquí. No huyáis de Estados Unidos como huyen las ratas cuando el barco se hunde. Algunos lo han hecho, retirándose a otros países, a otros lugares donde creyeron que había un mejor clima económico.

Este es el momento de plantar los pies firmemente en el suelo de Estados Unidos, de dejar que las jerarquías de luz canalicen sus energías a través de vosotros para mantener el equilibrio en la hora de Libra, cuando las jerarquías de Víctory permanecen en la llama del Espíritu Santo, que es la llama del oeste dorado.

Estados Unidos es el cumplimiento de la llama del Espíritu Santo en el hemisferio occidental. Los hemisferios del norte y del sur deben estar unidos y servir juntos con el conocimiento de la llama trina como poder, sabiduría y amor de modo que la séptima raza raíz pueda nacer, para que los arquetipos de libertad puedan grabarse a fuego para la victoria de una era, la era de Acuario de los portadores de luz.

¡LIDERAMOS CON LA LLAMA DE LA VICTORIA!

¡YO SOY Víctory! La luz blanca y dorada ardiendo como una llama en el punto del tercer ojo sobre mi frente es la señal de que lideramos con victoria. Lideramos con la llama de la victoria. Ahora pongo esa llama sobre vuestra frente y os pongo el casco de la paz para la protección de vuestra mente contra los ataques psíquicos de los caídos. Incluso en esta hora utilizan equipamientos mecánicos para proyectar rayos de desintegración sobre la mente, la sensibilidad, la devoción y la dedicación de los elegidos de Dios. Por tanto, el casco de la paz será para los justos y para los santos la protección del signo de Aries, para que la mente de Cristo pueda realizarse en vosotros, para que podáis responder al fíat: «Haya en vosotros esa mente que hubo también en Cristo Jesús».[11]

Así, el corazón también debe sellarse en una esfera azul, porque vuestro corazón ha de mantenerse en armonía. Invoco la esfera azul del corazón de Hércules. Yo, Víctory, en el nombre del Cristo, ordeno a las legiones de Hércules que rodeen vuestro chakra del corazón con una esfera azul para que las tácticas de choque de los seres siniestros no conmocionen el corazón de los hijos de la luz.

Se ha predicho la profecía de que en los últimos días el corazón de los hombres desfallecerá por temor.[12] Eso forma parte de las ondas de choque de la oscuridad que proyectan las fuerzas de la noche. ¿Es de extrañar que nuestra Mensajera, los que están cerca de ella y los que prestan servicio en nuestra brigada de luz, hayan sentido en las últimas semanas tensión en el corazón? Las ondas de oscuridad de estos malhechores, de estas generaciones rezagadas, han decidido pervertir la conciencia del corazón del Cristo y el Espíritu Santo mediante las perversiones de los fuegos de Aries y Libra.

Comprended, queridos, que debéis aplicar la ciencia que os ha enseñado la Virgen María a través de la Madre de la Llama. La práctica de esa ciencia será la salvación de la religión de nuestro Dios. Porque os digo de verdad que, a menos que vigiléis como vigilantes del Señor sobre el muro del Señor, no podréis exclamar: «¡Todo está bien!», cuando ellos digan: «Guarda, ¿qué de la noche?».[13]

Por tanto, debéis tener cuidado con los ciclos. Tened cuidado con la oscuridad infligida sobre los centros de luz de vuestro ser. Llamo a Cosmos para sellar los rayos secretos en vuestras manos y que podáis recibir las energías de esos rayos secretos, y que salgáis a utilizar las manos solo para bendición y para prestar servicio, no para la desgracia ni la ganancia ilícita.

Procurad no participar en la deshonestidad de los que practican en los mercados del comercio humano sin la luz Crística.

Por tanto, yo digo que permanezcáis *sellados*, corazón, cabeza y mano. «Vestíos de toda la armadura de Dios»[14] de justicia y verdad y salid a la victoria.

¡YO SOY Víctory! He aparecido para afianzar la victoria en la Tierra. La victoria es para los fieles que saben que conocen la Ley, que practican la Ley, que albergan el sentimiento de victoria, que renacen en la llama de la victoria.

Os doy las gracias y estoy con vosotros hasta la hora de la victoria de Armagedón, cuando la luz permanece triunfante y todo el mundo hinca la rodilla para confesar al Cristo como la verdadera vida de todo hombre.

¡YO SOY en la llama y YO SOY Uno!

12 de octubre de 1973
The Motherhouse
Santa Bárbara (California)
ECP

18

¡EL JUEGO SE LLAMA VICTORIA!

A lo largo del corredor de los siglos, los seres cósmicos están alineados con la geometría de la mente de Dios. Están como en una escalera que desaparece hacia la eternidad, observando la victoria triunfal de los portadores de luz en este y muchos otros mundos. Los seres cósmicos tienen tal logro, tal atemporalidad, como para hacer incomprensible al saber mortal la inmensa identidad contenida en el corazón palpitante de cada uno de ellos, que late al ritmo del corazón de Dios.

Vosotros, a nivel jerárquico, estáis sobre uno de estos peldaños. Os preceden muchísimos otros, e innumerables más caminarán detrás de vosotros, subiendo a las alturas de la cima, todos impulsados más y más arriba en el esquema cósmico por la llama de la victoria que yo porto.

¡YO SOY Víctory! YO SOY la realización victoriosa de la luz en los avatares, los centros solares y las evoluciones de mundos más allá de otros mundos. Vengo con legiones de luz. Venimos con la luz dorada de la victoria, y el aura de esta ciudad se llena de nuestra presencia. Diez mil de nuestro grupo vienen a derramar sobre vosotros la alegría de la victoria para la celebración del nuevo año.

¿Por qué se afanan los mortales en sus celebraciones? ¡Cuánto se esfuerzan por tener el recuerdo de un buen rato! Cómo lucen el ego. Cómo se ríen con las payasadas del pequeño yo, alardeando a la última moda o el último paso, y así vienen, de dos en dos. ¿Es el zoológico o es el llamado de los portadores de luz?

Uno se pregunta, observando a lo largo de los siglos, cuándo se liberarán los mortales del esfuerzo de ser mortales. Ya son mortales, sin embargo, continúan reforzando su mortalidad como si estuvieran a punto de perderla. Y sí, ¡ay!, la perderán. Perderán el templo mortal. Algunos perciben, con el paso de los años, qué efímero es lo que creyeron que era la llama de la juventud. Sin embargo, si hubiera sido de verdad la llama de la juventud, no sería efímera, pues la llama de la juventud es la conciencia maestra ascendida. Es la alegría rebosante de la luz cristalina desbordándose como un río, alimentando y sosteniendo los templos corporales más allá de la duración asignada.

LAS LEGIONES DE VÍCTORY ENTRAN EN LA PELEA

Vengo con regocijo. Ángeles tocando cuernos, ángeles tocando arpas y todo eso. ¡La humanidad cree que no tenemos nada más que hacer en el cielo!

Tenemos tiempo para celebraciones cuando se ha ganado la batalla, después de haber peleado la buena batalla. ¿Sabéis que las legiones de Víctory disfrutan de una buena pelea? ¿Sabéis que son los primeros en entrar en acción, en saltar al agua helada o al fuego, con sus aros de fuego de llameante victoria?

Y ellos vienen. Sea cual sea el aspecto de la conciencia mortal que haya que someter, las legiones de Víctory tienen un medio, un método e incluso una herramienta; es como si tuvieran una mochila a la espalda. Deberíais ver a estas legiones de Víctory cuando entran en acción. Quizá una llave inglesa, quizá una espada, quizá rodillo de amasar, quizá un corazón púrpura de fuego; nada es demasiado pequeño o grande. Si funciona, las legiones de Víctory lo utilizan.

Podéis ver o imaginar muchas escenas graciosísimas en donde las legiones de Víctory superan en inteligencia a los caídos, que marchan contra la Mujer y su progenie. De alguna manera, en los fuegos saltarines y encrespados de la victoria, hay una alegría, hay un sentido del humor divino que nos lleva mucho más allá del llamado del deber cuando peleamos la buena batalla hora tras hora, día tras día, año tras año.

Oímos decir a uno de vosotros: «¿No llevamos luchando contra esa fuerza, contra esa oscuridad, dieciséis días? ¿No es hora de dejar de luchar por un rato?». Sí, nosotros escuchamos cuando habláis y cuando conversáis sobre el triunfo, sobre la victoria de un planeta. Y os recordamos que nuestras legiones están en combate veinticuatro horas al día, siglo tras siglo.

Por tanto, de todos los artilugios y trucos que usamos para que caiga el ego y para soltar el orgullo antes de la caída, debemos retener y mantener ese espíritu alegre. De otro modo, nuestra actividad podría convertirse en una fuente de exasperación, de locura, de irritación. Debéis entender esto, vosotros que, sin saberlo, habéis sido alistados en las filas de Víctory. Ahora que formáis parte de nuestro grupo, debéis entender que demasiada seriedad en la lucha hará que huyáis, que tengáis el miedo común solo entre los mortales ¡y nunca entre las huestes de luz!

POR SABIDURÍA VENCEMOS

Yo digo, por tanto, que la *Victoria, Victoria, Victoria, Victoria, Victoria, Victoria, Victoria, Victoria, Victoria* es el peto, la armadura, la luz brillante, la luz amarilla, la iluminación del Cristo Cósmico.

Cuando golpeamos con la espada, no es solo para atravesar el corazón del enemigo, sino para lanzar dardos ígneos de iluminación, porque por sabiduría vencemos. Al golpear con esa espada, esta da el mandato divino: «Subid más alto y sed la conciencia Crística. Renunciad al ego humano o dejad de existir».

¿Podéis imaginaros a los que han vivido en cuevas de oscuridad del plano astral, viéndose cara a cara con un miembro de nuestras legiones en la cegadora luz radiante? Al restregarse los ojos y salir con su suciedad y su ropa mugrienta, oirán el mandato: «Ríndete al Cristo. Ríndete al Todopoderoso o deja de existir».

A menudo, me alegra decir esto, se rinden y dan un potente grito, que es el toque de difuntos del ego, el último aliento del ego al sucumbir. Entonces, en el vacío que queda, la conciencia Crística desciende; y ante nosotros contemplamos un hijo de la luz, un niño de Dios preparado para unirse a nosotros en la lucha.

Vosotros preguntáis: «¿Qué les ocurre a los que no se rinden?».

Esos son acompañados por las legiones del grupo del Arcángel Miguel para la acción del juicio final en la Corte del Fuego Sagrado. Allí, los Veinticuatro Ancianos examinan el registro y deciden si un alma en evolución merece o no tener otra oportunidad para presentar reclamaciones por el bien en los hogares planetarios en evolución de donde vino.

CRUZAD LA LÍNEA DE LA IRREALIDAD A LA REALIDAD

¡El juego se llama victoria! No hay ningún otro símbolo de prestigio en el cielo excepto la victoria. Desde el menor hasta el mayor, los que cruzan los portales del cielo deben ser vencedores, y todos los que reclamen esa victoria deben usar la llama que yo porto.

YO SOY la conciencia cósmica de la victoria. YO SOY la percepción de Dios de vuestra victoria. Por tanto, llamadme en la hora de la victoria, en la hora de la victoria de la manifestación del Espíritu Santo en vosotros. Victoria es Realidad y no puede haber Realidad sin victoria.

¿Creéis que podéis cruzar la línea de la irrealidad hacia la Realidad sin luchar?

Bien, dejad que os diga, YO SOY el que he venido para desbarataros esa ilusión.

¿Creéis que podéis cruzar esa línea sin el desafío de los seres oscuros, sin el mandato de manifestar la llama de honor cósmico, sin elegir el bien conscientemente? ¿Creéis que podéis permanecer en el velo (velo de energía, el *mal*) de los hipócritas que dicen «sí» cuando corresponde y «no» cuando corresponde, pero nunca, en toda su vida, eligen o defienden la victoria, la luz y el Cristo? Ellos son los apaciguadores. Apaciguan a los seres oscuros y permanecen en el valle de la ilusión.

Por tanto, para cruzar esa línea, estad preparados para dar testimonio de la verdad, para defender los principios y negaros, con todo el fuego que podáis reunir, a someteros a un ápice de la mentira de los seres oscuros: la mentira de que no sois plenos, que no sois un hijo de Dios; las muchas mentiras que, todas ellas, son transigencias que comprometen la flamígera presencia de la Realidad.

DEFENDED LA VERDAD

Algunas personas esperan graduarse en la vida mediante un acto de fe y regresar al corazón del Salvador sin jamás haber tenido que defender la luz. Esas personas desean la popularidad, ser bien consideradas en sus comunidades, ocupar puestos en la sociedad, y dicen lo que dicen los hipócritas.

No son de fiar y jamás son representantes de los Maestros Ascendidos. Como veis, mentir, tergiversar la verdad, comprometer las cosas es pecar contra el Espíritu Santo. Y ese pecado no se puede perdonar hasta que es abandonado, porque con ese pecado se entra en un estado engañoso y uno nunca puede salir del engaño hasta que abandona las zonas grises, las pequeñas mentiras piadosas, las tergiversaciones.

Os digo que adoptéis la verdad; perseguid la verdad y hallaréis la Realidad. Y cuando estéis en presencia de la Realidad y en la llama de Dios Todopoderoso, tendréis el don del Espíritu Santo. Con ese don tendréis el poder de hacer aparecer a voluntad los diseños del Creador, el esquema de lo que ha de traerse como reino de Dios manifestado en la Tierra.

¿Veis, pues, que la acción del Espíritu Santo es la iniciación que debéis superar para asumir el dominio sobre la Tierra, para dominar el plano físico, para dominar la Tierra y regresar victoriosos al corazón de Dios?

Comprended, queridos corazones. Dios ha hecho al hombre recto, pero el hombre ha buscado muchas invenciones. Las invenciones de la conciencia mortal comprometen toda la imagen del Cristo. Si alineáis vuestros cuatro cuerpos inferiores con cualquiera de esos compromisos, descubriréis que vuestra identidad se separará de la presencia, la omnipresencia, del Espíritu Santo, y sin esa presencia no podéis llegar lejos en la conquista de la Tierra.

VENIMOS A FORTALECER A LAS ALMAS DECIDIDAS

Nosotros somos triunfadores llameantes de una causa. Somos seres llameantes. Cuando vemos a un alma decidida a conseguir la victoria, irrumpimos con fuego y con una infusión de determinación Divina. Quizá acuda un millar de nuestras legiones a apoyar a un alma que se arrodilla al irse a dormir y le pide al Padre Supremo fuerza para enfrentar el amanecer y las tareas y responsabilidades del día siguiente.

Allá donde hay oración, las legiones de Víctory van, pues la victoria es la llama que hace que la humanidad vea que la victoria puede ser la plenitud de la realidad Divina. Comprended vuestro repentino surgir de sentimientos que afirman: «Yo puedo. Puedo llegar hasta el final. Hoy puedo hacer esto por Dios». Esa oleada de esperanza, esa oleada de energía, os da el alcance para tener la visión, para estar dispuestos a superar la prueba. Ese es nuestro deseo más alto, nuestro llamamiento, nuestra voluntad, nuestro servicio a Dios y al hombre.

CORONAS DE VICTORIA

En el momento de la culminación de un año de servicio, en el momento de la realización del servicio de la llama de la Madre en Sudamérica, he venido a coronar vuestros esfuerzos con victoria. Coronamos al Cristo con muchas coronas y ese Cristo es también el Cristo en vosotros.

El Cristo en vosotros es el Rey de reyes y Señor de señores. Sea como sea que lo exaltéis y glorifiquéis en Jesús y en otros de nuestros grupos ascendidos, recordad que el Cristo y la profecía de su venida debe cumplirse en vosotros, debe aceptarse, porque sois dignos de recibirlo en el pesebre de vuestro corazón y de caminar por la Tierra como un hombre Crístico y una mujer Crística, coronados con la corona de la victoria.

La corona es el símbolo de la compleción, de la realización y de la apertura del chakra de la coronilla. Es el símbolo de la culminación de la espiral de Alfa y Omega; y sin la corona, vuestra actividad está incompleta; con la corona tenéis un foco permanente repleto de energías de fuego sagrado impulsándoos más y más alto, hacia victorias más y más grandes en la luz.

PERGAMINOS DE VICTORIA

También vengo con pergaminos de victoria. Estos pergaminos contienen el registro y el testimonio de los que han vencido al mundo en los últimos doce meses. Entre estos pergaminos, pues, se encuentra el pergamino de vuestro Lanello, que ha ascendido de entre vosotros mediante los fuegos de la victoria. Él está conmigo esta noche para proclamar la victoria, vuestra victoria en la lucha.

Entre estos pergaminos está el de aquel a quien llamabais D. Cree*, nuestro amado Denny Cree, que ascendió este año. Por tanto, no temáis, porque ángeles del registro y Guardianes de los Pergaminos guardan los pergaminos de la victoria de todo Hijo y toda Hija de la luz ascendida. Ellos los guardan como un registro verdadero que podáis leer para ver exactamente cómo se ganaron el triunfo y la victoria.

¿Entendéis que, por tanto, leyendo paso a paso las pequeñas y grandes victorias de los avatares ascendidos, podéis ver cómo seguir, paso a paso, el mismo sendero hacia vuestra Victoria? Porque, al fin y al cabo, la conciencia humana, con sus manías, sus fantasías y sus fallos, es prácticamente la misma a través de una repetición monótona de las mismas viejas tentaciones y los mismos viejos errores y los mismos viejos fallos.

¿Veis, por consiguiente, que todo ser ascendido, en algún momento, en algún punto en su evolución, ha andado por donde vosotros andáis ahora?

Todos los vencedores han afrontado las pruebas que vosotros afrontáis ahora. Por tanto, vosotros podéis apelar, por medio de la invocación en el nombre del Cristo, a ese ser ascendido específico, aunque desconozcáis su nombre. Podéis llamar al Maestro Ascendido que ha dominado el escalón específico en el que vosotros estáis ahora, la prueba específica que afrontáis ahora. Y podéis decir:

> *En el nombre del Cristo,*
> *Oh, amado Maestro Ascendido,*
> *quienquiera que seas, dondequiera que estés,*
> *tú que tienes la victoria sobre esta prueba,*
> *te pido que me des*
> *el impulso totalmente acumulado de tu victoria*
> *para que yo también pueda vencer*
> *y dejar un registro en las arenas del tiempo*
> *para otros que vendrán después de mí en la victoria.*

La victoriosa superación de la prueba del diez llega, por tanto, porque invocáis la victoria y porque estáis decididos a ser victoriosos. Si os ponéis

---
D. Cree se pronuncia como *decree*, que en inglés significa decreto. (N. del T.)

a hacer un examen sin preparación, sin considerar los hechos, la astrología cósmica, las actividades de la luz y la oscuridad que deben aceptarse tal como son —luz para reforzar la luz y oscuridad que se ha de transmutar—, si no venís a la prueba preparados, no esperéis superar la prueba. Es así de simple.

No podéis suponer que, de alguna forma, por la sonrisa en vuestro rostro o la ropa que lleváis, pasaréis automáticamente, con una fórmula mágica, las pruebas de la victoria. Esto simplemente no funciona así.

ESTUDIAD LA LEY

Y la Ley es la Ley; siempre ha sido la misma. Si esperáis superar vuestras pruebas, debéis usar cada detalle de la Ley que hayáis aprendido, todas las enseñanzas de los Maestros Ascendidos que se han impartidos. Debéis estudiar para presentaros a Dios aprobados, al dividir con justicia la palabra de verdad[1] y emplear esas palabras donde sean aplicables a vuestro nivel de evolución.

De alguna forma, las muy precisas Enseñanzas de los Maestros Ascendidos que están dirigidas hacia los que las necesitan, frecuentemente son pasadas por alto. Con frecuencia los argumentos sobre los que enseñamos en nuestros dictados son practicados por devotos que ya los han vencido. Por tanto, a aquellos de vosotros que necesitéis la lección y a aquellos de vosotros que sepáis que necesitáis una lección, os digo: escuchad mis palabras y aplicadlas.

Al aplicar las Enseñanzas de los Maestros, os ganáis el derecho a obtener una enseñanza superior, y cuantos más y más de vosotros apliquéis los preceptos de la ley, llegaréis a un punto en que os habréis ganado colectivamente el derecho a escuchar dictados más avanzados y revelaciones más avanzadas.

Debido a que en las octavas de luz hay un compendio muy grande de conocimiento que espera entregarse a la humanidad, hemos iniciado la espiral victoriosa de la Universidad de los Maestros Ascendidos. Los que, por preparación, sometiéndose a las disciplinas del código de conducta de los Maestros Ascendidos, se hayan ganado el derecho a oír las enseñanzas superiores, recibirán nuestros dictados e instrucciones avanzadas en los niveles superiores de la Universidad de los Maestros Ascendidos.

Debemos mirar por doquier para hallar corazones purificados que reciban las enseñanzas superiores. Por tanto, hemos preparado un modo de entrenamiento, disciplina e iniciación que podáis recibir por haber invocado más luz.

PERGAMINOS INACABADOS

Quisiera hablaros también de los pergaminos inacabados, pergaminos vuestros, en posesión de los ángeles del Guardián de los Pergaminos, los ángeles del registro y vuestro Ser Crístico. En cada pergamino dorado tomado ahora de los archivos del Guardián de los Pergaminos, hay escrita una lista de las victorias que habéis logrado en cada encarnación, desde que vuestra alma descendió a la forma. Algunas tuvieron lugar sobre este planeta, otras sobre otros planetas, pues representáis una amplia gama de evoluciones y procedencias en el cosmos.

Para algunos de vosotros, el pergamino tiene muchas páginas, victoria tras victoria tras victoria; para otros, tiene menos páginas. Os doy a conocer este registro para daros una chispa más de determinación, para que sepáis que cada victoria, incluso si es la victoria de contener la palabra mordaz, la lengua afilada o las energías emocionales abruptas que desgarrarán la vestidura del tubo de luz de otro o su campo energético de armonía, cada una de esas victorias es escrita a mano cuidadosamente, con una escritura hermosa y única que tienen los ángeles del registro.

¿Sabéis que, para poder ser ángeles del registro, los ángeles deben practicar esa escritura y deben recibir la nota máxima «A» en caligrafía antes de tener permitido escribir en los pergaminos de la victoria? Y así, escriben en un lenguaje que algún día conoceréis como el código del fóhat, y desde el ser interno del alma podéis leer en jeroglíficos los registros de vuestra propia victoria.

EL PERGAMINO DE VUESTRA VICTORIA

En este momento, un ángel del registro está delante y ligeramente por encima de cada uno de vosotros. Si miráis ligeramente hacia arriba, veréis ante vosotros (al mirar con vuestro ojo interno) que el ángel del registro sostiene ante vuestra mirada el pergamino de vuestra victoria. Veréis que las victorias están numeradas, y veréis que algunos de vosotros no tenéis una victoria inscrita después del número. En cambio, hay un espacio en blanco, una omisión, llamémosle un pecado de omisión, si queréis. Según los ángeles del registro vayan pasando las páginas del pergamino veréis dónde habéis sido victoriosos y dónde habéis omitido los llamados a la llama de la victoria para superar las pruebas victoriosamente.

Todo esto ahora está registrado en vuestro cuerpo etérico, y aunque puede que no tengáis una percepción completa, esta noche vuestra alma tiene la revelación directa de lo que debe hacer para completar el plan divino en esta vida durante el resto del año, durante el próximo año y la próxima década, hasta el final del siglo y más allá, hasta la hora de vuestra ascensión.

Vuestra alma sabe, porque lo tiene impreso. Y en su percepción, vuestra alma también hará saber a vuestra conciencia externa, mediante una acción muy precisa, cuándo superáis las pruebas victoriosamente y cuándo no. Específicamente, recibiréis la oportunidad de llenar esos espacios en blanco durante vuestro avance por los ciclos del año con Helios y Vesta.

Se os dará la oportunidad de superar pruebas en las que fallasteis en siglos pasados. Se os dará la oportunidad de manifestar la llama de la victoria y sabréis cuándo habréis llenado uno de esos espacios en blanco. Porque los ángeles del registro, en su deleite, pueden llegar a reírse nerviosamente de alegría, y quizá podáis oír la risa efervescente de la victoria en el momento de vuestro triunfo.

¿No os habéis reído también vosotros cuando habéis vencido, riéndoos por haber soltado la gran tensión, riéndoos de alegría, una risa que estalla en llamas cuando la victoria avanza? ¿No os habéis reído también de los tentadores y los caídos y los mentirosos? ¿No os habéis reído también de sus mentiras, que ya no son algo en lo que creer, sino algo de lo que mofarse y algo que derribar?

Por tanto, el regocijo de los ángeles también surge. Entonces, a medida que las páginas se van llenando, una a una, llegaréis al punto del momento presente de la victoria. Veréis que todas vuestras victorias constarán en un nuevo pergamino y una nueva página de oro. Entonces, por la acción de los fuegos de la transmutación, por la comprensión de la realidad Divina de que todo lo que es pasado y no es de la luz es irreal, id a reclamar el pasado, a reclamar las energías y después a construir un futuro glorioso de ¡victoria, victoria, victoria!

Ahora los ángeles del registro se retiran. Dan un paso atrás y un paso hacia arriba. Enrollan los pergaminos y se marchan de esta sala en fila para devolverlos a la sala del registro del Guardián de los Pergaminos. Un día, cuando esté ante audiencias futuras, podré declararles que tengo los pergaminos de la victoria de los Guardianes de la Llama que anduvieron antes que ellos. En esos pergaminos estarán escritos vuestros nombres, pues habréis vencido a este mundo.

¿No es eso una gloria que contemplar? Veréis cómo almas muy cercanas a la vuestra, que han caminado entre vosotros, son ahora miembros de las huestes celestiales. Esto es esperanza. Esto es victoria. Esto es el fuego de otros mundos.

Os entrego mi llama. Usadla como queráis para la victoria del planeta, para la victoria de la vida elemental, para la victoria de la humanidad y para la ascensión de vuestra bendita alma.

Dondequiera que estéis, dondequiera que yo esté, estamos unidos en la llama del Dios Padre-Madre. Dondequiera que estéis, llamad a la victoria y yo vendré como el genio de la victoria, el talento de la victoria.

Por la gracia de Dios, ¡YO SOY la mente de La Victoria! ¡YO SOY el corazón de la Victoria! ¡YO SOY la mano de la Victoria en acción! ¡YO SOY el genio con la lámpara de iluminación del Cristo Cósmico ganada por medio del triunfo victorioso!

[Pausa de 22 segundos].

¡Hecho está! He imprimido un registro de victoria en esta ciudad, en el ángel.[2] Por siempre jamás ese ángel será la presencia llameante de la victoria para las almas que anhelen ser libres.

Os doy las gracias y os deseo buenas noches.

29 de diciembre de 1973
Ciudad de México (México)
ECP

19

EL CÍRCULO DE FUEGO

Mientras algunos contemplan el derrocamiento de la luz, yo aparezco para entregar el mensaje de victoria a la era. Yo manifiesto la llama de la victoria. Yo hago que las nubes de opresión retrocedan. YO SOY la plenitud de la luz de la victoria de Dios

Vengo a fortalecer las filas de portadores de luz con legiones de la victoria, con oro flamígero, con el potencial que tiene la luz de ser libre. Trazo un círculo alrededor de los portadores de luz. Es un círculo de fuego y todos en el planeta que hayan saludado a la llama Crística, que se hayan inclinado ante la luz de Dios en todo hombre, están incluidos en ese círculo. Es un círculo de protección y un campo energético de victoria.

En los días que vienen, cada uno de vosotros y todas las almas con las que estoy entrando en contacto como miembros de la verdadera Iglesia Universal y Triunfante, necesitaréis este campo energético para conservar el ímpetu de la forma de pensamiento del año, que también está impresa en el alma al mirar a Dios Todopoderoso.[1]

La victoria es la luz que supera la venganza en la undécima hora, la venganza del dragón, la bestia y el falso profeta.[2] Estos han de venir a juicio, y los habitantes del abismo también han de ser traídos; porque el hombre, con su perfidia, ha abierto el abismo y ha permitido que los demonios arrasen con locura por el mundo para mofarse del rayo femenino, para distorsionar la mente de los niños y para derrocar la verdadera imagen del Padre.

LLEGAN REFUERZOS

Por tanto, yo digo que los refuerzos están llegando desde el Gran Sol Central. Ellos son portadores de luz que han visto cómo los seres oscuros han contemplado la destrucción de los esfuerzos de los que fueron llamados hace tanto tiempo por Sanat Kumara a traer luz, a triunfar y a poner a prueba a las almas de la humanidad. Y la venida de los portadores de luz y la venida de los seres oscuros solo puede significar una cosa: confrontación.

La decisión, la elección de entregar el alma a Dios, se hace eligiendo la luz, abandonando la oscuridad, viviendo en la luz y en la llama de honor cósmico. Esta decisión está teniendo lugar en esta hora, a todas horas, en todo momento, a cada segundo en toda la eternidad, hasta que estéis encerrados en el Ser de Dios como un ser ascendido.

¡YO SOY la ley de abundancia cósmica que derroca toda la oposición a la manifestación de la luz en la Materia! YO SOY el flujo cósmico proveniente del Gran Sol Central. YO SOY quien limpia las vías del plano etérico, el plano mental, los planos emocional y físico, para que la humanidad pueda recibir la acción del Espíritu Santo, las aguas de llama viva y la luz de mundos lejanos.

LA OLA DE LUZ DESCIENDE

YO SOY la acción de esa conciencia de luz. YO SOY esa luz que desciende. YO SOY esa ola proveniente del Gran Sol Central.

Habéis escuchado que la gran ola de luz debe inundar el planeta antes de que la Tierra pueda avanzar hacia la era de oro de gloria. Esa ola de luz desciende hoy, y veréis cómo esta se llevará los desechos de todos los tiempos y a los caídos. Incluso ahora, ellos desafían la autoridad de la Hermandad y de los Maestros Ascendidos, y apilan vilipendios sobre la cabeza de los portadores de luz. Sus acusaciones son conocidas y llegan como las ondas de las oscuras aguas de la noche.

Reviértanse esas aguas. ¡Hacedlas retroceder! *¡Resplandezca la acción de la llama del flujo cósmico!* En esta hora de la victoria, que la humanidad aprenda la maestría de la energía en movimiento. Que los hombres se conviertan en energía en movimiento y vean cómo el movimiento de Dios por el cosmos es la luz que transforma, la luz de la resurrección, de la ascensión, el fuego sagrado que es el llamado de todo hombre y el hogar de todo hombre.

QUE ESA OLA REVIERTA LA MAREA DE CAOS

Por tanto, yo digo: dejad que esa luz, dejad que esa ola revierta la marea de caos y confusión con la que los seres oscuros han querido pervertir la llama de la Madre. *¡No prevalecerán!* ¡Hoy se les quita y se desmagnetiza su impulso acumulado y su autoridad en el gobierno y la economía!

Por la luz de Alfa y Omega, por la luz del Cristo Cósmico, por la llama de la victoria, ¡el fíat resuena! No será detenido. No se retendrá. Será, contrariamente a todos los gritos, la indignación, el llanto y el rechinar de dientes.

Las legiones de luz, las olas de luz, son continuas. Viniendo de lejos, descienden. Todos los que son de la luz y están en el círculo sagrado del amor de Dios estarán en las nubes y en la espuma del amor, sentirán la calidez, la frescura, la risa y el brillo de las aguas efervescentes de la libertad.

La libertad ha llegado. La libertad es la Presencia YO SOY. La libertad es la luz de mundos lejanos. YO SOY esa luz. YO SOY la llama de la Victoria. Yo afianzo mi llama en el corazón de cada cual. Y he venido, después de la entrega de la llama de la intrepidez que recibisteis recientemente,[3] para llenar el vacío con el brillo de la victoria.

La victoria siempre es iluminación; la iluminación es un interés propio iluminado. Cuando uno se interesa de manera genuina por el Yo Divino, uno puede entonces empezar a vivir. Entonces se empieza a saber lo que es la vida y lo que la vida puede ser en este plano. ¡Oh, alegría! ¡Oh, amor! ¡Oh, himnos de alabanza!

SED BAÑADOS EN LA VICTORIA DEL CRISTO

YO SOY el arco iris y el relámpago. YO SOY el sol. YO SOY la emisión de energía desde las estrellas de lo alto. YO SOY luz descendiendo, una rociada y una lluvia de magnificencia de la luz en este mismo momento.

¡Humanidad, sé bañada en la victoria del Cristo y prepárate para la celebración sagrada de los fuegos de la resurrección! ¡Prepárate para dar a la era el edicto de Víctory, la ley de Víctory, el amor de Víctory!

¡Así se abre hoy el Libro de la Vida! Así se escriben los nombres de los santos. Así son santificados y consagrados en el círculo de fuego. ¡Aquietaos, y sabed que YO SOY Dios![4] No temáis cuando la irrealidad del mundo se derrumbe a todo vuestro alrededor, porque es entonces cuando permaneceréis firmes y contemplaréis la realidad del reino de Dios. Todo lo demás es temporal; sin embargo, en el ámbito temporal hay oportunidad para la victoria y para un gran beneficio.

No desperdiciéis las horas, los valiosos momentos que Dios os ha dado para la victoria, para la maestría sobre vosotros mismos y para el control Divino. Una vez que todo esté dicho y hecho, cuando las arenas del reloj se hayan agotado y vosotros estéis cara a cara con los emisarios de la justicia cósmica, todo lo que contará es lo que hayáis conseguido como marca de maestría Divina, de iniciación, de logro, de amor por vuestro prójimo. Recordad bien las palabras de Cristo: «En cuanto lo hicisteis a uno de estos mis hermanos más pequeños, a mí lo hicisteis».[5]

EL MISTERIO DE LA VICTORIA

Tomad, pues, el misterio de la victoria. Toda la humanidad que está ante vosotros está formada por Dioses disfrazados. Al dar libremente vuestra vida por ella, obtendréis vuestra libertad de la rueda del renacimiento, pues demostraréis que estáis dispuestos a dar la totalidad que Dios os ha dado a la Totalidad de Dios en cada cual.

Recordad la clave: la humanidad. Dioses disfrazados, símbolos de jerarquía, potenciales de Cristeidad. No os olvidéis, pues, de ser hospitalarios con los extraños, porque por ella algunos, sin saberlo, hospedaron ángeles.[6]

La vida es un gran misterio. Un día tras otro, la oportunidad está cerca. Mirad arriba y vivid, oh huestes. Mirad arriba y vivid, oh vosotros que quisierais ser parte de las huestes del Señor.

YO SOY Víctory, y he conseguido esa victoria a lo largo de innumerables eras de esfuerzo por estar en la llama. YO SOY uno en la llama. Venid a la unidad de esa llama. ¡Hallad la abundancia cósmica!¡Hallad la Ciudad Cuadrangular! Hallad la realización suprema en Terra, ¡una futura estrella!

3 de marzo de 1974
The Motherhouse
Santa Bárbara (California)
ECP

ESPIRALES DE VICTORIA PARA LA ERA DE ORO

¡Yo SOY Víctory! Aparezco con legiones de luz proveniente del Gran Sol Central, donde los altares de la victoria, que son las cuatro columnas del templo del ser, están resplandeciendo con fulgor esta noche con los fuegos de la victoria, con la llama dorada de iluminación.

YO SOY Víctory y vengo a entregar desde el corazón de Alfa y Omega las espirales de victoria para la era de oro. Estas son las espirales para la victoria de un planeta, un sistema solar y una galaxia; la victoria del núcleo de fuego blanco del ser.

Ahora, en este momento, cuando los ángeles de la victoria están ante vosotros, se emite una espiral de victoria desde vuestro chakra del corazón parecido a las espirales de papel que se arrojan en la víspera de Año Nuevo. Y así, la espiral del cumplimiento de vuestro destino inmortal se afianza en la Materia.

Vengo con una proclamación de alegría, descubrimiento y luz para la era de oro de la manifestación de vuestra alma. Porque la era de oro ha de tener lugar en cada persona para que la era de oro pueda aparecer como la Segunda Venida de Cristo universalmente en manifestación en la humanidad.

YO SOY la alegría de la victoria. YO SOY el cumplimiento de la luz de la victoria en todo átomo, en todo ergio de energía. YO SOY la alegría de la victoria que hace retroceder a las hordas de la noche y a los caídos, que quisieran quitaros la mismísima vida para usurpar la alegría de mi llama y de mi venida.

Bien, ¡aquí estoy! ¡Estoy en este campo energético y proclamo la luz dorada de la victoria en vosotros!

DE VOSOTROS DEPENDE CUÁNDO GANAREMOS

La cuestión no es *si* ganaremos; la frase es *cuándo* ganaremos. De vosotros depende cuándo ganaremos; no depende de las jerarquías de luz, porque nosotros ya hemos ganado. Vuestra victoria en este sitio bajo el sol está determinada por vuestra conciencia de las espirales de victoria.

Y así, podéis hacer una espiral ancha con la que ganar vuestro logro en mil o diez mil años, como os parezca, o podéis estrechar los anillos de la victoria y ganaros la ascensión en esta vida por la gracia de Dios Todopoderoso.

¿No apreciáis ese regalo, oh benditos corazones? ¿No entendéis que Saint Germain apareció para entregar el mandato de la era —la llama de la libertad, la llama violeta transmutadora— para vuestra victoria?

Y puesto que él apareció por todos los hombres, todas las mujeres y todos los niños de este planeta con una dispensación para la era, yo aparecí para apoyarlo en esa victoria, en esa misión de la luz de la libertad. Por tanto, si os sentís agradecidos por mi presencia aquí, podéis darle las gracias a Saint Germain, porque sin su convicción, sin su fe en algunas personas de la humanidad y en la certera respuesta de su corazón, los seres cósmicos, los Maestros Ascendidos, no habrían aparecido.

Saint Germain defendió la luz cuando muchas personas encarnadas formaban parte del grupo casi innumerable de gente que lo había traicionado en el pasado. Sin embargo, su fe era la fe en Dios, en la Ley de Dios en el corazón del hombre.

QUE LA CONCIENCIA HUMANA NO OS VENZA

Y, por tanto, os digo: que la conciencia exterior y sus patrones no os desilusionen. Que la conciencia humana no os venza; ni la oscuridad ni las perversiones de la llama de la vida y del Espíritu Santo en la jerarquía de Libra. Todas las mentiras, la traición, la intriga y la irrealidad que usurpan el sitio del Altísimo en el gobierno, en la economía, en el comercio, en toda la red del crimen organizado, se reducirán a la nada en esta hora.

YO SOY Víctory y desafío a todo lo que ataca a la llama del honor cósmico en este país, en este planeta y en vuestra alma. No toleraremos *ninguna* interferencia con la victoria de nuestros chelas. Por tanto, a vosotros que estáis cansados de las cargas de la vida y las transigencias que hayáis decidido hacer de vuestro libre albedrío con la conciencia humana, en el nombre de Saint Germain, os digo que seáis libres esta noche. Porque estoy aquí y estoy aquí para apoyaros en vuestro compromiso con los santos fuegos de la libertad.

Bajad la frente con decisión, os digo, y liderad a los ángeles de luz y las fuerzas de luz en la batalla. ¡Adelante! Marchad hacia la victoria. No aceptéis *ninguna* fuerza, *ninguna* conciencia, *ninguna* circunstancia en vuestra vida que quiera privaros de un ergio de la energía de Dios de amor, misericordia, justicia inmortal o la llama de la paz.

DESAFÍO A LA MENTE CARNAL

Por tanto, desafío a la mente carnal y me pongo junto al Arcángel Miguel para proclamar la palabra de ese desafío:

En el nombre del Dios vivo,
en el nombre de Jesús el Cristo,
en el nombre del fuego en vosotros,
desafío a la mente carnal,
al Anticristo y a todo el poder satánico
en todos los hombres, las mujeres y los niños de este planeta.

Doy otro paso más: *Desafío a Lucifer, a los luciferinos y a todas las hordas de la noche que quisieran privar a este país, a esta tierra, a este hemisferio y a este planeta de la realización de las espirales para la era de oro.*

Permanezco en el nombre de la conciencia Crística de la humanidad.
Permanezco en el nombre del YO SOY EL QUE YO SOY

y desafío a todos los enemigos, a todos los tiranos, a todos los males.
Yo digo: ¡Cuidado!, porque la luz de las fuerzas cósmicas amanece
y vosotros, que os habéis alineado con la oscuridad,
¡cuidado!, porque esta es la hora
de alinear vuestra conciencia con el Cristo
y proclamar vuestra separación de los caídos.

UNA ENTREGA DE KARMA

Con la dispensación del nuevo año, los Señores del Karma, en esta misma hora, están contemplando hacer unas entregas de karma a los caídos y a los malvados del planeta. Veréis que, si vuestras energías están alineadas con ellos o atadas a ellos a través de la economía, a través del flujo del abastecimiento, a través del interés en empresas que apoyan a la bestia y la marca de la bestia, entonces yo digo que debéis cargar con el karma de ese vínculo.

Salid de entre ellos y sed un pueblo separado y escogido, elegido para Dios. Haced bien vuestra elección y comprended que, cuando apoyáis la industria del tabaco, la industria del alcohol, la industria del tráfico de drogas, cuando apoyáis a organizaciones que traicionan a los jóvenes del mundo, tenéis el karma por la traición a estos pequeños. Y, yo os digo, recordad las palabras de Cristo: «Y cualquiera que haga tropezar a alguno de estos pequeños que creen en mí, mejor le fuera que se le colgase al cuello una piedra de molino de asno, y que se le hundiese en lo profundo del mar».[1]

Yo digo, pues, cuidado con el flujo de la energía, porque daréis cuentas de ello. Si queréis tener y conservar las espirales de victoria, apoyad la *¡luz! ¡luz! ¡luz!* en este cuerpo planetario y usad la vida que Dios ha puesto en vuestras manos para proclamar la victoria de todos los hombres, las mujeres y los niños de este planeta.

EL JUICIO DEL ABORTO

Yo digo, ¡dejad que vuestra conciencia se remueva esta noche!
Estoy decidido a que vayáis en la llama del Arcángel Uriel a desafiar a

los defensores del aborto en esta tierra. Estoy decidido a que toméis este dictado y lo distribuyáis a todos los que están involucrados en este crimen contra la Deidad.

Este es un karma de grupo; la humanidad será juzgada de manera colectiva, y todos los que no asuman una postura contra el aborto serán considerados como los que no hicieron nada y, por tanto, votaron a favor del aborto.

Yo digo, por tanto, que es responsabilidad vuestra hacer la proclamación de Dios Todopoderoso para el juicio del aborto y del abortista. Dios no considerará inocentes a quienes continúan dándole la espalda a las almas y a los avatares que aparecen de otras esferas, a quienes esta ignorancia y esta malicia les niega que puedan encarnar.

DESAFÍO A LUCIFER

Os digo que corrijáis la ignorancia con información; corregid la malicia desafiando al Mentiroso y su mentira. Yo desafío a ese Caído al que le queda poco tiempo. Y digo: ¡retrocede! Hoy eres juzgado no solo por la matanza de los santos inocentes en esta época, sino en miles de años.

Por tanto, en vista del desafío a la Mensajera, a esta compañía y a la jerarquía de Maestros Ascendidos por parte de Lucifer antes de esta conferencia, se le quita otro porcentaje debido a la confrontación directa que ocurrió esta misma noche, y la interferencia con el flujo de la luz.

Sabed, oh, hijos de la luz, que los que desafían a la Mensajera y al ser Crístico en manifestación cargarán con el juicio. Algunos de vosotros habéis sabido que Lucifer recibió inmunidad debido al logro que tenía antes de la Caída. Por tanto, en este cuerpo planetario solo aquellos que pueden alcanzar el nivel de logro que él tuvo antes de la Caída tienen inmunidad contra su interferencia.

Hace muchos años, cuando la Gran Hermandad Blanca inauguró la misión de la entrega de las Enseñanzas de los Maestros Ascendidos a la era, los Mensajeros recibieron inmunidad contra la interferencia de Lucifer. Entonces a él se le dijo que cualquier oposición llevada a cabo contra los Mensajeros le costaría unos porcentajes de su impulso acumulado de energía utilizada contra los niños de luz.

Hasta ahora se le ha quitado un cuarenta y cuatro por ciento de esa energía, además de este uno por ciento, lo cual sirve de advertencia a ese espíritu orgulloso: hasta aquí y no más. Y con la añadidura de este porcentaje, cierta cantidad de oscuridad en el planeta se consume en el fuego sagrado concentrado en el Cristo, los Elohim, los arcángeles y los siete Santos Kumaras.

Por tanto, el porcentaje eliminado guarda relación con la manifestación de la perversión de la victoria, ese aspecto de la irrealidad que desafía a la jerarquía de Libra y la manifestación del Espíritu Santo. Por tanto, ¡que el desenmascaramiento del Mentiroso, la mentira y todo el crimen de este país se haga manifiesto esta noche como el precio que el Caído ha de pagar por su intento de privar a la humanidad de esta luz y de esta enseñanza!

EL PESAJE DE LA HUMANIDAD

YO SOY Víctory y mi conciencia es la conciencia de la justicia Divina. Y en la balanza de la justicia, la balanza de Libra, la humanidad se pesa esta noche. Como resultado de ese pesaje, los que se han alineado con el Caído son juzgados; los que se han alineado con la luz pueden esperar la hora en que ese espíritu orgulloso dé el paso de desafiar a las huestes ascendidas y, con ello, pierda todo su impulso acumulado, toda su zona de operaciones en el hogar planetario.[2]

Entonces veréis la purificación de la mente carnal en toda la humanidad. Veréis llegar el gran día de la decisión, cuando la humanidad se verá libre de ese ser, libre de elegir con certeza su llamamiento y decisión. Por tanto, en anticipación a ese día, afianzo el rayo violeta y la espiral de la victoria en todos los corazones humanos. ¡En todos los campos energéticos que den testimonio de Dios afianzo la *victoria! ¡victoria! ¡victoria!* Afianzo la voluntad hacia la victoria, el amor a la victoria y la sabiduría de la victoria.

¡YO SOY Víctory y obtendré la victoria de la luz en Terra! ¿La obtendréis vosotros conmigo?

Estoy aquí y estoy ante vosotros y os desafío. ¿Reclamaréis esa victoria esta noche conmigo? [La audiencia responde: «¡Sí!»].

Así sea. Por la mayoría de Dios en vosotros, que la Tierra sea proclamada victoriosa. Permaneced alerta en el discernimiento del Cristo para procurar que los caídos, que vienen como lobos con piel de cordero, no os priven de la abundancia, de vuestra luz, de vuestra fe, de vuestra esperanza, de vuestra caridad.

Por tanto, cuidado. Esta es la hora de la emoción de la victoria en que recibís la dotación de poder del Cristo para derrocar a los emisarios de los seres oscuros. Os digo que seáis intrépidos. Sed sabios. Sed inofensivos. Sed atentos. Id ataviados solo con la armadura del Arcángel Miguel.

Si hacéis las invocaciones al Defensor de la Fe sin falta como se os ha enseñado —catorce veces por la mañana, catorce veces por la noche—,* tendréis el sello de Miguel Arcángel y él irá a hacer lo que le pidáis en el nombre del Cristo. Él irá a defender vuestra alma y la de toda la humanidad contra todos los enemigos.

¡Salve a la luz! ¡Salve a la victoria! ¡Salve al amor! YO SOY la Palabra encarnada en vosotros. YO SOY Víctory.

11 de octubre de 1974
Los Ángeles (California)
ECP

---

*En un dictado posterior del 5 de julio de 1992, el Arcángel Miguel nos pidió que le dedicáramos decretos veinte minutos al día.

21

UNA ESPIRAL PARA LA VICTORIA CRÍSTICA

¡Salve, seres victoriosos provenientes del Gran Sol Central!
¡Salve, legiones de la victoria!
¡Salve, legiones del amor!

Venid ahora a este campo energético de Terra. Venid con la conciencia llameante de la victoria y haced resplandecer esa luz de la victoria para que se encienda el fuego del amor en todos los corazones. Así, el amor es la victoria en el Sendero. A menos que haya amor, no puede haber victoria.

El amor es una iluminación de los fuegos del Espíritu Santo cuando las energías en reposo de la Madre Divina se despiertan en el Espíritu flamígero del Padre. La sabiduría, como la luz del amanecer, proyecta el entendimiento del amor, tal como el amor engendra sabiduría. Y en la acción doble del rayo de brillo rosa dorado se percibe la gloria de la victoria, se percibe la marca de la victoria.

La meta, por tanto, se ve como la realización de la unidad, la realización de la vida, de la energía, de la conciencia, de convertiros en todo lo que sois al permitir que el hombre que está en el interior salga, se exprese y sea la victoria Divina, el dominio Divino de vuestra conciencia exterior.

Así, pues, oh luz del alma, ven en la llama del amor. Ven y sé la realidad de cada cual. Por tanto, la iluminación, la acción iluminada del amor, es la senda hacia la realidad. La comprensión de quién YO SOY, de quiénes sois vosotros, es la conciencia de la victoria.

Si conservarais la percepción continua del Yo las veinticuatro horas al día, también conservaríais la percepción de la victoria. Porque conocer al Yo, comprender el potencial de luz del Yo, significa ser consciente de la naturaleza infalible de la Individualidad en Dios que es victoria.

Ahora dejad que la oscuridad sea eliminada por la marea de victoria que se acerca. Dejad que las huestes angélicas impartan la espiral de victoria Crística al planeta y sus evoluciones. Dejad que la creciente marea de victoria aparezca proveniente del Gran Sol Central. Así es que estoy aquí y he venido para destruir los velos de oscuridad, tentación, tristeza y maya, y del estar desalineados con la geometría interior de Dios.

CONTEMPLAD A VUESTRO DIOS

Ahora, con el imán del Gran Sol Central de la victoria, dejad que los campos energéticos de vuestros chakras sean atraídos hacia el poder de la visión inmaculada de la Virgen Cósmica. Dejad que la energía se mueva hacia el centro del Ojo Omnividente. Ahora, contemplad a vuestro Dios.

Contemplad al Dios de la Individualidad, y sabed que sois Dios en manifestación y que la acción manifiesta de Dios es el hombre, la mujer, victoriosos. YO SOY el factor equilibrador de la victoria en la balanza de Libra del más y el menos; YO SOY Alfa y Omega convergiendo en este punto del tiempo y el espacio para el nacimiento de la conciencia Crística en vosotros. Por tanto, en el nexo de la cruz, en vuestro chakra del corazón, pongo la espiral de la victoria Crística.

Destellad. Destellad. Destellad y que la luz dorada, como olas doradas de paz, rodee el planeta como una mantilla de llama viva. Que los fuegos de la iluminación aparezcan.

Yo digo: despierta, oh humanidad. ¡Despierta, despierta, despierta! a tu realidad Divina. Sé esa realidad. Por tanto, parte la irrealidad. Parte la irrealidad y que el filo de la navaja de la mente de Dios abra el velo para que vuestro amado Jesús el Cristo pase.

LA PRESENCIA REDUCIDA DE JESÚS

En esta hora de victoria y de cambio de ciclos hay una nueva reducción de la conciencia y el campo energético electrónico de Jesús el Cristo, acercando a ese amado avatar a la percepción exterior de la humanidad. Esta reducción de su Presencia Electrónica va acompañada de un incremento de la percepción de la conciencia Crística en el corazón de la gente.

Por tanto, este año de 1975, con la búsqueda del Espíritu Santo por parte de la humanidad en la naturaleza, en la invocación y en el amor, veréis que la gente se dirigirá al Maestro Jesús, al maestro instructor, Instructor del Mundo de la era. El corazón de la humanidad será acelerado por la presencia de este amado de Dios que penetrará por el plano etérico, preparándola para la Segunda Venida y el reinado de la mente de Cristo en su cuerpo mental.

Entonces se estrujará el cuerpo mental de la humanidad, se estrujará para sacar las energías del yo irreal, la lógica de la mente carnal. Habrá una presión desde lo alto mientras el Ser Crístico se hace más real, más activo, en la vida de la humanidad, de manera especial en quienes respondan al Llamado, al Llamado interior del Buen Pastor.

Mis ovejas conocen mi voz.[1] Así conocerá la humanidad la voz de Jesús, y en su voz escuchará la voz del hombre interior del corazón,[2] su amado Ser Crístico, hablando en las lenguas de los ángeles y de los Maestros Ascendidos.

Por tanto, que la venida de Jesús el Cristo no excluya a las jerarquías ascendidas. Que su venida allane el camino para el descenso, la presión sobre las auras de la humanidad, del impulso acumulado victorioso de los santos y seres ascendidos de todos los tiempos. Así vendrán a los corazones receptivos; así sabrá toda la humanidad que la victoria del individuo está en la realidad interior, está en el Yo Real. Tal como Jesús es el Cristo, los mismo es cierto para todos los que estén preparados para recibir la unción del Ser Crístico interior.

AFIRMAD VUESTRAS VICTORIAS

Vengo con alas de victoria. Vengo para poner la aureola de la victoria sobre la cabeza de los triunfadores que están venciendo en todas las cosas, siendo tentados y puestos a prueba, pero empujando aún, valerosos hacia la victoria. Estos son los que están forjando una nueva era.

Venid, pues. Venid en vuestra alma, oh corazones de luz. Afirmad vuestra victoria, porque habéis logrado muchas victorias de las que no sois conscientes, que yo reconozco y afirmo en el nombre de vuestro Yo Divino, por haber estado a veces tan oprimidos con la carga del Anticristo y del acusador de los hermanos.

Por tanto, yo digo que reclaméis vuestra victoria. No hay llamado más urgente para este momento que el llamado para reclamar vuestra victoria. Por tanto, pronunciad esa palabra:

> *En el nombre del Cristo vivo,*
> *en el nombre de Jesús el Cristo y de mi Ser Crístico,*
> *en el nombre del YO SOY EL QUE YO SOY,*
> *ahora reclamo mi victoria.*
> *Ahora reclamo mi victoria.* [La audiencia participa].
> *Ahora reclamo mi victoria.*
> *Ahora reclamo mi victoria.*
> *Ahora reclamo mi victoria.*

La aclamación de los ángeles de la victoria está sobre vosotros, y la única vez —y digo la *única* vez— que las fuerzas de la oscuridad y los impíos pueden quitaros la victoria, es cuando perdéis el sentimiento de victoria y cuando no reclamáis esa victoria.

¿No comprendéis que en el reclamar la victoria está la llama de la victoria?

Esa llama es invencible, victoriosa, invencible, victoriosa, *invencible, victoriosa*. Ganaremos. Ganaremos. Ganaremos. Lo digo una vez, lo digo dos veces y lo digo otra vez, porque soy la conciencia cósmica de la victoria. Yo animo esa luz dorada de la victoria. Que destelle ahora como el sol de Helios y Vesta, mientras el imán del amor y la sabiduría de Dios multiplican el poder y el impulso acumulado de victoria del corazón de Dios que yo porto.

Veamos a la humanidad someterse a la vara de la ley de la autodisciplina. En la verdadera libertad de la era de Acuario, que cada hombre se discipline a sí mismo bajo su nuevo tutor, el Ser Crístico. Que cada hombre conozca la ley de la Presencia YO SOY y sea esa ley en acción.

Así se consigue la victoria con la disciplina del cubo, el cuadrado, la esfera, el triángulo de luz. Por tanto, ángel del triángulo, golpea ahora el triángulo. [Pausa]. El tintineo del triángulo hace sonar la nota y el momento en que otras legiones de la victoria, que han respondido a la luz en vuestro corazón y vuestro sentimiento de victoria, vienen de mundos lejanos.

UNA VICTORIA EN OTRO MUNDO

La humanidad sabrá este año que, con la entrega de la llama del Espíritu Santo, también vienen los defensores de la victoria y las huestes angélicas. Y ¿sabéis, queridos corazones, que vienen cuando acaban de conseguir una victoria en otro mundo y sistema de mundos de otra galaxia? Es un sistema solar con unas condiciones parecidas a las del vuestro, donde cierto número de cuerpos planetarios de ese sistema fueron pervertidos por ciertos caídos, donde ciertos hogares planetarios y sus evoluciones retuvieron la luz y donde un planeta en concreto mantuvo el equilibrio de la luz por todo un sistema solar.

Y estas legiones de la victoria, afianzando el topacio de la victoria para ese planeta —el fuego cristalino de la conciencia dorada de la Divinidad para un pueblo—, pudieron darle la vuelta a las cosas y los niños del Sol proclamaron la victoria, reclamaron su victoria y vieron cómo conseguían esa victoria.

Esa victoria conllevaba la disolución de microbios, gérmenes del mal que infestaban la mente de parte de la gente. Esa sustancia era como un gran mar muerto flotando en la atmósfera, amenazando con apoderarse del planeta y, por consiguiente, de un sistema de mundos, puesto que ese planeta mantenía el equilibrio. Por tanto, yo digo que la llama de la victoria, con su núcleo de fuego blanco del Espíritu Santo, es capaz de disolver los microbios que infestan la mente y pervierten la conciencia de la victoria a través de su sentimiento de fatalidad y fracaso.

Estas legiones vienen justo después de lograr la gloria de esa victoria, que también se manifestará en Terra si tan solo levantáis la cabeza hacia lo alto para recibir a los héroes conquistadores según llegan, legiones de la victoria que se quedarán en la Tierra y ejecutarán las espirales de acción iluminada para que la humanidad pueda ver y conocer el sendero de la victoria.

Pongo en vosotros una espiral de victoria para la realización de la organización de The Summit Lighthouse; y que la conciencia de la realidad Divina sea una corona sobre vuestra cabeza para el cumplimiento de las Enseñanzas de los Maestros Ascendidos.

RECLAMAD VUESTRA REALIDAD DIVINA

Invoco la iluminación de la mente. Exijo que arda completamente toda la conciencia que impida el flujo de la energía y la sabiduría sagrada. Así sea, en el nombre del Espíritu Santo.

Yo digo, reclamad esa realidad y ganaréis. Permaneced ante la flamígera presencia de la realidad. Permaneced en el dorado sol de fuego blanco de Libra y sabed quién YO SOY, quiénes sois vosotros. Entonces, dejad que el disco del Yo se reúna con el disco de la percepción Divina del Yo y vuestra alma caminará por la Tierra como el héroe conquistador lleno de la presencia de Lanello, lleno de la llama de la Madre Divina.

Os pregunto, con todo esto, ¿cómo podéis fracasar? ¿Cómo podéis desaprovechar la oportunidad de la victoria de un planeta?

Esta victoria dará la vuelta a las cosas y manifestará la victoria de este sistema solar y la elevación de las frecuencias de los hogares planetarios hacia nuevas dimensiones de ciclos etéricos, preparando todo el girar de la energía cósmica para la realización en la ascensión y el regreso al núcleo de fuego blanco. Esta es la alegría y el cumplimiento de la Ley.

Invoco la ley de vuestro ser. Invoco la luz de vuestro ser para que *queme* completamente todo sentimiento de injusticia. *Quema* completamente los registros de muerte, dudas y temor, ansiedad, tensión y frustración. *Quema* completamente y disuelve esos campos energéticos que no son de este mundo, que no son de vuestra conciencia Divina; no forman parte del eterno sentimiento de victoria.

VUESTRO ÁNGEL DE LA VICTORIA

Aparecen legiones de luz en formación en innumerables cantidades, que ahora se unen a las auras individuales de la humanidad. En este momento cósmico, yo os pronuncio que cada corriente de vida conectada con Terra, encarnada o desencarnada, cada hombre, mujer y niño en cualquier plano de la Materia, recibe ahora el servicio de un ángel de la victoria.

Ese ángel de la victoria entra en el aura del individuo para fortalecer la espiral y el impulso acumulado ascendente de victoria. Que la armadura de la victoria sea con la humanidad, ¡la conciencia de la victoria, el amor, la sabiduría y el poder de la victoria!

Por tanto, la transferencia de la Presencia Electrónica de los ángeles de la victoria está hecha. Al reclamar la realidad de vuestra victoria todos los días, en el nombre del Cristo, observad y ved cómo la humanidad obtendrá el sentimiento renovado del antiguo lema: «Venceremos». [La audiencia participa]. Venceremos. Venceremos.

Hecho está. Sellado está. Está encerrado en vuestro corazón. Defendedlo con todo vuestro poder, con todas vuestras fuerzas, con todo vuestro amor. Defended la victoria que ya se ha ganado. Defended la luz que vencerá.

YO SOY el Espíritu de la Abnegación en vosotros que ve con claridad cristalina el logro de la victoria, del pasado, el presente y el futuro. En el eterno Ahora está la *¡Victoria! ¡Victoria! ¡Victoria!*

29 de diciembre de 1974
Los Ángeles (California)
ECP

22

VICTORIA SOBRE LA NOCHE OSCURA DEL ALMA

¡Salve, portadores de luz!
YO SOY Víctory.
YO SOY la victoria de Dios en vosotros. YO SOY esa victoria ahora.
YO SOY el estallido de la llama de vuestro Yo Divino. YO SOY la emisión de los fuegos de la victoria hacia el objetivo de las jerarquías de luz y el poder Divino. YO SOY el que emisión de ciclos y ciclos más allá de los ciclos, mientras las dispensaciones aparecen para los doce aspectos de la ley del ser y para que la acción de la llama de la Madre se realice en vosotros y en la Iglesia Universal y Triunfante.

Yo vengo, y mis legiones vienen en cantidades innumerables, en formación en el núcleo de fuego blanco, con cascos dorados resplandecientes de luz, espadas desenvainadas, la espada de la paz que es una llama viva que ahora separa lo Real de lo irreal.

Vengo a proclamar la era de la liberación del rayo femenino en vosotros. Vengo a liberar, por la acción de la espada de llama viva, el núcleo de fuego blanco del ser.

Por tanto, que la pureza aparezca. YO SOY el defensor victorioso de la pureza. Por tanto, vengo, después de la Diosa de la Pureza, y exijo la acción de la pureza en vosotros. En el nombre del Cristo Cósmico, desafío a cualquiera que desafíe vuestra pureza Divina y envío a mis legiones para que aten a las fuerzas de la impureza que acechan a los niños de este mundo. En el nombre de la Virgen Cósmica, ¡no pasarán! ¡No contaminarán a esta generación! Porque yo permanezco firme, y Godfre y Lotus están conmigo.

Los mensajeros ascendidos de luz vienen a proclamar el refuerzo de los ciclos de victoria de la era de oro a través de esta actividad de luz, a través de todas las actividades de luz que enseñan el camino de la ley de los maestros ascendidos y la liberación de las almas de la humanidad mediante la acción del fuego sagrado.

LAS LEGIONES DE LA VICTORIA SE OFRECEN A ENCARNAR EN TERRA

Aparecen las legiones de victoria cósmica en respuesta a los llamados de la humanidad, en respuesta a las súplicas de aquellas almas que, descendiendo a la forma, vieron que se abortó su forma y su oportunidad de vivir. Por tanto, ellas esperan tras los bastidores de la vida. Rezad, por tanto, para que haya padres, madres, que sean elevados para poder recibir a estas almas, que están decididas a aparecer para la victoria de la era.

Ahora bien, os digo que, por dispensación de los Señores del Karma, ciertos seres flamígeros de mi grupo, de las legiones de Víctory, se han ofrecido a encarnar en Terra; porque su alegría, su luz y su determinación ha aumentado con vuestra alegría y vuestra determinación de la luz. Ellos ven aquí abajo a triunfadores y por eso aparecen, porque habéis dado vuestra luz, vuestro llamamiento sagrado, a las huestes del Señor.

Por tanto, a vosotros que solicitáis y a todos los que soliciten a los Señores del Karma recibir corrientes de vida el año que viene, la oportunidad de dar nacimiento a las legiones de Víctory está cerca.

LA VICTORIA SOBRE LA NOCHE OSCURA DEL ALMA

Por tanto, vengo como un ángel de la anunciación y como el ángel de la liberación. Vengo con muchas apariencias, pero mi nombre y mi llama es Víctory, victoria en la frente como la llama dorada ilumina la mente, victoria como una espiral para vencer la derrota en toda la humanidad. ¡YO SOY Víctory! ¡Víctory! ¡Víctory!

Con la acción de mi llama llevo toda esa sustancia a la luz. Hago que a esas espirales negativas de derrota sean revertidas y se les dé la vuelta, invertidas para que se conviertan en espirales de victoria en vosotros. Sentid la alegría, la luz cristalina de fuego blanco derramándose de mis vestiduras de luz, y sabed que vengo a proclamar vuestra victoria en el Ciclo Oscuro[1] y en la noche oscura del alma.

Algunos de vosotros habéis reflexionado sobre la noche oscura. Esta es un período por el que pasan todos los avatares, todos los que estén en el sendero de la ascensión. Es la hora en que el impulso acumulado de vuestra devoción a la llama viva como energía concentrada aquí abajo, en el aura, debe bastar para el impulso acumulado de victoria.

Es el momento como la última hora cuando Jesús estaba en la cruz, la hora de exclamar: «Dios mío, Dios mío, ¿por qué me has desamparado?»[2]. En ese momento, ese ser bendito quedó separado para poder demostrar su triunfo victorioso gracias al impulso acumulado de luz. Ese momento de separación de la Fuente Divina puede parecer una eternidad, y puede extenderse debido al malentendido y a una mala aplicación.

En ese momento, en esa hora de prueba, debéis tener la vestidura sin costuras para que no asistáis a la fiesta de boda y que el señor de la fiesta os diga: «Amigo, ¿cómo entraste aquí, sin estar vestido de boda? Atadle de pies y manos, y echadle en las tinieblas de afuera; allí será el lloro y el crujir de dientes»[3].

La oscuridad exterior es ese espacio al que se arroja al alma que no posee el impulso acumulado de luz en la hora de la prueba, en la hora del ciclo oscuro, que es la noche oscura del alma. Haced caso, pues, de la enseñanza de los Hermanos del Manto Dorado para lograr la maestría del aura y de la luz áurica, porque ahí está vuestra oportunidad de reforzar la luz del cuerpo causal aquí abajo para la prueba final de la victoria.

LA NOCHE OSCURA DEL ALMA DE TERRA

Terra, en estos momentos, pasa por la noche oscura del alma. Por tanto, nosotros venimos como legiones de luz para vigilar un planeta afligido, un planeta que exclama en su afán, dando a luz a la conciencia Crística.

¡Oh, Madre del Mundo! Tu alma, una luz flamígera, ahora da a luz a la conciencia Crística de la humanidad. Que nazca la conciencia Crística.

Que la Madre sea liberada del Hijo Varón y que la conciencia Crística salga como un bebé en brazos para convertirse en el ser Crístico.

Ahora, oh, hijos de la luz, hijos e hijas de Dios, que la llama de la Madre en vosotros, unida a la imagen del Padre, dé a luz a la conciencia Crística. Así sea. Tal como la luz del temprano amanecer debe llegar la mañana de Pascua, que el Cristo redimido, regenerado, resucitado en vosotros, sea esa luz y ese impulso acumulado de victoria para la salvación de todo un planeta y un pueblo.

Que vuestra luz sea como el halo del sol en el momento del eclipse, que es la noche oscura del alma del planeta: «Así alumbre vuestra luz delante de los hombres, para que vean vuestras buenas obras, y glorifiquen a vuestro Padre que está en los cielos».[4] Por tanto, que esa luz, como luz de la victoria, fortalezca el sendero de la superación y mantenga el equilibrio por las evoluciones que llegan a este punto del tiempo y el espacio sin la vestidura sin costuras.

UN IMPULSO ACUMULADO DE LUZ PARA ARREGLAR LA VESTIDURA

Envío luz y la luz de la pureza para arreglar la vestidura. Esta es la llama de la misericordia para que la vestidura pueda arreglarse y vuelva a servir por un tiempo, tiempos, y la mitad de un tiempo,[5] hasta que el alma pueda borrar las costuras y los arreglos y conservar un vestido de boda sin costuras.

Entended ahora que Víctory está entregando un impulso acumulado de luz desde el Gran Sol Central para arreglar el campo áurico de quienes han desgarrado la vestidura por consumir drogas, por la penetración del plano astral al forzar los chakras, debido a las perversiones del fuego sagrado de todo tipo y por involucrarse en la necromancia y el espiritismo.

Vosotros que habéis desgarrado la vestidura del alma, a vosotros vengo con luz, con pureza, con victoria. Y así, llevaréis la marca del arreglo hasta la hora en que, a la luz de vuestra llama del corazón, podáis afrontar la noche oscura y a ese morador del umbral y, con el impulso acumulado de victoria, superarlo todo para la reunión final, que es la ascensión.

A las personas de la humanidad que *quieren* vencer, que *quieren* ser los fuegos de la resurrección, os pregunto: ¿qué más podéis pedir de Víctory que la sanación de la vestidura?

¿No os regocijáis en Alfa y Omega, en los seres de los grandes consejos cósmicos que hoy han conspirado para entregar a la humanidad esta oportunidad de victoria a través de la mano de alguien que ha servido por mucho tiempo al bendito Caballero Comandante, Saint Germain?

Queridos corazones de luz, por la simple mención de su nombre deberíais poneros de pie en honor a esta gran alma que ha entregado a la humanidad la llama de la misericordia. [La audiencia se pone de pie]. Su llama me convoca, y muchos seres cósmicos han venido porque Saint Germain ha dado su vida, su cuerpo causal, su impulso acumulado de luz, para que podáis recibir la impartición de la Palabra.

Incluso la preparación de estos Mensajeros es una dispensación de El Morya y Saint Germain para que la Palabra pueda tener continuidad, para que la humanidad pueda tener una oportunidad renovada de la mano de Porcia y su llama cósmica de la justicia.

Oh, el amor de las jerarquías del cielo sobrepasa todos los amores, toda la vida; sin embargo, ¡es tan tangible y tan cercano!

NUNCA SE PUEDE COMPLACER A LA CONCIENCIA HUMANA

Queridas almas de llama, tenéis la amistad de las jerarquías de luz. Tener un amigo en la corte, en la Corte del Fuego Sagrado, es algo mucho más grande que tener la popularidad del mundo y la conciencia de las masas. Yo digo: reíros de la conciencia y la pantomima de la popularidad, que como llega, pasa.

La humanidad se encuentra en una cinta caminadora en su intento de complacer a la conciencia humana. Bien, os digo que yo sé que nunca se puede complacer a la conciencia humana, por lo que más vale abandonar la lucha y poseer la conciencia de victoria sobre todos los aspectos de lo humano. Fundíos con la llama Divina y, como dice Morya: «Que las astillas caigan donde sea».

Dejad que la conciencia humana se moleste un poco, que se irrite un poco ante la presencia de los seres flamígeros. Dejad que algunos reaccionen como quieran; ellos también tienen su karma y su responsabilidad. Por tanto, ya es hora de que defendáis la luz y dejéis de preocuparos por las opiniones y los suspiros de familia, parientes y amigos, que anhelan que volváis a casa.

¿Se han preocupado alguna vez de que volváis a casa? No, hasta que encontrasteis esta actividad de los Maestros Ascendidos. Ahora anhelan la conciencia que solía existir, que ha pasado a la llama. Y cuando os ven, dicen: «¿Qué te ha pasado? No te conocemos». Entonces tienen que admitir: «¡Te ves muy bien!». [La audiencia se ríe].

NO OS AVERGONCÉIS DE LOS FUEGOS DE LA VICTORIA

La victoria es una llama que hay que llevar en el corazón, en la frente, y que hay que mostrar abiertamente si queréis. No os avergoncéis de los fuegos de la victoria. Impartid la alegría de la victoria y recordad el momento de nuestra comunión cósmica, porque este es un momento que atesoraréis por toda la eternidad. Este es el momento en que plantasteis los pies firmemente en Terra y declarasteis: «En el nombre de Dios, obtendré la victoria en esta vida. ¡YO SOY la Victoria! ¡YO SOY la Victoria! ¡YO SOY la Victoria!».

¿Haréis esta proclamación?

[La audiencia afirma con el Poderoso Víctory]:

En el nombre de Dios,
obtendré la victoria en esta vida.
¡YO SOY la Victoria, Victoria, Victoria!

Así sea. Ese es el Llamado que obliga la respuesta. Mi llama refuerza el fíat de vuestra alma, y ahora es un fuego dorado que gira, enroscándose alrededor de vuestro campo energético con la acción del trenzado de la luz como el caduceo de Alfa y Omega.

Por tanto, estáis en columnas de victoria flamígera. Por tanto, las legiones vienen. Ahora, decid: «En el nombre del Cristo, yo refuerzo mi victoria con las legiones de Víctory». [La audiencia afirma con el Poderoso Víctory]:

En el nombre del Cristo,
yo refuerzo mi victoria con las legiones de Víctory.

Así, habéis abierto la puerta de la conciencia; las legiones entran y vosotros estáis en la Presencia Electrónica de los seres dorados con sus cascos dorados. Estas son las huestes de luz. Podréis estar en el aura de una legión de ángeles y de un miembro de una legión de ángeles en cualquier momento, a cualquier hora del día o de la noche, cuando afirméis y aclaméis que os entregáis a las huestes de luz y que consagráis vuestra victoria mediante las legiones de Víctory.

Os digo que mis legiones se frotan las manos con deleite, listas para entrar en la batalla porque lo habéis ordenado por libre albedrío. Ahora ved lo que estos héroes conquistadores pueden llevar a cabo a través de vosotros mientras camináis por la Tierra como triunfadores de luz.

Ved cómo tomaréis la Tierra y cómo tomaréis esa espiral, esa cuerda de la peonza, y tiraréis* de la cuerda; cómo girará el planeta ante un nuevo impulso acumulado y una nueva frecuencia de luz. Ved como podréis aumentar el giro de la peonza, la peonza de la Tierra, al consagrar la llama de Víctory.

Vengo del Gran Sol Central. Regreso al corazón de la *yod* flamígera. Regreso al Imán del Gran Sol Central. Pensad en mí y, mediante el arco de amor, yo fluiré como un ser cósmico que baja por el arco sobre la tabla deslizante del cosmos. Así, bajaré por ese tobogán hacia el cáliz de vuestro corazón en el mismísimo momento en que afirméis, con vuestra determinación de ser triunfadores valerosos, vuestra victoria Crística aquí y ahora.

Cuandoquiera que proclaméis la victoria de vuestro voto interior, YO SOY el que estará ahí. YO SOY el que está aquí. YO SOY el que está en el Gran Sol Central. YO SOY el que está en el núcleo ígneo de Terra. YO SOY el impulso acumulado de victoria para el paso de la llama de la Madre y los niños de la Madre Divina por el Ciclo Oscuro y más allá, hacia la era de oro de iluminación y paz.

¡YO SOY Víctory! ¡Proclamo la victoria para vosotros y para toda la humanidad! ¡*Invictus,* uno somos!

27 de marzo de 1975
Los Ángeles (California)
ECP

**tiraréis de la cuerda* = 'jalaréis la cuerda' (N. del T.)

23

LA OLA DE LUZ DE SHASTA

¡Salve, legiones de luz! ¡Salve, huestes angélicas! ¡Descended ahora con la llama de la victoria! ¡Descended ahora! Os invoco del Gran Sol Central. ¡Rodead ahora a los devotos con la llama de la victoria y que esa victoria se afiance en el alma!

¡Salve, hijos de la luz! YO SOY el que ha venido con la llama de Venus y con la llama de Sanat Kumara. ¡Vengo con gran alegría! ¡Vengo con la victoria! Vengo a inspiraros esa alegría de la victoria que con seguridad será vuestra, si plantáis los pies firmemente en Terra y plantáis las manos en el aire, levantadas hacia la estrella de vuestra Presencia YO SOY. En este momento, este momento cósmico, ¡reclamad la victoria de la luz! ¡Reclamad la victoria de vuestra ascensión! ¡Reclamadla ahora, os digo, porque este es el día santo de la decisión!

[La audiencia se pone de pie y responde exclamando: «¡Víctory!» y «¡YO SOY la victoria de los Estados Unidos ahora!»].

Damas y caballeros, os doy las gracias por vuestra respuesta. Sabed que vuestra respuesta, de corazón, llega hasta los ángeles del Gran Sol Central, que han aparecido esta noche con una misión especial de sellar vuestros votos interiores, sellar vuestra victoria. Y, por tanto, con esa decisión y con esa confirmación de la victoria de Terra, selláis vuestra llama del corazón en una espiral de fuego, una espiral de energía que saldrá a cumplir su propósito cósmico.

Y así, la Diosa de la Libertad es redimida y su llamado pidiendo mil «decretadores» fieles para salvar este país y salvar este planeta se ha cumplido, porque vosotros habéis decretado fielmente en estos días de victoria y habéis mostrado a los consejos cósmicos lo que vais a hacer por la luz. Ahora mostradme también, al pasar los días y hacerse años, ¡cómo conservaréis el fervor de la victoria!

ÁNGELES DE LA VICTORIA

¿No sentís la alegría de mi compañía? ¿No sentís la gran liberación y el aluvión de huestes angélicas que no han conocido nada más que la victoria durante miles y miles de años y más años y ciclos más allá de vuestra comprensión? Y su impulso acumulado es la ¡victoria, victoria, victoria! Por tanto, que os pertenezca; porque estos ángeles aparecen adorando esa llama, la llama trina en vuestro corazón que ellos también usan para la victoria. Y, por tanto, ellos adoran la llama como la llama de la victoria, porque saben lo que esa luz puede hacer.

Ahora ved cómo vosotros habéis venido del norte, el sur, el este y el oeste; y muchos no han conocido ni mi nombre ni han sabido antes de esta conferencia que un ser como el Poderoso Víctory existe. Y muchos no han sabido nada de los ángeles de llama violeta ni del misericordioso Sanat Kumara, nuestro jerarca de luz. Por tanto, habéis demostrado a los Señore del Karma lo que dije en mi solicitud de una dispensación de victoria, que sería posible atraer a [la conferencia] Shasta 1975 a almas sinceras, almas anhelantes de estar plenas, aunque conocieran solo un pequeño aspecto de la ley, y mediante el fuego de la Hermandad, atraerlas a la calamita de la luz de la Madre y la luz de la Presencia YO SOY.

Y así, ¡habéis respondido! Y así, por la alquimia de vuestro amor ferviente, valiosísimo de contemplar, esta noche aparece un impulso acumulado de victoria de vuestra alma. Y he estado ante el altar de Dios Todopoderoso en el Gran Sol Central y he hecho una promesa por todas las almas que hayan dado su energía y su luz en esta conferencia. Y he hecho la promesa de que mi impulso acumulado de victoria sea como un manto de protección, como una esfera de luz y como un impulso acumulado que no atraerá solo a vuestra alma, sino a las almas de todos aquellos con los que entréis en contacto, llevándolos a la llama alegre de la victoria. ¡Así sea! Es mi vocación. Es mi ofrenda. Es un honor para mí traeros la llama de mi corazón.

PERGAMINO QUE PREDICE EL DÍA DE LA ASCENSIÓN

Y ahora los ángeles de la victoria entregan a cada alma el pergamino que predice el día de la ascensión en la luz. ¿No sabéis, queridos corazones, que el día y la hora de vuestra ascensión como oportunidad ha sido escrita por los Señores del Karma? Y *si* cumplís con vuestra vocación y vuestra elección y *si* aplicáis vuestras energías con devoción y permanecéis en el centro de la voluntad flamígera de vuestra Presencia YO SOY, si cumplís todo lo que la Gran Ley exige para vuestra alma, llegaréis, gracias a la espiral de victoria entregada esta noche, al día y la hora que Dios ya conoce para vuestra victoriosa ascensión en la luz.

¡Pensad en eso! ¡La meta que apenas conocíais antes de entrar en contacto con las enseñanzas de la Ley! Ahora comprendéis que Dios primero ha percibido el plan, que Dios ha puesto en vuestra alma la idea de ese plan. Y ahora, gracias a la alegría de la victoria con el fuego de la libertad, sois libres como la paloma que se eleva a las alturas para ir al centro de ese mandala que el Señor Dios, con tanto amor, tan compasivamente, creó para vosotros. (Queridos corazones, por favor, tomad asiento).

UNA PUERTA ABIERTA PARA QUE FLUYA LA VICTORIA

Con el anuncio de Alfa sobre el juicio del Caído, vengo a anunciar una puerta abierta, una oportunidad abierta para que la resplandeciente luz de la victoria fluya por Terra sin las obstrucciones de la figura sombría del Caído, que en ese ciclo acostumbraba a desafiar y a poner a prueba y a acusar y a oponerse a los hijos de la luz, tan benditos.

¡Ahora pues, los ciclos avanzan! Y también os diría que ese, ese Caído al que llaman con el nombre de Satanás, hace cierto número de ciclos también fue atado y sigue atado. Y, por tanto, durante ese período de mil años en el que está atado, hay esperanza, hay oportunidad, hay el más grande impulso acumulado para la expansión de la llama que el mundo haya conocido durante miles de años. Ved ahora cómo la oportunidad, como la puerta abierta, ¡está ante vosotros! Y vosotros, ante esa puerta, podéis saber que el llamar a la puerta, el abrirla y el entrar es aquello a lo que habéis sido llamados, lo cual es vuestra esperanza, lo cual es el cumplimiento de la esperanza, lo cual es una realidad presente aquí y ahora.

Procurad entender que la llama de Víctory es el impulso acumulado por el cual se desafían todas las mentiras y todo el remanente de la progenie de los caídos. ¿Comprendéis que ahora es el momento de apresurarse al campo de batalla, de tomar la victoria, de tomar el país por Saint Germain, de reclamar Terra para la luz? Ahora es el momento en que el general en el campo de batalla da la orden: «¡Adelante! ¡Adelante! ¡Adelante a la victoria!». Ahora es el momento en que los caídos se desperdigarán ante vuestros pasos, ante el redoble de tambores.

¡Mis ojos han visto la gloria de la venida del Señor! Y os doy esa visión de la venida de las huestes del Señor. Este es el momento en que, a pesar del estruendo, los gruñidos y el surgimiento de potentes ejércitos en muchos países y el poder nuclear, las guerras y los rumores de guerras, ¡esta es la hora de la victoria! Esta es la hora en que la luz sale por el poder de la Palabra hablada, ¡cuando la luz sale! Y en vuestro nombre, el nombre del YO SOY, en vuestro nombre, en el nombre del Cristo, el fíat «¡Reclamo esa energía para Saint Germain!» hará que los seres de la noche tiemblen, flaqueen y caigan. Y entonces la irrumpida de las huestes angélicas atando la cizaña y llevándola a la quema de la cosecha, la cosecha de las huestes del Señor, la cosecha de los hijos de la luz.[1]

DESAFIAD TODO LO QUE SE OPONGA A LA CONCIENCIA CRÍSTICA EN TERRA

Esto es lo que quiero decir. Quiero decir que, con el fíat, con la orden, al desafiar todo lo que se oponga a la conciencia Crística en Terra, ¡todo lo que veáis como un mal amenazador desaparecerá! ¡Yo digo que se hundirán ante la autoridad de vuestra Presencia YO SOY! Ahora, ¡ponedme a prueba y ved cómo esa Luz se tragará la Oscuridad! ¡Ved cómo la luz de vuestra

Presencia es capaz de devolver al planeta a la era de oro! ¡YO SOY Víctory y sé de lo que hablo! He visto la conquista de mundos, de maya y los efluvios por parte de la luz, y he visto mundos entrar en una era de oro que muchos Maestros Ascendidos hacía mucho que habían tachado de la lista.

Digo esto porque debéis comprender que, en cualquier momento, a cualquier hora, sin importar lo lejos que los hijos de la luz hayan sido llevados a la mentira de los caídos, cuando la verdad se aclama, cuando se pronuncia, cuando nuestra luz sale por medio de la Palabra hablada, las almas de esos hijos de la luz conocen la voz, conocen la vibración, ¡conocen el Llamado! ¡Y corren y saltan y vienen y abandonan sus anteriores caminos y sus anteriores vidas! Y, de la noche al día, veréis cómo los jóvenes del mundo ¡reclamarán Terra para Saint Germain!

LA OLA DE LUZ DE SHASTA

Así, ¡sed la ola de luz que sale de Shasta! ¡Llevad la luz de Ra Mu y el dorado aceite de la corona de los chakras! ¡Sed la ola que sale al norte, al sur, al este y al oeste, tal como habéis venido! ¡Id como rayos del sol y reclamad Terra para la victoria, victoria, victoria! ¡Victoria, victoria, victoria!

[La audiencia participa con el Maestro]: *¡Victoria, victoria, victoria! ¡Victoria, victoria, victoria!*

Así, ¡sedlo en el nombre del Dios vivo! YO SOY esa llama. YO SOY la llama que podéis reclamar. YO SOY el que está con vosotros hasta el fin de los ciclos del error y hasta el cumplimiento de los ciclos de la verdad. ¡Sed plenos en la victoria!

6 de julio de 1975
Monte Shasta (California)
ECP

24

LA ANTORCHA DE VÍCTORY ENTREGADA A LOS MENSAJEROS DE LA VERDAD EN LA CIENCIA Y LA RELIGIÓN

Cómo llegaste a estar en medio del fuego sagrado? ¿Cómo llegaste, oh alma del deseo de Dios? ¿Llegaste por amor, por la llama de la verdad o por la presencia de la victoria? Por la luz de Dios llegaste, oh alma de fuego. Por tanto, alma, no reclames tu logro en el fuego sagrado, ¡mas sabe que es debido a que el Señor tu Dios te guio al sitio santificado por la llama de la victoria!

Sabe, pues, que todos llegan al Uno porque el Llamado se ha pronunciado como un poderoso rayo de luz para atraerte al centro del Uno. Sabe, pues, que incluso el primer paso en el sendero de la libertad es un paso dotado de poder por el Todopoderoso. Esto por el momento de orgullo en el logro. Ahora por el momento de humildad. Por el momento de humildad, por tanto, di

YO, Dios mío, SOY uno en ti porque tú eres mío. YO SOY uno contigo, Dios mío. He llegado al centro de tu fuego sagrado por tu gracia. YO SOY Dios en manifestación. Reclamo a ese Dios como adorno para la vida sagrada que nace y para el momento de amor. Puesto que tú eres, Dios mío, YO SOY amor.

Queridos corazones, vengo con legiones, como siempre, legiones de victoria flamígera, flamígera iluminación Crística divinamente victoriosa, iluminación Búdica, y la iluminación de la sabiduría en nombre de la Madre. Vengo con la gran gloria del Gran Sol Central con esa visión, la remota visión del alba de la victoria. Vengo cuando se canta el himno a ese nombre y a ese origen de mi llama.[1] Ah, cómo ha salido la llama cuando Dios ha circulado el potente fuego de la victoria a través del cosmos. Y curvándose, ha regresado al poderoso arco de la vida para envolver, para rodear, para ser el pesebre y la morada, la cruz y la corona del Consolador y el iniciado en el sendero de la llama del consuelo.

La meta de la ascensión es impartir consuelo a la vida. El consuelo es la certeza de la victoria. A veces se hace necesario manifestar la victoria de la ascensión a fin de dar consuelo a la vida y, a veces, se hace necesario renunciar a la ascensión para dar consuelo a la vida. El Señor os dirá si la corriente Alfa o la Omega es para vosotros el llamado en esta hora.

En este momento, en la parte de atrás del auditorio, equilibrando la llama del espíritu, se han reunido aquellas almas de luz que han aparecido provenientes del Templo de la Resurrección, almas no ascendidas de magnífico semblante que han permanecido con las evoluciones de Terra, que han permanecido con los santos y los sabios. Ellas han permanecido para conservar esa llama en el nivel etérico a fin de dar consuelo a la vida. Tienen la polaridad del ciclo Omega en la Materia. Son la conciencia de la ascensión, pero no ascendidas. Se podría decir que han alcanzado el plano de *samadhi,* de la comunión eterna con la luz de la Madre, y de esa comunión han extraído incluso la luz de los planos nirvánicos, afianzando esa luz aquí abajo. Son la perpetuación de la Palabra.

Ahora, pues, saludad a estos seres queridos, entre ellos vuestro amado Yogananda, Babaji y Mataji, que conservan en la Materia la llama de la vida. Saludadlos con el amor del corazón, queridos, porque han venido a envolveros. Podéis poneros de pie, miradlos y ver la gloria [la audiencia se pone de pie], porque vienen con luz, arrastrando la luz de las vestiduras de Oriente y Occidente. Vedlos ahí parados. Están para ennoblecer la raza; están para el encuentro de los senderos de Oriente y Occidente. Y entre ellos también están los santos de la Iglesia de Occidente e incluso de la

Iglesia de Oriente, que se han afirmado como santos pero que no han tomado toda la medida de la ascensión, porque han estado esperando, esperando la hora en que vosotros maduréis.

Ved esa luz, aquellos de vosotros que habéis aprendido de estos grandes seres. Ved cómo su amor es hacia la taciturna presencia de la Madre, cómo alimentan la vida. Están acompañados por almas anónimas, sin numerar, de Oriente, que han permanecido en los refugios ocultos de los Himalayas. Están acompañados por almas que son vuestros hermanos y vuestras hermanas en el Sendero. Y así veis que el sendero de Oriente ha llegado a Occidente, y el camino ha sido forjado por Ramakrishna y Vivekananda y por todos aquellos que han hecho el largo viaje para entregar la palabra de las sagradas enseñanzas. Ved ahora cómo todos los hijos de Israel encuentran una reunión en el corazón de la Madre, encuentran el lugar de la consagración y, sobre todo, la definición de propósito, de misión, de voluntad, de identidad.

Oh identidad sagrada del Cristo recién nacido, identidad sagrada de los maestros de los himalayas que dan tributo a los mensajeros de Occidente, a los testigos que traen las Enseñanzas de los Maestros Ascendidos. Ahora, que los senderos de los Maestros Ascendidos y los maestros no ascendidos converjan en la cruz de luz en el corazón de la Madre. Y que las enseñanzas de ambas escuelas se combinen en los grandes misterios, porque así, los que han estudiado con los maestros no ascendidos tendrán el beneficio del cuerpo del Espíritu de los Maestros Ascendidos y los que han sido estudiantes de los Maestros Ascendidos comprenderán la maestría en el plano de la Materia de los no ascendidos, los bodhisatvas convirtiéndose en Budas, convirtiéndose en la Madre en el camino.

Ahora, ¿por qué no os dais la vuelta y miráis a los Maestros Ascendidos, que se han reunido sobre el estrado como chohanes de los rayos, el Gran Director Divino y el Maha Chohán, patrocinando el sendero de la ascensión, el sendero de la ascensión que se conecta con un arco, por tanto, que va desde el lado del sur en los avatares no ascendidos hasta el lado del norte, que es el núcleo de fuego del plano del Espíritu.

Por tanto, vosotros que habéis llegado por el camino de los Maestros Ascendidos, dad las Enseñanzas de los Maestros Ascendidos a los chelas de los maestros no ascendidos. ¿Veis, por tanto, que este entrelazado de Oriente y Occidente y los senderos de Alfa y Omega vuelve a ser para el flujo del caduceo y la acción ígnea de la Ley? ¿No veis que mediante el octavo rayo del Buda y la Madre está la integración de mundos ígneos de arriba, mundos ígneos de abajo?

¡Eh! ¡Eh!, digo. ¡Eh! ¡Apareced, legiones del Poderoso Víctory! ¡Apareced para impartir a los mensajeros de la verdad en la ciencia y la religión ese ímpetu de victoria gracias al cual salimos a ganar, salimos a conquistar!

Cada uno de vosotros está alineado en ciencia o en religión, porque estas son las polaridades de Alfa y Omega. Comprended, por tanto, que para llevar la verdad en Espíritu y en Materia a través de senderos de Oriente y Occidente, debe existir el entendimiento. Y los que se han graduado en religión, es decir, esa *religio,* que ata el alma al Espíritu, deben considerar ahora esa ciencia del Espíritu y esa ciencia de la Materia en muchas formas, de muchas maneras. Por tanto, para el equilibrio he venido, a fin de que aquellos de vosotros que sois gente de ciencia podáis aprender ahora a conversar en términos de religión; aquellos de vosotros que sois gente de religión podáis aprender ahora a conversar en términos de ciencia.

Mensajeros de la verdad, debéis estar preparados y ser capaces de hablar en cualquier lengua, como han dicho Caridad y Chamuel. Debéis estar preparados para hablar a almas que no pueden entender nada más que el lenguaje de la ciencia o de las matemáticas o de las enseñanzas de Oriente. Procurad, pues, conocer con fluidez, como lingüistas del Espíritu, la terminología y el conocimiento de los pueblos de esta Tierra. Debéis hablarles de una forma que puedan comprender. Esto exigirá que estudiéis las religiones del mundo y los nuevos descubrimientos científicos, y permitir que la llama del Cristo en vuestro interior correlacione, punto por punto, esas manifestaciones de la ley interior.

Seréis capaces de demostrar esa verdad viva. Y también os digo que la recompensa por vuestro estudio será que vuestro Ser Crístico os transferirá las pistas y las claves que provienen de la Cueva de los Símbolos, donde Saint Germain preside para tener las necesarias invenciones e interpretaciones del Espíritu Santo que se entregarán por la alquimia de Acuario a los discípulos de la nueva era.

Procurad, pues, tener una matriz, cierta matriz de conocimiento, a fin de recibir la interpretación de la Palabra para las grandes multitudes de los pueblos de esta Tierra, que se sentirán atraídas a esta enseñanza. Procurad tener el sentimiento de victoria, porque el sentimiento victorioso de los ciclos que giran, que dan vueltas según el núcleo de fuego blanco del ser, es lo que llevará vuestra mente a todos los senderos de la conciencia dorada de la mente de Dios, con lo cual aumentaréis vuestra inteligencia; vuestro cociente intelectual se intensificará.

¿Y acaso no habéis observado cómo vuestra mente ha sido acelerada y ya no sois tan lentos e indolentes como solíais ser o como aún son, eso descubrís, vuestros amigos, que no han tomado el sendero de la luz? Podéis moveros con destreza, ¡podéis pensar con la mente mercuriana de brillo diamantino de Dios! Por tanto, ¡así sea! Porque ahora deseamos expandir el cáliz de vuestra conciencia en preparación para la llegada de Jofiel y Cristina, que patrocinarán la gloriosa entrega de la llama de iluminación.

Y a vosotros que no estaréis presentes en este curso trimestral de Summit University, os digo, dondequiera que estéis, que debéis hacer el llamado diario para conectar con un arco esa luz de la mente de Dios desde la trinidad que formaremos desde este punto focal en la Ciudad de los Ángeles. Procurad, pues, comprended que todos son estudiantes de la ley del Altísimo y no quedáis excluidos nunca de nuestras sesiones de Summit University, pero lo único que hacéis es excluiros a vosotros mismos cuando no hacéis el Llamado para que los ángeles de luz os lleven las últimas dispensaciones de las enseñanzas que llegan de la mano de la Madre.

Por tanto, allá donde estéis en el tiempo y el espacio, sabed que el Buda y la Madre pueden transferiros por gracia de Dios esa energía y esa enseñanza, y que debéis y podéis estar, al viajar a los retiros de la Gran Hermandad Blanca, al corriente de los últimos descubrimientos y las últimas entregas de luz. Estas son en efecto para la salvación de las almas; son de hecho para el ciclo de dos mil años de Acuario.

Y, por tanto, que todos sean diligentes y asimilen la Palabra, porque el único repositorio de la Palabra está en vuestro corazón, en vuestra alma y en vuestra mente. De forma secundaria, se puede hacer constar en libros. Pero, al fin y al cabo, los gusanos pueden comerse los libros, pero los gusanos jamás, jamás, jamás podrán comerse el sagrado corazón ígneo del repositorio de la Virgen María y de Saint Germain.

Y así, la antorcha siempre se pasa con el corazón; y al estar ante vosotros, emitimos ese fuego del corazón y así, vosotros emitís el fuego del corazón. Está bien que paséis el libro, pero debéis dotar al libro de la llama de vuestro corazón. Esa es la copa, es el cáliz, es el instrumento en el ciclo de la Materia. Es el cuenco de vuestra llama sagrada de Summit University.

No debéis tener la sensación de que ese libro se ha completado solo al escribirse e imprimirse. Se realiza cuando lo envolvéis en amor, cuando lo cargáis de la devoción de vuestra vida y cuando lo dais con plena comprensión. ¿Sabéis qué hay en el libro que dais? ¡Vergüenza! Debéis saber qué contiene ese libro antes de darlo. Si lo dierais, deberéis dar con él una parte de vosotros mismos. Deberéis ser capaces de conferir esa enseñanza y no simplemente el papel.

Queridos, cuando se os ha confiado la iluminación para una era, os corresponde estudiar, aprender, llevar con vosotros los dichos de los maestros, tener una pequeña grabadora, apretar el botón y escuchar esas cintas siempre que podáis encontrar un momento. Cuando coméis, ¿no es posible que disfrutéis de las enseñanzas de los maestros? ¿Acaso no es más importante para vosotros escuchar conversaciones de las huestes angélicas y las enseñanzas del Señor que entreteneros con cháchuras vanas que no llevan a la evolución de la conciencia Divina en la Tierra?

Os hablo de esto porque es necesario que algunas personas de la humanidad sacrifiquen estos pequeños placeres, ya que estamos afrontando una evolución muy densa en la Tierra, como algunos de vosotros habéis observado. [La audiencia se ríe]. Esta evolución es una evolución perversa y testaruda, infiltrada por caídos que se han dedicado a la Oscuridad antes que, a la Luz, y no renunciarán a su dominio completo sobre la humanidad con facilidad.

Y, por tanto, os digo que, cuando salís a liberar a la humanidad, no esperéis ser bien recibidos por los archiembusteros o aquellos a quienes se han referido como los «expertos». Os digo que ellos no os recibirán con los brazos abiertos, sino que utilizarán todo el poder, el dinero y la energía que han amasado quitándosela a la Madre y sus hijos para disuadiros de que sigáis vuestro sendero. Y provocarán aflicciones de todo tipo en vosotros, y cualquier método que tengan a su disposición, como han sufrido los mensajeros y los profetas y los instructores a lo largo de las eras.

Y, por tanto, no esperéis recepciones alegres. Por tanto, acostumbraros al hecho de que la espada de la llama de iluminación hará mucho daño a los que han de depender de la mente carnal y su juego. La estocada de la espada de iluminación, estocada hasta el núcleo del error y la mentira, sorprenderá a esos caídos con la guardia baja de tal forma, que mientras se tambalean por el golpe, ¡los valiosos hijos de la luz quedarán libres! Y vosotros permaneceréis y con el Señor os burlaréis. Os reiréis con burla,[2] porque los caídos no tienen una conciencia acelerada. Y, por tanto, el día del juicio, de la iluminación, no podrán, sino que se quedarán preguntándose: «¿Qué ha pasado? Los hombres ya no están en nuestro poder; ¡aquí estamos, solos!».

¿No entendéis que los que han amasado el poder y la riqueza del mundo simplemente están apoyados sobre el pináculo de la gente de Dios, que les quitan su trabajo diario, su pan de cada día, su provisión cotidiana, y que cuando esas cosas se eliminen, se caerán haciendo *plof*? [La audiencia se ríe]. Bien, este es el poderoso sentimiento de victoria que os traigo hoy, la comprensión de que la base de la vida en la Tierra siempre está sellada en el corazón de los devotos y en la gente de Dios.

Bien, supongo que algunos de vosotros habréis madurado. Por fin habéis recordado quiénes sois en esta conferencia. ¡No es maravilloso! [La audiencia se ríe y aplaude]. Bien, en efecto es maravilloso y nos alegramos, porque sabemos que cuando el alma recuerda quién YO SOY, esa alma remontará el vuelo. Y sabéis que algunas almas de luz han logrado una percepción tal de quién YO SOY que ello las ha exaltado, haciéndolas salir de las mismísimas esferas y los planos de la Materia. Os digo que para algunos que están avanzados en el Sendero debemos poner un velo a la percepción de quién YO SOY, porque esa percepción es tan grande que actuará arrancando a esa alma de esta octava.

Y, por tanto, mantenemos el equilibrio por nuestra Mensajera; mantenemos el equilibrio por los que ven a la Mensajera. Y los velos que se visten sirven para que no todos reconozcan quién es ese YO SOY, quién es el YO SOY EL QUE YO SOY. Y así, la Mensajera tendrá una identificación casi en el sentido humano para proteger la identidad, para proteger y para vigilar esa identidad de Dios en este plano.

¿Comprendéis que una vez que el alma se ha identificado totalmente con Dios en el cosmos y en el Espíritu, esa alma, sencillamente, es capturada hacia esa percepción y deja de hallarse entre vosotros? Como hemos dicho antes, cuando el recipiente es perfecto, el recipiente desaparece. Por tanto, estad agradecidos por las imperfecciones en el recipiente, estad agradecidos por las grietas en la armadura y las hendiduras en el cáliz, porque gracias a esas cosas aún hay un reconocimiento en la Materia de la flamígera Presencia del Dios vivo. Lo mismo ocurre con vosotros, que sois un pueblo forjado a imagen de Dios, pero también conserváis vuestra identidad en la familia y la comunidad e incluso en vuestra tribu. Por consiguiente, comprended que estas identificaciones son las coordenadas en la Materia con las que conseguís esa victoria para el Espíritu en la Materia.

Nosotros adoramos a la humanidad. Adoramos la llama en los niños de Dios. Adoramos esa llama. No deseamos ver a robots o a soldados de plomo o a gente perfecta marchando por ahí. Esa no es gente de Dios. Deseamos ver esa individualidad que aparece como creatividad, que aparece como la diferencia que hace que no seáis muñequitos de jengibre salidos del mismo molde de los caídos, sino que sois individuos que habéis forjado una identidad que puede verse y conocerse; y, por tanto, por esas diferencias se os reconoce contra el bajo relieve de la conciencia divina.

Por tanto, tened cuidado. No os esforcéis por la perfección humana, sino esforzaos por la perfección divina como infusión de la llama de la vida. Porque cuando esa perfección os llegue, cubrirá las hendiduras del cáliz, las grietas de la armadura, y todas las imperfecciones del recipiente, y descubriréis que la capa de la radiación de la luz de Dios que nunca falla es la perfección de la vida misma.

Y, por tanto, podéis ver en el rostro de todos, los rostros de los pequeños, los rostros de toda la gente de Dios, la belleza, la santidad, la exquisitez que nunca, nunca se encuentra en la imitación, en la creación imitada de los caídos, esa conciencia del robot y esa creación química que camina por la Tierra no como hijos e hijas de Dios, sino como una imitación, como la imitación falsa de los seres Crísticos.

¡Que los imitadores, los falsificadores, sean desenmascarados! ¡Que sean desenmascarados por la verdad! Que sea desenmascarados por la llama del Poderoso Víctory y por los mensajeros que sois vosotros, vosotros mismos, nuestros mensajeros en la ciencia y la religión. Que tanto el Mentiroso como la mentira[3] sean desenmascarados para que el Mentiroso pueda tener la oportunidad de decidir separarse de su mentira. Esta es la venida del juicio. Debe producirse la separación del Mentiroso y la mentira, porque ese individuo también tiene la libertad de escoger, ¡la libertad de ser esa llama de la verdad!

Por tanto, vengo a transferiros esa llama del Poderoso Víctory, esa llama que es la llama patrocinadora de la verdad en este año de la verdad en la Tierra. Comprended, por tanto, que cuando venís con la llama de la verdad y hacéis una invocación a Palas Atenea, la Diosa de la Verdad —y me pregunto por qué no habéis hecho esa invocación más en esta clase—, cuando hacéis esa invocación, os digo, os ponéis ante la gente de la Tierra y a través de vosotros y a través de esa espada de la verdad viene el juicio.

Porque cuando llega la verdad, el individuo debe escoger entre la verdad y el error. Y debo deciros este gran hecho de la vida, que todas las almas de la Tierra tienen el registro de la verdad en lo más profundo del núcleo ígneo del ser, y cuando se ve enfrentada a esa verdad, esa alma conoce la verdad y esa alma toma la decisión o bien de confirmar o bien de negar esa verdad.

Ya veréis cuando la gente os oiga decir la palabra de la verdad. Y veréis la vacilación, veréis cómo inclinan el oído hacia los espíritus del error, los veréis escuchar el punto de vista contrario, los veréis buscar explicaciones en su mente exterior. Y después sopesarán la verdad con el contrapeso del error, y os digo que eso está mal, porque la verdad nunca puede sopesarse con el contrapeso del error. El error es el yin y el yang de la injusticia, la verdad está por encima del error. Y, por tanto, no es la decisión entre la verdad y el error, es la decisión de decantarse solo por la verdad y la verdad como victoria.

Por tanto, veréis esa deliberación, y algunos escogen el camino del error y otros escogen el camino de la verdad relativa. Ninguna de esas dos cosas es la posición correcta. La verdad relativa no es la respuesta en estos momentos, sino que lo es la ley absoluta de vuestro ser libre en Dios. Por tanto, decid la verdad y, como dice Morya: «¡Que las astillas caigan donde sea!». Esas son las astillas de la conciencia humana. ¡Que salten por los aires! ¡Que esa espada flamígera de la verdad libere al alma!

Decid la verdad, que de la boca de Cristo se manifestó y el Buda bendijo tres veces. *Decid* esa verdad y salid con la canción y el poema «Háblales».

Háblales de la llegada de la era de Acuario.
Háblales de la llegada de los mensajeros de la verdad.
Háblales de la ley del gurú interior.
Háblales del Yo Real y todo lo que es verdad.
Háblales, porque ellos sabrán, ellos escucharán.
Ellos recordarán la voz de los Elohim
y de los días de antaño y de las manifestaciones de los avatares.
Háblales, porque se acordarán.
Y en su recuerdo estará su elección,
y en su recuerdo estará su juicio,
y en su juicio estará la vida o la condenación eternas.

Comprended, por tanto, cando hablo de condenación eterna, que solo hablo de esa condenación mantenida siempre que el individuo elija el error. Porque el individuo es su propio juez y el Ser Crístico individual debe mantener el juicio hasta que el individuo escoja el sendero que es el camino de rectitud.

Por tanto, YO SOY el que ha venido. YO SOY esa poderosa llama descendente. La llama de la victoria es una *V* gigantesca. Desciende por el arco de Dios. Toca el punto de la llama en vuestro corazón y asciende inmediatamente. Por tanto, si seguís la llama de la victoria, será para la salida y la entrada de vuestra alma, día tras día el ritmo del Poderoso Víctory. Esa *V* puede ser el ímpetu de movimiento desde el Gran Sol Central hasta el corazón de la llama trina en la Tierra, regresando al Gran Sol Central, volviendo al corazón otra vez, hasta que concentréis los poderosos diamantes del Poderoso Víctory. Y esos diamantes de Víctory son de hecho la manifestación de la señal de la *V* señalando hacia la Materia y señalando hacia el Espíritu.

¡Así se forma el diamante! ¡Esa es la manifestación de mi acción del Buda y de la Madre, mi acción de la llama de la figura en forma de ocho! ¡Así es mi venida! ¡Así es la luz de la estrella de seis puntas! ¡Así es la luz de la estrella de cinco puntas allá donde estéis! Porque debéis ganaros la sexta punta, debéis ganaros esa punta de logro, debéis ganaros la punta con la que equilibraréis la llama trina en el corazón y equilibraréis las energías de la vida. ¡Así sea para la venida de la victoria! ¡Así sea para la manifestación del amor!

Venimos con el sentimiento victorioso a establecer la base para la venida del Señor del Mundo. Os damos ese ímpetu de fuego para que podáis recibir la emanación de la conciencia del Señor Buda, para que podáis tener ya el cuenco dorado en vosotros, el cuenco dorado de la victoria, la iluminación y la verdad, ese cuenco precipitado que proviene del Royal Teton y que es el cuenco del alma. En ese cuenco, por tanto, dejad que el Señor Gautama vierta de sí mismo y de su fuego sagrado.

Hemos venido como siervos de la Madre, como siervos dándoos la manifestación necesaria, el contenedor, el cáliz para las energías del Señor Gautama. Guardad el cuenco dorado. Tomad la espada de la verdad. Marchad con las legiones de la verdad este año.

Recordaréis que, en esta ocasión, el año pasado Ray-O-Light estuvo ante vosotros para hablaros de las pruebas de la duda y el temor que llegarían este año.[4] Bien, veo que habéis sobrevivido. [La audiencia se ríe]. Pero vero que algunos de vuestros miembros no han sobrevivido, porque han sido llevados muy lejos del campo energético de la verdad, de la maestría sobre uno mismo, catapultados fuera de la compañía por sus dudas y temores.

Algunos han sido rescatados por nuestras legiones y otros han rechazado a nuestras legiones en el camino. Os digo que tengo que taparme los ojos cuando veo a niños de Dios oponiendo resistencia a sus liberadores, oponiendo resistencia a los ángeles de la mente de relámpago de Dios. Aun así, ha ocurrido. Rezad por los hijos y las hijas de Dios y los hijos de la luz en la Tierra, porque los atacan las múltiples complejidades de la mente humana que, a fin de ser libre de sus complejidades, debe entregarse, debe disolverse en la mente de Dios para hallar ahí la sencillez de la verdad eterna.

Y así es que estoy en el lugar de Ray-O-Light para daros esa llama de la verdad, esa energía de la verdad. Ella es el foco de vuestra victoria sobre el temor y la duda y todos los cuestionamientos interminables sobre la Ley. Con esa llama de la verdad, id otra vez con las legiones de la victoria, id con las legiones de Ray-O-Light, y conquistad los temores y las dudas de todo un cuerpo planetario. Que los caballeros y las damas de la Mesa Redonda los pongan en el centro del fuego.

Estaré con vosotros esta tarde en celebración de la venida de la Corte del Fuego Sagrado. ¡YO SOY siempre en vosotros la brillante estrella de esperanza, de victoria! ¡YO SOY el que renace en vosotros!

31 de diciembre de 1976
Pasadena (California)
ECP

25

LA ESTRELLA DE VÍCTORY

¡Salve, hijos e hijas de luz! YO SOY el que ha venido con mis legiones de victoria para estar en esta hora de la victoria con Saint Germain y El Morya y con vosotros, benditos. Venimos a afianzar una llama poderosa en la Tierra, una columna en espiral de fuego sagrado que hoy es la energía de Dios desde el corazón del Gran Sol Central.

Vengo a afianzarla en medio del campo energético de este altar de invocación, desde donde la palabra de la Madre y sus hijos resonará en los mismísimos elementos de la Tierra proclamando la hora de la victoria y del YO SOY EL QUE YO SOY, verdaderamente la venida del Señor para la alquimia que derretirá el viejo orden del cielo y la tierra y traerá el nuevo cielo y la nueva tierra a este cuerpo planetario.

Hijos míos del Sol, ¡os saludo! Con frecuencia os he observado desde mundos lejanos, cuando las luces parpadeantes de vuestras invocaciones encendieron una estrella que, en su defecto, está oscurecida. Y yo he enviado una luz y mi llama gemela ha enviado una luz, y hemos dicho: «Vamos a multiplicar esa luz. Vamos a bajar por ese poderoso rayo de sol hacia los corazones de los chelas. Vamos a bajar a los templos de luz ¡y vamos a encender el fuego de Víctory!».

Y así, ha llegado la hora en que el Consejo Cósmico y los Señores del

Karma han acordado que se puede otorgar un mayor ímpetu de victoria a la Tierra, a los niños del Sol, durante esta época del Ciclo Oscuro en la que desciende el abuso de la luz de la jerarquía de Escorpión. Hay programada una oscuridad como no os podéis imaginar que quiere cubrir el país, programada por los caídos, que siempre planean multiplicar la oscuridad del karma de la humanidad para la destrucción de las almas de luz.

Hijos míos del Sol, tomad asiento en la llama del Poderoso Víctory.

UNA OPORTUNIDAD DORADA

Estoy aquí porque estoy aquí. [Aplauso de 8 segundos]. Y vosotros estáis aquí porque estáis aquí. Y puesto que ambos estamos aquí, aprovechemos al máximo una oportunidad dorada para que la luz aumente de magnitud en magnitud, hasta que este cuerpo planetario se convierta en un sol resplandeciente.

Es hora, por tanto, de que esos caídos vayan al Sol, a circular en espiral hacia el núcleo de fuego blanco de Alfa y Omega y que ahí dejen de existir. El tiempo y espacio es para leer la astrología cósmica y el reloj cósmico, pero con todo lo que obtuvieron, estos caídos no consiguieron inteligencia.[1]

Hacen sus predicciones psíquicas. Leen la astrología del Efecto Júpiter.[2] Hacen sus predicciones para 1984 ¡y ni una sola vez han incluido la gran profecía de la venida de las huestes del SEÑOR!

Bien, estoy aquí para daros la profecía que podéis hacer certera con vuestro desempeño. Por tanto, mi desempeño será vuestro y el vuestro será mío y marcharemos con las legiones de la victoria. ¿No es así?

[La audiencia responde: «¡Sí!»].

LEGIONES PARA LA VICTORIA DE LA TIERRA

¡Salve, amados míos! Los ejércitos del SEÑOR llegan provenientes de los cuadrantes del ser en los rayos y las líneas de las doce jerarquías. Los ángeles del Arcángel Miguel, legiones de luz, llegan organizados como en las Fiestas de Mayo para la celebración del Caballero Comandante, la coronación de Saint Germain para la era de Acuario.[3]

Ellos vienen y marchan y desfilan vestidos para la ocasión para demostrar su luz, su bravura y su destreza para dar a voluntad el golpe mortal al enemigo en otros sistemas de mundos. Vienen coronados con laureles de victoria por haber peleado la buena batalla y ganado. Son ganadores. ¡No apostamos por los perdedores, sino por los ganadores, en esta carrera de luz que acelera la luz!

Y así, veis legiones de ángeles de llama violeta bajo Zadquiel y Santa Amatista y el amado Omri-Tas. Llenan el cielo en una cantidad innumerable. Llenan el cosmos. ¡El sistema solar no puede contener la cantidad de legiones que vienen para la victoria decidida de esta Tierra y este sistema solar!

DEBÉIS ENVALENTONAROS

Amados, los valerosos Maestros Ascendidos os han dicho que debéis envalentonaros con una voluntad de ganar. Y el Gran Director Divino ha venido a aumentar vuestro campo energético de relámpago azul como una presencia manifiesta de vuestra identidad. Así, él os ha legado su impulso acumulado de estar dispuesto a ser, en Dios, una identidad que no se ha corrompido, intacta.

He venido a fortalecer esa determinación. He venido a cargaros con el entusiasmo de las huestes de luz cuyo momento ha llegado, pero cuya profecía es desconocida. Vosotros que sabéis leer los signos de los tiempos y los cielos sabéis que este es el momento de la cruz cósmica de fuego blanco, del descenso de las Pléyades. Las jerarquías de las Pléyades y Surya vienen y desafían a la oscuridad en todo momento, por doquier en el cuerpo de la Tierra; pero deben teneros a vosotros como sus portavoces. Deben teneros a vosotros blandiendo la pluma y la espada diestramente.

Amados míos, estamos seguros de vuestra cooperación. Estamos aquí porque ya lo habéis dado, y en consecuencia aplaudimos a los portadores de luz encarnados, a los Guardianes de la Llama y a todos los chelas de los gurús vivos.

LOS HÉROES DE LA ERA

Cuerpo planetario, te saludo. Hijos del Sol, Helios y Vesta, yo, Víctory, os saludo en el nombre de Lanello ascendido, que ha llevado hasta la ascensión el estandarte blanco de victoria y paz con la flor de lis dorada del equilibrio y la victoria de vuestro corazón. Así, él se convierte en uno de los héroes de la era, al lado de Godfre y los santos clave que dieron la vida para que podáis servir hasta el final.

Ellos se han marchado porque pusieron su confianza en Dios en vosotros, en el Dios dentro de vosotros. Tuvieron la certeza suprema de que los hombres y las mujeres de buena fe les seguirían y no dejarían caer el estandarte o la antorcha de luz. Y vosotros que corréis, leéis y veis la Palabra de su presencia y cantáis acerca de su luz entre vosotros, vosotros sois los visionarios. Vosotros sois los sabios y videntes, de Oriente y Occidente, que imparten a los hijos de la Tierra la gran visión que se os ha confiado por la pureza de vuestra devoción y por haber hecho caso de la Palabra que la Madre os ha dado a lo largo de todos estos largos años.

Por tanto, debemos saludar a su corriente de vida por quedarse y seguir quedándose entre las incomprensibles arremetidas de las que no sabéis nada, que suponen una lucha diaria en su alma. Sin embargo, los chelas que la rodean también han sido receptores de esas flechas de mala fortuna. Y la Madre pide que les rinda tributo a ellos también, porque han sido los anillos de fuego y las legiones encarnadas en todas las octavas que han permanecido para defender el cargo de la Mensajera que es tan esencial, tan absolutamente necesario, como eslabón en la cadena de las octavas.

NUEVAS LEGIONES PARA LA VICTORIA

Hablamos de la cadena de las octavas; hablamos de la victoria invencible. Hablamos de la luz y hemos venido a inclinarnos ante la luz en vosotros y a dejaros saber, queridos corazones, que el Consejo Cósmico, ratificando el decreto de Dios Todopoderoso, hoy ha enviado legiones en todas las líneas del reloj, todas ellas registradas en el Gran Cuerpo Causal del Gran Director Divino. En su nombre, también podéis invocar a las legiones que sirven bajo una jerarquía del sol en particular en una línea del reloj en particular con un Maestro Ascendido en particular, que también sirve en esa línea.[4]

No os hace falta conocer todos los nombres de estas huestes del Señor, pero cuando haya un problema, como el odio al Niño Cristo por venir en la línea del reloj de Saint Germain mediante el aborto, en las profanaciones de todas clases de la enseñanza de Saint Germain, su belleza y su luz de la libertad, podéis invocar a las legiones de las huestes del Señor que hoy han venido marchando en su nombre en esa línea del reloj, bajo la jerarquía de Acuario.

De manera instantánea, esas legiones irán, harán lo que les pidáis y pasarán a la acción. No sabréis hasta que lo intentéis, hasta que veáis, y finalmente no sabréis hasta que ascendáis en la luz qué poder tan enorme ha sido agregado al lado del bien y de la luz en este momento, este día de Géminis de 1979. [Aplauso de 17 segundos].

LA ENSEÑANZA DE SANAT KUMARA SOBRE EL RAYO RUBÍ

Amados, los Veinticuatro Ancianos están asombrados con Sanat Kumara, el Anciano de Días, quien, estando en el gran trono blanco, se inclina ante el Ser Innombrable, el Todopoderoso, que le legó la oportunidad de salvar a la Tierra. Las huestes del Señor y el Consejo Cósmico han dado todo lo que se puede dar hasta ahora en respuesta a vuestros llamados para el aumento de la rotación de este planeta Tierra al que llamáis hogar.

Amados, cuando implementáis estas fuerzas y huestes del Señor, quién puede saber, quién puede discernir lo que siente el corazón del Todopoderoso con respecto a los refuerzos continuos, hasta que la transición a Acuario pueda llegar a conocerse como la llegada de la era de oro a la Tierra. En toda una década no ha habido una esperanza así ni una promesa tal a través de esta actividad y a través de las huestes del Señor como la hay hoy, amados míos.

Ahora, al aprovecharos al máximo de esta oportunidad, os pido que tengáis diligencia de buscar por toda la Tierra hechos, números, nombres. Llevad a cabo la investigación con atención, pues, aunque podamos ver —con la plenitud del rayo cristalino, el poderoso rayo X, el Ojo Omnividente de Dios— lo que está actuando aquí, no podemos interceder a menos que hagáis los llamados específicos. Por tanto, estas huestes del Señor, acampadas por los montes de Los Ángeles, San Francisco y los chakras de los países de la Tierra, están listas para saltar, listas para moverse, listas para marchar.

Ellos son los disciplinados; son intensos seres de amor que, todos ellos, han superado las iniciaciones del poderoso rayo rubí, a las cuales Sanat Kumara se apresura a llamar vuestra atención por medio de las *Perlas de Sabiduría*. El Anciano de Días apenas puede esperar a transmitiros esas enseñanzas para que podáis acceder al uso correcto, y no incorrecto, del rayo rubí.[5]

En su nombre, por tanto, autorizo a esta mensajera a publicar estas *Perlas de Sabiduría* antes de tiempo, de modo que los estudiantes de la luz puedan tener estas dispensaciones y puedan avanzar con rapidez a invocar la luz del rayo rubí, no para su perjuicio ni el de nadie más, sino para el descenso rápido y repentino de la luz que ¡actuará, actuará, actuará! en el corazón de la Tierra para apartar las condiciones que por demasiado tiempo han dominado en medio de un pueblo sincero y noble.

La mayoría de la gente de la Tierra desea libertad, paz y la vida abundante, y ha sido engañada y manipulada a fin de que crea que el sendero hacia esos fines se encuentra en el marxismo, el socialismo y la conspiración misma. Por tanto, la acción del rayo rubí está diseñada por el Señor Dios para arrancar de los hijos de la Tierra una capa, endurecida durante los siglos, de una pseudopersonalidad y un pseudoanálisis de los problemas inminentes.

Solo la acción del rayo rubí posee el poder total de Dios para llevar a cabo cierto trabajo entre la gente de la Tierra. Y por eso, aunque habéis hecho al máximo decretos a Astrea y a la llama violeta, es necesario que esta acción se añada a los llamados. Los Maestros Ascendidos no han podido entregaros esta información hasta este momento debido a que exigía que cierta cantidad de estudiantes apoyaran a nuestra Mensajera con los llamados y las dispensaciones ya concedidas, a fin de que se os entregue el siguiente paso.

Si no hubiéramos tenido ese apoyo de protección de nuestro campo energético, nuestro movimiento y nuestra enseñanza, no podríamos haberos traído las iniciaciones avanzadas que están por venir. Estas llegarán con tanta rapidez, que será como el cumplimiento de la profecía: «Como el relámpago que sale del oriente y se muestra hasta el occidente, así será también la venida del Hijo del Hombre».[6]

Vosotros, cada uno de vosotros, es ese Hijo del hombre. Y vendréis con el relámpago veloz del rayo rubí y veréis cómo vuestros llamados marcarán la diferencia, toda la diferencia en el mundo, de este momento en adelante.

PONGO MI ESTRELLA DE LA VICTORIA SOBRE ESTE ALTAR

Ahora me pongo ante el altar de la invocación, aquí, en el santuario del Santo Grial. Y levanto la voz por la autoridad de Sanat Kumara, Jerarca de Venus.

Yo, el Poderoso Víctory, invoco una poderosa columna de rayo rubí. Invoco una poderosa columna de victoria e invoco la poderosa columna del rayo cristalino entregado a los grandes profetas y líderes de antaño. Por tanto, esos intensos rayos de luz saldrán, sellarán la Tierra, harán retroceder esa oscuridad si, y solo si, las almas de luz ratifican hoy mi llamado.

Oh, Señor Dios Todopoderoso, Brahma, Vishnú y Shiva, por el YO SOY EL QUE YO SOY y el sagrado OM, me comprometo con mi vida y mi logro, como tantos seres cósmicos han hecho hoy, a que ni esta mensajera ni los verdaderos chelas de Saint Germain nos decepcionen hasta que esa victoria sea de hecho una *¡Victoria! ¡Victoria! ¡Victoria!* lograda en cada continente, en cada nación, en cada corazón de luz, en cada alma que respira el aire del Espíritu Santo.

Por tanto, invoco estas llamas. Por tanto, pongo sobre este altar, en el mismísimo corazón de la Madre, mi propia estrella de la victoria, que doy al Consejo Cósmico. Pongo sobre su altar este impulso acumulado de mi victoria para mantener el equilibrio por la luz que ahora se confiará a los Guardianes de la Llama.

Amados, con frecuencia habéis escuchado cómo los Maestros Ascendidos han pagado el precio antes de tiempo por una dispensación para sus chelas. Bien, aparezco en el nombre de Sanat Kumara para hacer algo por ese gran Ser, puesto que él ha hecho tanto por mí y por tantas evoluciones.

Doy mi estrella de la victoria en el nombre de Saint Germain y por su llama. La doy por cada servicio jamás prestado por las huestes angélicas, los Elohim, todo Maestro Ascendido de la Gran Hermandad Blanca, por los siglos de los siglos. Y doy mi estrella en el nombre de cierta cantidad de chelas a los que visité en el intervalo de las dos semanas pasadas, de los que sé que son siervos de luz fieles y valerosos. Y a quienes digo: «Veo vuestra luz. Veo vuestra devoción. Daré mi estrella por vosotros y por los que son los inmortales vivos, los santos que os han precedido en la construcción de la verdadera Iglesia Universal y Triunfante».

Por consiguiente, esta luz de Dios que afianzo aquí es mi impulso acumulado de victoria, que en efecto hará retroceder la oscuridad que algunos han intentado imponer a esta Mensajera, a la organización y a los verdaderos creyentes en este momento de la venida del Señor YO SOY EL QUE YO SOY a la Tierra.

Por tanto, esta luz repelerá, hará retroceder, enviará la aceleración de karma y de la intención malvada que se lanza contra todos los portadores de luz del cuerpo planetario. ¡Invocadla, os digo! Recordad siempre que habéis de invocarla en el nombre de vuestra poderosa Presencia YO SOY y Ser Crístico, Sanat Kumara, el Anciano de Días, el Señor Gautama Buda, el Señor Maitreya, el Señor Jesucristo y Saint Germain, las llamas gemelas de los dos testigos y los corazones de los santos.

Deseo que utilicéis este orden de invocación como lo enseña Sanat Kumara y como será publicado para vosotros en las *Perlas de Sabiduría* que están por llegar. Porque con el descenso de la columna del rayo rubí, la columna del rayo cristalino, aseguraréis y salvaguardaréis que el descenso de esas intensas energías no perjudique a nadie, especialmente a vosotros.

LA ORACIÓN DE LAS LEGIONES DE VÍCTORY

Legiones de Víctory, ¡levantaos ahora! Cien mil ángeles de Víctory están en formación ante vosotros. Están en, entre y alrededor de vosotros en Cámelot el día de hoy. Y dicen:

En el nombre del Señor, en el nombre del profeta, en el nombre de Saint Germain:

Aquí YO SOY [estoy], Señor, ¡envíame!
Aquí YO SOY [estoy], hijo del hombre, chela de la luz,
por la Palabra encarnada en ti, ¡envíame!
YO SOY un ángel del Poderoso Víctory.
YO SOY el que está comprometido a cumplir su promesa al

*Anciano de Días.
YO SOY un portador de su llama
y de las tres columnas que él ha enclaustrado aquí.
¡YO SOY un ángel de Víctory!
Aquí YO SOY [estoy], oh chela.
¡Envíame! ¡Envíame! ¡Envíame! ¡Envíame!
Oh, envíame a donde desees enviarme.
Y yo iré e iniciaré ese brillo de fuego sagrado
allá donde me envíes.
Y cuandoquiera que hagas ese llamado,
oh chela de la luz,
no uno, sino diez mil de nosotros responderemos,
porque nuestros refuerzos están reunidos
alrededor del mundo en cada continente,
no solo aquí, en Cámelot.
Pero estamos aquí,
y estamos aquí para quedarnos
en el nombre de nuestro líder, el Poderoso Víctory,
¡hasta la hora de la victoria de la Tierra en la luz!
Oh chelas de la llama, este es nuestro mantra:*

> *Aquí YO SOY [estoy], SEÑOR, YO SOY EL QUE YO SOY,
> Palabra encarnada en el chela,
> ¡Envíame! ¡Envíame! ¡Envíame! ¡Envíame!
> ¡Envíame! ¡Envíame! ¡Envíame!*

Oh amados, las huestes del Señor sienten una emoción tal, dándoseles ahora permiso para actuar como jamás han actuado, para ¡actuar! ¡actuar! ¡actuar! en el nombre de los hijos y las hijas de Dios.

Ningún otro nombre se honrará más que el nombre YO SOY EL QUE YO SOY y el Nombre detrás del nombre y el Sol detrás del sol. Solo el de corazón limpio puede invocar el nombre del Anciano de Días y a todos los que le sirven en las grandes esferas cósmicas.

¡YO SOY luz! ¡YO SOY la luz de la victoria en vosotros! Pongo una réplica de mí mismo dentro de vosotros. Y la cámara secreta del corazón no se llena a rebosar, porque en verdad la imagen de cada Maestro Ascendido, por los siglos de los siglos, puede entrar en vuestro corazón y seguir siendo el Hijo unigénito, el Cristo universal.

Por tanto, sin inhibición, YO SOY ese Hijo Varón en vosotros. YO SOY aquel al que el Señor Maitreya está haciendo nacer en vosotros, y la luz de la Virgen Cósmica, la luz de Alfa y Omega, desciende. Venimos a dar a luz a un alma, a un país, a un planeta y a la meta de Cristeidad universal para la descendencia del Altísimo.

En el nombre de Alfa y Omega, soy enviado. He venido y he establecido el propósito por el que vine. Y a toda la oscuridad digo: ¡Consumado está! OM.

3 de junio de 1979
Cámelot
Los Ángeles (California)
ECP

26

¡VICTORIA A QUIENES AMAN!

¡Oh gran obra del alma que forja a Dios, que forma la realidad de la misión en el mismísimo corazón del Ser! ¡Oh gran obra de las eras trabajada por el espíritu del amor! ¡Oh devoción a la causa que continúa sin ser retenida por ninguna carencia! Esta virtud del alma centrada en la rosa de la labor sagrada es lo que elogio.

Vengo como defensor del desarrollo en el corazón del chela de la mismísima luz del amor. El amor es mi camino. El amor es mi victoria. El amor es el rayo de la victoria que YO SOY. Este es el amor que contemplo en el corazón del chela que ve la meta como niebla de fuego cristalino y decide que la niebla de fuego cristalino no permanecerá en las octavas etéricas inaudita, desconocida, tácita, sin escribir; el chela que dice: «He visto a Dios. Voy a hacer que millones de personas lo vean y lo conozcan como YO SOY».

Oh, el que tiene el valor de desvelar la visión de su alma. Intrépido, valeroso, despreocupado de que la visión, ese valioso tesoro, pueda pisotearse, él revela la visión debido a su fe suprema en esa visión. La visión es mayor que él; lo consume todo; se ha convertido en la pasión de existir.

La visión es verdad suprema. La visión es esa medida de Dios que se ha concedido al alma como gracia; y el alma que verdaderamente ve la parte que le han asignado sabe que la geometría, cuando se traduce a la esfera de la Materia, se defenderá por sí sola, se preservará, se perpetuará, como revela la música de Beethoven, chela del Gran Director Divino.

Es intocable. No puede robarse. Aunque los mortales han tratado de pervertirla, el fuego sagrado que se derrama de ella los ha atado aún más. Es la poesía del fuego sagrado que toca el arpa del corazón. Es el sonido de Elohim.

Hay un iniciado llamado por Dios que algún aparecerá en la Materia para dar la conclusión, el final, de otras seis sinfonías que continúan con el sendero de iniciación del rayo rubí. Pero ese ser de Cristeidad Cósmica no aparecerá ni la música se oirá hasta que un séquito de portadores de luz haya incorporado esta música poderosa de las esferas a fin de asimilarla como el Cuerpo y la Sangre del Cristo Cósmico, el Señor Maitreya.

Cuando cada átomo de vuestro ser gire siguiendo esta música, cuando el núcleo ígneo la haga sonar y la transmita desde el Gran Sol Central, cuando permanezcáis como una columna de fuego de la llama de la ascensión y el rayo rubí y el sonido de la libertad emane de vosotros para ahogar y tragarse toda la disonancia de los traidores provenientes del abismo, que han diseminado su antimúsica, su antiarte, su antidharma, contaminando las ondas sonoras de la Tierra y del alma, cuando la fuerza de la música en vosotros pueda tragarse la antiluz y la antilibertad, *entonces* comprenderéis.

Cuando el sonido de Elohim, del rayo rubí y sus iniciados se oiga en la Materia física y se mantenga el equilibrio mientras columnas de fuego proclaman el nombre YO SOY EL QUE YO SOY, la Palabra y el sonido de la Palabra en la música de la libertad, *entonces* descenderá la música. Entones descenderá ese ser para grabarla.

Sabréis que en el principio era la Palabra,[1] y con la Palabra hablada y transmitida como música de las esferas de Elohim, con la Palabra transmitida como el sonar del sonido insonoro, la entonación de esa música significará la última ronda de la extinción del mal en las esferas de este sistema solar. Y no se podrá detener ese sonido a través del cosmos cuando lo emitan los iniciados del fuego sagrado, el corazón sagrado de almas confortables y consoladoras hacia todo lo que tiene vida en el cielo y la tierra por la intensidad de la Sangre de Cristo.

MEDIANTE LA ARMONÍA PRESERVAREMOS LA LIBERTAD

Por tanto, escuchad, oh, niños. La armonía, oh bendita armonía, es vuestro desafío para preservar vuestra libertad. Y os daréis cuenta con cuánta precisión él, [Beethoven], dijo: «Yo no escribo música ruidosa».[2] Ruido, el ruido de la disonancia y la discordia, al lado del verdadero sonido de los vórtices ígneos de galaxias en movimiento, de Elohim murmurando el sonido del *HUM*, el *OM*, el *HRIM;* todos los sonidos y tonos de la Ma universal pueden escucharse en esas nueve sinfonías de la Palabra.

Por tanto, daos bien cuenta de que los que manifiestan la antilibertad carecen totalmente de armonía. Ellos han subvertido la fuerza vital de Alfa y Omega en todos los átomos del ser. En la Materia física, ellos son los irresponsables proveedores de los abusos de la energía del átomo y abusos de todo tipo de las sustancias mortíferas y venenos, energía radiactiva, etcétera.

Notad al individuo discordante y sabréis que ese hombre es antilibertad, anti-Saint Germain. Podrá encubrir su discordia de niveles subconscientes con un aura de paz o santidad o aparente apoyo a las causas de la libertad, pero al final, cuando se vea cara a cara con el Gran Director Divino o Saint Germain, un chela o la mensajera encarnada, se producirá una ruptura y aparecerá un volcán de discordia psíquica con las exigencias de los caídos por su derecho a ser discordantes, su derecho a ser tiranos, su derecho a ser libres de ser el Anticristo.

EL DIOS ARMONÍA ES INDISPENSABLE

Bien, amados míos, en la entrega del Dios Armonía del año pasado vemos el principio de la armonización de las fuerzas que hay en cada chela. Vemos que la rotación de los centros solares, que aceleran la luz para soltar la discordia, se origina en la armonía del alma interior, el equilibrio de Alfa y Omega.

Vemos que, para la libertad de la Tierra, el Dios Armonía es un ser cósmico irremplazable e indispensable. Porque la Armonía os trasmite la iniciación con la que derrocáis la invasión de tiranos invisibles en el mundo del yo. Todo tipo de estados, toda clase de manifestaciones físicas, desde las drogas y el alcohol al azúcar, la nicotina y las toxinas venenosas, contribuyen a la desarmonía del cuerpo, por no mencionar la contaminación del plano astral, los focos invisibles de rabia e ira y el ritmo sutil y ensordecedor de los demonios y su ritmo rock, que resuenan en el plano astral y bombardean el cuerpo emocional y el chakra del plexo solar aun cuando el oído físico no lo oiga.

Así, la nefasta contaminación del cuerpo planetario en los planos astral y físico está diseñada para frustrar el descenso de la magnitud de luz de la libertad que proviene del Gran Director Divino y Saint Germain.

MI NOMBRE NO ES TAN IMPORTANTE COMO MI MENSAJE

Por tanto, vengo. No hay que preguntarse quién soy. Escuchad mi mensaje y lo sabréis. Poco a poco os diré quién soy, pues me lanzáis vuestras preguntas: «¿Quién eres? ¿Quién está hablando?». Y así interrumpís el mensaje que fluye. Mi nombre no es con mucho tan importante como mi mensaje. Somos los seres innombrables y nuestros nombres se dan como punto de referencia para chelas no ascendidos que necesitan un nombre para conocer una vibración. En verdad, la vibración está en el nombre, pero la vibración viene primero y el nombre después.

Por tanto, hoy os doy mi vibración; y al sintonizaros con ese rayo, podéis convertiros en mí. Entonces, antes de marcharos, os daré una etiqueta que podáis llevar y que diga: «Mira, YO SOY EL QUE YO SOY». Pues bien, os conocerán por vuestros frutos, no por vuestro nombre o por mi nombre, sino por las buenas obras del fuego sagrado del rayo rubí.

¿Qué importa si su nombre era Beethoven? ¡Su vibración es la luz de la victoria, libertad y alegría! ¡Victoria es su llama! ¡Victoria es la vibración! Vosotros también podéis serlo. Podéis decidir ser esa llama, si queréis. O podéis sentaros y seguir preguntándoos quiénes sois, quién soy yo, quién es cualquiera.

Quizá ni siquiera sepáis el nombre de vuestra Presencia Divina. Quizá debiéramos empezar por el principio y, por consiguiente, sabed que detrás del nombre YO SOY EL QUE YO SOY está el sonido de la Palabra y el sonido del nombre. El nombre YO SOY EL QUE YO SOY también es una vibración de la victoria del ser y de la vida. Todo depende de cómo leáis la palabra. Algunos la leen como poder, otros como amor, otros aún como sabiduría, otros como la luz blanca de la pureza. Yo siempre la leí como victoria.

Siempre he sido esa llama victoriosa en Dios, por los siglos de los siglos, porque cuando miro al sol y al rostro sonriente de Helios y Vesta, veo seres victoriosos en Dios, libres en Dios. Y digo:

> Que resuene la libertad en el corazón de las almas de la Tierra.
> Que reciban un empujón y un zarandeo.
> ¡Oh mundo, despierta!
> ¡Que sus átomos giren!
> Que sus almas se enciendan con la libertad.
> ¡Que aceleren!

CON LA ARMONÍA DIVINA DERROCAREMOS A LOS DISCORDANTES

Por tanto, haced caso de mi mensaje. Derrocaremos a los discordantes con la armonía Divina. Que todos entiendan que lo que hoy se percibe como armonía, mañana se puede percibir como desarmonía cuando refinéis vuestro oído interno y volváis a sintonizaros con el sonido de vuestro tono celestial y lleváis vuestras fuerzas y vuestras vibraciones hacia ese tono.

Así, cuidado con los que llegan hablando de la canción de la libertad, pero albergan en los pliegues de sus vestiduras una vibración errónea. Apoyan la libertad para poder tenerla e imponer la esclavitud a otros.

Ahora, hoy, estoy firme y mis legiones están conmigo, y estamos decididos a que los individuos del cuerpo planetario que exijan igualdad y libertad simplemente para manifestar la degradación cada vez mayor del yo irreal, no aguanten. ¡No, no aguantarán en el lugar santo de la congregación de los justos! No, ya no tendrán permitido suministrar más sus abominaciones, porque nosotros estamos firmes, porque lo estamos en vosotros y hemos oído vuestros llamados y vuestras exclamaciones pidiendo libertad.

Y así, hemos enseñado a la Madre la lección de la fuerza mortífera de la condenación, que es la antiarmonía que asola a la gente decente y honorable de la Tierra. Por tanto, igualamos su voto [de atar a las fuerzas de la condenación].³ Vendremos cada día para reforzar sus llamados y permanecemos con el corazón de todos los amigos de la libertad para multiplicar esos llamados y los cristales de limpieza que descienden gracias al «cristal terrible*».⁴ invocado por la Madre.

Los intensificaremos. Quemaremos y extinguiremos a los demonios y desencarnados, y no tendrán ninguna oportunidad de sobrevivir, porque su baile es el antibaile. ¡No pueden hacer su baile ante la presencia de la armonía Divina, la victoria Divina, la dirección Divina, el poder Divino!

¡YO SOY el que está aquí y YO SOY el que ha venido, e igualaré vuestro voto! Vosotros habéis considerado cómo deseáis hacer el voto. Bien, sea cual sea el voto que hagáis, yo hago el voto de igualarlo, siempre que esté de acuerdo con la voluntad de Dios. Vendré y daré un empujón a cualquiera que esté decidido a ganar y a acelerar.

¡Ahora levantaos, os digo! Porque deseo preparar vuestros templos para la venida de la luz del Cristo Cósmico. Ahora dirijo mi rayo hacia la causa y el núcleo de todos los abusos de la luz de la Madre en vuestro chakra de la base. YO SOY el Poderoso Víctory y vengo por la victoria de vuestra alma y la victoria de la Madre en vosotros.

Vengo a atar la desaceleración de la muerte que ha retenido la elevación de esa luz de la Madre, pero no permitiré que se eleve sin vuestra determinación Divina de guardar la llama de la pureza. Porque soy un defensor de la Madre del Mundo, por los siglos de los siglos, y no dejaré que la luz de la Madre sea profanada en nadie.

Por tanto, vengo con una llama azul proveniente del corazón del Templo del Loto Azul. Vengo con la llama de Himalaya; vengo con una energía azul de protección. Que la diosa velada del fuego sagrado de la Kundalini esté velada con el relámpago azul, con mantos azules. ¡Que vuestro chakra blanco para siempre esté sellado en el relámpago azul! ¡Y que el Arcángel Miguel, defensor de la Mujer, *defienda* el chakra de la base, *defienda* la llama de la ascensión, *defienda* vuestro sendero hacia la victoria!

Este es mi regalo. Y he meditado mucho sobre cómo podría acelerar la luz de la Madre sin el peligro de profanar esa luz a través de las profanaciones de los chelas inmoderados. Amados, esta es mi deliberación.

---

*En la versión bíblica Reina Valera de 1960 consta como "cristal maravilloso". (Ezequiel 1:22) (N. del T.)

Por tanto, estando ante el Gran Sol Central, se concedió la dispensación de que el Señor Himalaya y sus devotos del loto azul dieran ahora protección a la luz blanca del chakra de la Madre en todo el cuerpo planetario.

Esto significa que el chakra blanco en Oriente Próximo y en el centro de la Tierra, la luz blanca de la Madre, la llama de la ascensión, será escudada en el relámpago azul de todas las legiones de luz hasta el Gran Sol Central. Los Grandes Equipos de Conquistadores y la poderosa Águila Azul, el Arcángel Miguel, las legiones de la voluntad de Dios y los devas del corazón diamantino, todos ellos han prometido proteger la luz blanca y proteger a los que la usan.

UNA MEDITACIÓN SOBRE LA LUZ VELADORA DE LA DIOSA AZUL

Ahora bien, amados, esta es efectivamente una dispensación proveniente de la mente maestra de Dios, el Gran Gurú. Estoy agradecido de que él haya puesto en mi corazón esta meditación sobre la luz veladora de la diosa azul.

Así, almas que invocáis la luz blanca, que descanse sobre vosotros el manto para que la Madre Universal se eleve sin peligro. Que el chakra de la sede del alma sea purificado por la espada de Kali. Que sea purificado por las espadas de las legiones de la victoria. No dejaremos al alma de luz en el mismo estado en que la encontramos, si tan solo esa alma decide huir de las guaridas de las hordas psíquicas.

Envío un rayo para derretir la seducción y el magnetismo del plano psíquico, pues demasiados niños de Dios están atrapados en él. Por tanto, desafío su orgullo y su ambición de juguetear alegremente con las entidades psíquicas. *Quema* totalmente, oh rayo rubí proveniente del corazón de Sanat Kumara, Gautama Buda, Señor Maitreya y Jesús.

Quema totalmente, oh rayo rubí, mediante el corazón de los mensajeros y los santos. *Quema* totalmente, oh rayo rubí, la causa y el núcleo del orgullo de Lucifer que tienen estos individuos que insisten en ser canales psíquicos para efluvios y vibraciones degradantes de todo tipo. ¡*Quema* totalmente, oh espada de llama viva! ¡Libéralos! ¡Libéralos! ¡Libéralos!

Ahora bien, si aún te resistes a mí, oh alma de Dios, debo lanzar y arrojar mi desafío ¡a tu mismísima alma! Por tanto, te desafío a que estés ante mí y declares que estas hordas psíquicas son más reales de lo que YO OY, de lo que Sanat Kumara está en el templo de esta Mensajera.

¡*Quema* totalmente! ¡Desenmascara a la falsa jerarquía! Desenmascara a los falsos impostores y a las entidades. *Quema totalmente,* oh rayo rubí. *Arde totalmente,* oh luz de Dios. ¡*Arde totalmente!*

Ahora, almas de luz atrapadas en divergencias y brujería, os veréis obligadas a mirarme una vez cada día, porque tendréis que comparar mi realidad de victoria Divina suprema en el amor con vuestro irrisorio ofrecimiento. Estaré ante vosotras y tengo la intención de recordaros cada día que *cada día* que posterguéis vuestra renuncia a la mortífera práctica de la brujería, incurrís en un karma que os atará durante miles de años a esta evolución, hasta que os hayáis entregado al fin ¡y hayáis llevado el mensaje de Víctory a los niños de Dios!

EL JUICIO A LAS FUERZAS DE LA BRUJERÍA

Estoy en la Tierra y lanzo el desafío a través de la Mensajera y los chelas. Por tanto, cada brujo y bruja practicante, mago negro y satanista hoy, cada canal psíquico, debe responder ante la llama de la Madre, ante Sanat Kumara, ante las legiones de Venus y ante todo chela valeroso con la mandíbula hacia adelante, la chispa en los ojos ¡y agarrando la espada de Lanello! Porque nosotros venimos y vuestro juicio ha llegado, ¡e invocamos el juicio del Señor Jesús sobre vosotros!

Ya no podéis trabajar sin nuestro desafío cada veinticuatro horas. Por tanto, temblad si queréis. Temblad de miedo. Temblad si queréis. Así es la venida de la llama de la Madre de la victoria. Así es la venida de la llama de la libertad. Si queréis estar libres de miedo, abandonad los abusos de la llama de la Madre, porque no viviréis un día más en este planeta sin estar cara a cara con la infamia de vuestra práctica abusiva contra el cuerpo de Dios.

¡Os desenmascaro en toda vuestra infamia, sodomía y perversión de la luz de la Madre! Por tanto, dejad de ocultaros y quedad expuestos, gusanos. Porque os tendré; o bien os convertís en un alma digna o bien os derretiréis en el calor del rayo rubí. Esta es la hora de la decisión: a la derecha o a la izquierda.

No habrá más escarnio o mofas a la llama de la Madre sin la intensificación de la compensación, el regreso del karma. Por tanto, miradme, porque vuestra hechicería no puede borrar mi rostro. Estoy aquí y estoy aquí para quedarme, porque amo a los chelas de la luz.

Amo a la humanidad. Y percibo esa energía psicotrónica, a falta de otra palabra, ese odio psíquico que penetra tanto desde el aparato físico como desde el aparato de los propios chakras, cuando los individuos, sin utilizar ningún aparato, usan sus chakras para transferir la fuerza astral, psíquica, que vosotros habéis llamado energía psicotrónica. De hecho, es real, porque los hombres así lo han querido, pero nosotros robaremos esa energía y la dirigiremos hacia ellos mismos.

Los hijos de la luz no caerán en la enfermedad y los cánceres del cuerpo y el alma debido a esa fuerza. No, no mientras el león ruja, no mientras salga el mensaje de la Palabra, no mientras los chelas pronuncien el llamado a la luz, porque este es nuestro triángulo de victoria: Dios Todopoderoso en el cielo en la Gran Hermandad Blanca, la portavoz de la Palabra, y los millones que han oído y repetido esa Palabra. Así es el ciclo, Padre, Hijo y Espíritu Santo, completo en nuestra comunidad de luz.

¡ELÉVATE, OH LLAMA DE LA MADRE!

Por tanto, *¡elévate*, oh llama de la Madre! Elévate en estos templos y, según lo permita la Gran Ley y según lo permita el libre albedrío, purifica a cada cual de toda falta de entrega que haya atraído alrededor del chakra alguna perversión de la llama viva de la libertad.

Elévate ahora, oh luz de la Madre. Elévate al cuerpo de los deseos. Enciende una luz tan brillante que todas las almas puedan ver y saber qué es el antideseo, el deseo que está en conflicto con el Dios interior.

Ahora, oh alma así iluminada, te hablo a nivel subconsciente y supraconsciente, incluso más allá de tu percepción exterior, porque tú me ves y me oyes. Alma que oyes mis palabras, que ves con la luz brillante de la Madre en el chakra de los deseos, renuncia a aquello que tienes cerca y que no es la mano de Dios.

Da hoy lo que puedas dar y que tu dar aumente, hasta que llegues hasta donde llega el rayo rubí.

Por tanto, asciende ahora, luz de la Madre, al corazón.

Ahí, en el corazón, yo acudo con un fin, para limpiar los registros de muerte de encarnaciones anteriores y los experimentos con la muerte como el pensamiento erróneo, la obsesión con la muerte y el morir, a lo cual llaman con muchos otros nombres. Vengo a limpiar el corazón de la carga de la entidad de la muerte.

¡Quema totalmente! ¡Quema totalmente! ¡Quema totalmente, con la acción del rayo rubí! ¡Que la espiral en desaceleración se disuelva y que la luz en aceleración de la llama de la ascensión destelle totalmente! ¡Destella totalmente! *¡Destella totalmente!*

ELEVAOS AL CHAKRA DE LA GARGANTA

Ahora a limpiar la voluntad de Dios; ahora a limpiar la voluntad de Dios. Y ahora el punto de la Palabra hablada del chela se convierte en la espada de Maitreya. [Pausa].

Ahora la diosa azul velada asciende hasta el chakra de la garganta y yo, con la diosa, te doy un empujón de vida para que puedas decidir si te subes al tiovivo giratorio de la voluntad de Dios, el sonido insonoro de la Palabra en el chakra de la garganta de poder, los vórtices de poder de Dios Todopoderoso.

Ahora puedes convocar esa luz. Ahora puedes acelerar, oh alma. Remonta el vuelo sin peligro en los brazos de la Madre.

La aceleración de la Palabra en el chakra de la garganta es el poder de Hércules y los Elohim. Es tu vida sellada como la autoridad de esa llama.

Ahora nos elevamos para limpiar el Ojo Omnividente. Que se limpie de todas las motivaciones ocultas, de todo el ver impuro, porque ese rayo esmeralda es una penetración, amados míos. Ese rayo esmeralda es una penetración en la geometría de Dios.

¡Oh serafines, subid! Subid con la luz blanca de la Madre y llevad a estas almas con vuestras alas de luz, alas susurrantes, vórtices de luz. Llevadlas a la visión de la Nueva Jerusalén.

LA VISIÓN DE LA NUEVA JERUSALÉN

Amados, la Gran Ley no permitirá una limpieza total del tercer ojo, porque ese es un trabajo de amor y de devoción al dharma por parte de vuestra alma. Pero os puedo dar el regalo de una visión, la visión de la Nueva Jerusalén. Y con esa visión aseguro una llama de esperanza, que ahora pongo en el tercer ojo de cada cual, y esa llama de esperanza es una luz blanca del fuego de la ascensión.

La llama de esperanza os llevará más y más arriba y os dará el deseo Divino de transmutar todas las visiones inferiores, las metas inferiores, los planes inferiores, la conciencia limitada. *Arde* totalmente, oh duradera llama de la esperanza. *Arde* totalmente, oh Arcangelina Esperanza. *Arde* totalmente, ¡oh llama de la Madre de la esperanza!

Ahora, amados míos, os voy a sellar en el Ojo Omnividente con la llama doble de Víctory, porque solo puedo subir hasta este nivel en esta hora. Ahora vamos a establecer un equilibrio y un ajuste de vuestros vehículos y a continuar con nuestra iniciación, cuando os hayáis estabilizado en este nivel de percepción. [Pausa].

Debido a esta iniciación, amados míos, no podemos permitir que los estudiantes nuevos entren en la conferencia después de este dictado, porque vamos a acelerar con los que están aquí, los que están dispuestos a ir hasta el final con el Cristo y el Buda.

Sí, soy el Poderoso Víctory. Pero estoy más decidido a que conozcáis mi vibración a través de este dictado y esta transferencia de luz a que conozcáis mi nombre. Porque los impostores vendrán y os dirán: «Soy el Poderoso Víctory»; pero no tendrán mi vibración, mi luz, mi alegría, mi viveza y la energía de la transferencia de un cosmos de iluminación del Cristo Cósmico.

Por tanto, el juego no se ganará con el nombre, sino con la ¡luz! ¡luz! ¡luz! del Gran Sol Central y el rostro sonriente de Helios, que guiña el ojo y dice: «Solo hay un Poderoso Víctory. Solo hay un YO SOY EL QUE YO SOY. Solo hay un Hijo. Todos los demás son impostores de esa llama».

Habitad, por tanto, en la conciencia de la unidad y siempre conoceréis al iniciado singular del fuego sagrado que tiene la autoridad de Dios Todopoderoso para llevar el nombre YO SOY. Oh amados míos, comprended el misterio del Uno y nadie distorsionará jamás vuestra visión, vuestra visión verdadera de Saint Germain y Jesucristo, El Morya, ¡oh, los auténticos!

Nunca creeréis a ningún otro mentiroso, porque la lira de vuestro corazón, bendito instrumento de nuestra música de las esferas será la medida, y la única medida, de la voz del Buen Pastor y el mensaje de nuestra Palabra. Nuestra Palabra es una espada de doble filo que revela el bien y el mal, separando el Bien absoluto del Mal absoluto.[5]

YO SOY el que ha venido. Y he venido para enviar esa espada y no para enviar paz[6] hasta que haya hecho pedazos a los dragones de la antivoluntad. No enviaré paz, sino un rayo de armonía que perturbará a todos los átomos inarmónicos, e intensificaré ese rayo de armonía y así ellos serán desenmascarados y no tendrán paz hasta que vengan a entregarse totalmente ante Dios.

Pensad en esto y sed libres en la realidad Divina del Gran Director Divino.

¡Victoria a quienes aman!

3 de julio de 1979
Cámelot
Los Ángeles (California)
ECP

27

LA SEÑAL DE LA «V» DORADA DIBUJADA EN LA CUNA DEL RETIRO INTERNO

S*alve*, oh poderosa Libertad, maravilla de una era, diosa de nuestro amor y llama trina contenida en los corazones de un pueblo poderoso.

Hemos venido, nuestras legiones en plena formación, a rendir homenaje a la luz de esa Mujer que ha sostenido la llama de la libertad por todos nuestros hermanos y legiones de luz: la Diosa de la Libertad, que ahora asume el cargo de portavoz del Consejo Kármico para dispensar luz y una cuota de libertad, la libertad con la que cada cual puede expandir y volver a expandir una identidad cósmica y aun ver la luz del día por la apertura del alma.

¡Oh corazones felices que arden con una visión y una devoción que viene del ojo afable de Palas Atenea! ¡Oh corazones felices que se regocijan en una victoria anticipada, igual que la fe es la certeza de lo que se espera![1]

Habéis aprendido nuestras lecciones y nosotros hemos formado parte de todas ellas. Porque nuestra llama, como lenguas saltarinas de fuego amarillo y dorado, ha sido incluso la instrumentación de una percepción mayor, una expansión mayor; y, sobre todo, ha sido la alegría de Nada y Kuan Yin, ¡incluso la alegría de Ciclopea, incluso la alegría del Gran Director Divino!

Benditos corazones llenos de esa verdad, venid, pues, y daos cuenta de que deseamos poner el sello, no solo en esta conferencia, sino en vuestra vida. ¿Pues cómo es que celebramos una conferencia para entrar al retiro interno del corazón? ¿Por qué reunimos a las huestes del Señor y a los hijos y las hijas de Dios? No es por un momento; es por un momento que será una eternidad.

Este reunirse, pues, es para fijar el objetivo de vuestro destino ígneo individual. Y no hemos ignorado a ninguno de vosotros. Mas hemos ido a lo más profundo de vuestro corazón, os hemos llevado al nuestro ¡y hemos puesto ante vosotros la meta de la victoria!

¡Victoria!, digo.
¡Victoria para la plenitud de la luz!
¡Victoria para vuestro período en la Tierra!
¡Victoria para la llama de Dios!
¡Victoria para la ascensión del yo en la esfera y espiral planetaria!

¡YO SOY en efecto el Poderoso Víctory! Al fin y al cabo, ¿quién más pensasteis que vendría a poner el sello de la victoria en el Retiro Interno de Saint Germain?

¡Pues bien, estoy aquí totalmente engalanado, con diez mil de mis santos y ángeles de fuego vivo! Y esta es ciertamente una potente dosis de fuego amarillo que entrego al planeta Tierra, más allá de lo que se espera el Cuatro de Julio. Sin embargo, hoy es el día cinco. Y, por tanto, debemos aumentar nuestro ayer. ¡Debemos multiplicarlo! Y mediante el poder del cuatro y el cinco podemos llegar al nueve, tres por tres para la victoria de la década de los noventa, ¡donde todo lo que se cuenta que ha tenido lugar antes será el cumplimiento de la vida!

¡*Sí!* ¡Estoy aquí!, y jamás me habéis visto más físico que ahora. Porque la lluvia que cae es la lluvia del cielo, que con ella trae a muchos de nosotros que hemos permanecidos en las alturas a niveles internos y en las octavas de vibración. Al dirigiros a vuestro interior, al corazón interior, preparáis un sitio que está instalado en el templo físico para nuestro descenso y para nuestra entrega de luz.

Estamos aquí, por tanto, para consagrar la victoria —todas las victorias del pasado, el presente y el futuro— de la luz de la libertad en vosotros. Por tanto, es un retiro interior hacia la experiencia de la libertad del pasado, el presente y el futuro para todos los que aman la libertad, tal como nosotros amamos el corazón de la libertad en la Diosa de la Libertad.

Comprended, pues, que esta ha sido una experiencia que ha trascendido (y que ha seguido) incluso los planos de la vida. Por tanto, os hemos traído de vuelta para que podáis producir impulsos acumulados de luz y poner en la llama esos estados de conciencia que no deseáis que consten en vuestra solicitud al Retiro Interno.

Y, por tanto, ¡venimos con el borrador cósmico de Saint Germain! Venimos con la llama violeta. ¡Venimos con iluminación dorada que enciende la esperanza, que os permite no abatiros, sino dejar atrás esas cargas aterradoras y deprimentes del pasado que no pertenecen al aire superior de la montaña más alta!

Por tanto, subamos. Subamos por una gran escalera de luz. Decidamos que ningún alma remonte el vuelo para abandonar el planeta Tierra sin pasar por el poderoso arco de Chamuel y del Arcángel Miguel,[2] el gran arco que alinea la voluntad interior con la voluntad exterior ¡y la poderosa voluntad de los Elohim!

Decidamos que esta Tierra haga girar un fuego poderoso, que haya una perentoriedad resoluta y un impulso de luz acumulado ¡que decida la victoria Crística para todos!

¡Debemos aumentar, debemos aumentar el impulso acumulado, debemos aumentar la acción vibratoria de toda la vida en este cuerpo planetario! Y esa es la necesidad que hay de este Retiro Interno, de esta dispensación, de esta salida.

Amados, la Tierra se ha convertido en una encrucijada. Y como la peonza proverbial que se cae cuando dejar de girar con suficiente velocidad, llegamos a ese punto en el que, para la estabilidad y el equilibrio del planeta Tierra, se necesita una rotación de luz más rápida, una mayor aceleración.

Y eso implica muchos cambios en lo interior y en lo exterior. Esos cambios, amados, están calculados como una transición hacia la gran era de oro. Por tanto, podéis oír en la aceleración de la luz y en mi voz y en todo lo que ha salido aquí que, en efecto, ¡se han acelerado vuestros cuatro cuerpos inferiores, vuestra alma y vuestro corazón!

¡Os pido que saltéis al mismísimo corazón de mi llama de la victoria! ¡Os pido que bailéis con mis legiones de luz! ¡Os pido que os familiaricéis con los santos que han venido conmigo! Porque existe un potente impulso acumulado Divino de decisión para que, de una vez por todas, esas almas de luz que descendieron con el Anciano de Días fragüen y ganen, manifiesten ese lugar en el sol, produzcan una victoria que permita a todos los miembros de esas doce tribus ¡volver a Dios!

¡Estamos decididos, benditos corazones! Y os digo que raro es el momento en que el cielo se ha abierto para revelar a los hijos de la luz lo decididos que estamos a que *¡ganéis esta pelea!*

Y os digo, amados, que algunas veces no siempre enseñamos nuestra decisión, porque entonces quizá perdáis decisión al pensar que nosotros estamos *más* decididos; y, por tanto, ¡os permitimos que penséis que nosotros estamos *menos* decididos para que vosotros os volváis *más* decididos! ¡Así es la psicología de las huestes ascendidas de luz!

[La audiencia aplaude].

Ahora quisiéramos llevaros a lo más profundo de nuestro corazón, no como a los que nos son desconocidos, sino como a los nos son conocidos y forman parte de nosotros, aquellos de vosotros, por tanto, a quien llamaríamos amigos, compatriotas de la libertad, que cooperarían con nuestra causa por la victoria.

Por tanto, abrimos nuestras cámaras de consejo. Y os hacemos saber cuál es la determinación de Dios Todopoderoso para que podáis cabalgar sobre ellas ¡como sobre una ola de luz!; ¡para que os sintáis revigorizados!; para que podáis sentir vuestra propia determinación Divina saliéndoos del corazón y la cabeza, ¡de vuestro cuerpo causal!

Benditos corazones de luz, ¡esa determinación Divina es *feroz!* Y veréis los rostros marcados de mis legiones con sus ojos penetrantes, qué *feroces* son con esa determinación Divina de derribar a golpes a todos los enemigos como la transigencia con uno mismo, la postergación ¡y todo lo que os impida la victoria de la vida!

Amados, entre vosotros hay muchos que han ganado en ciclos pasados por haber apreciado la importancia de hacer las cosas en el momento justo. El hacer las cosas en el momento justo os ha salvado el cuello y ha salvado a las naciones.

Por tanto, en estos momentos hay que reconsiderar cuándo es el momento justo de hacer las cosas. Porque, si aceleramos, entonces vuestra anterior evaluación de cuándo es el momento justo de hacer las cosas pudiera no coincidir con el punto de la precipitación.

Si todo está acelerándose,
vosotros, amados corazones,
¡no debéis quedaros atrás
en una proverbial nube de polvo!
Bien, benditos corazones,
estemos donde debemos,
a la cabeza de la fila.
Y los que se queden atrás evadiendo,
quédense con ese polvo, y coman el polvo
y ya no lo coman más!
Porque aparecerán en escena
¡y seguro que formarán parte
de las legiones de luz!

¡Benditos corazones! Hemos visto la llama violeta. Hemos visto el humo de la llama violeta, los globos y la acción de vuestro ingenio en el desfile de Cámelot.[3] ¡Nos regocijamos, pues es un desfile de victoria, una celebración de victoria, un jardín de victoria y un Retiro Interno de victoria!

Así, veis que ponemos nuestro prefijo en cada palabra y manifestación de vuestra vida. Porque todo lo que hacéis es una manifestación de ¡victoria, victoria, victoria! De otro modo, ¿por qué lo haríais? ¡No hay motivo por el que hacer nada si no es por la victoria de la llama Divina! ¿No es así? [La audiencia responde: «¡Sí!»]. Y así, una victoria no puede ser a medias ¡o no es una victoria!

Benditos corazones, considerad lo siguiente. Como he dicho antes, la señal de la *V* es la señal del descenso y del ascenso del alma. Bien, ¿cuándo se forma la *V*?

De esto hemos hablado, benditos corazones, ¡porque a las legiones de luz les encanta hablar de la filosofía de la victoria! Y han llegado a la conclusión de que la victoria se forma en el momento en que el alma comienza a ascender. Y hasta que comienza a ascender, solo hay una sola línea descendente. ¿Lo veis? Y, por tanto, para que se manifieste la victoria de la luz vosotros debéis estar en el camino ascendente. Y *¡solo se puede ir hacia arriba!,* si queréis que la espiral de victoria os siga y os transporte al mismísimo corazón del Sol.

Por tanto, la *V* de victoria es un triunfo que ya se ha logrado. Porque desde el momento en que se forma esa línea, en el ojo interior de Dios y en la mente de Dios ya está terminada. Y, por tanto, el ascenso será la manifestación del impulso acumulado del descenso. Porque con el impulso acumulado del descenso se hace el ascenso, y las líneas perfectas se forman y se consiguen en Dios.

Por tanto, amados, cuando hacemos la señal de la doble *V,* es la doble *V* de la doble victoria de vuestras llamas gemelas con el poder de la Palabra, la Palabra hablada. Y, por tanto, la ciencia de la Palabra hablada siempre es para la victoria, para la victoria de vuestra vida.

Y al afirmar esa Palabra, siempre afirmáis esa victoria para vuestro equivalente y para los poderosos cuerpos causales que compartís. Y, por tanto, esos cuerpos causales gemelos pueden dar a la Tierra en estos momentos el impulso acumulado de Shambala, el impulso acumulado de Gautama Buda. Y podéis ver cómo las llamas gemelas pueden multiplicar la luz y el fervor de la devoción, aun cuando vuestra llama gemela esté ascendida.

Y especialmente cuando vuestra llama gemela está ascendida, debéis recordar hacer la señal de la *V,* para poder tener toda la acción y el poder de dos cuerpos causales de luz ¡para entregar al planeta Tierra la vida abundante!

¡Esta es la gloria del Señor multiplicándose una y otra y otra vez! Por tanto, quisiéramos enviaros con la señal de la victoria y con esa marca de la vida, la doble *V,* para ir juntos de nuevo y regresar al corazón del Uno.

Por tanto, que sea el Alfa. Que sea la Omega. Que sea la victoria de la vida. Y que todos y cada uno de vosotros se lleve consigo a esa alma de luz, a ese gran cuerpo causal que es vuestro equivalente divino, al Retiro

Interno. Y, por tanto, la vida visible y la vida invisible de vuestra alma y vuestro ser podrá precipitar allí el plan divino y el propósito original para el que salisteis del mismísimo corazón de Dios.[4]

Tal como la Madre anhela, yo anhelo que pongáis los pies en ese suelo, para que también podáis sentir el toque físico con la llama de Shambala y el arco de Shambala hacia Occidente,[5] para que también podáis sentir el recuerdo divino de la primera vez que pusisteis los pies en el planeta Tierra, cuando aparecisteis procedentes de vuestras razas raíz, vuestras legiones de luz o de los grupos estelares de Sanat Kumara.

Tocar el planeta Tierra, amados, en las primeras eras de oro, fue un momento de suprema alegría, de promesa y de esperanza de victoria. Y tocar el planeta Tierra en las eras oscuras, aquellos de vosotros que llegasteis como salvadores del mundo, ese también fue un momento de promesa y de esperanza y determinación Divina para la victoria. Por tanto, que Héspero, la poderosa estrella del amor, y las legiones de Sanat Kumara y de la Maestra Ascendida Venus envíen ahora esta entrega final de la actividad del amor divino, el amor divino de las llamas gemelas, el amor divino de la Gran Hermandad Blanca, el amor divino de todo chela no ascendido por todos los que son portadores de luz del planeta Tierra.

Porque, amados corazones, el amor es en verdad la clave para abrir la puerta del Retiro Interno. El amor es en verdad la clave para abrir la puerta del entendimiento sobre vosotros mismos como el Yo Divino manifiesto en vosotros.

Por tanto, de Venus llega una potente acción de amor. Es para derretir todo lo que se catalogaría como contrario al amor. Y cuando uno piensa en ello, todo lo que es contrario al amor es contrario a la victoria, contrario a la vida, contrario a la sabiduría ¡y contrario a la plenitud de la voluntad de Dios manifestada!

> Porque el amor y la victoria son uno solo.
> No hay victoria sin amor.
> No hay amor sin victoria.
> Porque el amor es la plenitud
> de la consumación de la reunión del alma
> con la poderosa Presencia YO SOY.

Oh benditas almas del fuego sagrado, por ello hemos venido; hemos venido para afianzar a vuestro lado a un único ángel de luz, un ángel de la victoria, que se quedará con vosotros y os enseñará cuáles son los impulsos acumulados de espiral descendente de derrota, de antivictoria. ¡Que salgan a la luz! ¡Que ardan en la llama!

Amados corazones, si os pudiera contar, os contaría todas las alegrías que os esperan cuando hayáis conseguido la victoria sobre el último enemigo —que es el interés por vosotros mismos y el amor hacia vosotros mismos que tenéis—, que finalmente se manifiesta como toda la espiral de creación humana.

Benditos corazones, con esta dispensación de aceleración ahora podéis acelerar la acción de echar a la llama todo ese impulso acumulado. Porque al mantenerse el equilibrio de la llama de la ascensión en el corazón de la Madre y habiéndose saldado su karma, he aquí, este año[6] llegamos, por tanto, a la dispensación en la que vosotros también podéis acelerar e ir más allá de las estrellas para saldar una cantidad increíble de karma personal al continuar estando al servicio del planeta.

Amados corazones, vosotros conocéis el abuso de las indulgencias[7] en la Iglesia Católica a lo largo de los tiempos. Pero os digo que con certeza existen dispensaciones concedidas a quienes transfieren de su corazón la mismísima base de la vida, lo cual dará a otros la capacidad de seguir el Sendero. Y aunque esto se ha distorsionado en el pasado, no puedo ocultaros la gran verdad de que, al poner vuestra ofrenda sobre este Retiro Interno, vosotros mismos hallaréis dispensaciones de luz y la apertura del camino para una mayor gloria de vuestra meta, apareciendo a través de las nieblas y aclarándose más y más cada día de vuestra vida.

Os advierto, por tanto, que busquéis la llama da la comunidad, aunque veáis el derrumbamiento, por así decirlo, de un viejo orden en la civilización en el que las personas han vivido separadas unas de otras y separadas de Dios, en cierto sentido. Y no ha habido suficiente confianza sagrada o la presencia de la jerarquía de los arcángeles para que las personas confíen de verdad en reunirse en comunidad en esa interdependencia suprema que subraya la independencia, la individualidad, al lado de la dependencia en Dios Todopoderoso y la llama del corazón de unos y otros. La comunidad es un concepto glorioso cuando existe una focalización del Ser Divino en el medio.

Benditos corazones, afrontemos una realidad: sin vuestra confianza en la Mensajera y en nuestra Palabra, es posible que hubiera facciones y desacuerdos aun entre los chelas de los Maestros Ascendidos. Por tanto, os digo que recéis para que el cargo de Mensajero siempre esté ocupado y que, al serlo, pueda contener por ordenación divina el impulso acumulado de esta unión, de esta luz y de la bendición de Alfa y Omega.

Por tanto, no se confíe solo en la Mensajera, sino en el Mensajero detrás de la Mensajera, que es vuestra Presencia YO SOY y vuestro Ser Crístico, y todos nosotros a niveles internos.

Benditos, nuestra voz es en efecto una sola. Nuestra vibración es una sola. Nuestra armonía es una sola. Y lo que hemos esperado lograr durante muchos años a través del servicio de los mensajeros es enseñaros no simplemente a obedecer las leyes de Dios, sino a interpretar las leyes de Dios, a actuar según esas leyes desde la perspectiva de vuestro Ser Crístico individual, a llegar a ese punto de equilibrio y armonía divina en que os encontréis —a través de la sabiduría de Dios, el amor de Dios y vuestra devoción a la santa voluntad de Dios— en ese punto de acuerdo cósmico.

Por esta causa se han establecido en la tierra y en el cielo los consejos de la Gran Hermandad Blanca, para que se pueda llegar al acuerdo en que un grupo de almas reunidas a través de la sintonización del Cristo Cósmico pueda llegar a esa decisión justa y lícita que guarde relación con el momento y las necesidades del momento en el tiempo y el espacio.

Comprendamos, pues, que el cimiento del Retiro Interno se basa en la dispensación de la venida del Señor Maitreya en esta era, en el Cristo Cósmico que ha enviado a sus emisarios, emisarios que llevan un manto de muchas formas distintas y en muchos niveles distintos en el gran cuerpo causal.

¡Comprendamos, pues, que lo que perdura es el gran cuerpo causal del Cristo Cósmico! Lo que perdura es la llama trina que hace latir vuestro corazón. Lo que perdura es la comunicación de vuestra alma, a través del Ser Crístico, con la Gran Hermandad Blanca, confirmada por la mensajera, dirigida por la Mensajera, pero siempre llevándoos a una unión cada vez mayor por el Espíritu Santo.

Por tanto, ¡que el Espíritu Santo sea con vosotros para la victoria! Porque, benditos corazones, tomaréis colectivamente muchas veces dos millones de decisiones correctas[8] en el Retiro Interno. ¿Habéis pensado en la idea de que sería imposible que una persona encarnada —es decir, la Mensajera— tomara todas esas decisiones o revisara todos los planes y proyectos y toda la administración de una actividad así?

Por tanto, os dais cuenta de que existe la necesidad de que brille la luz de vuestro discernimiento Crístico, de que vosotros mismos os elevéis a puestos de responsabilidad y liderazgo con los que, a través de una otorgación gradual de autoridad limitada a vuestra corriente de vida, esa autoridad pueda aumentar para ser en una autoridad cada vez mayor.

Y, por tanto, os podéis encontrar relacionándoos en esferas concéntricas de luz cada vez mayores, como Arriba, así abajo. Y la conexión de vuestra conciencia con ese Comité de Maestros Ascendidos responsables de vuestro proyecto y vuestra actividad será el medio para que estén «todos unánimes juntos»[9] y vuestras corrientes de vida se fusionen en el corazón de los Mensajeros Cósmicos, los Cristos Cósmicos, y todos los que van más allá de esta forma hacia las octavas de luz, los cuales, uno a uno y paso a paso, son los emisarios, los mensajeros y los testigos ante el Altísimo.

Comprended, pues, que la dispensación de mensajeros siempre es para restablecer el estado de vuestra conciencia por el cual vosotros mismos seáis receptivos a la mente de Dios. Y, por tanto, puesto que la Mensajera tiene necesidad en estos momentos, yo digo: ¡No temáis! Porque la Mensajera está aquí y está aquí para quedarse siempre que exista ese requisito.* Y os digo que el cielo entiende las necesidades del momento.

Y, por tanto, antes que afirmar continuamente la conciencia ascendida o la ascensión de la Mensajera, preferiríamos que afirmarais la victoria de la llama de la Madre en la Tierra al nivel físico, tanto en el cuerpo de esta Mensajera como en vuestro querido templo, ¡donde Dios desea soplar sobre vosotros el aliento de fuego sagrado del Espíritu Santo!

Por tanto, dediquemos el Retiro Interno a la *victoria física de la vida en la Tierra*, a la era de oro *física*, a la consumación *física* del amor en la sagrada familia ¡y a la encarnación *física* de los avatares! Y no seamos como

---

*Nuestra amada Mensajera Elizabeth Clare Prophet hizo la transición a los reinos de luz el 15 de octubre de 2009, y ahora es una Maestra Ascendida.

de otro mundo. Porque os digo que los ángeles del cielo y Dios Todopoderoso mantienen una visión bien clara de vuestra ascensión en la luz. Y, por tanto, vayamos ahora al mismísimo cáliz de la V, a la mismísima cuna de la vida, ¡al mismísimo corazón del Retiro Interno!

Os envuelvo en mis brazos. Y mis legiones de luz llevan a toda esta compañía en una gran esfera de luz a ese corazón donde yo he estado con la Mensajera la semana pasada para abrirle los ojos hacia las grandes multitudes y oleadas de vida que se reunirán allí, ¡incluso aquellos que ahora, incluso ahora, están patrocinados por los siete poderosos arcángeles!

¿Acaso creísteis que los arcángeles venían con un propósito pequeño?[10] ¡Os digo que su propósito no era pequeño! Están preparando el cuerpo planetario, a las razas raíz y a los ángeles encarnados para que sus almas sean cautivadas hacia la poderosa luz ascendente y rotatoria de sus siete cuerpos causales por dos, haciendo la manifestación de Alfa y Omega, para lograr la acción del catorce.

Benditos corazones, ¡los arcángeles han venido a dedicar ese Retiro Interno para el ascenso! Porque los arcángeles presidieron el descenso de las primeras razas raíz y han actuado como Manús, legisladores e instructores de las oleadas de vida de la Tierra durante milenios.

Por tanto, ellos vienen a consagrar el regreso. Y este es un momento solemne —encontrándonos ahora juntos en la cuna del Retiro Interno—, cuando trazo la señal de la V. Y el Arcángel Miguel y Jofiel y Chamuel, Gabriel, Rafael, Uriel, Zadquiel están conmigo para esa poderosa acción que es el trazar la V. Y, por tanto, es la dedicación de la Tierra, sus evoluciones de luz, al regreso, al *Regreso al Origen*. Y un cambio de la era cósmica tiene lugar.

A niveles internos se conoce la precisión de este ciclo y se conoce la hora; y se conoce en el Retiro Royal Teton. Y se ha conocido durante varios millones de años que esta reunión tendría lugar en esta misma hora, y que este sería el momento para que sonara el gran Reloj Cósmico para la dedicación de toda alma de luz que descendió a la Tierra ¡a aprovechar la oportunidad de la ascensión! Y tal como dicta el plan divino, esto se consumará con la victoria del propio planeta Tierra.

Benditos corazones de luz, con la descripción que he dado y con esta escasa información, no puedo hacer más que sugerir qué momento cósmico es este y cómo están cambiando las energías en el núcleo de la Tierra, igual que también está cambiando el peso del planeta Tierra y cómo se está produciendo un descenso, muy sutil, un acercamiento —una reconciliación, si queréis— de la Presencia YO SOY y el cuerpo causal de los portadores de luz hacia el alma. Existe una polaridad entre el alma (sellada en el retiro interno del corazón con Cristo) y la Presencia YO SOY. Esa polaridad es lo que hemos deseado establecer al teneros presentes en este *¡Retiro Interno!**

Y, por tanto, os hemos instado a que estéis con nosotros. Y os instamos una y otra vez a que no os perdáis las conferencias trimestrales, ni una hora ni un día, tanto si las consideráis importantes como si no o si creéis que tenéis otros asuntos u otras cosas que atender. Porque no podemos crear una espiral consecutiva en vosotros cuando os ponéis a escoger, cuando vais y venís y no permanecéis en esa llama.

¡Porque la jerarquía de la luz es real! ¡Y estas conferencias se han dedicado *a sellaros en la victoria de vuestro cuerpo causal!* Y vuestro cuerpo causal solo es *¡Victoria! ¡Victoria! ¡Victoria! ¡Victoria!*

Y ¿por qué no podéis entrar en contacto con vuestro cuerpo causal? ¡Porque os hace falta crear espirales poderosas, en movimiento y ascendentes!; espirales doradas que lleven toda la sustancia del yo y la percepción solar a ese núcleo de fuego en el corazón del Cristo vivo, para que la polaridad, la polaridad espiritual del Espíritu y la Materia, se pueda establecer, fortalecer, sustentar y mantener en equilibrio para vuestra misión en la Tierra.

Benditos, todas las almas de luz que se ven afectadas por este ascenso de la *V*, este cambio de ciclo, se encuentran reunidas en el Retiro Royal Teton, y también participan a niveles internos en el establecimiento de ese campo energético en la cuna, lo más profundo del corazón del Retiro Interno.

Ahora nos detenemos, cuando cada portador de luz en la Tierra contempla el misterio del Santo Grial, el misterio del sendero de la ascensión, cuando contempla la visión interior y toma una decisión de todo corazón

---

*En referencia a la Clase de la Libertad de 1981, *An Inner Retreat (Un Retiro Interno)*, celebrada en Cámelot del 1 al 5 de julio de 1981.

para entrar en contacto en lo exterior con vosotros, que estáis manteniendo el foco físico de la llama física del Retiro Interno. [Pausa de 90 segundos].

Y estoy meditando en cada victoria
de los portadores de luz,
vida tras vida.
No conozco la derrota.
Por tanto, medito en el amor, que es completo
en las llamas gemelas de la Victoria.
Y veo una cadena de victorias
aún no ensamblada, aún no reforzada
con el hilo de la Madre Divina,
que toma su aguja,
pasando por cada uno de estos registros,
tensando el hilo.
Y ¡«voilà»!
Una sarta de cuentas de cristal para una Era de Cristal Dorado;
siendo cada cristal de la roca que contiene un fuego de vida,
siendo cada cristal el registro completo de vuestras victorias.

Os tengo que decir me produce más de una lágrima el ver a los portadores de luz, ante la presencia de la Madre Divina y el Cristo Cósmico, utilizar la plenitud de la Presencia Divina y la conciencia Crística de cada cual para que el alma, incluso en la conciencia exterior y física, pueda obtener más que un indicio, un sentimiento real de una *continua valía del Yo*.

No la autoestima del momento que aprovecha una única victoria de ayer y después vuelve a caer en la montaña rusa de la derrota de hoy. No. Es aquella confianza nacida de la comprensión de los largos ciclos y las ondas sinusoidales de la victoria donde uno, al aprender la lección un único error, puede contemplar errores, no en un sentido aislado, sino en el contexto de muchas victorias.

El cielo no está contra los errores. El cielo entiende que, a fin de aprender el correcto ejercicio del libre albedrío, han de aprenderse lecciones; las más importantes: qué no hacer y cómo evitar hacerlo.

Todos vosotros habéis tenido lecciones así. Y con ellas habéis puesto sobre el altar de Dios y de vuestro país, en verdad, un regalo de victoria a Saint Germain. ¡Estos son los que cuentan!

Estos, por tanto, forman parte del impulso acumulado de la espiral descendente del descenso. Descendiendo con nubles de gloria y después haciéndoos físicos de manera progresiva, habéis manifestado vuestras victorias físicas de una forma cada vez más concertada y concentrada, hasta que, en el lecho de la Tierra misma, han brotado flores amarillas del campo indicando vuestro paso como conquistadores de la vida y vuestras victorias del ascenso.

¡Y muchos de vosotros poseéis un fantástico impulso acumulado de victoria en la corriente ascendente! Tanto es así que tomáis de la mano a los niños pequeños y a los más edad ¡y los lleváis a multiplicar sus victorias! Y ese es el corazón de esta comunidad: que la victoria de todos multiplique la de los demás, hasta que ese impulso acumulado ascendente infunda en todos la confianza de la indisolubilidad de la comunidad; la seguridad, la confianza, la fe del corazón en este y en aquel corazón.

Benditos, damos reconocimiento allá donde se merece: a vuestra llama del corazón. Sobre todo, a Alfa y Omega y a Helios y Vesta. Pero también diríamos —con ocasión de esta celebración del aniversario del primer encuentro de los Mensajeros en cónclave en la Ciudad de Washington—[11] que extendemos también nuestra gratitud a sus llamas gemelas, su conocimiento y su comprensión del sendero de la disciplina que ha llevado, con el ejemplo y con la manifestación de sus cuerpos causales, así como con la transmisión del verdadero Espíritu de la Gran Hermandad Blanca, a esta unión, esta unidad y este amor.

Por tanto, tomemos buena nota de que esta parte de la misión de los dos testigos es de suma importancia. Porque la victoria de todo lo demás, queridos corazones, depende de la comunidad y del amor profundo que haya en ella.

Aparte de otros regalos de vuestro corazón, Saint Germain y Porcia se regocijan en estos momentos en que este entendimiento, esa unidad, el hecho de que vuestra aura esté llena del sentimiento de que Lanello y Madre están con vosotros, ¡esta es la causa de nuestra gran alegría! Y esta es la causa por la que el cielo puede apoyarse de verdad en este cuerpo de estudiantes.

Y nos apoyamos. ¡Y nos apoyaremos! Porque entendemos que la necesidad del cayado del pastor y la vara del pastor es que todos los cuerpos causales de la jerarquía interior puedan dirigir, mediante esa vara y ese cayado, hacia ese punto de concentración, el foco de luz, que es la síntesis de los corazones.

¡Sí, así es! ¡*Esta* comunidad tiene corazón!; un corazón que late como la llama trina de Shambala enclaustrada en el Retiro Interno. ¡Y sabéis que el corazón interior está compuesto de las mismísimas fibras, la mismísima devoción, los mismísimos componentes y la cualidad y fortaleza de todos vuestros chakras del corazón! Es un gran corazón. Y el núcleo del corazón en la Tierra, por supuesto, debe ser el corazón de los Mensajeros.

Por tanto, nos detenemos y consideramos qué buena es la vida. Y la vida es buena con nosotros y la vida es buena con vosotros. Y se nos encuentra juntos en el gran cuerpo causal milagroso del propio Dios Todopoderoso.

Queridos corazones, aunque es tarde, queremos quedarnos. Porque nuestros ángeles aún están poniendo por vuestros chakras la sustancia del recuerdo divino, la sustancia del sentimiento de vuestra continuidad en la vida, la sustancia de la visión, oh sustancia de la fortaleza de la Palabra.

¡Cómo nos encanta preparar vuestros cuerpos sutiles para una mayor entrega y una mayor espiral venidera! ¡Como nos encanta estar con vosotros! Nos estáis haciendo sentir muy bien recibidos en un planeta que no siempre nos ha dado la bienvenida. ¡Esto es de hecho una alegría!

Sellemos el Retiro Interno. Veamos su belleza, sus montes y valles, corrientes de luz, flores muy hermosas, riachuelos y lagunas.

Sellémoslo.

> *Dios Todopoderoso, nuestro Padre Alfa, nuestra Presencia Padre-Madre, nuestra Madre Omega: estando en el mismísimo corazón del Gran Sol Central, enviad la luz para la acción de sellar a todos.*
>
> *Trazad el círculo de fuego. Que todo lo que sea el propósito cósmico quede suspendido ahí. ¡Que aparezca la victoria! Y si es tu voluntad, Dios Todopoderoso, derrota entonces con rapidez a los enemigos de la justicia en la Tierra ¡y a los enemigos de los testigos*

de la verdad y de los Mensajeros de luz! Porque estos han llevado la carga de su lucha. Han llevado la carga de la infamia y la traición hacia ellos. ¡Que sean atados, oh Alfa y Omega!

¡YO SOY Víctory! ¡Intercedo por los Mensajeros Ascendidos y no ascendidos! Y quisiera poner sobre el altar del corazón de los Mensajeros mi gratitud por las victorias conseguidas y mi imploración a la Palabra para que ahora, en estos momentos, las huestes del SEÑOR intercedan. Y al atar al enemigo de la Palabra encarnada, ¡que haya una acción de aplazamiento del SEÑOR Dios!

¡Yo, Víctory, lo invoco! Y pido que las almas de luz puedan alinearse, puedan encontrar el Sendero, y que este movimiento pueda construirse con solidez sobre esa base de amor ¡y pueda expandirse y expandirse y expandirse!

Así, mi Palabra resuena por los éteres y es transmitida por el Espíritu Santo. Estalla en llamas a los pies de Alfa, con la señal de la *V* dorada y las flores de mi corazón como ofrenda de acompañamiento para el SEÑOR.

¡Lo habéis adivinado! Son las flores recogidas en el Retiro Interno, para que Alfa también se alegre y recuerde que ahí nos hemos convocado y hemos dejado, todos, nuestras huellas en ese suelo. Y lo declaramos —presionando hacia el corazón de la Tierra— un lugar para grandes encuentros.

Amados, os atesoro a todos vosotros en mi corazón. Todos y cada uno de vosotros, por nobleza del alma, tenéis un indicador en él. Y cuando toco con el dedo ese indicador, al instante siento todo el estado de vuestra vida, vuestra conciencia, el aumento de luz, la carga invisible, así como el enemigo invisible.

En caso de que no lo sepáis, YO SOY vuestro defensor. ¡YO SOY el defensor de vuestro derecho a ser victoriosos en Dios! Y si eso no bastara, YO SOY también el defensor de vuestro derecho a ser la plenitud de la mente de Dios y la plenitud de su amor.

Y YO SOY el defensor de vuestro derecho a tener en la Tierra propiedad privada, de la que sois propietarios con el nombre de Retiro Interno y que aún pertenece a esa entidad privada, esa corporación que está manifestada con ese fin.

Así, en el sentido colectivo, al ser miembros de este cuerpo, formáis parte de la llama continua de nuestra defensa del derecho de las personas —uno a uno y en reunión en sociedades— de apoderarse de ese pedazo del planeta Tierra que podáis dedicar, por libre albedrío, a la causa más alta que podáis comprender.

Estoy dedicado a la victoria de la Tierra y a la liberación de la Tierra de todos los impedimentos y los baluartes de los caídos. Nuestras legiones se mueven con los poderosos arcángeles y los Elohim. Nuestras legiones se mueven con las fuerzas de la luz, y estamos decididos a quitarle este hogar planetario a cualquier fuerza que sea Anticristo y antiluz. Para esta tarea hemos tomado nuestra decisión Divina.

Y puesto que ahora sois la autoridad de la Tierra,[12] os pido, como única petición en esta conferencia, que también le escribáis una carta a Alfa y Omega para que esta Tierra en su totalidad se le devuelva a Saint Germain y a todos los portadores de luz, y que se la arranquen de la mano a todos los que obran la iniquidad.

Esto es muy importante, porque la única manera de que pueda haber una victoria y una ascensión para cada alma de luz en la Tierra ¡es que la Tierra sea del Señor y toda su plenitud, y los que en ella habitan para ser del Señor y el Señor de ellos![13]

¡Sello la Tierra en la señal de la Victoria! ¡Sello la Tierra en la acción del fuego sagrado! Oh benditos corazones de luz, ¡que vosotros también podáis elevaros con ella como una bola de luz dorada, flamígera, ascendente!

¡He aquí, YO SOY esa acción del fuego sagrado!
¡He aquí, YO SOY Víctory!
¡He aquí, YO SOY Víctory en vuestro corazón y en el
Corazón del Retiro Interno!

Por tanto, pongo la fecha. Marco el sitio. Y digo: ¡estamos allí para el gran encuentro del cónclave de la libertad del 4 de julio de 1982! Por tanto, ¡estaremos donde hemos estado en esta hora en manifestación física para la victoria física de la era!

¡Os saludo! ¡Os envío y os *lanzo,* con el espíritu de «lanzar» el manto de Jeremías![14] ¡Os *lanzo* entre la gente de la Tierra! Y con la llama de mi corazón haré que vaya a vosotros cada alma de luz, sobre cuya frente la señal de las eras cantará: *¡Victoria! ¡Victoria! ¡Victoria! Victoria* a la vida, a la luz y a la inmortalidad.

Os sello. ¡Y me marcho en una espiral ascendente de victoria!

5 de julio de 1981
Cámelot
Los Ángeles (California)
ECP

28

EL PODEROSO CÍRCULO DE LA VICTORIA

¡YO SOY el que está en el corazón del sentimiento victorioso de Cristo!

YO SOY Víctory, y tengo conmigo a legiones de luz, que encienden una llama cósmica de iluminación. Vengo a transferiros el sentimiento victorioso del discípulo en la hora de la ignominia, que se manifiesta con la traición del que negó que traicionaría.[1]

Amados corazones, comprended, pues, la proximidad a la Palabra y al Cristo que tienen los caídos que quieren crucificarlo. Porque no fueron las personas, sino los ángeles caídos, los Vigilantes, quienes decidieron apagar la vela de la llama viva del amor en Cristo Jesús. Y, por tanto, a él lo habían negado en el cielo y fueron echados, esos dioses Nefilín.[2] Y en la tierra, los Vigilantes que habían asumido el dominio se asegurarían de que su poder, su luz y su nombre no fuera exaltado. Pero cuanto más negaban, cuanto más crucificaban, más se convertía la luz de Cristo en un fuego en el corazón de millones de personas

Por tanto, amados, aunque ese discípulo que lo negó era de mucho sacrificio y poca obediencia, también debéis comprender que la tentación de hacer sacrificios por el Señor como sustituto de la obediencia es algo que deben afrontar todas las personas que desean caminar con él por la cruz y más allá de la resurrección. Pero antes que eso, el descenso al infierno también debe ser el camino del discípulo ferviente.

Así, vengo con mi llama de la victoria para vosotros que deseáis seguirlo. A cada uno de vosotros os doy el conocimiento de que, cuando todo está tranquilo y estáis solos con él, libres de amar, libres de prometer, libres de obedecer, eso es muy distinto a cuando estáis ante la presencia de esos caídos y ante sus auras, literalmente cargadas de la luz que han convertido en oscuridad y en el poder de la oscuridad.

Y, por tanto, es como si se confundiera la mente y la identidad de uno mismo. Y uno pierde su equilibrio y emergen los sentimientos de autopreservación. Y lo último en que uno piensa es la vida del Enviado. Lo hemos visto una y otra vez a lo largo de los tiempos.

Por tanto, vengo en esta hora para que en la Tierra pueda haber un registro del sendero de discipulado, en que los discípulos que durante tanto tiempo han sido avatares de Oriente y Occidente en muchas encarnaciones, obtengan el manto de la victoria en ese sendero para extenderlo como un gran rastro, que todos los que os siguen puedan seguir.

Y, por tanto, con la práctica llega la perfección. Practicar, por tanto, ante la mismísima presencia del adversario, desafiando a esos caídos que van contra los santos inocentes, lidiando con el poder de su oscuridad a diario, producirá en vosotros un poco del logro del adepto, algo de la maestría de la espada Excalibur y la mente de relámpago de Dios.

Y, por tanto, al pasar por esa hora de oscuridad muchas veces, sabréis exactamente cuál es la vibración y la manifestación, y tendréis un impulso acumulado de victoria muy grande, multiplicado por nuestras legiones, mi llama del corazón, los discípulos que han ascendido y el Señor Cristo mismo, que los engañaréis, a esos que han llegado a acostumbrarse tanto a manifestar su terror, sus actos violentos, su ira, sus diatribas y sus abusos de la Palabra y el impulso acumulado de su cadena planetaria, que no se pueden creer que alguien pueda sobrevivir para desafiarlos, que haya una comunidad que lo aguante.

¿No está escrito que *todos* huyeron,[3] todos ellos? Y esos eran los que él tenía más cerca de su corazón. ¿No pensó en aquel momento en su madre y en Magdalena?

Sin embargo, portó la llama de esa gran conciencia Divina. Sabía que provenía de Dios, que volvería a Dios, y pasaría hasta por el valle de la sombra de muerte, hasta la muerte, entrando en el infierno para predicar allá a los ángeles rebeldes, y resucitaría la mañana de la resurrección. Al tercer día aparecería.

Y así, vosotros también lo haréis, superando primero las pruebas del discipulado para mantener la unidad del mandala, para no salir corriendo de miedo, para no salir corriendo y abandonar el lugar de El Morya en busca de un Santo Grial que no os corresponde buscar.[4] Por tanto, el abandono de la ciudadela de luz y su defensa, ya sea de la Persona de Cristo o de su comunidad, se convierte así en la ruptura del mandala de la Totalidad.

Que los verdaderos amigos de Cristo en estos momentos formen un núcleo de fuego blanco de los ciento cuarenta y cuatro, doce discípulos por cada línea de ese reloj cósmico.[5] Ofreceos también a ocupar esas líneas, seleccionando aquella en la que tengáis, según os lo indique la deliberación que tengáis con vuestra Presencia YO SOY, el impulso acumulado más grande en diligencia y servicio, lealtad; sin que tenga por qué ser el brillo de la luz más grande, sino constancia, paciencia y resistencia, y una fortaleza que supere cualquier tentación de desviarse a la derecha o la izquierda.

¡YO SOY Víctory! Y deseo sellar con el sello de mi anillo a quienes estén capacitados para estar en las líneas del reloj, protegiendo el centro como punto de ascenso y descenso del Cristo y, por tanto, protegiendo el círculo de la jerarquía y su comunidad, de modo que no solo descienda el Cristo al corazón del Enviado, sino que los avatares puedan descender a través de esa espiral. Y, por tanto, haremos retroceder a los enemigos de los avatares que arrojan su sombra y amenazan con provocar dispensaciones ¡que nadie desea!

Así, hablo de la palabra del Arcángel Gabriel, que dijo que los consejos cósmicos quizá deberían decidir que dejaran de encarnar avatares y almas avanzadas debido al gran daño que sufren por las drogas y los abusos de todo tipo. Por tanto, estos seres oscuros se están poniendo de hecho en contra del círculo de luz y contra el anillo iniciático que protege el punto del Uno, protegiendo el descenso de Sanat Kumara a la forma.

Por tanto, vemos que el centro del círculo es el sitio y el punto de la conciencia Crística. Y también es el punto de la vuestra, puesto que es el lugar de encuentro de Maestro y discípulo, de Gurú y chela. Y, por tanto, es una fuente de amor que debe cuidarse, que debe cobijarse, que debe verse como la belleza de Dios encarnado.

Por tanto, vengo y os enseño el camino del sentimiento victorioso, el amor del Señor y el amor de la obediencia. Porque el sendero del sacrificio que descuida la obediencia es tomado por el ego no transmutado, que dice: «¡Voy a hacer algo maravilloso! Voy a escoger lo que voy a hacer por el Señor. Y cuando lo haya hecho, él me notará y me dará una recompensa».

Es un factor psicológico de control, amados, el ponerse uno mismo al timón y decir: «Voy a hacer esto y voy a hacer lo otro, y me van a alabar por ello. Voy a escoger lo que voy a hacer, pero no voy a hacer lo que la autoridad de la Palabra que está con nosotros me diga que tengo que hacer. No voy a obedecer la voz de Dios en mí. No voy a escuchar el llamado del Anciano de Días a través de poderosa Presencia YO SOY el día que el Señor me necesite, sino que daré al Señor según yo escoja».

Así, amados, el sendero del sacrificio sin obediencia es un sendero de idolatría máxima, la idolatría hacia el yo y la idolatría hacia el Enviado. Pero muchos ya habéis reconocido a este enemigo de vuestro Gran Yo Real tal como es, y entendéis que la mayor alegría en la vida es estar con María en un estado de gracia atenta, escuchando la voz de arriba, escuchando la voz de alguien encarnado que tiene la autoridad de esa Palabra en vuestra vida.

Y, por tanto, cumplir el mandato de la Ley se convierte en un deleite para esa persona, que medita en la ley de Dios. Y en esa meditación es como si estuviera con los Manús, los grandes Legisladores de las razas.

Porque en la meditación sobre la Ley se identifica con el diseño original eterno de la Raza YO SOY, y con alegría y amor, en acción y servicio, nace una inmensa creatividad. Porque la unión en la voluntad de Dios abre las puertas hacia la inmensidad. Teniendo acceso al cosmos y a la mente cósmica, el cumplimiento de la voluntad de Dios se ve como algo que tiene una latitud mucho más amplia para la expresión de la verdadera Identidad que lo que pueda traer cualquier elección de sacrificios.

Por tanto, amados, comprended que un mayor afecto, una comprensión del amor en acción, una comprensión de quedarse con el Señor en los momentos de la traición era, por supuesto, necesario, y faltó.

Uno pregunta, ¿por qué? ¿Por qué esas personas perdieron su percepción, tan fácilmente que el Maestro pudo ser traicionado y separado de ellos?

Amados, volved a considerar la naturaleza absoluta del Mal y su poder encarnado para los que se han dedicado a él bebiendo la mismísima sangre de Cristo y de los santos inocentes, mediante la perversión de todos los chakras y la fuerza vital. Estos tienen un impulso acumulado desde hace eones de tiempo en que se llevan moviendo contra la luz, y estos caídos son los practicantes de magia negra.

Por tanto, es necesario que Jesús fuera en efecto crucificado, resucitado y ascendido para abrir el Sendero a fin de que otros discípulos le siguieran y ascendieran, y para las dispensaciones de Saint Germain en esta era de reunir a muchos hijos de Dios en la plenitud del Espíritu de la Gran Hermandad Blanca, para que ellos puedan permanecer el día del desafío, con Enoc y las huestes del Señor, para pronunciar el juicio a estos caídos, hasta en medio del poder de su oscuridad.

Así, se entiende que los que se enfrenten a ellos en esta era de su juicio final deben poseer el logro de luz equivalente al logro que ellos tenían cuando cayeron. Así, entended que el propio Lucifer era un arcángel.[6]

Y así entendéis por qué la Arcangelina María fue elegida para traer al mundo al Cristo. Porque ella debió soportar, con su bendito Rafael en el cielo,[7] las arremetidas de estos caídos de alto rango contra ese niño antes de que naciera y durante los primeros años y así sucesivamente, a lo largo de toda su vida.

Así, alguien de igual logro o mayor que el de los Vigilantes y los Nefilín debe permanecer en la Tierra y debe sostener la llama de las huestes del cielo para multiplicar vuestros corazones. Porque si vosotros mismos poseéis la equivalencia, vuestra Palabra hablada en la ciencia del Amor es, por tanto, la puerta abierta a vuestra Presencia YO SOY y Ser Crístico, hacia todas las huestes de Dios, manteniendo así el equilibrio y siendo mantenidos por el amor de la Mensajera encarnada, para así aguantar y no ser vencidos, ni por uno ni por una asamblea de muchos de estos caídos.

Ahora comprended desde este punto de vista que los «encantamientos del Viernes Santo» son de hecho un hechizo de magia negra. Y por eso no pudieron mantener abiertos los ojos en el momento de la oración ni pudieron resistirse a que Satanás pusiera su veneno en el corazón de Judas. Tampoco pudieron resistir todo el círculo de energía. Por tanto, ello actuó como un repulsivo, la magia negra de sus auras concertadas, y todos huyeron. Y solo Él permaneció con un entendimiento y compasión perfectos con respecto al hecho de que Él había venido para oponerse junto con ellos a las artimañas de los caídos, y que ellos también debían aprender a hacer lo mismo.

Por tanto, ellos debían valorar el Uno, multiplicado por el corazón de Cristo una y otra vez. Debían aprender a valorar la comunidad cristiana, la comunidad del Espíritu Santo y, finalmente, la Unión que nacería y una tierra prometida que sería concedida.

Esta unión de corazones en estos cincuenta años en los Estados Unidos es una unión asombrosa. Pocas veces se ha establecido en la Tierra una unión así, con tanta gente en un territorio geográfico tan grande. Comprended, por tanto, que el recuerdo y la importancia de las lágrimas que derramaron los ojos de Pedro[8] es lo que les ha quedado a los hijos de la luz, que han aceptado que sostener la llama de la Unión es sostener al Cristo en el corazón de este país, sostener esa luz contra todas las arremetidas de la progenie del malvado. El recuerdo de la Unión y la necesidad de tenerla nace de ese preciso momento, cuando los poderes de la oscuridad consiguieron romper el grupo de su unión.

Así, amados, en todas las épocas en las que el avatar ha estado solo, los caídos han aprovechado la oportunidad para abatirlo. Pero cuando la sabiduría y el amor de los fieles han manifestado una armonía que no podía romperse jamás, *ahí* se ha conseguido la victoria, ¡*ahí* se ha conseguido la enorme victoria!

Considerad a este país en la Segunda Guerra Mundial, traicionado por individuos en los más altos puestos de este Gobierno, hasta el cargo de presidente. Sin embargo, no se pudo disuadir a la propia gente de lograr la victoria ni con la traición de los líderes en el país o el extranjero. Enfrentaron a las hordas de la oscuridad y lograron la victoria.

Y, sin embargo, los Vigilantes comprometieron esa victoria con el mayor compromiso de estos dos mil años, cuando Churchill, Stalin y

Roosevelt hicieron su pacto y entregaron a un pueblo y una tierra cuya victoria se había conseguido.⁹ Y esto también fue debido a la influencia de los caídos a niveles internos. Pero es que estos tres eran Vigilantes.

Y esto es lo que debéis comprender: los traidores del pueblo en puestos gubernamentales deshicieron los actos heroicos de los discípulos y de los seres Crísticos.

¡Debéis saber estas cosas! Debéis saber que aquel que está considerado como un gran presidente, Roosevelt, traicionó a los Estados Unidos. Y Churchill traicionó a Gran Bretaña y a Europa. Y del mismo modo Stalin traicionó a todas las llamas del corazón de la Madre Rusia. Y los tres juntos estuvieron *contra* las doce tribus reencarnadas, para intentar dividirlas justo en el momento de la victoria de la tierra prometida en Estados Unidos.

Os digo estas cosas porque, en sus respectivos países, hasta el día de hoy, estos Vigilantes han quedado como héroes del pueblo. Uno se horroriza de que la gente pueda considerar a Stalin como su héroe. Bien, amados, ¡vosotros deberíais estar horrorizados de que la otra gente considere a Roosevelt y a Churchill como sus héroes! Porque pretendieron ser liberadores y destruyeron la victoria. Ellos fueron destructores de la victoria tan ciertamente como los seres Crísticos que consiguieron esa victoria eran discípulos en el corazón de Cristo que avanzaron y sabían que provenían de Dios y que volverían a Dios.

Comprendamos que muchos de estos caídos aparecen hoy día con la apariencia del bien. Hacen aparentemente cosas buenas, pero se retiran, dan un paso atrás o simplemente fallan cuando deben llenar un punto con luz.

Así, se necesita la astucia de la mente de Cristo que siempre busca la purificación. No os olvidéis de ayunar, para limpiar los sentidos y la mente. Vuestro amado Mark seguía la práctica del ayuno con diligencia y designó un día a la semana a ese fin. El sábado es el mejor día, cuando la llama violeta pasa a través de vosotros, cuando tenéis la luz de la victoria, cando tenéis la acción del fuego sagrado como preparación para recibir esa iluminación el día del rayo del sol.¹⁰

¡Daos cuenta, pues, de que YO SOY Víctory! YO SOY una luz de victoria y en ocasiones he querido entrar en contacto con algunos de vosotros o bien con una advertencia o bien con enseñanza o bien con una luz penetrante, y debido a que se os han embotado los sentidos por comer demasiado y por ser demasiado indulgentes con vosotros mismos, no me habéis oído y, por tanto, se ha perdido una bendición.

No vengo a condenar, porque tengo el corazón lleno de compasión hacia vuestra corriente de vida. Pero os debo decir, amados, que la alegría de Dios fluye cuando podéis disciplinaros, sin hacer trampas, a pasar esas veinticuatro horas en una acción de limpieza y después invocáis al Espíritu Santo para que llene el vacío. Y entonces aumentarán vuestras percepciones y seréis aptos para la batalla del Señor.

Por tanto, este es mi día. Este es mi regalo, la transferencia del sentimiento victorioso de los discípulos de Cristo, de los Maestros Ascendidos y de los que han prometido ser sus amigos en la hora de la traición, los que han prometido ser amigos de los mensajeros en la hora de la traición y en la hora de la glorificación a Dios en su templo, en ese alma y corazón ante vosotros.

Y así ocurre con vosotros. Cuando aquel es glorificado, los ciento cuarenta y cuatro, y todas las multitudes que comen las migas de la mesa del Maestro, asimilando parte de la Palabra, pero no toda, ellos también perciben su gloria en su carne.

Debido a que esta victoria vive, debido a que vive en el cielo y en la tierra en todo el espíritu de la Gran Hermandad Blanca, vengo con ese gran anuncio de que *¡vosotros también* podéis ganar y podéis, con Cristo, estar vivos por siempre jamás!

Con Lanello podéis afirmar,

¡He aquí, YO SOY el que está en todas partes en la conciencia de Dios!

¡He aquí, con Jesús, YO SOY el que está vivo por siempre jamás! ¡La muerte y el infierno no me tocan en absoluto, porque YO SOY el victorioso en Dios, como Arriba, así abajo!

Mi Presencia YO SOY que está conmigo es el poder del logro que vence a todos los enemigos del Cristo en la Tierra. ¡Asumo mi postura en la Tierra y me hago instrumento de las *mareas* de luz, de victoria en Cristo!

¡YO SOY el sentimiento victorioso del Poderoso Víctory!

¡YO SOY el sentimiento victorioso del Poderoso Víctory!

¡YO SOY la llama de la victoria en acción!

YO SOY la llama del amor hasta el final.

YO SOY con Cristo en el principio y en el fin.

He aquí, YO SOY donde YO SOY en mi corazón —Alfa y Omega—; YO SOY el portador del Cuerpo y la Sangre de Cristo.

YO SOY en verdad el portador de la carga del Señor. Yo porto su luz y su luz se traga la carga de la Tierra, que es el karma del mundo.

¡Permanezco y sigo permaneciendo! ¡Porque YO SOY EL QUE YO SOY, y lo sé! ¡YO lo SOY! ¡Lo siento! ¡Lo pienso! Lo llevo a la acción físicamente en mí.

¡He aquí, YO SOY la victoria de la luz donde YO SOY, aquí y ahora! ¡Victoria! ¡Victoria! ¡Victoria!

Por el poder de Brahma, Vishnú y Shiva, YO SOY la victoria en la Tierra, y YO SOY el que empuja esa victoria en la tierra bajo mis pies, bajo ese suelo y bajo la tierra, ¡hasta llegar al núcleo de fuego blanco!

YO SOY la victoria en la tierra.

YO SOY la victoria en el aire.

YO SOY la victoria en el agua y en el fuego.

¡YO SOY Víctory!

¡YO SOY la victoria de la luz de la llama de la resurrección!

Ahora, amados corazones, ¿acaso no podéis vosotros también ser creativos conmigo, creativos en vuestro corazón, y afirmar vuestros propios mantras de victoria a diario contra toda manifestación de la ausencia de la llama del amor?

¡YO SOY la victoria de mi trabajo!

¡YO SOY la victoria de este trabajo de mis manos!

YO SOY la victoria de la mente de Dios en mí para averiguar el Camino y allanarlo para otros.

YO SOY la victoria, por la mente de Dios, en todo lo que tengo que hacer hoy para traer el reino de Dios a la tierra como es en el cielo.

¡Y el YO SOY en mí *es* la victoria!

¡Mi poderosa Presencia YO SOY *es* la victoria!

¡El Poderoso Víctory en mí es la victoria!

El poderoso Víctory está donde yo estoy. No puedo fallar, porque Dios ahora está conmigo.

¡YO SOY Víctory! ¡YO SOY Víctory! ¡YO SOY Víctory!

¡Y hago retroceder la derrota! ¡Hago retroceder el fracaso! ¡Hago retroceder la muerte y el infierno! Y el poderoso círculo de Víctory en el planeta Tierra comenzará en el punto del centro de nuestro círculo y empujará hacia afuera desde el mismísimo corazón de Aquel que ha enviado a la Mensajera, desde los corazones de quienes son enviados por la Mensajera.

Y el círculo se ensanchará, y ensanchará sus fronteras a través de los ciento cuarenta y cuatro discípulos, que un día serán los ciento cuarenta y cuatro mil. Y, por tanto, el círculo de Víctory será cada vez más ancho, ¡hasta que abarque toda la Tierra y no quede nada excepto la llameante presencia de Víctory!

YO SOY el que está en el centro de esa victoria. Estoy en el centro de Cristo, y Cristo en mí es el centro de mi victoria y YO SOY uno y nosotros estamos plenos. Yo habito en él y él en mí.

¡YO SOY Víctory, YO SOY Víctory, YO SOY Víctory! YO SOY la victoria de la resurrección y YO SOY la plenitud de su poder *aquí y ahora.*

Benditos, abro los éteres y el espacio santificado para vosotros, cada uno de vosotros, para que os pongáis de pie de un salto ahora ¡y exclaméis vuestros mantras individuales de victoria!

[La audiencia se pone de pie y exclama mantras de victoria].

Y esto también es un alegre grito de victoria, un tumulto que no exclama por la muerte de Cristo,[11] sino un tumulto de victoria que afirma la eternidad de Dios Todopoderoso allá *donde* YO SOY.

¡Sentid el YO SOY en vuestro corazón! Sentid ahora a vuestra Presencia YO SOY en el latido de vuestro corazón y en mi llama dorada para la era. Porque mis legiones son portadoras de la iluminación para el sendero de Cristeidad, y solo ese será el sendero iluminado. Y todos los que entren en ese sendero despuntarán ahora con una percepción nueva de la Cristeidad y de su Presencia YO SOY.

Y las enseñanzas iluminadas de la Palabra y la llama del Retiro Royal Teton, del Señor Lanto y Confucio, los Elohim de la iluminación, los poderosos arcángeles, todos los Budas, Bodhisatvas y seres Crísticos

¡*expandirán* y *expandirán* y *expandirán* esta llama de luz dorada de la victoria! Y nosotros la expandiremos mediante el mismo mandala del centro y los ciento cuarenta y cuatro que os hemos encomendado.

Y, por tanto, en la octava etérica, con la voz de Gabriel, con la voz de Alfa y Omega, el círculo de la luz dorada y victoriosa del Ser Crístico, el Señor Sanat Kumara en el centro, se expandirá y se expandirá gracias al corazón de Gautama, gracias al corazón de Maitreya, gracias al corazón de Jesús, gracias al corazón de todos los Maestros Ascendidos que están al nivel de Jesús.

Mediante el nivel de Lanello, por tanto, y mediante la reducción a esta octava de Lanello, la poderosa circunferencia de la victoria será como la superficie gigantesca de un ovoide, y por debajo otra. Y veréis que el centro será esa espiral ígnea de la escalera dorada; y veréis las octavas del cielo y la tierra abrirse para que pasen los santos a las octavas superiores siendo plenamente conscientes de ello y para que desciendan para realizar la obra del Señor en la octava física.

Por tanto, ahora también hacemos retroceder la oscuridad. Y la luz de iluminación, la luz del chakra de la coronilla, sí ilumina ahora a un mundo oscurecido.

Que todos lleguen a la fuente de la iluminación de Víctory aquí, hoy, ¡a la manera de Dios!, en el corazón de todos los que se planten y no nieguen a su Señor, el Ser Crístico, y no nieguen al Señor, la amada Presencia YO SOY, y no nieguen a ninguno de estos pequeños que vienen en su nombre.

¡YO SOY Víctory *siempre!* ¡YO SOY *Víctory!*

¡*Víctory!* ¡*Víctory!* ¡*Víctory!* ¡*Víctory!* ¡*Víctory!* ¡*Víctory!* ¡*Víctory!*...

[Continúa el cántico acompañado de palmas del nombre de Víctory].

31 de marzo de 1983
Cámelot
Los Ángeles (California)
ECP

29

LA VICTORIA DE LOS HIJOS DE DIOS

¡Estimadísimos, os saludo en la llama de la victoria que arde intensamente en el corazón del Sol Central como una llama dorada tan brillante, que todo el cosmos se mueve por el sonido, la señal y el latido de la victoria de Dios!

Amados, yo soy esa victoria en manifestación. Soy la victoria de la gloria de Dios. Porque he decidido mostrar a todas la evoluciones y oleadas de vida por doquier que la señal de la victoria y del triunfo victorioso es el poder de llegar a la cima siempre, llegar a la cima del chakra de la coronilla con cada esfuerzo, alegría y pulsación de ideas de Dios llevadas a la acción.

Ahora, para un pueblo llamado santo,[1] para los que están preparados, vengo con ampollas de victoria; porque deseo que entendáis que la sabiduría, como sabio dominio en toda la Tierra, *es* la victoria de Dios. Y solo los sabios pueden obtener la victoria.

Y, por tanto, vuestra luz dorada y victoriosa es vuestro chakra de la coronilla *¡resplandeciendo intensamente* con la gloria de Dios Todopoderoso! ¡Es el poder de su mente! ¡Es el latido de su espíritu! Es la luz elevada de la Madre. Es una conciencia Divina que llena la forma y la naturaleza sin forma de Aquella que está con vosotros.

Amados, ondas doradas y cintas de luz que abarcan el cosmos que celebrando la victoria de un hijo de Dios y de la hija de Sion, que es el alma del pueblo de la realidad, están resplandeciendo y soplando en las brisas cósmicas. Porque los ángeles de la victoria, todos ellos, aunque vienen con armadura completa y con escudos, hoy han atado, a fin para celebrar la victoria de la luz aquí y ahora, esas cintas doradas de victoria a sus vestiduras. Y así, cada uno de ellos ondea cintas de luz que en su emanación áurica se vuelven como llamas saltarinas de oro.

¡Os digo que es un panorama cósmico el ver a estas diez mil por diez mil legiones de la victoria descender al corazón de la Tierra gracias al poder de la Palabra hablada y al fíat del Señor Dios! Porque estamos *decididos* con una determinación Divina a que todo lo que ha existido antes en este retiro y en todos los demás, en todos los años de nuestro servicio a vuestro lado, sea coronado hoy con el poder de la victoria, sea *sellado* gracias a esa victoria, sea *conocido* en la Tierra. ¡Y entenderéis al Cristo en vosotros como vuestro héroe conquistador! Y aún viviréis para adorarlo, para habitar con él, para estar en el mismísimo corazón de ese Cristo y que ninguna criatura, pequeña o importante, os entorpezca de ninguna manera.

Amados corazones de luz, ¡os digo que la victoria es un *espíritu!* ¡Es determinación! Es el lanzamiento del bien Divino en vosotros. Es un empuje al que no se puede obstaculizar. Es esa *intención* de la frente de la mente Aries de Dios que va contra el enemigo mediante el poder de la *victoria* en el tercer ojo, la *victoria* en la coronilla, la *victoria* en el corazón, la *victoria* en todo el templo corporal, la *victoria* que reluce como una vestidura de luz que no deja que la detengan, ¡que no deja que la entorpezcan!

Este poder de la victoria debe ser vuestro. Y, por tanto, la victoria como una iluminación dorada vence toda la indecisión, toda la confusión, toda la ausencia de acción correcta. Es el poder de la determinación y es la sabiduría que precede a la acción correcta.

Y, por eso, en la meditación del corazón y en las cavilaciones de vuestra alma sobre el Señor Dios Todopoderoso, entendéis, amadas criaturas del Altísimo —y os llamo «creación magnífica»— que la continua presencia de este impulso acumulado de victoria es lo que reclama la victoria a cada hora y cada momento, lo que no permite la derrota y, por consiguiente, no os permite ser presa de ninguna fuerza pasiva o agresiva que, de otro modo, iría en contra vuestra, desde una mosca a un mosquito, desde un demonio a un comentario improcedente o cualquier cosa que se os cruce en el camino.

Amados de la luz, ¡comprended el impulso de la victoria! ¡Comprended las cintas de gloria! Comprended el poder de los hijos y las hijas de Dios en la Tierra y *no seáis más* perdedores, pesimistas, los que caen en la derrota ante la más pequeña crisis en su vida. *Sed* los que poseen el sentimiento de victoria, que no conocen la derrota, que no identifican a ninguna derrota en ninguna parte, en ningún momento; ¡porque son la presencia viva de nuestro Dios!

Y tal como vosotros estáis en la tierra, tal como YO SOY el que está en el cielo, amados corazones, os juro en el nombre de Dios Todopoderoso al inclinarme ante él en estos momentos, que la presencia de la victoria que hay en el Gran Sol Central también puede ser vuestra, en vuestro corazón, ¡en este mismo momento! ¡Y podéis caminar por la Tierra con el poder del Imán del Gran Sol Central y con el poder de la victoria! Y la victoria puede consumir todo el egoísmo. La victoria puede consumir todos los actos indeterminados y toda la inacción.

Amados del Altísimo, ¡la *victoria* es el poder del amor! ¡La *victoria* es el poder del poder de Dios y la voluntad de hacer y de ser! ¡La *victoria* es la presencia absoluta de Dios nuestro Señor con vosotros para superar cada astilla de error en este cuerpo planetario y en el plano astral!

Y os digo que cuando doy este mensaje en todos los mundos, toda la falsa jerarquía *tiembla,* porque sabe que no pueden resistir la llama viva de la victoria. Porque es la corona del regocijo, y es el fundamento y la base de todo vuestro servicio y de toda vuestra vida. Y ellos saben que, si recibís este mensaje de mi corazón y lo recibís por el Espíritu Santo, por el cual se da, que *jamás* estaréis sujetos a sus acechos. ¡Y seréis victoriosos! ¡Y la luz se los tragará y dejarán de existir! ¡Y la muerte y el infierno se arrojaron al lago de fuego![2]

Y será porque vosotros os habréis tomado en serio mi [mensaje] y habréis comprendido que vengo aquí con toda la determinación Divina y que voy en serio, que lograré que la obra del Señor tenga lugar en la Tierra y lo lograré en vosotros, y que nuestras legiones de Víctory permanecerán a vuestro lado, os instruirán, os persuadirán y os moverán hacia la victoria Divina que hace falta, que *debe* haber ante todas las complicaciones de los tiranos, sus males, sus conspiraciones planetarias y todo lo que habéis oído durante mucho tiempo. Yo digo que no tienen *ningún* poder ante un niño pequeño que sepa que él mismo es la victoria de Dios en acción.

¡Así es! ¡Os digo que así es! ¿Lo creéis?

[La audiencia responde: «¡Sí!»].

Santos del Altísimo, ha llegado la hora de que se cumpla la profecía de Isaías que os han leído hoy, el poder del cumplimiento de Isaías.[3] Tomaos en serio estos capítulos. ¡Leedlos! ¡Responded al llamado! Aceptad con gratitud el mensaje de salvación y triunfo de la hija de Sion. Y aceptad la misión del Cristo en esta era, iniciada por Jesús, cumplida en vuestro Santo Ser Crístico, cumplida ante la presencia de Maitreya, cumplida con la Segunda Venida de Jesús al descender sobre el Monte de la Ascensión[4] y dando su mandato del Señor, Justicia Nuestra a todos los pueblos por doquier.

Amados, hijos de Sion y de la verdadera Israel, Casa de la Realidad, os hablo y os digo que si tan solo leéis y afirmáis la profecía de Isaías y Jeremías, si tan solo afirmáis los grandes misterios de la vida de Jesús como [medio] para vuestra propia salvación aquí y ahora, si tan solo leéis los salmos como si vosotros mismos los hubierais escrito como oraciones a vuestro Dios, descubriríais que la Biblia es un libro abierto y un libro vivo y que es Dios hablándole directamente a vuestro corazón.

¡Cada promesa es para que la reclaméis como propia! Cada advertencia que se da es para que la comprendáis y la evitéis con el poder del decreto dinámico. Cada calamidad revelada como profecía puede deshacerse mediante el poder del espíritu de la victoria en esta era, mediante el poder de los poderosos arcángeles y los Elohim ¡invocados por vosotros! Y cada lección aprendida por cada individuo es una lección que no tenéis que vivir, sino [que podéis escoger] aprender de la experiencia de otros, especialmente las que merecen consideración por ser generadoras de karma.

Y, por tanto, al estudiar las vidas de los que han mirado a Dios, los que han aprendido de su ley, los que sido humillados por su ley y levantados por esa ley, ¡podéis entender el camino por el que debéis ir! El camino por el que camináis ahora debe convertirse en el camino del profeta, el camino del discípulo, el camino del Cristo, el camino del revelador, el camino del siervo ministrante, el camino de la gente santa, el camino del apóstol, el camino de los progenitores de la humanidad, y el camino de los santos ángeles.

Escoged vuestro personaje preferido o vuestro gran héroe de la Biblia y convertíos en él por un día, y vestid ese manto e invocad ese cuerpo causal, como vosotros que habéis sido católicos estáis acostumbrados a rezar a los santos. *Rezad* al poderoso cuerpo causal y el poder de Dios Todopoderoso en esos personajes y aprended a amarlos y a conocerlos. Porque, amados corazones, ellos son los pioneros; ¡ellos han abierto un camino! Y el camino que han abierto es el sendero que sube a la montaña hasta el chakra de la coronilla, donde os sentáis a los pies del Señor Maitreya, del Señor Gautama y de Sanat Kumara; y completáis el recorrido de la elevación de la llama de la ascensión, la luz de la Madre, desde la base a la coronilla.

Amados corazones, ¡todo está *aquí!* Y es la hora de que un pueblo victorioso en Dios, que es victorioso en el Espíritu, ¡deba ser victorioso en la Materia! Y yo digo que debe haber una traducción por parte de vuestro Santo Ser Crístico, por una sintonización vuestra, por una determinación de obrar *cambios*. Porque comprenderéis que todo debe cambiar a diario, todo debe moverse hacia el centro del Sol, la poderosa Presencia YO SOY, la Mónada Divina, el YO SOY EL QUE YO SOY, la Palabra viva. Todos deben decir:

¡Me convertiré en el Nuevo Día!

¡Esta conciencia humana no es aceptable para el Señor nuestro Dios! Por tanto, me dirijo hacia el centro del Uno. Me dirijo como un descubridor de gran Nuevo Día y me convertiré en ese día. Y dejaré atrás todas esas predilecciones personales de mi personalidad exterior, y llevaré [a mi alma] al centro del Cristo vivo.

¡Y *me atreveré* a ser diferente! ¡*Me atreveré* a ser franco! ¡*Me atreveré* a desafiar y a predicar la Palabra, porque no tengo nada que perder excepto mi ascensión, si no lo hago!

Y así, permanezco con la Palabra viva y *no temo* hablarles cara a cara a esos demonios y pronunciar su juicio y advertirles que pongan fin a sus actos perversos y destructivos. Y *no temo* desafiar a esas [fuerzas del Malvado], grandes y pequeñas.

¡Porque YO SOY el que está en el corazón de Santa Catalina! ¡YO SOY el que está en el corazón de Santa Clara! Y hoy asumo mi postura contra todos los principados y potestades de ángeles caídos que hayan intentado sentarse en el asiento de autoridad en todo este cuerpo planetario.

¡Os desafío a todos y cada uno de los que vayáis contra la luz de la libertad y de Saint Germain! ¡Os desafío en lo físico! ¡Os desafío con el Espíritu de Dios Todopoderoso! Os desafío por el poder de Víctory y sus legiones, y digo:

¡No pasaréis! ¡Ya no os iréis con esta infamia contra la humanidad! ¡No iréis contra los santos inocentes! Y me planto es esta hora e invoco vuestro juicio por los atroces crímenes contra la gente, contra los niños pequeños, contra el Estado, contra la Iglesia y contra todas las manifestaciones constructivas patrocinadas por la Gran Hermandad Blanca. Y permanezco en la Tierra.

Y cuando digan: «¿Quién eres?», tú podrás decir:

YO SOY un emisario de la llama de Dios. YO SOY el representante del Poderoso Víctory. Estoy en la Tierra por la autoridad de Jesucristo y Saint Germain. Y YO SOY un evangelista que va delante de los poderosos arcángeles y proclama su palabra y su poder.

Bien, amados corazones de luz, podéis temblar y considerar: «¿Cómo voy a decir palabras como esas?». Bien, podéis empezar diciéndolas en el aposento,[5] donde deberíais rezar y hablar con el poder del Todopoderoso contra los enemigos invisibles del abismo astral y desarrollar un impulso en el desafío a las hordas oscuras. Y los más temibles son los invisibles. Porque los visibles se pueden ver y observar, y se les puede seguir la pista por su olor detestable, que dejan por la Tierra como un camino de hollín.

Amados, podéis saber quiénes son los físicos y podéis saber lo que hacen. Y, por tanto, logremos una victoria de Armagedón sobre las hordas astrales y los seres oscuros que vienen a provocar con burlas, a lisiar, a distorsionar, a provocar la locura, a ser los aguafiestas de nuestra alegría. Que la victoria os llegue a la mente y al corazón y que hable a esos enemigos en vuestro propio templo y ¡que estos sean atados!

Y os digo que cuando tengáis un impulso acumulado de hablar así, ya no os importará y arrojaréis todas las precauciones al viento. Y hablaréis con tanta determinación Divina al enemigo físico como habéis hablado al caído invisible, [puesto que] habréis visto que no tienen ningún poder sobre vosotros cuando ejercéis el poder de la Palabra hablada. Y hasta que no [ejerzáis ese poder], parecen ser como monstruos gigantescos.

Y entonces, al exclamar y hacer el llamado absoluto al Poderoso Víctory, al llamar al Cristo Cósmico, al llamar a los poderosos arcángeles y al afirmar el YO SOY EL QUE YO SOY donde estáis, *contempláis* cómo sale el sol y se produce una poderosa limpieza y veis el arco iris de vuestro cuerpo causal. Y veis el arco iris doble como señal de vosotros y vuestra llama gemela, unidos en el cielo. Y como en el cielo, así en la tierra, las fuerzas combinadas del Alfa y la Omega de vuestras almas son la manifestación de una victoria que no puede ser derrotada. ¡Es inconquistable! ¡Es intrépida! Es una victoria eterna.

Y el sol dorado de Helios envuelve ahora la Tierra en la llama de la victoria. Y cargando los átomos de la Tierra y las hierbas del campo está el poder del ese sol dorado, amados corazones. Y vosotros lo veis y lo entendéis y sabéis que el día de nuestro Dios está cerca, y el día de su gloria, así como el día de su venganza.[6] ¡Porque no hay mayor poder de juicio que la sabiduría misma y el poder de la iluminación Divina y el poder de la sabiduría!

Porque cuando todos ven y saben y están iluminados en la gloria plena de Dios, por consiguiente, se produce el aislamiento de la mente criminal y del que está establecido contra el Todopoderoso. Y todos pueden ver exteriorizado aquello que niega a Dios y aquello que afirma a Dios. Y así, los ángeles pueden venir pronto; porque todos votan, pues, según la iluminación de la Presencia YO SOY y el Ser Crístico. Y ya no votan por los ángeles caídos por encontrarse en un estado idólatra, por estar en un estado de ceguera, por no tener la llama de la victoria.

¿Los veis, amados? La iluminación es la absoluta percepción Divina de lo que es y lo que no es, de lo que es verdad y lo que es mentira. ¡Y, por tanto, la venida de la iluminación es la corona de la visión total! ¡Es el poder de la visión y el propósito de la gente de proclamarlo! Y ante la presencia de esa iluminación del Espíritu Santo descubriréis que todos votarán por el Cristo vivo y nada más. Y nadie podrá engañar con su sofistería, con su politiqueo, con sus mentiras descaradas, con su relatividad, cambiando de aquí para allá para complacer a la conciencia de las masas.

En el nombre del Dios de la Libertad, en el nombre de Víctory, YO SOY el que ha venido para que podáis comprender lo ilimitada que es esta fuente de luz para asegurar vuestra gloria, ¡la gloria de vuestra poderosa Presencia YO SOY donde estáis!

¡Vosotros tenéis acceso a *todo* lo que YO SOY, a *todo* lo que oís! *Todo* el Espíritu Santo puede estar sobre vosotros. *Toda* la Presencia Divina puede estar con vosotros. Pero debéis elevaros y salir de la zona gris de la «semiacción» y la preocupación por uno mismo, y volar con las alas de la mañana,[7] y saber que esas alas son el gran poder de Mercurio, del caduceo elevado, y sobre la frente alas de iluminación, alas de visión, alas del poderoso chakra de la coronilla.

Así, al poner alrededor, a través y en vuestra aura las emanaciones luminosas de los ángeles de la victoria, os pido que meditéis en la «Sinfonía de la victoria». [Se pone un extracto de «La victoria de Wellington» o «La batalla de Vitoria», opus 91 de Beethoven].

Os he hablado con el poder de la victoria, y con la transferencia de ese poder he venido. Tomad esta parte de mi discurso que ya habéis escuchado como una lección sobre la vibración del poder de la victoria y qué aceleración hace falta, como en el lanzamiento de un cohete, como el impulso del corazón para tener la fuerza de llegar hasta el final en la victoria de cada propósito santo. Si algo merece la pena hacerse, amados corazones, ha de hacerse con este poder de la victoria. Y a no ser que merezca la pena, uno no debería hacerlo ni dedicarle energía ni atención.

Y, por tanto, es el momento y la hora en la victoria cósmica de evaluar todas vuestras ocupaciones y preocupaciones y comprender que toda inversión de energía es una inversión de la luz de Dios, que es inherentemente la victoria de Dios y el poder de Dios. Cuando invertís aquello que él os ha regalado en las experiencias inferiores, esas cosas que no son dignas de vuestra vocación ni merecen realizarse, podríais crear una fuerza contraria a la victoria en vuestra vida. Un parte de vosotros empuja en un sentido de degradación y otra parte empuja hacia la meta del supremo llamamiento de Cristo Jesús.[8]

No debe haber división. Todas las cosas deben apuntar al santo propósito. Porque entonces todas vuestras acciones se convierten en una costumbre de victoria, todas engendrarán una victoria y una manifestación más grande. Y las líneas son claras y no hay borrones en el aura ni nubes de confusión flotando en una configuración que parece más un enjambre de avispas en un día de verano que la poderosa Águila Azul de Sirio en formación y marchando hacia la victoria.

¿Lo entendéis, amados? Estáis compuestos de muchas fuerzas, fuerzas cósmicas, y todo el movimiento de vuestro ser y vuestro impulso debe dirigirse hacia esa dirección única hacia Dios del chakra de la coronilla, realizado en la actividad [de la Gran Hermandad Blanca] manifiesta físicamente en la Tierra. Porque ahí está el desafío: no ascender a la montaña, sino bajar de la montaña y mantener la conciencia de la cima en el valle. ¡Ahí está el desafío! ¡Ahí está la luz, amados! Ahí están los vencedores que *no olvidarán* la vibración de la victoria cuando se vean inundados de la vibración de la muerte. Y aunque podáis sentir muerte a todo vuestro alrededor, en vuestro corazón está la llama de la victoria y el recuerdo de la victoria del amor.

Así, cuando necesitéis el poder de locomoción, cuando necesitéis el poder de ir y lograr esa meta, poned esta parte de mi dictado y llamadme a mí y a mis ángeles. Y nosotros volveremos a crear la circunstancia divina de vuestra venida a la Tierra y de todo el impulso de vuestra vida de bien positivo y os volveremos a dar un noble comienzo, como cuando encendéis una cerilla, como cuando arde el fuego y tenéis ese ímpetu de un propósito omniconsumidor.

Ahora, pues, cuando escuchéis la «Sinfonía de la victoria», escucharéis el equilibrio de la victoria en la llama trina. Oiréis el poder de la victoria. Sentiréis el amor de la victoria. Y también estáis llamados, como desde mucho más allá del velo, por la sabiduría de la victoria.

No penséis que podéis conseguir aquí o allá en la Tierra lo que los maestros pueden daros desde las alturas y en sus retiros. Por tanto, buscad los mejores instructores y sed los que estéis mejor preparados entre las evoluciones de la Tierra. Y capacitaros para ser instructores de hombres al practicando las Lecciones de la Clase de la Corona.[9] Porque la corona del sol es una corona de victoria. ¡Ya veis cómo contemplo la victoria en toda la creación de Dios!

¡Todo lo que veo es victoria! ¡Todo lo que conozco es victoria! Todo lo que YO SOY es victoria y ello tiene un propósito, que yo pueda tener la victoria infinita para impartirla a los que han asumido, hasta cierto punto, las vibraciones derrotistas de una civilización.

Ahora, por tanto, amados, estoy sentado en el trono de la sabiduría, aquí, con el Cristo vivo del cosmos. Estoy en el centro de ese Cristo, ese Cristo universal que es el Cristo de vuestro corazón; y os entrego un mensaje de sabiduría consumada para que podáis entender cómo hemos creado esta actividad de luz.

La planificación es la clave, amados. La planificación es la clave. Por tanto, mirando a través de los inmensos eones a este momento en el que, podría decirse, el infinito se interseca con las líneas del tiempo y el espacio, hace mucho, mucho tiempo decidimos que en este momento se debía reunir un círculo de portadores de luz, la diadema de la corona de la Virgen, sobre cuyos hombros pudiéramos poner los propósitos cósmicos y en cuyos corazones hubiera cabida para esa Cristeidad, que es la gobernadora y supervisora del viñedo del Señor.

Amados míos, la planificación es necesaria vida tras vida. Nuestro plan os ha incluido, si así lo queréis vosotros. Nosotros siempre mantenemos la eventualidad del libre albedrío. Por eso está escrito: «Muchos son los llamados, pero pocos los escogidos».[10]

Debe ocuparse cada área de especialidad en la jerarquía y cada cargo de Cristo. Y cada cargo puede convertirse en un mandala de muchos, pero estará ocupado por uno solo si fuera necesario. Algunos de vosotros habéis sostenido el corazón de una margarita esperando a que se formaran los pétalos. Otros habéis atraído cantidades, pero no calidad. Lo que emitáis, eso atraeréis; esto es el hilo del pescador. Emitid la cualidad del corazón y reuniréis a chelas con la cualidad del corazón. Así, nos fijamos en el que puede ocupar el cargo de Cristo para cada faceta del plan divino.

Por tanto, hablo de una compañía de portadores de luz ya reunidos aquí y en otras partes del mundo, una fórmula muy distinta del cuerpo causal de Dios a la que vimos hace veinticinco años. Algunos de los que han estado entre vosotros han ascendido y otros, guardando la llama, trabajando con esfuerzo en la noche, victoriosos en el día, ¡están decididos a que vuestra victoria sea física a cada paso! Os elogio, amados corazones; porque las victorias físicas son las más difíciles. Y recomiendo [que hagáis el Llamado a Sanat Kumara para que esta compañía de portadores de luz] manifieste de una forma organizada y física una única idea para el bien cósmico y el bienestar común, y que se alegren de esa victoria.

Ahora, pues, amados corazones, hemos llamado a muchas corrientes de vida. Y al mirar a esta compañía, veo a aquellos de vosotros que habéis permanecido y habéis sostenido una llama de iluminación en eras pasadas, ya fuera en China o en Sudamérica. Veo a muchos que han permanecido contra toda probabilidad, muchos que han sido martirizados.

Y también veo a los que, justo antes del momento de la victoria, permitieron que los vencieran, se permitieron decidir que estaban afligidos, saturados de trabajo, incapaces de llevar la carga. Multiplicado ese temor en su ser, se pusieron histéricos y huyeron en la noche, y dijeron: «No puedo hacerlo. No puedo afrontar una crisis así. Debo irme a donde haya paz».

Aunque puede que fueran pacificadores, no comprendieron cómo mantener la posición, no tuvieron el recuerdo de que nuestro Dios enviaría a su Cristo y a sus santos ángeles para reforzar el paso bien dado y la decisión correcta si aquel se hubiera dado y esta se hubiera tomado. Así, estáis aquí también para superar con un espíritu victorioso esos impulsos acumulados de locura y la retirada fácil hacia el ataque de nervios antes que [poneros en una postura de] permanecer, afrontar y conquistar con una mente de acero.

Sí, todos podemos decidir estar enfermos el día de la batalla. Es fácil. Pero os diré un secreto. ¡Es más fácil estar sanos! ¡Es más fácil estar plenos! Es más fácil luchar que acostarse, que te atrapen y caer en los abismos de la desesperación por uno mismo. Eso es duro de verdad. Así, no tomemos el camino ancho,[11] sino el camino de la sencillez del Cristo, que no es la complejidad de los seres oscuros, sino que es [el camino de los seres luminosos que van] derechos hacia la meta.

Amados, nosotros consideramos los cuerpos causales de quienes ya forman parte de este movimiento mundial y decimos que en vuestras corrientes de vida existe el suficiente logro, la capacidad y el impulso acumulado de victoria adecuado para la tarea de este año. Más bien lo que se necesita es la decisión de permitir que ese logro, esa maestría, ese impulso acumulado, descienda por el cordón cristalino a través de la mente Crística, hacia el nexo y la palanca de la devoción del corazón, y se exprese con sabiduría tomando las manos y usándolas para ofrecer desde el corazón lo que más hace falta para el logro del llamado obvio que se tiene enfrente.

Por tanto, que no se diga: «Tienen un potencial muy grande de conseguir la victoria». En cambio, dígase: «Conocían su potencial, fueron al altar y pusieron ese fruto del logro del pasado ante la llama de la victoria cósmica, ante la llama de Dios Todopoderoso, y dijeron: "Seré la encarnación física del movimiento hacia la victoria de esta comunidad del Espíritu Santo, de este asentamiento en Montana de los emisarios de la Gran Hermandad Blanca. Yo estaré allí. Conseguiré mi victoria física en esta hora. ¡Y sé que la única victoria que puedo conocer es la victoria del ahora! Y no existe victoria que sea postergada, ¡porque la victoria postergada es una derrota segura!"».

¿Comprendéis que cuando tenéis la victoria en la mano, esta es una espiral de luz? Si no se la libera, se gastará en una manifestación inferior y no estará cuando sea necesario el fruto de la victoria. Así, sentid el ritmo de vuestros días mediante el movimiento de las sinfonías de Beethoven. Sentid el ritmo y el avance, porque todo el cosmos va a ritmo y con victoria.

Así, amados corazones, os revelo a vosotros que habéis puesto vuestra confianza en Dios y en los representantes de Dios —porque es hora de que sepáis que con toda seguridad habéis puesto bien vuestra confianza y que los dos que os guían han recibido muchas iniciaciones— que, puesto que ellos no le fallan a Dios, Dios con seguridad no les fallará a ellos ni a vosotros a través de ellos...

Amados corazones, estoy agradecido por vuestro reconocimiento a las victorias conseguidas. Porque deseamos que sepáis que de hecho hay héroes y heroínas en la Tierra que viven y respiran entre vosotros como gente muy natural, no perfecta, sino [gente que] en su corazón están perfeccionando la expresión de la Ley como su búsqueda y meta más grande. Amados, existe una hermandad, un amor y una comunidad que se interesa y ama a los que han defendido la verdad y a quienes se ha calumniado y martirizado, y que han estado solos en eras pasadas.

Por tanto, todos vosotros podéis saber que en este momento os señalo. Y los ángeles leen el registro, igual que yo he leído el registro de un hijo de Dios, de vuestro mejor momento en toda la historia de vuestras encarnaciones. Y lo leen en este momento para que sepáis que estáis *aquí*, porque vosotros también merecéis consuelo y la alabanza de Dios, puesto que vuestra alma ha permitido que ese Dios esté en vosotros. Y ahora legiones de la victoria aplauden ese momento de la mejor expresión de vuestra sabiduría. Y vosotros podéis aplaudiros unos a otros junto con ellos. [Ovación de pie de 31 segundos].

Amados, sentaos en la autoridad de vuestra Cristeidad. Porque ese asiento, como el asiento de sabiduría, es un manto que podéis reclamar y que, podéis estar seguros, será vuestro si os lo ganáis. Hablo del manto ganado en el cuerpo causal, que ciertamente debe llegaros si lo reclamáis con la dignidad y el porte de vuestra Cristeidad.

Así, debéis llegar al punto de la autoestima y no solo la educación del corazón, sino la autoestima de ser dignos de la Cristeidad que tuvisteis en eras pasadas. Porque cuando uno ya ha logrado cierto nivel de logro [Crístico], amados corazones, uno siempre debe guardar la llama y trabajar con el Padre para mantener el nivel y no volver a ponerlo en peligro.

Amados, hay una gran tarea que realizar. Os hemos llamado a realizarla porque [la comunidad del Espíritu Santo] es necesaria, no solo como un experimento o como un medio para que logréis vuestra ascensión, sino como una alternativa necesaria a la civilización como existe hoy día en la Tierra, como un baluarte necesario de la sabiduría de Dios y su aplicación práctica, y de hombres, mujeres y niños que han decidido encarnar esa luz. Es decir, el ejemplo debe estar presente, el testigo, el emblema. Sion debe regresar en la montaña de su Dios, y la progenie de luz debe reunirse.

Y debe haber un ejemplo de valor. Deben existir los que engendren en todos los demás en la Tierra este espíritu de victoria, de libertad y de valor. No hace falta que os diga, porque quizá lo sepáis mejor que la Mensajera, que uno no se encuentra a mucha gente en el mundo que tenga el valor del corazón de ella o la determinación de su mente y su ser.

No hay muchos que se planten y no entren en componendas. ¡Pero debería haberlos! Y los habrá si vosotros también reflejáis ese espíritu de vuestra propia Cristeidad, como es el ejemplo espiritual que ahora también debe volverse físicamente aparente [en vosotros]. Porque muchos temen, y cuando vean vuestro amor y vuestro valor, su temor se disolverá en ese amor perfecto. Y ellos también se animarán y se unirán a las filas [de los que permanecerán y seguirán permaneciendo sin hacer concesiones ni hacerse vulnerables por ceder].

Amados, hablo porque deberíais saber que cuando dais la vida por una causa y un servicio a una comunidad, tenéis el apoyo más grande de la Gran Hermandad Blanca y los mejores representantes que podamos encontrar.

Por tanto, ahora hablo del manto del rey Arturo y de Cámelot. Y habéis conocido a Mark, el alma que regresa tras haber entrado en acción y haber estado al lado de su rey como Lanzarote del Lago. Vosotros comprendéis el fuego de su determinación Divina para que su espada y pericia se conviertan en la Palabra hablada y su monta y manejo del caballo sean el manejo de vuestra creación humana, [es decir], su sometimiento. El conocimiento de cada músculo y cada movimiento del caballo se convierte en el conocimiento de cada parte de vuestra alma.

Y así, él (Mark), que se sintió privado por no ser jinete en esta vida, en realidad fue un defensor de igual modo, pero traducido a lo espiritual. Porque todos los que lo conocieron sabían que él sondearía las profundidades y encontraría esa única cosa que debe salir a la luz y eliminarse para que el alma continúe [en el sendero espiritual].

Y también se os ha dicho que su llama gemela, encarnada en aquel momento como chela de El Morya (el rey Arturo), Ginebra, ha venido a vosotros en la persona de la Madre y la Mensajera.

Y también comprendéis, como lo comprendéis en vuestro corazón, que cada alma que sube por el sendero de la liberación del alma aumenta y se viste de una luz más grande mediante el esfuerzo. Y así, a quien veis no es Ginebra, Lanzarote u otros caballeros, sino las almas de quienes han vivido la tribulación, la separación, la añoranza y la inmensa carga por la división de Cámelot y se han vuelto a reunir, al haber pasado por muchas iniciaciones desde entonces y al haber logrado una mayor nobleza y al haber sido dotados por el poder del Señor.

Así, si os señaláramos por haber sido un caballero o una dama entonces, también deberíamos señalar que desde entonces habéis cruzado muchos puentes, superado muchos problemas y obtenido un ramo de flores de la Bendita Virgen, la propia Virgen María. Amados corazones, la representación de un papel en Cámelot entonces y ahora es nuestro objetivo para vosotros.

Las causas de la brujería y de los ángeles caídos y de las divisiones [en Cámelot, nuestra escuela de misterios de antaño,] se pueden estudiar y conocer a niveles internos. Porque nunca se ha escrito toda la historia de aquella época de gallardía, la nobleza de la búsqueda y el verdadero entendimiento que tenían los iniciados bajo la tutela de Merlín (Saint Germain) sobre el Santo Grial...

Recordad, por tanto, el llamado de la transfiguración. Recordad, hijos e hijas de la liberad, cuando Jesús se llevó a Pedro, Santiago y Juan al monte alto.[12] El manto se otorga, entonces y ahora, al hijo de Dios y es la recompensa por muchas, muchas vidas de servicio; no se entrega por potencial, sino por la manifestación real y la determinación Divina con amor a ese logro en la octava física.

Por eso, con el ejemplo podéis entender que vuestro Santo Ser Crístico, vuestro Maestro, vuestro Instructor, también está a la espera de daros esa unción. Y si llegáis a ser todo lo que sois de verdad, también conoceréis el día en que seréis llamados a este altar, llamados por los Maestros Ascendidos a recibir el manto, la bendición y el sellado de vuestra misión hasta el final.

Al establecer la base física, Dios sella en los chakras superiores el logro espiritual, la elevación de la llama de la Madre como el regreso de Omega a Dios, y la bajada del fuego espiritual. Por tanto, en todas las épocas, los que deben completar su logro espiritual encarnados físicamente deben estar patrocinados por la Gran Hermandad Blanca.

De este modo, se patrocinó a Godfré. Así se han patrocinado a los avatares en Oriente y Occidente. Y vosotros, [todos vosotros], también tenéis la unción al haberla recibido en los muchos dictados para que ahora reunáis todas las cosas para vuestra victoria final espiritual y física.

Lo que ha hecho uno, todos lo pueden hacer. Y daos cuenta de que aquel que es, aquí y ahora, en el presente, el maestro del momento, es a quien todos deben mirar para el programa, para la entrega, para el llamado a la batalla y para la convocación a la cosecha...

Os doy el consejo que da un padre a un hijo y os recuerdo a Siddhartha y la victoria de Gautama y los magníficos santos. Con la proclamación de la victoria del hijo de Dios por parte de los cielos, la vida elemental y los ángeles, las fuerzas del infierno también se desatan para degradar al que está ascendiendo.

Reconozcamos todos la gloria de la victoria y sus requisitos. Comprendan todos que debe preservarse *la Unión* de Estados Unidos, de la Raza YO SOY en todo el mundo y de esta comunidad y vuestro corazón, alma y mente individual en vuestro ser. Que no entre ninguna división ni en el macrocosmos ni en el microcosmos, y muchos hijos entrarán en el cautiverio de la Divinidad y muchas hijas de Sion conocerán el triunfo que canta la victoria del amor.

¡Amados corazones, la *luz* está en la Tierra, la *luz* es el catalizador de vuestra victoria y de la venganza del Señor! Y ellos lo saben, tanto los exaltados como los que se han degradado.

Por tanto, yo digo, volvamos, pues, a la integridad del Uno. Apoyemos a nuestros líderes, elevemos a nuestros seguidores, consolemos a nuestros hijos y nuestras familias y seamos todas las cosas que una comunidad del Espíritu Santo debe ser para toda la gente, sus miembros y el extraño ante tu puerta.

Y que la gloria del Señor sea la redención de cada uno de vosotros que se haya matado y que haya caído en el camino por culpa de algún espíritu oscuro que se atrevió a mofarse de vosotros. Yo, Víctory, digo: *¡No* pasarán! ¡Hoy sois triunfantes y sois los triunfantes! Y esta es la Iglesia Universal y Triunfante. ¡Así sea!

¡Salve, legiones del Sol! ¡YO SOY la victoria del amor!

[Ovación de pie de 1 minuto y 36 segundos].

8 de julio de 1984
Corazón del Retiro Interno
Rancho Royal Teton (Park County, Montana)
ECP

30

YO SOY VUESTRO PATROCINADOR EN EL SENDERO DEL RAYO RUBÍ

Alcé después mis ojos y miré, y he aquí un varón que tenía en su mano un cordel de medir.
   Y le dije: ¿A dónde vas? Y él me respondió: A medir a Jerusalén, para ver cuánta es su anchura, y cuánta su longitud.
   Y he aquí, salía aquel ángel que hablaba conmigo, y otro ángel le salió al encuentro,
   y le dijo: Corre, habla a este joven, diciendo: Sin muros será habitada Jerusalén, a causa de la multitud de hombres y de ganado en medio de ella.
   Yo seré para ella, dice el SEÑOR, muro de fuego en derredor, y para gloria estaré en medio de ella.[1]
Zacarías 2

Hijos e hijas de la victoria, ¡os reclamo para mi llama!
   Soy vuestro patrocinador en la hora de vuestra aceptación plena del sendero del rayo rubí. Deseo que comprendáis que vengo en el nombre del Cristo Cósmico. Vengo con mis legiones, que son iniciadoras en este sendero. Y mis legiones han realizado este sendero de manera victoriosa, ¡y ese es el requisito para unirse a las legiones de Víctory!
   Por tanto, os prometo que la antorcha de la victoria, la corona de la

victoria y la laureola están a vuestro alcance. Estáis tratando de lograr encender el corazón sagrado, y algunos de vosotros estáis tan cerca del estallido de la llama del Espíritu Santo en vosotros que, desde luego, debo anunciároslo, porque los iniciados del fuego sagrado siempre deben recibir la notificación de sus instructores cuando están en ese punto de la realización de la Palabra.

Os animo, pues, a que no volváis atrás, a que no rebajéis la intensidad del Llamado o del esfuerzo. Algunos de vosotros estáis, como si dijéramos, haciendo un túnel en la roca de la Tierra. Un metro más, dos metros, y llegaréis al otro lado; el otro lado en el sentido búdico de la palabra, el otro lado del Río, el otro lado de la oscuridad de samsara.

SENDEROS HACIA EL ESPÍRITU SANTO

Por tanto, amados, hablo de esta vivificación y os digo que hay dos caminos y senderos hacia el Espíritu Santo:

Uno es mediante el don y la otorgación del Maha Chohán, en la que se recibe una impartición de la llama, no teniendo el logro de esa llama o su maestría Divina, pero teniendo el amor, la fe y el deseo de hablar por ese Espíritu.

El segundo método de impartición, el sendero sobre el que Saint Germain ha puesto vuestros pies, es la asimilación gradual de esas lenguas hendidas de fuego hasta que, amados, alcancéis el nivel de la maestría con la que tanto la llama como el recipiente tienen la misma vibración.

Cuando este poder del Espíritu Santo está sobre vosotros, no se puede perder, retirar o eliminar. Y digo «no se puede», pero explico que siempre está el elemento del libre albedrío. Pero en este individuo el libre albedrío ya se ha expresado, la afirmación de la maestría Divina que equivale al requisito de ser portador de la llama del Maha Chohán.

Os aconsejo, pues, que os esforcéis por esta vocación. Porque cuando tengáis esta vestidura divina con vosotros, iréis de verdad a despertar a las naciones, a liberar a los portadores de luz y a tener el poder de convicción que engendra el poder de conversión. No descuidéis, por tanto, los primeros principios fundamentales del Padre, el Hijo y la Madre. Porque el Espíritu Santo es el fuego necesario para la Revolución Venidera en Conciencia Superior.

EL SENTIMIENTO DE VICTORIA

Yo, pues, soy vuestro entrenador y más, vuestro instructor junto con Maitreya. La victoria es el poder de la estrella del chakra de la coronilla. ¡Y el sentimiento de victoria permanente derrota a todos los enemigos! El enemigo arrogante y orgulloso que cree que ha ganado un asalto, ese no ha ganado nada, absolutamente nada, excepto su juicio. ¡Y así, lo pronuncio! ¡Hecho está!

Pero los que continúan, los que perseveran, los que soportan, ellos son los victoriosos en Dios de verdad. El mundo no es juez de los triunfadores. ¿Cuánto ha aclamado jamás a aquellos de nosotros que hemos marchado hacia el reino?

A nosotros no nos preocupa si nos han condenado mientras nos han puesto bajo la guillotina o si nos han quitado de en medio de esta o de aquella manera. ¡Lo que importa es que YO SOY real! ¡Nosotros somos reales! ¡Nuestros iniciados que están convirtiéndose en el fuego sagrado son reales! ¡Vosotros sois reales, Guardianes de la Llama, cuando encarnáis la llama de la victoria! Victoria Divina es el nombre de los Elohim. Victoria Divina; que se os grabe en el corazón. *Es vuestro nombre.*

UN MOMENTO DE COMPROMISO

Por tanto, que los que estén preparados para las pruebas del rayo rubí, con sinceridad y determinación Divina, den pues la señal en su corazón en alguna hora o en algún momento antes de que concluya este cónclave. Debemos tener vuestra palabra. Y si queréis inscribirlo en papel, quemarlo con fuego físico, llamar a los Señores del Karma y al Retiro Royal Teton, nosotros lo recibiremos formalmente.

Amados, es un momento de compromiso y no permitimos los devaneos de los caídos, que vienen a sorber nuestro néctar para poder ir [después] a otra ronda de placer. Este sendero es un sendero en el que, una vez tomado, uno no debe retroceder, uno no debe temer lo que pueda venir. Debéis saber que lograréis la victoria sobre el temor, la muerte y el infierno.

LA IGLESIA DE DIOS

Y esta es la iglesia de Dios, vuestro templo sagrado, la cámara secreta de vuestro corazón. Y en ese estado del sagrado corazón de Jesús unido al vuestro sabréis que la profecía que se pronuncia es cierta con respecto al templo vivo de los hijos de Dios: ¡Contra esta iglesia no prevalecerán las puertas del infierno![2]

¡Hijos e hijas de la Victoria, en el nombre de Saint Germain, os desafío a que vayáis con este Espíritu de Victoria y conquistéis!

Os agradezco vuestra presencia y vuestro corazón. [La audiencia aplaude].

6 de julio de 1985
Cámelot
Los Ángeles (California)
ECP

31

CONQUISTAD EN EL NOMBRE DE VÍCTORY

¡Atención! ¡Atención! ¡Atención! ¡Elohim de la llama de Víctory, YO SOY el que está aquí!

YO SOY Víctory en la manifestación plena de quienes albergan perpetuamente el sentimiento majestuoso de la victoria con el que Lanello logró la suya.

Amados de la llama de Víctory, YO SOY el que ha venido por el Imán del Sol Central que habéis construido y que estáis construyendo para la victoria de toda la vida. Así, en la plenitud de la llama de la resurrección del sol en Aries,

¡YO SOY EL QUE YO SOY Víctory en las lenguas hendidas de fuego!
¡Victoria para la séptima era!
¡Victoria en el corazón de Saint Germain y Porcia!
¡Victoria en el sendero de la libertad!
¡He aquí, YO SOY! ¡Atención! ¡Atención! ¡Atención!
Y se ahuyentan las fuerzas antivictoria.
¡Y se derrumban!
¡Y caen en la derrota!
¡Y son atadas!
Por tanto, regocijaos y decid conmigo ahora:

¡Atención! ¡Atención! ¡Atención!
¡Las fuerzas antivictoria son atadas!
¡Las fuerzas antivictoria son atadas!
¡Atención! ¡Atención! ¡Atención! ¡Las fuerzas antivictoria son atadas!
¡Y la Iglesia Universal y Triunfante hoy es victoriosa!
¡Y la Iglesia Universal y Triunfante hoy es victoriosa!
¡Y YO SOY victorioso en Dios, porque hoy YO SOY Víctory!
¡Y YO SOY victorioso en Dios, porque hoy YO SOY Víctory!
¡YO SOY un hijo de Víctory!
¡YO SOY un hijo de Víctory!
¡YO SOY esa hija de Sion!
¡YO SOY esa hija de Sion!
¡Y YO SOY esa Nueva Jerusalén, victoriosa en Dios, que baja del cielo!
¡Y YO SOY esa Nueva Jerusalén, victoriosa en Dios, que baja del cielo!

Gracias, amados Guardianes de la Llama. Tomad asiento con cuidado, porque ahora os sentáis en la llama de la victoria.

Brillantes llamas de oro y fuego sagrado saltan a vuestro alrededor. Y ahora comprendéis el asiento de autoridad de la victoria Crística. Y desde ese asiento de victoria en la llama trina reináis en vuestra Cristeidad individual, como Señor de vuestros dominios, fuego, aire, agua y tierra.

¡Alabado sea el Señor YO SOY EL QUE YO SOY Elohim! Porque los constructores de la creación ahora reconstruyen, al reconstruir no solo el templo del hombre, la manifestación de la mujer, sino que, amados, ahora están reconstruyendo los fuegos sagrados del corazón. Es un momento para el regocijo de la resurrección. Y es un momento para la resurrección de la Madre Divina y su llama en vosotros.

Y toda la Tierra se regocija hoy. Toda la vida elemental recibe con alabanzas y hosannas la venida de la Madre Divina en medio de la Tierra para reclamar la Palabra, para reclamar a los suyos, para predicar las grandes enseñanzas del Señor Dios Elohim. Porque la hora del cumplimiento en efecto ha llegado. Y esta hora del Domingo de Ramos es la celebración del juicio a los poderes de este mundo y la manifestación de la Madre Divina y su Hijo Varón en todos y cada uno de vosotros, hijos e hijas del Altísimo.

Por tanto, regocijaos ahora y aclamad esta poderosa Palabra. Porque en la Palabra que está encarnada en uno y en muchos en verdad está el sendero de la afiliación, de la asimilación del Cuerpo y la Sangre de ese Cristo universal.

¡Alabado se el Señor YO SOY EL QUE YO SOY Sanat Kumara!

En la llama viva de este momento, yo junto con mi amada llama gemela ahora esparcimos el laurel de la coronilla, esparcimos las ramas de palma. Y está la alfombra bajo los pies de la Madre Divina, porque en verdad la era de la Mujer universal ha llegado a esta Tierra, amados.

Véase. Reconózcase. Porque esta hora de cumplimiento es la liberación. Es la eliminación de las ataduras y las barreras de cada hijo e hija de Dios. Es un día de regocijo, porque la luz ha venido. Y la gente está preparada para recibir el mensaje y al mensajero.

Por tanto, comprended de quién es el mensaje que dais. Porque es el mensaje del Uno que os ha enviado. Por tanto, no inventéis otros mensajes, sino tomad el mensaje del altar que os llega de la llama del arca de la alianza. No lo diluyáis, porque el espíritu de profecía vuelve a estar en el país. Y un penetrante fuego sagrado de esa profecía, amados corazones, debe aparecer en esta forma pura y sin diluir. Porque la luz debe penetrar. Y debe salir el más afilado que la espada de doble filo.

Por tanto, escuchad bien. Y tened cuidado con las desviaciones por las cuales la enseñanza puede utilizarse para promover otras causas sociales, materialistas o económicas, olvidando así que no persuadimos a la gente a encontrar las enseñanzas y a seguir a los representantes de los Maestros Ascendidos por un beneficio exterior, sino por el fuego sagrado para la purificación del alma y para el sendero de la vida eterna.

Por eso, os contemplo como una orden del antiguo sacerdocio de Melquisedec.[1] Y he mostrado a la Mensajera en esta hora de regocijo vuestra aparición en templos antiguos, vuestra venida como sacerdotes y sacerdotisas en eras pasadas. Y le he mostrado cómo, al cuidar de los altares, recibisteis las iniciaciones de las doce puertas de la Ciudad Cuadrangular. Y en algunos casos, al desear seguir hacia niveles superiores de iniciación, no tuvisteis pues la perspectiva pura sobre la fuerza del Mal, la antifuerza que iba contra esa orden del séptimo rayo del sacerdocio de Melquisedec que guardó la llama en todas las épocas para la hora de Acuario y de la Mujer que ha venido.

Por tanto, amados, en vuestra vida, hasta este momento de mi aparición ante vosotros hoy, habéis enfrentado las mismas pruebas de vuestro sacerdocio, de vuestros votos sagrados a niveles internos. Y algunos de vosotros habéis caído en las mismas trampas de los abusos de la luz de los siete chakras que os alejaron de esa puerta especial de la Ciudad Cuadrangular por la que ahora debéis entrar, donde una vez deseasteis entrar y no lo hicisteis.

Así, en este equinoccio de primavera, os digo que todo el movimiento de los Guardianes de la Llama, que sirven en calidad de decimotercera tribu de seres Crísticos en el centro del círculo dentro de la Ciudad Cuadrangular, debe, en estos momentos y en este ciclo de los catorce meses de la esfera azul de la Voluntad de Dios,[2] pasar las iniciaciones de la entrada por la puerta del Este, la Puerta Este del Edén, amados, donde los ángeles tienen la espada flamígera para proteger el camino del Árbol de la Vida,[3] la Puerta Este donde el amanecer de la manifestación Crística debe llegar en el nombre YO SOY EL QUE YO SOY, antiguo nombre de la novedad del Evangelio Eterno que aparece una y otra vez mientras la aguja ha tejido la enseñanza entrando y saliendo de la tela de la vestidura divina.

Así, la aguja y el hilo aparecen y desaparecen. Y el regreso del hilar, pues, y el tejer la enseñanza es la manifestación exterior del hilo interior de contacto de la Madre Divina.

Por tanto, hago destellar la luz del Buda. Por tanto, que el escudo de la Mujer aparezca. Por tanto, que la luz prevalezca, como puede que sepáis, amados corazones, que vuestra iniciación debe estar bajo la jerarquía del sol, el sol de Helios y Vesta en el signo de Aries. Y mediante estas iniciaciones de este signo de un control Divino absoluto también debéis llegar a dominar los signos de los puntos cardinales de Capricornio, Cáncer y Libra.

Amados, esta es la necesidad para la protección de vuestro papel como sacerdotes y sacerdotisas del fuego sagrado. De modo, que cuando lleguéis a las otras pruebas de las líneas del reloj y las puertas de la ciudad, ya no os involucraréis en los abusos de la luz que os han detenido también en esta vida y en este Sendero.

YO SOY Víctory. Y en lo más profundo del corazón de nuestras llamas gemelas venimos con una extensión de la llama de la resurrección para regocijarnos en la victoria, para encender con el verdadero espíritu de la resurrección y para deciros que la hora de la invocación de la llama de la resurrección ha llegado. Así sea hasta la culminación de la conferencia de Pascua, por tanto; que sea la vigilia de la resurrección de todo hijo y toda hija de Dios, de todo hijo de la luz de la Iglesia Universal y Triunfante y todos los que están destinados a ser resucitados en la gloria del Señor en esta vida.

Por tanto, que los centros de todo el mundo sean llamados de forma inmediata después de mi dictado. Porque estoy extendiendo una red de fuego, llama de la resurrección —ahora los fuegos de oro puro, rubí y morado mezclándose—, por todo el cuerpo planetario. Y esta red de luz, amados, es el medio con el que la inauguración del cuerpo etérico nuevo para la Tierra[4] llegará a ser una manifestación física.

Esta red de luz, intrincada y fuerte alrededor del mundo, que están posicionando mis legiones de ángeles, los de los grupos de Uriel y otros asignados a esta tarea, será como el nexo de la luz que fluye del cielo del plano etérico a la tierra del físico. Y, por tanto, descansa entre ellos, en el punto de la Madre Divina, en el punto donde la red de fuego sagrado pasa por el mental hasta el astral, y de ahí a la manifestación.

Amados, esto significa que la santa orden del sacerdocio de Melquisedec, los que forman parte de los seres Crísticos, deben elevar todo el poder de su Cristeidad: «Y yo, si fuere levantado de la tierra, a todos atraeré a mí mismo».[5] Que este «yo» del fuego sagrado, como columna de la llama de la resurrección, como pilar de fuego blanco puro de la Madre Divina, se halle en vosotros regocijándose, regocijándose y regocijándose por la venida del Señor, el YO SOY EL QUE YO SOY, a vuestro templo, la venida el Señor Jesucristo, cuyos representantes y discípulos sois.

Que el mundo esté preparado, por tanto, y que lo preparen. Porque estamos preparando el sitio para la entrega de luz. Por eso enviamos a la Mensajera, que lleva el manto de la Madre del Mundo. Por eso os enviamos a vosotros como sus hijos e hijas, siendo como uno solo en este cuerpo místico. Porque en verdad el mundo está preparado. Que las fuerzas de la oscuridad sepan que la hora del juicio ha llegado.

Y yo, Víctory, he dibujado mi *V* en el cielo desde el principio. La dibujaré en el fin. Y estaré con vosotros, en Cristo triunfador sobre la muerte y el infierno, hasta que la era de oro sea la luz dorada de la victoria, del sexto rayo, de la saturación de la Tierra en la llama de la resurrección.

En verdad, o amados, la luz ha salido y el Nuevo Día de vuestra unión está cerca. Vigilad y comprended que la victoria a niveles internos puede lograrse en la Tierra solo a través de vuestro corazón, alma y mente como una sola voz.

En el nombre de la amada Virgen, que protege el propósito santo de Estados Unidos y de todos los países, en el nombre de su corona y su presencia con vosotros, ¡que la luz prevalezca! ¡Que se conozca la victoria! Y que los poderosos arcángeles os entreguen al santo propósito cumplido.

Que todo el mundo se regocije de que hayáis, en efecto, guardado la llama de la victoria, de que hayáis deseado las pruebas de vuestra alma y os hayáis sometido a ellas, de que percibáis la distinción entre lo Real y lo irreal y, por tanto, hayáis sido los abanderados y los emblemas de la gente hasta estos momentos cuando todos deben conocerme a mí,[6] el Cristo universal, como el YO SOY en todos los hombres, las mujeres y los niños.

Que todas las cosas se conozcan. Que todas las cosas se cumplan. Que la agudización de la mente, la palabra y la acción sean el desafío para todos los que no den con el punto del nexo en su servicio y no puedan ser robustecidos y fortalecidos por la red de luz de la llama dorada de la resurrección.

Amados, que todos los Guardianes de la Llama del mundo entero sientan la convocatoria de mi corazón para construir el Retiro Interno, para predicar la Palabra. Que todas las cosas deseadas en este corazón se hagan posibles, porque los fuegos y el impulso acumulado del cosmos están con vosotros, constructores en el templo de nuestro Dios, iniciados en el corazón de Shambala.

Sacerdotes y sacerdotisas de la Orden de Melquisedec, ¡Zaratustra llama! ¡Zaratustra ordena!

Oh vosotros que sois las bombillas corporales; oh vosotros que tenéis el fuego sagrado de Zadquiiel, recordad el poder de Saint Germain desde el principio hasta el fin. Gracias al séptimo rayo de la victoria, gracias a las legiones del séptimo rayo, por tanto, quedaos aquí y conquistad en el nombre de Víctory. ¡Conquistad en el nombre de Víctory!

Os deseo lo mejor.

Domingo de Ramos, 23 de marzo de 1986
Cámelot
Los Ángeles (California)
ECP

32

LA PURIFICACIÓN DE CHICAGO

¡Salve, legiones de la victoria!

¡YO SOY Víctory! ¡Bienvenidos a mi corazón de la victoria de Dios!

Guardianes de la Llama, alegraos. Porque YO SOY el que ha venido a esta ciudad a establecer una intensidad de mi corazón que será como una poderosa columna de fuego que inundará y contrarrestará a todas las fuerzas contrarias a la victoria y que saldrá, por el poder del Espíritu del Señor y sus huestes, a contrarrestar el derrotismo que hoy día existe en el país. [Aplauso de 28 segundos].

En efecto, YO SOY el Poderoso Víctory. Y el Señor hoy me ha dicho: «Oh, hijo mío, a quien he llamado Víctory, ninguna otra llama, sino la victoria puede derrotar a las fuerzas de la muerte en Estados Unidos y en la Tierra. Ve, pues, a mi ciudad de luz, antiguo foco de una era de oro. ¡Ve a desatar esa Palabra!».

Oh amadas damas y caballeros del corazón de la libertad, yo os digo que con corazones tan nobles como estos y muchos más, ¡veamos cómo, en un abrir y cerrar de los ojos de Dios, el espíritu de la victoria puede llenar este país! Y por eso pongo mi llama en el corazón de la Diosa de la Libertad en Armas sobre el capitolio de la nación.

Y exclamo, como exclama el Señor Dios, como ha exclamado el Arcángel Miguel y como el Ángel de la Unidad defiende: Oh amados, id ahora al norte, al sur, al este y al oeste y recordadles: «Oh hermanos, en verdad sois hermanos. ¡Recordad que sois hermanos en la luz!».

Por tanto, oh, hermanos del Espíritu Santo de todo el mundo y hermanas de la fraternidad de la Mujer del Sol, apareced ahora. Porque en esta tierra hay un fuego del corazón preparado para estallar. Y así, que pueda decirse de esta generación de portadores de luz que tuvieron la visión de una era de oro y en efecto vieron las fuerzas de la oscuridad contra ella, y decidieron y prometieron con solemnidad ante el Señor Dios Todopoderoso que la *¡oscuridad no será!* [Aplauso de 18 segundos].

Oh amados, no le falléis al espíritu de la victoria. No me falléis a mí, porque yo también soy vuestro hermano. Y vengo en el nombre del Señor del Mundo para prestar mi espíritu y mis legiones, junto con los siete arcángeles, para ver qué se puede hacer, para ver qué puedan hacer en estos momentos los Guardianes de esta Llama de la libertad antes de la hora de Wesak para darle la vuelta a la marea.[1]

Oh amados, que vuestra determinación iguale a los santos vestidos de blanco y a los que están bajo el altar de Dios[2] durante una estación esperando, esperando a que vosotros también entréis en esa vida que es poder, que es sabiduría, que es amor.

Benditos corazones, recibid pues, por la inversión del bastón del Gran Director Divino. Con la inversión de esta vara de poder, el cielo viene a la tierra para encontrarse con vosotros en esta hora, mientras la tierra saborea el cielo. Así, ante la presencia del Gran Director Divino, yo os digo: ¡que vuestras auras absorban los campos electromagnéticos de las legiones de la victoria! Y que esa victoria sea en verdad la palabra de la era.

Existe una victoria de la carne. Existe una victoria del espíritu. Una entra en la otra y el alma que es la novia de Cristo entra en la transfiguración de su Señor. Vivifico, por tanto, el recuerdo del alma y su razón de ser.

Amados, todos han llegado a esta hora de la victoria. Muchos no los saben. Lamento que no haya más que puedan escuchar esta palabra.

Amados, la hora de la victoria es aquello para lo que habéis sido preparados y para lo que os habéis preparado con diligencia. Y, sin embargo, habéis alcanzado el techo de las ofrendas de la Iglesia y el Estado; los políticos, los economistas y los lobos con piel de cordero evidentes y no evidentes, pero para nosotros de lo más transparente; porque, amados, ¡les falta la chispa de la victoria! No hay victoria donde la alegría del Espíritu Santo en la fusión total del alma en la Palabra viva está ausente.

Por eso, la humanidad ha alcanzado un techo de soluciones humanas. Y hay unas pocas que pueden conducirla a la solución divina. De hecho, la mayoría se ha vuelto tan cínica como para sospechar que pudiera existir un portavoz de la hueste celestial que pudiera dar cualquier mensaje como alivio a la aflicción, el temor, la duda del pueblo de Dios en la Tierra.

Por tanto, en el nombre del Todopoderoso, entro en escena y vengo, amados, con la ayuda de seres cósmicos de luz. ¡Ellos no son espíritus muertos! Nosotros somos los que están vivos para siempre en Dios, los que no han tenido una forma mortal durante decenas de miles y cientos de miles de años.

Benditos corazones, muchos ven la escritura en la pared y la leen. Muchos comprenden. Pero yo digo: ¡lo que cuenta es la respuesta! Y cuando la respuesta del pueblo está limitada por sus líderes, os digo que, de todas las condiciones, esta es la más trágica en la Tierra.

De ese modo, en este siglo veo pérdidas de territorio que debería haber sido dedicado a la libertad por quienes eran libres y pudieron haber hecho algo al respecto. No podemos mirar atrás excepto para aprender las lecciones de la historia. Y aprendamos bien que los enemigos de la luz en los personajes de los ángeles caídos han venido, han representado sus papeles infames y se han hundido en la ignominia.

Sí, amados, debido a las acciones de unos pocos individuos, el curso de la espiral descendente de la historia se estableció. Y ahora vosotros, que habéis regresado en vuestra hora de la victoria, debéis lidiar con los actos que otros han sembrado. ¡Y la cosecha está cerca! Y los cosechadores vienen y no solo recogen las obras de los ángeles caídos, sino que también atrapan la cizaña, cepas genéticas del mal.

Así, amados, justo en un momento en el que las huestes del Señor interceden para atar a los que se dedican no a la vida, sino a la muerte en la Tierra, está ese momento en el que los mares y los lagos se desbordarían y las montañas temblarían y la tierra debería encogerse de hombros. Y en ese momento se ha levantado un pueblo, portadores de la antorcha de una era.

La pregunta, pues: ¿Comprenderán el momento? ¿Comprenderán que, como en todas las batallas de la historia, los que pudieron aguantar han salvado no solo a sus países y familias, sino el curso de un planeta?

¿Dejarán, pues, los que han conocido a Saint Germain, sus esfuerzos y jaranas y entenderán que en cuestión de semanas y meses puede decidirse el destino de la historia?[3] Mediante el hombre pensante,* pero no solo él. Mediante el hombre espiritual; mediante los que trabajan, los que aman, los que saben que Dios está cerca para liberar a un pueblo que apelará, que se aplicará por la urgencia y no fallará.

Benditos, si comprendéis cómo la presencia de los ángeles de la victoria puede presionar sobre la Tierra y, sin embargo, algunos (que son de la tierra), ante la mismísima presión de nuestra presencia, pueden sentir más el espíritu contrario a la victoria en sí mismos y el derrotismo, la depresión y el escepticismo, también comprenderéis cómo estos deben tomar una decisión, mediante la palanca de la mente, la voluntad y el corazón, para decir: «¡No seré derrotado, en el nombre de Dios! ¡Cumpliré mi destino!».

Algunos han dicho esto, amados, sin poder recurrir en absoluto a las cosas más allá de lo empírico; sí, corazones valerosos que han soportado los siglos de esterilidad del religioso árbol de la vida. Sin embargo, la chispa se ha encendido. Se ha convertido en una llama. Y esa llama omniconsumidora es una pasión por la paz, por la libertad, por el arte del amor, no la guerra.

Benditos, otros han tomado la decisión de dejar que se apaguen las brasas. Y en ellos, se ha apagado la chispa. Y se han convertido en lo que se conoce como un náufrago:[4] como dijo el Señor, casas vacías, vacías, llenas de huesos de muertos;[5] es decir, poseídos por otros fantasmas de unas Navidades pasadas que se han alojado en su vacío. Y por eso, no tienen timón, brújula, navegador. Están sin Padre o Hijo o Espíritu Santo, y se ha enfriado el amor de la Madre.

Benditos, en algún punto en la vida todas las personas sienten el dolor de tener a un ser querido a quien no se puede ayudar, porque el ser querido

---

*Homo sapiens.

se ha negado testarudamente a soltar la fuerza antivictoria.

Amados, de los ganadores es el botín del árbol espiritual de luz. Comprended que la antivictoria como derrotismo debe ser derrotada *por vosotros* en vosotros mismos, en la mente y el subconsciente, con un acto de voluntad y una decisión que dice: «Puedo hacerlo todo a través de Dios, quien me da fuerzas». No hay victoria si él. Y en él vivís y él en vosotros, amados.

Entregaos a esta idea: los que deciden triunfar con el orgullo de la mente o cualquier otra cosa sin incluir al Espíritu Santo, ese poder de la inmortalidad del alma en Dios, no pasarán en esta era. Porque la oscuridad ha crecido en la Tierra.

Benditos, vosotros sois la luz* del mundo. La luz[†] del corazón de todo Guardian de la Llama de la libertad es la luz primordial de un planeta que en su mayor parte está en oscuridad. Recordad la palabra clave del Hijo de Dios. Os la vuelvo a recordar para que no se os olvide quién sois. Él dijo: «Entre tanto que estoy en el mundo, luz soy del mundo».[6]

Amados, vosotros estáis en el mundo, no yo. No podéis decir que el Poderoso Víctory es la luz del mundo. Pero podéis decir: «¡Soy el espíritu del Poderoso Víctory encarnado! Y mi YO SOY EL QUE YO SOY es la luz de la victoria en la Tierra».

Cuando la responsabilidad para darle la vuelta a la marea de una era nuclear se pone sobre las huestes celestiales, benditos, se comete una grave equivocación basada en la ignorancia de la verdadera doctrina divina. Debéis actuar, sabiendo que todas las cosas dependen del Espíritu del Señor en vosotros.

Esta Tierra se entregó a quienes tienen estos cuerpos que vosotros tenéis, amados. Recordadlo. Nosotros podemos interceder por la autoridad de vuestro decreto, pero esta batalla no es la nuestra a no ser que nos lo exijáis con vuestro llamado. La batalla es para el Señor, vuestro Señor, el Santo Ser Crístico.

Muy pocos están colocados al timón. Así, aceptan el techo del cinismo en la vida. «Alguien debe resolver el problema», dicen. El Gobierno, el Congreso, la OTAN, las Naciones Unidas; siempre es otro el que debe liberar al mundo.

---
*Conciencia Crística.
[†]Llama trina.

Solo hay un Dios al que conocer y él es el Dios cuya voz habla en vuestro corazón. Oh, os ruego por todos los que jamás han vivido en la Tierra y han ascendido y todos para los que hay un programa de ascensión en los próximos treinta años, ¡responded a esa voz! Algunos de vosotros ni siquiera habláis unos con otros con amor, mucho menos respondéis a la voz más sabia y poderosa de todas, la voz del hombre oculto del corazón.[7]

Benditos, a los ingeniosos llegará el espíritu de la victoria. Y por el poder del Cristo Cósmico, pueda Dios en verdad liberar este país y la Tierra a través de vosotros y tantos otros que reciben los servicios de mis ángeles en esta hora, pero están mal equipados para recibirme a mí o a mi Mensajera o este credo.

¿No es maravilloso que podamos vivir y dejar vivir, y que conociendo el poder de esta forma de oración podamos reconocer que otros también llegan a Dios, y que este es un sistema de fortalecimiento mutuo por el cual los portadores de luz más grandes de todas las condiciones sociales abastecen alguna necesidad, algún apoyo, mientras reciben lo mismo de otros?

Ahora se está creando un vórtice ígneo de luz, y lleva creándose durante algún tiempo, preparándose para la entrega de la Palabra hablada en esta ciudad. Está compuesto de millones de ángeles, amados, y del fuego que han traído del Sol Central para esta ocasión que es nuestra comunión de santos, como Arriba, así abajo.

Tengo los ojos puestos en la corrupción de esta ciudad, sus anteriores máquinas políticas y los que han sobrevivido en el crimen organizado, los grupos racistas de todas clases o los grupos militantes. Benditos, ha llegado el día, y es el día del ajuste de cuentas en que esta ciudad debería, debe y será purificada. Que la Luz la purifique, amados, para que pueda absorber la Oscuridad y dejar a un pueblo en paz. Así sea, porque el vórtice está establecido. Está en posición hasta las mismísimas profundidades de la Tierra bajo la ciudad.

Amados, os digo la verdad. La purificación llegará mediante la luz *[Christos]* y la llama violeta, protegidas por vuestra armonía Divina; de lo contrario, un día, si no se transmuta, la purificación llegará mediante el agua y el fuego.

Sépase, pues, que el Todopoderoso os ha dado hoy una tarea que vosotros y otros como vosotros podéis llevar a cabo. Al aceptar la seriedad de la necesidad que hay de que la Luz aumente y que la Oscuridad sea atada sin una reacción violenta o exagerada de las fuerzas de la naturaleza, sabed, amados, que los hijos y las hijas de Dios responsables en la Tierra que ven el rumbo establecido y asumen su posición, crean nuevos grados de oportunidad para obtener una dispensación para otros que aún deben despertar hacia su propia Cristeidad.

Por tanto, yo, Víctory, trazo un círculo de fuego. Este tiene un radio, amados, de cien millas.* Su centro se encuentra en un sitio especial que le mostré a la Mensajera en el centro de Chicago. Por tanto, podéis dibujar este círculo con facilidad para ver en un mapa cuáles son las zonas de concentración.

Sépase, pues, que un pueblo cuyo corazón estaba encendido por Dios un primer día de febrero, en Acuario de 1987, recibió un ímpetu del Sol Central, recibió un despertar, una iluminación, y decidió actuar antes de que fuera demasiado tarde.

Que podáis conocer el profundo significado de la vida y la protección de esa vida cuando esta está fundamentalmente amenazada. Amados, que podáis saber que las cosas que amenazan la vida en la Tierra son muy intensas y se intensifican en muchos corazones, desde el aborto al suicidio, desde enfermedades espantosas hasta las drogas, los movimientos totalitarios, el lavado cerebral, la intrusión en el cuerpo y la mente de toxinas o formas de pensamiento y sonidos infames.

Amados, no es difícil comprender el significado del Cuarto Jinete, observar la vida y lo que esta ha llegado a ser. Comprended, por tanto, el desafío diario que supone la muerte que llega llamando a la puerta para convenceros de que renunciéis a una parte de vuestra persona en Dios en vez de defender la vida.

Oh amados, los demonios de la muerte son la sutileza suprema. ¿Podéis creer que se pueda convencer a todo un planeta de que las cosas profetizadas no llegarían a suceder en la Tierra? Sin embargo, eso es lo que han hecho las fuerzas contrarias a la victoria, las del derrotismo y la muerte. Los que han vivido un poco se recuerdan cuando las cosas no eran así.

---
*161 kilómetros. (N. del T.)

Por tanto, actuad. ¡Despertaos, amados! Porque, como se podría decir, esta es una última oportunidad para esta ciudad y esta zona. Que sea para hacer retroceder todo lo que los actos de los mortales trazaron en el gráfico kármico, algunos que no sabían lo que hacían y otros que entraron en la liga del Mal consciente.

Hoy, en el Espíritu Santo de Dios, yo, Víctory, planto mi vara en el centro de este vórtice. Que florezca como la vara de Aarón. Que florezca como la vara de José. Así, Saint Germain y José de Arimatea, que tengan, pues, la rama verde y nueva vida.

En todos vosotros pongo una parte de mi llama de la victoria, y no solo mi llama, sino mi corazón. Todo lo demás lo he puesto sobre Su altar. Así, amados, el vórtice está sellado, y vosotros también, si lo queréis.

Llamad, por tanto, a los ángeles de la victoria. ¡Ellos consolarán, iluminarán, curarán! Se regocijarán con vosotros día a día. Fortalecerán y transferirán desde el corazón del Padre nueva vida.

He aquí, tomad, pues, mi corazón y mi llama. Estoy con vosotros en Cristo siempre, hasta el fin de vuestro karma, amados míos.

1 de febrero de 1987
Blackstone Hotel
Chicago (Illinois)
ECP

33

LA VICTORIA DE LA LIBERTAD

¡Victory es mi nombre! ¡Y YO SOY el que está aquí para sellaros en *vuestro* nombre de la victoria!

[Aplauso de 15 segundos].

Los fuegos de la victoria descienden, porque mis legiones de luz no han gastado la asignación de la llama de iluminación que recibieron en el corazón del Gran Sol Central hace eones para bendecir y encender a aquellos que ya están encendidos por la llama de la Victoria.

Por tanto, la piedra cúspide de la Libertad es la Victoria. ¡Y libertad sin victoria no es libertad, amados! Y eso es precisamente el estado de conciencia en los Estados Unidos de América en la actualidad. Hay libertad, pero no hay victoria de la libertad. Por tanto, os digo, ¿qué clase de libertad es esa?

[La audiencia responde: ¡«No es libertad!». (Aplauso de 3 segundos)].

Así, amados míos, rayos de fuego blanco y amarillo atravesarán este pesimismo hasta que los que creen ser libres despierten un día y descubran que en Montana hay una gente que es libre. Pero [los que creen ser libres] no lo son, porque los atan una y otra vez las calamidades de la civilización, que son como aquello que implosiona desde dentro y no se conoce o entiende hasta que es demasiado tarde. Benditos corazones, ya sea un misil

Exocet[1] o un cáncer en el costado sin detectar, la Tierra tiene calamidades por todas partes.

Ahora que las trompetas de los siete arcángeles han sonado,[2] debo estar presente. Porque los victoriosos deben tener esa llama adicional en la coronilla, la elevación del fuego de Víctory.

YO SOY Víctory. Y, por tanto, estoy sondeando los pliegues de vuestras vestiduras. De ahí os quito la derrota, la duda y la depresión. Luego están las letras *p* de postergación, posesividad y, amados, impotencia*. Esas cosas son abusos de la luz del primer rayo, todas ellas fuerzas contrarias a la victoria.

YO SOY Víctory y donde YO SOY [estoy] no hay ninguna otra vibración que no sea la victoria. Lo mismo ocurre con mis legiones. Ellas se multiplican cada día. Provienen de sistemas estelares, porque saben que la luz de Víctory es ese mismo fuego blanco/amarillo. ¡Oh, la gloria de esos colores, amados! La gloria de la luz de la Madre de la base de la columna elevándose para restaurar la vida. Oh, como puede llenar vuestro microcosmos la presencia de la victoria, ¡cómo puede darle impulso, salud y percepción Divina!

YO SOY Víctory, aquí para la batalla. ¿Os uniréis a mí ahora en el cinturón mental, amados? [La audiencia responde: «¡Sí!»].

¡Oh, mis legiones apenas pueden contenerse por el deseo de elevaros, poneros su armadura dorada y llevaros entonces a las octavas donde estos caídos están bien maduros para que se los recolecte, amados! Os digo que están podridos, y están listos para ser echados al fuego. Oh benditos, este no es el campo blanco para la siega[3] de los santos. Este es el campo descuidado donde la fruta podrida ya no pertenece a la matriz de Dios. Por tanto, ha de ser quemada y el rastrojo que queda sacado del planeta.

Oh benditos, en verdad ha llegado la hora. Porque la apertura del séptima sello[4] es la verdadera señal del llamado de *LIBERTAD 1987*.

Id a la raíz como hizo Juan Bautista.[5] Id con el hacha a la mismísima raíz para eliminarla completamente. Porque esta hacha de la victoria en verdad se hace caer sobre la raíz de los dioses Nefilín, que se han puesto en los primeros y más altos puestos de la educación. ¡Ahí estoy yo! ¡Y ahí

---

*En inglés *powerlessness*. (N. del T.)

estamos nosotros! Porque la vida entera proviene de la educación del niño y la juventud.

¡Ánimo, os digo! ¡Animaos! ¡Expandid el corazón! Educad el corazón acerca de las doce líneas del reloj. Cuando decimos educad el corazón nos referimos a una esfera de sabiduría del chakra del corazón que no está representada en el corazón físico que debe bombear la vida de todo un sistema. Por tanto, el saber se ha relegado al cerebro o al sistema nervioso, pero ya no. La profunda sabiduría del Santo Ser Crístico es la sabiduría del corazón.

La victoria, por tanto, es la emisión de la Trinidad. La victoria, por tanto, se dibuja en el cielo. Y aunque el brazo horizontal no se trace, esferas de anillos solares dibujados marcan el signo de una protección peculiar para un pueblo peculiar.[6]

No os canséis, amados, porque el optimismo de la victoria os llevará a la estrella de Alfa. Benditos, nuestra presencia en estas horas nocturnas ha servido para daros la sensación de percepción del Yo separado del tiempo, el espacio y el cuerpo físico.

Mis legiones vienen a sellar en vuestro ser todo lo que se ha dado en esta conferencia, tanto el don del conocimiento de acontecimientos en la Tierra como el don de la sabiduría de la percepción cósmica. La percepción cósmica fluye desde el Royal Teton. ¡La victoria es percepción cósmica! Y la percepción cósmica solo es victoriosa en Dios.

Sello vuestros proyectos y vuestro servicio en la victoria. Os sello en el corazón de Helios y Vesta. Os sello durante otra ronda de servicio a Saint Germain y Porcia. Os sello para la gran alegría de llevar a Alfa el regalo de ramilletes de flores reunidos en el Corazón.

Oh amados míos, YO SOY Víctory en el corazón de la Tierra, en el corazón vuestro y en esta cuna, sí, de una nueva civilización. Lo digo, amados. Os abrazo. Sois de los nuestros.

¡Legiones victoriosas en Dios, quedaos en la Tierra! ¡Derramad ahora aquello que habéis guardado de la dispensación original de Víctory, guardándolo para el momento en que estos fueran elevados por el poder de Víctory, por la sabiduría de Víctory, por el amor de Víctory, por la acción de Víctory! ¡Victoria! ¡Victoria! ¡Victoria!

Así, amados, estáis en muy buena compañía con tantos ángeles.

Recibidme en vuestro corazón. Porque yo, Víctory, condenso mi Presencia Electrónica hasta una altura muy pequeña para poder estar con vosotros como ímpetu hacia el equilibrio de vuestra llama trina.

Simplemente llamadme y decid: *«¡El ímpetu de Víctory es mío hoy para el poder, la sabiduría y el amor en equilibrio!»*. Así, seré ese ayudante interior junto con el Maha Chohán.[7]

Os doy mi amor para siempre.

¡Salve, Saint Germain! Te saludo en aquella cima, hermano mío, y extiendo al mano. Así, a manos unidas, esta es la señal de nuestra unión.

6 de julio de 1987
Corazón del Retiro Interno
Rancho Royal Teton (Park County, Montana)
ECP

34

GUARDAD LA LLAMA DE LA VICTORIA

Oh luz del Sol Central, aquí estoy yo, hijo de Víctory, en esta ciudad, con el único fin de establecer en este lugar una espiral viva de la llama de la victoria de Dios.

YO SOY un ángel de la victoria, llamado así por mi dedicación a esa luz de la victoria en todos vosotros. Dios ha puesto bajo mi mando legiones de la victoria. Y al Cristo vivo de cada hijo e hija de Dios servimos para liberar la vida.

Por tanto, esta llama de la victoria de Dios es en efecto una gran columna que asciende lejos en la atmósfera y más allá. Benditos, es una columna de luz blanca y dorada. Y, por tanto, su acción involutiva como fuego que se envuelve a sí mismo crea un vórtice que atrae a todos hacia la victoria superior del Señor Cristo en toda la gente.

Benditos corazones, este ímpetu a la vida, a la elevación del fuego sagrado hasta el chakra de la coronilla, incluso en vuestro templo corporal, os lo dan los amantes corazones de quienes sirven ante el altar del Altísimo: serafines de luz que cuidan de esos altares exclamando «¡santo, santo, santo es el Señor Dios Todopoderoso, solo tú eres santo!».[1]

Ellos os entregan la ampolla dorada de aceite desde sus auras, la cual han recibido del altar de Dios, para que vosotros también podáis tomar parte y podáis tragaros ahora esa sustancia, amados, sabiendo que sois escogidos por la luz.

Oh gente de la Tierra, elevaos a vuestro llamado en el sentido más grande de la vida y la libertad que se os ha otorgado. En efecto, es el fin de una era. Que también sea el fin de todo el error y el conflicto humano.

Comprended que para verbalizar la Palabra os enviamos a nuestra Mensajera como un recordatorio de tiempos antiguos de vuestro destino, vuestra alegría y vuestro amor.

¡Oh, despierta, América*! ¡Despierta, pueblo del corazón de Víctory!

Porque hace mucho tiempo escogisteis esa llama. Y, por tanto, ahora se vivifica vuestra excelencia.

¿No os prometió él que enviaría al Consolador?[2] Sabed que las huestes celestiales que entregan su palabra en esta era están aquí para consolar, para fortalecer, para advertir y liberar a un pueblo que desea ser liberado por la mano derecha del Todopoderoso.

Benditos corazones, tomad esa mano y caminad con Dios en estos momentos. Porque con certeza vuestra voz, con el poder de la Palabra hablada, alineada con la suya, puede ser el instrumento para la gracia salvadora que se necesita en estos momentos, cuando los ciegos líderes de ciegos desean llevar a este país muy lejos de la espada flamígera de Víctory, la espada de doble filo que sale de la boca del Fiel y Verdadero, separando así lo Real de lo irreal.

¡Despiértate, tú que duermes![3] *¡Despiértate, te digo! ¡Despiértate, en el nombre de la victoria de Dios!* Y escucha la marcha del Fiel y Verdadero y los ejércitos en el cielo. ¿Acaso no han venido para liberar a un pueblo?

¿Acaso no se levantará el pueblo para unirse a ellos? ¿O dormirán y pasarán el tiempo durmiendo hasta que ellos mismos y todo lo que han construido les sea arrebatado?

El momento es peligroso. La luz está disponible y se acerca. Que los que conocen el don del libre albedrío y un sendero de luz[4] no descuiden escuchar nuestra exclamación.

Por tanto, todo lo que el cielo puede hacer se está haciendo, amados. Oigamos la respuesta de todos en la Tierra, provenientes de todas las naciones.

---
*Estados Unidos. (N. del T.)

Que se levanten para saber que la Tierra está destinada a una era de oro en Acuario y puede ajustarse a ese programa si su pueble lo quiere.

No aquí o allá, no en este o aquel testimonio, sino en el reino vivo, en la conciencia interior es donde halláis la liberación y el cese de toda la lucha exterior.

¡Oh, expándete, victoriosa llama trina, sobre estos altares del corazón! ¡Expándete con un fuego vivificador!

Yo, Víctory, mensajero de Dios Todopoderoso, estoy feliz de sellaros en el corazón de la llama viva de la victoria. Que el amor de muchos ángeles conozca vuestro corazón y que aquel sea conocido por vosotros, oh amados.

¡Oh amados, oíd la voz del Hijo de Dios! Vedlo y vivid para siempre.[5] YO SOY el que está en el corazón de la llama de la victoria, siempre un siervo de la luz en vosotros.

¡Salve, oh legiones de Víctory! Ahora os envío a todas las ciudades, los pueblos y las aldeas sobre la faz de la Tierra para encontrar a un alma de luz que sea portadora de la luz de la victoria, una chispa que encienda a todos.

Guardad, pues, la llama de la victoria.

22 de octubre de 1987
Hilton East
Louisville (Kentucky)
ECP

35

EL PODER RESTABLECIDO DE LA ILUMINACIÓN

¡Salve, hijos de los Hijos de Dios! ¡YO SOY Víctory y en esta hora vosotros estáis suspendidos en un sol dorado de mi cuerpo causal!

[Ovación de pie de 29 segundos].

¡Oh llama dorada y victoriosa de la conciencia Divina del segundo rayo, YO SOY Víctory, victoria, victoria en las Tres joyas de la iniciación que alcanzaréis si tan solo sois diligentes y rehuís la conciencia lerda!

¡YO SOY Víctory! He venido a asegurarme de que no os quedáis en la ignorancia y la penumbra de un mundo que no está ni aquí ni allá. Pero YO SOY el que está *aquí* y vosotros estáis *aquí,* y estamos en el centro de un sol del Ser.

Y seguramente que debéis haber entendido a estas alturas que hemos venido con un solo fin: a asegurarnos de que en el átomo semilla permanente de vuestro ser exista el núcleo de la vara de llama de la iluminación, que se desarrolle, que se conecte al campo electrónico y electromagnético de nuestra aura, y que aguantéis como una plenitud en la Totalidad Divina de Dios, incluso a través del sol de la esfera amarilla de vuestro cuerpo causal de luz.

Y con esta demostración de los fuegos artificiales del Cuatro de Julio, que son de un fuego blanco y una iluminación amarilla y dorada del Cristo universal, sépase que estamos absolutamente decididos en Dios a que, si hacéis tan solo un esfuerzo a medias para encarnar esta luz, descubriréis que ese proceso ascendente os encontrará tan sellados en el rayo de la iluminación que os sentiréis como si estuvierais ascendiendo por el hueco de un ascensor de la casa de Víctory.

YO SOY la casa de Víctory. YO SOY la casa de Víctory. YO SOY esa casa, amados, y en mi casa no hay ni un ratón. Tampoco hay lerdos. Ni hay nadie que pierda el tiempo.

Ahora bien, si venís a mi casa podéis devorar el tiempo, pero no como un ratón, sino como la Gran Kali. Comprended el principio de devorar el tiempo. Devorar el tiempo es devorar el karma. Devorar el karma es devorar la ignorancia. Y al iluminaros, habitáis en la atemporalidad, en la no espacialidad de nuestros reinos, teniendo un absoluto control Divino sobre *kal-desh*.[1]

Por tanto, en el corazón de *kal-desh,* donde uno se encuentra con el otro, donde ambos son neutralizados en ese centro del ser, *¡YO SOY Víctory y YO SOY el que está en Casa con los suyos!* [Aplauso de 18 segundos].

Siendo tan amados, amados, estando por tanto tan tiernamente cuidados, seguramente sabréis que si simplemente movéis un pie después del otro podéis llegar a la entrada. Estamos decididos a que ninguna estupidez o atrevimiento de los caídos, ni la insolencia o ni algún déspota, vuelva a comprometer jamás a los amados de la luz.

Nuestro esfuerzo es supremo. Hemos visto vuestro [esfuerzo]. Hemos visto el de Saint Germain y toda la jerarquía de luz. Por tanto, los que van más allá de estas esferas porque encarnan la llama de iluminación, convergen en el planeta Tierra para una cosecha de almas que atesoran la iluminación del Cristo y el Buda.

Vengo con una disciplina fogosa de la excelencia. Vengo a través de las esferas del Dios y la Diosa Merú[2] a neutralizar todos los patrones de brujería que abusan de la luz de vuestros cuatro cuerpos inferiores. Vengo a neutralizar todos los antiguos abusos de las artes de luz. Los registros de las artes negras deben desaparecer, y lo hacen mediante el desplazamiento que se os proporciona ante la presencia de unos seres tales de dimensión cósmica que son del Logos.

Por tanto, sabed, amados, que en los cielos aparece un arco de siete estrellas, aunque quizá vuestros ojos no lo vean. Y este arco de siete estrellas es la señal de la venida de esos Señores Solares y de los Santos Kumaras.[3]

Toda la jerarquía está decidida a que los que tienen un potencial interior, aquellos que poseen el impulso acumulado del pasado y el deseo [de un sendero de Cristeidad personal hacia Dios], reciban ahora atención en los ámbitos más necesitados de su conciencia, reciban ahora la tutela de los Cristos Cósmicos y de los ángeles de Jofiel.

Estos ángeles de Jofiel son instructores tiernos. Pero no os equivoquéis: si habéis valorado y apreciado la disciplina del primer y el cuarto rayo, os diré que eso es solamente la preparación para la del segundo. Porque la disciplina del segundo rayo, amados, es la precisión de la vibración de cada pétalo de un loto de mil pétalos. En verdad la percepción de la mente de Géminis de Dios es una puerta abierta para vosotros.

Seguramente jamás seréis tan ciegos ni olvidadizos ni permitiréis que la densidad os envuelva como para que os quiten el vívido recuerdo de este momento, cuando una jerarquía de luz se interesó tanto por una evolución de luz varada, como si dijéramos, en un planeta con dolores agónicos de convulsiones, cuyo fin del caos nadie puede predecir.

Venimos a ayudar a los nuestros, y los nuestros son aquellos por doquier que se adhieren a la iluminación como una llama espiritual, y como una llama espiritual con la que alimentar la vida.

Mis palabras tienen la brevedad y la puntuación de un momento cósmico que ha venido y que llega pocas veces. Esta noche todo es poco común, incluso el sitio imaginado hace tanto, tan cerca del lugar de descenso de las razas raíz en el Gran Teton. La tierra es singular y los templos debajo de la superficie son singulares, como lo son las aguas, como lo son los elementos. En verdad habéis llegado a Casa, a un lugar que tiene *todos* los ingredientes para la victoria; y me contiene incluso a mí.

Lo digo con una sonrisa, amados, porque ¿no tengo yo la mayor bendición al portar la llama que en este momento de la historia de una evolución es la más valorada sobre todas las llamas, la llama dorada de la victoria para una era de oro victoriosa, para una victoria en Armagedón, para la victoria de vuestra mente, alma y corazón, para la victoria de vuestro[a] amado[a]?

En efecto, amigos míos, ahora deseo ver una llama dorada sobre la frente, y que visualicéis en ella a Amitabha. Así sea, amados, porque en efecto os doy la oportunidad de aumentar vuestra sabiduría para que el impulso acumulado del chakra de la coronilla atraiga a los Budas y eleve a la Madre en vosotros para traer a una estrellita[4] que se convierta en estrella.

Siete Santos Kumaras, Jóvenes Eternos,[5] haced retroceder el reloj en cada corriente de vida, pues las horas de Victoria no se cuentan. Así, cada hora que sea Victoria no causa el envejecimiento del recipiente. El retroceso del tiempo no hace que retroceda la experiencia, sino que solo la aumenta, porque tú estás más cerca del punto de origen en el Sol Central.

Ahora bien, veamos cómo puede un maratón de llama dorada de iluminación, adecuadamente protegida, flanqueada por llama violeta, cambiar la conciencia de un planeta a través de los portadores de luz cuya espiritualidad pueda contener la luz que invoquéis. Que la llama de la resurrección resucite la victoria de la iluminación en vosotros y que vosotros valoréis nuestra presencia.

Valorad nuestra presencia como un momento único de vuestro destino ígneo, un momento que habéis esperado y que habéis anticipado desde hace mucho tiempo. Y os diré cuándo empezasteis a anticipar que llegaría esta hora. Fue en un momento en que comprendisteis que habíais perdido la sabiduría, que la luz de la acción iluminada ya no pertenecía a vuestros dominios. Pero fue demasiado tarde. Habíais seguido a los comprometedores del segundo rayo que absorbían, pero nunca os devolvían el reflejo de vuestra propia sabiduría amorosa.

Por tanto, amados, sintiendo la esclavitud que se estaba formando a partir de una ignorancia [que descendió sobre vosotros como la caída de la noche], a través de una luz perdida y una ley ignorada, dijisteis en vuestro corazón: «Aunque haya pecado contra la ley de la sabiduría, sé y creo, confío y tengo fe en que buscaré. Y al buscar la ley de mi Dios, algún día, por una equivalencia del sentido de la medida, se me volverá a recibir en las cortes del maestro de sabiduría para empezar de nuevo a tejer la espiral de luz que abandoné ante la presencia de esos saqueadores».

Benditos, los que han pervertido la llama de la iluminación esta noche están enojados. No están contentos para nada al ver que tantos corazones puros son devueltos [a la fuente santa de la sabiduría].

Que podáis reconocer el poder que supone la iluminación restaurada. Que podáis reconocer lo que perdisteis cuando lo perdisteis y el gran regalo que tenéis ahora al haber vuelto a lograr una parte, [el incremento de luz] suficiente para que multipliquéis [la iluminación] por la acción de vuestra llama del corazón.

Una pérdida tan grande durante un tiempo tan largo debería haceros contemplar, amados, y decidir con toda la disciplina de la que seáis capaces que en efecto haréis [vuestra] solicitud para sellar el chakra de la coronilla de modo que, por gracia de Dios, jamás vuelva a vincularse a los caídos debido a la más pequeña expresión de crítica, condenación o juicio por vuestra parte hacia cualquier parte de la vida, y especialmente hacia alguna parte de la Gran Hermandad Blanca.

Así, al haberos dado Gautama Buda con tanta atención su mensaje sobre la ley del discipulado y la relación Gurú-chela a través del corazón de Sanat Kumara,[6] comprended, al repasar el contenido de estos días pasados juntos, que todo lo que se ha dicho y ejercido de la Palabra y todo lo que se ha aprendido, toda la información y los números, todo lo que se ha dicho está diseñado para daros la capacidad de evitar varias clases de tropiezos dentro y fuera del planeta, para que no perdáis la gloria del día dorado de vuestra ascensión y para que podáis, reconociendo los peligros en el planeta en estos momentos, asegurar los bastiones de vuestra conciencia cósmica a través de la unión de Maitreya y, a través de él, [la unión de] todos los del cuerpo esférico del segundo rayo.

He venido del sol de la victoria. Y no hay otro sol que la Victoria, porque todo Hijo es una Victoria Divina.

Oh, amados hijos míos, sed, por tanto, la luz de un mundo. *Ved* lo que podéis hacer. *Ved* lo que podéis hacer. ¡Ved lo que *vosotros podéis hacer*!

5 de julio de 1988
Corazón del Retiro Interno
Rancho Royal Teton (Park County, Montana)
ECP

36

«¡SIEMPRE VICTORIA!»

¡Salve, Chelas de Víctory!

¡Os saludo y reclamo que sois míos! ¡Pues ningún otro chela sino el chela de Víctory será una parte importante en el triunfo para Morya El y para toda la jerarquía de la Gran Hermandad Blanca en esta batalla de luz hacia la luz hacia la luz y hacia la victoria!

Por tanto, ¡YO SOY Víctory! Y vengo con mi llama gemela y estamos como columnas gemelas en la Tierra. Y somos el rayo de la aniquilación hasta la causa y el núcleo de cada fuerza contraria a la victoria, de cada fuerza de la derrota, la dilación, la postergación y la situación que no conduzca a la victoria.

Por consiguiente, chelas del primer rayo, sabed que yo reclamo que sois míos. ¡Nosotros os reclamamos como nuestros chelas de Víctory! Porque, amados, solo el chela que desciende en fuego azul y asciende en el luminoso haz de llama dorada de la victoria tendrá el triunfo apto para todo el cielo que ha puesto estas cosas bajo vuestros pies.

Por eso decimos: ¡Salve, Chelas de Víctory!

[La audiencia responde: «¡Salve, Poderoso Víctory!»].

Benditos corazones, sin importar qué hora sea, no os dejaríamos sin nuestra llama viva de la victoria, *victoria* para la Palabra hablada, *victoria* para la Obra del Señor, *victoria* en cada rincón de la mente, ¡en cada célula del ser!

Hay una piedra rodante que de hecho rueda desde las octavas de luz y se convierte en un peñasco que desciende. Y esa piedra descendente de la victoria es la que divide el camino, ¡la que separa a los no victoriosos de los que son victoriosos en Dios en la llama de la luz universal!

Por tanto, amados, venimos este año y exigimos que sea un año de victoria en todos los ámbitos, en todas las áreas de la vida, ¡en cada corazón en el que arde una llama trina!

Nuestras legiones atacan desde el Gran Sol Central, desde el Sol de Alfa y Omega y desde vuestro sol de Helios y Vesta. Estamos en el corazón y en el centro de sistemas solares, porque declaramos la hora de la emisión de la victoria, que es un fuego sagrado que consumirá todo lo que sea diferente a la victoria, ¡todo lo que sea diferente al amor de la victoria! Consumiré todas las dudas y todos los temores, todas las postergaciones, todo el ausentismo del centro de la cruz de fuego blanco de la victoria.

Oh amados, hemos venido por este momento y hemos decidido que esta energía acumulada rodante que traemos será el impulso de la victoria durante la década de los noventa, hasta el momento en que todo regrese al punto de reposo y de quietud equilibrada, porque la Tierra habrá realizado el cambio de ciclos y el girar de mundos para lograr ese regreso a la estabilidad centrada de nuevos comienzos.

Por tanto, que los finales sea realizaciones, que sean realizaciones de todos los ciclos, porque seguro que es el momento en que la realización del octavo rayo produce que todos los esfuerzos sean sellados y que se siembre la semilla del árbol de vida eterna.[1]

En vosotros, por tanto, ponemos la semilla de la victoria. La ponemos en el mismísimo chakra de la sede del alma de todos los que son chelas de la voluntad de Dios en todo el mundo. Y según aumente el número de ellos, así se depositará la semilla de la victoria en ese chakra; porque desde ese punto, amados, ¡el alma se elevará y se elevará por el *ímpetu* de Víctory, por la *cercanía* de Víctory, por la *presencia* de Víctory!

Porque, amados, nosotros deseamos poneros y os ponemos la Presencia Electrónica de las llamas gemelas de Víctory, de las que pueden apropiarse todas las llamas gemelas, que todas pueden ponerse, que todas pueden decidir realizar.

Y, por tanto, el mismísimo fuego de la autodeterminación del primer rayo se intensifica como el zafiro más brillante, llama de azul cobalto que de hecho crece, se mueve y va delante de vosotros, amados, limpiando el camino; limpiando el camino, decimos, para que El Morya recupere la talla más completa del ser y el servicio entre los suyos.[2]

En esta hora estamos entre los nuestros. Y nuestra determinación, nuestra presencia, nuestros rayos de llama amarilla y nuestra aurora boreal, que tenemos y llevamos como nuestra Presencia Electrónica, amados, es el ímpetu de victoria que traemos para añadirlo al vuestro y daros el impulso acumulado para mover esa roca del yo humano hasta la mismísima escalera, hasta el nivel en que ese humano deja de existir y el alma ha alcanzado la suprema iluminación del Cristo Cósmico.

Benditos, jamás, en toda la historia de las esferas planetarias, habéis estado en un punto en el que un impulso acumulado tan grande de victoria pudiera ser vuestro. Y al recibirnos en vuestro corazón, en todos vuestros chakras, al recibir esta llama de iluminación dorada, amados, que limpia el camino para la visión y el conocimiento claro de cada paso de la victoria en vuestra vida hasta la ascensión, la victoria engendrará Victoria. Y tendréis el efecto electrificante para impartir a otros el deseo de la Victoria, el deseo de la iluminación de la Victoria, el deseo de la iluminación del bodhisatva, el discípulo, el Buda y el Cristo Cósmico.

Así, amados, sea la iluminación el sello distintivo de la victoria de la llama violeta en este siglo y en esta era. Que ahora se ilumine todo el poder de Acuario gracias a la victoria de los victoriosos dorados que están en la luz dorada victoriosa.

He aquí, amados, a incontables cantidades de legiones, todas vestidas con la llama dorada de la victoria y la iluminación, todas vestidas con esa percepción del Cristo Cósmico, ángeles y graduados de la escuela de la Tierra que llenan toda esta corte* y mucho más, y que cubren esta propiedad. Porque las legiones de la llama dorada de iluminación de todas las áreas del cosmos se reúnen para la victoria de los portadores de luz de la Tierra.

---
*La Corte del Rey Arturo.

Y, amados, a través de las galaxias circula una profunda gratitud por los llamados que habéis hecho, por los llamados de los mensajeros, por la constancia en el desafío a la oscuridad y a las fuerzas oscuras, incluso contra el factor de los caídos. Por tanto, intrépidamente y con una fe total en la protección de la Gran Hermandad Blanca, vosotros y los mensajeros habéis asumido la posición contra el Mal en todas las formas. Y, por tanto, los refuerzos cósmicos vienen.

¡Ved la cornucopia de la llama de Víctory y la luz que desciende! ¡Ved los emparrados de fruta y belleza! Ved, amados, que aun antes de que hayáis pasado por este valle de lágrimas, oscuridad y karma, cómo podéis sentir, en el nivel del chakra de la coronilla, que esa victoria desciende sobre vosotros y, día a día, subís más y más hacia las vestiduras de Víctory. Subís a las grandes alas de Víctory. Subís a la mismísima presencia del chakra de la coronilla de los Budas y bodhisatvas que os asisten.

Benditos corazones, venimos con la luz dorada y milagrosa de la victoria. Y estamos decididos con la profundidad de nuestro ser a que la Tierra, a través de vosotros y todos los chelas de la voluntad de Dios, conozca, *¡conozca, amados,* la intensidad de la luz y el fuego de esa acción! Oh benditos, que la Tierra intensifique ese sentimiento de [la conciencia Divina de] victoria y que la victoria consuma toda la ignorancia, la densidad, la oscuridad y el peso de la mente mortal y la mortalidad misma.

YO SOY Víctory y os saludo con legiones de la victoria. Benditos, esta es una ocasión tal que estas legiones de la victoria en formación se extienden desde aquí hasta el corazón del Dios y la Diosa Merú[3] y hasta el corazón del Templo del Sol en el centro de este sistema solar.[4] Si podéis imaginaros cantidades innumerables de legiones de la victoria, imaginadlas, amados, ocupando la extensión desde este lugar hasta la sala del gran trono de Helios y Vesta. Ahora ved y visualizad las legiones de la victoria.

¿Sabéis, amados, que es muy difícil fallar ante la presencia de millones de legiones de Víctory? Pero debo deciros que aún es posible fallar ante su presencia. ¡La proximidad no basta! ¡Hay que apropiarse, apropiarse del *espíritu* de la victoria, *apropiarse* de la *llama* de la victoria, la *alegría* de la victoria, el *humor* de la victoria, el *impulso acumulado* de la victoria!

Benditos corazones, a vosotros corresponde activar esto en todos vuestros chakras con vuestro libre albedrío. ¡Oh, que suenen esas cintas de la llama dorada de iluminación! Que ruede el impulso acumulado de victoria y el de los bodhisatvas, los discípulos y las legiones. Porque, amados, nosotros deseamos veros iluminar el cielo entero con la llama de la iluminación y con ello, en la iluminación, veréis a muchos que no podían entrar en este sendero con ningún otro medio más que la vivificación de la mente, mediante la transmutación de la mente inferior, quedando esta desplazada por la mente Crística universal, la mente Búdica universal.

Que la llama dorada de iluminación, que el instructor en vosotros, que los Instructores del Mundo, que Maitreya hable a través de vosotros, amados. Que este año se llene tanto, se sature tanto de la *luz, luz, luz* de tono amarillo dorado penetrando en vosotros y saliendo de vosotros, que el mundo entero pueda ser tocado por el resplandor del amanecer del Nuevo Día de Acuario.

Amados corazones, la llama violeta [Omega] enviada, la acción de la voluntad de Dios de llama azul [Alfa], junto con el Rosario del Arcángel Miguel,[5] todos estos llamados establecen una base sólida de «Alfa a Omega» [yang y yin y viceversa]. Y desde [los chakras de] la base hasta la coronilla en un sentido y después en el otro, [se establece mediante la alegría y la intensidad de fuego de vuestros decretos] la firmeza de los rayos violeta y azul.

Por tanto, en el centro [del ser], amados, se extienden arcos de iluminación de chakra a chakra. Y los Elohim nos acompañan, y los Logos Solares. Y estamos decididos a arrancar hasta la mismísima tapa de la mente, [de ahí el chakra de la coronilla], que han puesto los caídos y esas densas capas programadas [del cuerpo mental] que se producen debido a los malos usos que se hace de ondas de todo tipo en el planeta.

Benditos corazones, veamos un nuevo nacimiento de iluminación del Cristo Cósmico, y sepamos en esta hora que ello comienza con cada uno de vosotros. Ello comienza con que se nos haya enviado desde el Gran Sol Central. Porque benditos son en verdad los que han respondido al Llamado, los que han ofrecido los llamados, los que han refinado su sentido del honor y de la llama de honor cósmico y la voluntad de Dios y el lidiar con aquellas cosas invisibles, pero presentes en la mente.

Así, amados, somos Víctor, somos Victoria,[6] ¡somos el Poderoso Víctory! Somos la acción del fuego sagrado de la «a» a la «z», del alfa al cénit, de la omega al horizonte. Así, amados, sabed que la cruz cósmica de fuego blanco que dibujamos es de haces dorados de iluminación.

Llamadnos a nosotros y a nuestras legiones de luz, amados, pues Víctory está avanzando. Y estamos decididos a ver que todos y cada uno de vosotros os convirtáis en la realización total de la absoluta victoria Divina de vuestra Presencia YO SOY para siempre jamás.

Sin duda lo pasado del año y la década anterior está en la llama, porque vosotros habéis enviado el Llamado. Sin duda en esta hora hay espacio para que la llama de Víctory sature la Tierra, llene las fisuras y permita a todo lo que ha nacido de la mente inteligente de Dios recibir ese incremento de una multiplicación desde nuestro corazón.

Al fin y al cabo, amados, el corazón de Víctory es aquello que nos pertenece para atesorarlo y para dároslo. Y el corazón es el asiento de la victoria, porque la victoria comienza con el deseo del corazón. Ello es multiplicado por la pureza del corazón y su franqueza. Por tanto, que los corazones puros conozcan el fuego puro de Víctory y que vosotros podáis llevar ese fuego a todas las actividades.

Benditos corazones, rebosamos de alegría. Nuestra copa se desborda. Y estamos llenos, nosotros y las legiones de ángeles del segundo rayo, con el espíritu cósmico de la victoria que no se puede revertir. Nadie puede detener la mano de esta victoria, amados, excepto el abuso del libre albedrío por parte del individuo.

Por consiguiente, que el don que Dios os ha dado os permita mantener contacto con los Elohim y los niveles elohímicos y con Alfa y Omega, que os permita estar en el corazón de Jofiel y Cristina y desterrar toda duda, todo temor, todo lo inferior a la alegría perpetua de la victoria.

Apresuraos, amados, a correr hacia el Sol; porque el Sol de vuestra Presencia YO SOY es la meta. Y a partir de ahora hasta vuestra ascensión, visualizad ese Sol como una esfera dorada de fuego amarillo girando, que emite continuamente la luz de la mente de Dios, de la iluminación del Cristo Cósmico, girando continuamente, amados; y como el fuego que se envuelve a sí mismo llevando a todos vuestros miembros hacia la inteligencia de Ser universal, para que podáis transferírsela a los que no han tenido la oportunidad de aprender, de aprender de verdad, debido a los caídos que han ido contra esa luz.

Benditos, os aseguro que están acabados. *¡No pueden permanecer en la luz de la victoria! ¡Victoria! ¡Victoria! ¡Victoria!* Esto se conoce. Hecho está. Manifestado está. Nos conectamos con el corazón de la Tierra y el Buda del Rayo Rubí.[7]

Y a través del centro de la Tierra hasta el otro lado pasa [el haz de Víctory] y ahí forma un ovoide, una elipse, si queréis, de fuego del rayo de Víctory pasando por el corazón de la Tierra, pasando por el corazón del sol de Helios y Vesta. Y esta órbita de luz, amados, se convierte en una pista que vosotros podéis seguir hasta el sol, volviendo al corazón de la Tierra, al corazón del Buda del Rayo Rubí, al corazón de Surya y Cuzco, al corazón de Helios y Vesta.

Siempre, siempre victoria.
¡Siempre victoria! ¡Siempre victoria! ¡Siempre victoria!
Dejad que os diga, amados, si os acordáis de mí, si os acordáis de nosotros y si os acordáis de deciros unos a otros, en vez del proverbial «hola», «¡Siempre victoria!», «¡Siempre victoria!», con el apretón de manos, con vuestras despedidas y vuestros saludos...

[La audiencia afirma con el Poderoso Víctory]:

¡Siempre victoria! ¡Siempre victoria! ¡Siempre victoria!
¡Siempre victoria! ¡Siempre victoria!

...y al decirlo, amados, ¿veréis esa luz dorada que es más brillante que el sol del mediodía y que uno casi no puede mirarla incluso a niveles internos excepto con los ojos cerrados? ¿Intercambiaréis la luz y el saludo del Sol de la Victoria y el saludo de los cuerpos causales de nuestras llamas gemelas, que ahora aunamos con los cuerpos causales del Dios y la Diosa Merú sobre este lugar?[8]

Benditos corazones, ¡estamos decididos a que consigáis esta victoria y estamos decididos a formar parte de ella! ¡Estamos decididos a que no tengáis más pesadez, tristeza o carga de ningún tipo, *sino siempre victoria y el sentimiento de victoria y el espíritu de la victoria y el amor por la victoria!*

Benditos corazones, con las legiones que vienen tened la certeza de que ese fuego de la victoria que decidís llevar será una determinación multiplicada muchas veces por la que habéis tenido. Será una espada de iluminación del Cristo Cósmico que corta toda la densidad, todos los bloqueos, toda la perversidad, todas las cosas que os hacen perder el tiempo, todo lo que quiere quitaros la victoria. Por tanto, «¡Siempre victoria!» se convierte en un mantra. Se convierte en un mantra para derrotar a la propia *derrota* y al derrotismo.

Benditos corazones, venimos, pues nos necesitáis. Venimos porque os amamos. Venimos porque nuestro Dios nos ha enviado. Venimos porque queremos pasar los próximos meses y años de nuestro cielo en la Tierra con vosotros.

¡Con el *amor* por vuestra victoria, con el *amor* por vuestra victoria venimos! Venimos a quedarnos, amados. No tenemos ningún deseo de marcharnos de este sitio o de este espacio o de vuestro corazón. Oh benditos corazones, tan solo recibidnos y dadnos la bienvenida y recordad llamarnos, porque debemos obedecer la Ley que dice:

«¡El llamado exige la respuesta!»

Y nosotros estamos obligados por amor a ayudaros, ¡a ayudaros y a ayudaros!

Todo nuestro amor, más de lo que se puede expresar, os lo damos. Ahora poneos manos a la obra y seguid la estrella de Víctory.

¡Siempre victoria!

[La audiencia afirma con el Poderoso Víctory]:

¡Siempre victoria! ¡Siempre victoria! ¡Siempre victoria!

2 de enero de 1989
Rancho Royal Teton (Park County, Montana)
ECP

37

UNA CARTA LLENA DE AMOR DEL DIOS PADRE-MADRE

¡Mi nombre es Víctory! ¡Por eso estaré allá donde el hijo, la hija de Dios eleve la llama de la victoria con triunfo sobre todo lo que sea la espiral opuesta a la victoria en la Tierra! [Aplauso de 23 segundos].

Vuestra victoria Divina incita mi Presencia y la atrae, amados, y así, me regocijo. ¡Porque esta es una conferencia victoriosa en Dios! ¡Es una manifestación victoriosa en Dios de la llama de sabiduría! ¡Y *vosotros* sois los victoriosos en Dios! *Vosotros* sois los resplandecientes hijos con espejos que reflejan la luz, devolviéndosela a Alfa y Omega y diciendo: «En la oscuridad de esta estrella oscura, *¡aquí* hay destellos de los iluminados, los amantes y los que tienen la lógica del Buda!».

YO SOY Víctory. Vosotros me llamáis Poderoso Víctory. Y YO SOY el que está con sus legiones y su llama gemela, y estamos decididos a poner en el corazón de todos y cada uno de vosotros esa llama de la victoria que multiplica la llama trina cada vez que hacéis el llamado para equilibrar la llama trina, para hacer resplandecer esa llama trina.[1]

Venid, amados, porque deseo enseñaros el misterio de pasar por el ojo de la aguja. Porque cuando entendáis el misterio, entonces pasaréis de verdad por él. (Tomad asiento, amados).

Deseo que sepáis que esta aparición no estaba programada por mi parte, la cual solo pudo ser autorizada después. [Ovación de pie de 1 minuto y 39 segundos; la audiencia dice el fíat *¡Siempre victoria! ¡Siempre victoria! ¡Siempre victoria!* . . .].

Un tumulto tan grande alcanza los oídos de Helios y Vesta. Y vosotros excaváis un túnel de luz con el que los ángeles ascendentes y descendentes pueden estar entre vosotros, amados. Esta es una gran gracia que habéis ofrecido al cielo a lo largo de esta conferencia y muchas semanas de devoción. Benditos corazones, con este esfuerzo habéis asegurado la apertura [de la octava etérica] hacia la octava física; y confío en que sepáis que tal como se ha asegurado, ha de ser protegida, defendida y recreada día tras día.

Benditos corazones, ¿recordáis qué difícil resultaba, [apenas] en la conferencia de otoño, incluso recibir los dictados de los Elohim; cómo había que hacer todo un día de trabajo solo para escuchar a los que hablaban?

Benditos corazones, os habéis ganado este túnel por el plano astral; y cuando todo el planeta siente esa subida del plano astral,[2] los muros del Retiro Interno no lo dejan pasar [a este lugar consagrado]. Y en el centro, por tanto, está restablecido un impulso acumulado más grande, un impulso acumulado más grande que nunca para este contacto. Y así, amados, vosotros proporcionáis una entrada por la que puedan descender los ángeles.

Porque en aquel momento, en la conferencia de otoño, a las legiones de luz les resultó difícil atravesar tanta intensidad que tenía el plano astral a fin de llegar hasta vosotros y llegar hasta la mensajera. Y por eso a la mensajera y a vosotros os sobrevino una carga tan grande, y esa carga no la entenderéis hasta dentro de muchos años. Por tanto, ved qué diferencia marca un impulso acumulado, y que Dios os bendiga por conocer el significado de las palabras «¡siempre victoria!». Por tanto, tomad asiento, dulces corazones.

El impulso acumulado de los victoriosos en el planeta evoca el estruendo de los que no lo son, y algunos pueden estallar con violencia por la victoria de los santos. Siempre ha sido así, amados, pero en estos momentos esto es más serio de lo que lo ha sido jamás puesto que las decisiones tomadas por los dos bandos son decisiones inapelables con respecto a las corrientes de vida.

Porque este es el significado de la conclusión de muchos miles de años en los que habéis encarnado en la Tierra, y daremos esta enseñanza en publicaciones de la mensajera. Por tanto, llegaréis a entender que la naturaleza cíclica de los acontecimientos y los ciclos cósmicos es lo que hace que este año, estos meses y días, la próxima década, sean una clave muy importante en la vida de cada miembro de la evolución planetaria.

Nuestra Presencia es para atraer una esfera de victoria, esferas de nuestras llamas gemelas; es para colocar ese impulso acumulado, ese impulso acumulado de optimismo, de alegría y determinación que forma parte de este rayo dorado al que servimos. En las esferas de la victoria están las esferas de la mente de Dios. En las esferas de la mente de Dios están los Budas y la Madre Divina.

Los ángeles de Alfa y Omega traen saludos y una proclamación. Es un mensaje para los fieles y los verdaderos que sirven con quien es la Palabra de Dios.³

A vosotros que habéis sido fieles, a vosotros que habéis sido verdaderos, nosotros, vuestro Padre-Madre, extendemos una mano derecha de fuerza y una mano izquierda para sosteneros, incluso en la hora de vuestro triunfo victorioso en Dios. Enviamos nuevos contingentes* de ángeles del Sol Central para que ayuden a los que están al servicio del Dios y la Diosa Merú, que de hecho llevan nuestra llama en la Tierra, y para que sirvan con ellos.

Estos ángeles vienen con una misión, que es despertar completamente a vuestra alma para que ella vea la necesidad de salvación, la necesidad que hay de retirarse de lo mundanal y la conciencia materialista, de dominar los elementos y no ser esclavos de ellos, manifestar abundancia, pero sin estar apegados a las cosas de este mundo, ser justos mayordomos del reino de Dios en la tierra y de todo lo que supone la herencia de los santos, de ser tiernos y estar llenos de amor, pero conociendo la ferocidad de la llama del Rayo Rubí, sabiendo cómo y cuándo manejarlo y aplicarlo.

Enviamos esta proclamación como declaración de nuestro auxilio a todos los que nos llamen, ya que por vuestra lealtad y la

---

*Huestes angélicas enviadas en ese momento con una misión específica, para servir con los que están en el sendero espiritual y ayudarlos.

llama de la verdad que lleváis os enviaremos querubines protectores, principalmente afianzados en esta comunidad. Y las legiones que tienen a su mando estos grandes seres también pueden servir allá donde hayáis erigido vuestros altares personales. Pero ha de hacerse el Llamado en respuesta al Llamado que nosotros enviamos, porque existe un gran abismo sobre la faz de la Tierra entre nuestro reino y el de nuestros hijos.

Así, recordamos que hemos establecido este lugar como un sitio aparte para el fortalecimiento mutuo, el amor y la acción. Conocedlo como el refugio de luz. Vigilad y protegedlo. Resolved todas las diferencias según surjan. No permitáis que permanezca ninguna discordia sutil entre unos y otros. El precio por pagar es demasiado alto para vosotros y para nosotros.

Por tanto, esperamos preparación y diligencia con ese fin. Esperamos una mayor percepción de preparación y autodisciplina espiritual. Y, sobre todo, esperamos que se pongan a un lado las actividades menores que aún existen entre algunos de vosotros y que poseen un impulso acumulado demasiado grande.

Como Padres Divinos, os bendecimos a través del espíritu del Poderoso Víctory. Nuestros arcángeles del chakra de la coronilla, que están listos para coronaros, os coronarán en efecto cuando hayáis resistido hasta el fin[4] de vuestra creación humana y karma, y hasta el fin del morador del umbral.

Nosotros decimos, *¡resistid!* Con fuego enviamos la palabra *¡resistid!* No os rindáis jamás, sino resistid. ¡No transijáis! ¡No transijáis! No transijáis con los elementos bajos de la naturaleza humana, de lo contrario os perderéis el premio y os encontraréis en un estado en el que crearéis karma. Y algunos de vosotros os habéis permitido deslizaros hacia eso.

No ocupéis vuestro lugar con orgullo, sino sed humildes ante vuestro Dios y nos os cegarán ni el orgullo ni la testarudez ni siquiera las artimañas del intento de autoperpetuación de la mente carnal. La [mente Crística y la mente carnal] no pueden coexistir. Por tanto, echad fuera [la mente carnal] con fuego y ya veréis lo súbitamente que vendrá el Señor a vuestro templo,⁵ y cómo la llama se encenderá y el Espíritu Santo se convertirá en vuestra vida, vuestra alegría, vuestro amor, vuestra salud.

Trazo la línea, trazamos la línea alrededor de cada cual y alrededor de este lugar. Este es un lugar que vosotros habéis proporcionado, pues la Ley ha declarado que los chelas de la voluntad de Dios en la Tierra deben hacer eso. Lo habéis hecho en 1981.* Habéis aumentado vuestras propiedades de acuerdo con nuestras instrucciones.

Guardad la llama. Todo tiene un propósito. Pero antes de que se cumpla ese propósito, debéis pasar por el ojo de la aguja.

¿Cómo se hace eso? Benditos, acortamos la distancia entre la pregunta y la respuesta diciendo, uno pasa por el ojo de la aguja siguiendo el hilo. Por tanto, amados, uno debe ajustarse al hilo. Uno debe colocarse como si fuera el hilo.

Solicitad la ayuda de Confucio, del Señor Lanto. Solicitad la ayuda del Buda. Porque es hora de que os digamos, como Padres Divinos, que podéis empezar a aprender la reorganización de átomos, células y electrones a fin de lograr la maestría Divina en la Materia. Enhebrad la aguja con hilo fuerte, con todas las preparaciones. Haced que el hilo sea suficientemente largo y tenso. Pasad uno por uno y emerged. Será como si hubierais pasado entre dos mundos, y así es.

Enfocad lo difícil con facilidad. Enfocad lo que es fácil con cuidado y concentración. Enfocad lo imposible con el sentimiento milagroso y el Llamado y con la mente unida a la mente de Dios, porque solo con Dios lo imposible es posible.⁶

Como hemos destacado en varias ocasiones, recordad que no sois patrocinadores de la Gran Hermandad Blanca, sino que estáis patrocinados por la Gran Hermandad Blanca. Un lugar en la Tierra, en la tierra de Saint Germain y Jesucristo, un lugar de santidad e incluso de cierta inmensidad se ha apartado para la Gran Hermandad Blanca. Este acto por parte de Guardianes de

---
*El año de la adquisición del Rancho Royal Teton en Montana.

la Llama despiertos, a quienes despertó Lanello, ha asegurado la dispensación de Intercesión Divina como no podría haberse dado sin un sacrificio o una visión tal.

Sabed esto, amados. Porque en la hora de gran necesidad, Estados Unidos y los portadores de luz del mundo necesitarán esa Intercesión Divina como ningún otro pueblo la ha necesitado. Y en ese momento sabréis que, por haber establecido esta base, nosotros, según la Gran Ley, podemos actuar.

Por tanto, nuestro decreto divino dicta que esta tierra sea purificada y solidificada más en la luz, acelerada más en la octava etérica, incluso en la estructura atómica de la naturaleza. Así, dedicados de esta manera, vosotros que habéis considerado oportuno fundarla y establecerla, que podáis defenderla. Y defended vuestro derecho a la libertad de culto, libertad de expresión, libertad de prensa, libertad de reunión, libertad de tener propiedad privada. Así, los derechos de todas las generaciones futuras dependerán de vuestra determinación para defender aquí estos [derechos inalienables].

Esta noche, cada metro cuadrado de suelo que forme parte de esta propiedad estará ocupado por legiones de todos los grupos y todas las octavas; discípulos, ángeles, bodhisatvas. Y se sentarán en meditación en conmemoración del Señor Gautama Buda, que decidió sentarse bajo el árbol Bo hasta descubrir la causa del sufrimiento humano.

Así surgieron las Cuatro Nobles Verdades. El sufrimiento humano, por tanto, está causado por el deseo exacerbado. La cura es el Sendero Óctuple. Que podáis reconocer este Sendero Óctuple a través de los siete chakras y la cámara secreta del corazón.[7]

Sabed que donde se siente cada uno de ellos se producirá la consagración como suelo santo y se borrarán los registros pasados de eras pasadas, haciendo de esta tierra un imán aun mayor para los que deben estudiar aquí. Estos que se han reunido con el fin de este ritual también se quedarán hasta que hayan ascendido al cuerpo causal de Gautama para alcanzar esa iluminación que él también alcanzó en su segundo período de meditación.

Estos son vuestros hermanos y vuestras hermanas, camaradas angélicas. Estos son vuestros amigos. Estos son los santos que forman la Gran Hermandad Blanca. Nosotros, vuestro Padres Divinos, os decimos que estáis más cerca de ellos de lo que lo habéis estado jamás.

Continuad adelante, pues, para lograr la meta de este supremo llamamiento en el corazón de Cristo Jesús Hijo nuestro,[8] en el corazón de Gautama Hijo nuestro, en el corazón de los siete Santos Kumaras, en el corazón del amado Melquisedec, que de hecho guarda la llama de Alfa y Omega en el retiro del Señor Zadquiel.

Este documento está firmado y sellado en esta fecha del tiempo de la Tierra y en esta hora[9] para que podáis dejar constancia de él y saber cuándo se os transfirió este pergamino.

Nuestro amor está con vosotros. Recordad que os habéis elevado a un nivel extraordinario de un estado exaltado en la octava etérica. La prueba estará en mantenerlo, tanto en este lugar como en cualquier otra parte a la que viajéis.

Esforzaos por hacerlo, amados. Esforzaos por hacerlo. Y cuando sintáis que os resbaláis, volved a los dictados de *Only Mark*.[10] Volved a los últimos dictados y a las cintas de decretos, y pedid que este mismo campo energético que hay aquí en estos momentos sea duplicado.

Amados, este es el fin de la lectura del pergamino, en verdad una carta llena de amor del Dios Padre-Madre.

¡Por tanto, yo, el Poderoso Víctory, junto con mi llama gemela y las legiones de luz, os prometo que os ayudaremos a guardar la llama de la victoria, a guardar la llama de Alfa y Omega, a mantener abierta esta escalera a las estrellas, para los ángeles que ascienden y descienden que os prepararán para vuestra victoria y para el arco de Sirio a la Tierra y el regreso!

¡Este es el gran logro de la conferencia de Pascua de 1989! Que os podáis ganar, con vuestra devoción, la oportunidad de tener otra conferencia así. Depended de vosotros, amados, porque a este cuerpo planetario en estos momentos se lo pone sobre aviso de igual modo, notificación que dio el Señor Morya: No se da crédito.[11]

Vosotros habéis puesto de manera abundante «dinero en el banco» precavidamente. Así, Dios os bendiga y multiplique esta luz para siempre jamás, especialmente al día siguiente y al siguiente. Veremos, pues, cuál sea vuestro siguiente paso y vuestra siguiente decisión, qué decisión será, qué nuevos grados de compromiso desarrollaréis.

El cielo siempre responde; Saint Germain, diez veces más.

Que la llama de la victoria que resplandece aquí sea evidencia de la victoria, del pasado, el presente y el futuro, proyectada para vuestra corriente de vida. Al retirarnos a la llama (y vosotros también os retiráis a ella para volver a reuniros y continuar), estamos aquí, en el Retiro Royal Teton. Venid a nuestro Gran Salón para que vuestros decretos puedan sonar y el segundo rayo pueda intensificarse.

Sellamos esta conferencia en un haz dorado de victoria protegido por todos los arcángeles y las legiones de luz.

La Madre Divina viene, la Madre del Mundo viene, y el amor divino será el imán que lleve a los suyos al Origen.

27 de marzo de 1989
Rancho Royal Teton (Park County, Montana)
ECP

38

¡ROMPED EL HECHIZO DE LA DERROTA!

¡A tención, legiones del Gran Sol Central!
¡Atención, legiones del Gran Sol Central!
¡YO SOY Víctory! ¡Y YO SOY el que está aquí para romper el hechizo de la derrota en la vida de los portadores de luz de la Tierra!

[Ovación de pie de 47 segundos].

Atención, YO SOY el que ha venido. Y estoy aquí para acabar con esos caídos que han resuelto pervertir la mismísima fuerza vital, la esencia y el ser de los siervos de Dios.

¡Estoy aquí, amados, pues las espirales de la victoria descienden!

Respondo a Alfa y Omega. Respondo a todas las legiones del segundo rayo. Estoy respondiendo y representando a los poderosos bodhisatvas que moran en los planos internos de la octava etérica y desean encarnar. Vengo a vosotros rebosante de alegría por poder cumplir juntos las expectativas e incluso las exigencias del Señor Lanto y todos los que sirven a su lado, que leen como nosotros la escritura en la pared.

Por tanto, amados hijos e hijas, ¡empapaos en la llama de Víctory! ¡Empapaos en la llama de Justina! Y sabed que estamos unidos y que añadimos el impulso acumulado de nuestras llamas gemelas a las lenguas hendidas de fuego dorado que ahora descienden sobre vuestro chakra de la coronilla.

Y encuentran cierta cantidad de densidad y por eso las alimentamos con nuestro fuego, a medida que la luz penetra por la envoltura etérica, por la mental, por el deseo, por el físico.

Oh amados, ayudadnos con una alimentación adecuada. Ayudadnos con pensamientos puros. Ayudadnos con meditación. Ayudadnos haciendo pranayama.* Si, amados, si cooperáis os recrearemos a imagen y semejanza de Dios. Por tanto, ¿vais a cooperar?

[La audiencia responded: «¡Sí!». (Ovación de pie de 20 segundos)].

Hablo con rapidez y con un fuego poderoso, para poder inyectar en vosotros el sentimiento de aceleración. Habéis estado en otros mundos y en otros sistemas de mundos y en octavas superiores donde pensabais con más facilidad y rapidez, vuestras emociones eran más directas y vivas y lograbais hacer mucho más en lo que respecta a la penetración en la mente de Dios y la extracción incluso de la ingeniería, el diseño y la arquitectura de las ciudades doradas de luz de la octava etérica.

Sí, habéis vivido en esos niveles, habéis conocido una mayor comunicación, y ahora las fuerzas antivictoria, las fuerzas de la derrota, han amontonado sobre vosotros un impulso acumulado, una carga y un peso, amados. *¡Y debéis escucharme!* ¡Debéis saber que vosotros y solo vosotros debéis desafiar eso!

Y vuestro fuego es el fuego de Dios en vosotros, ¡pues sois victoria Divina en manifestación! Y yo os veo como manifestaciones nuestras, de Víctory y Justina, en la llama Divina de la victoria. Y os veo con vuestras grandes túnicas doradas y las sandalias aladas del de oro de la victoria. ¡Y vosotros sois esa victoria y yo la afirmo ahora!

Y, por tanto, digo: ¡tomad el fuego de la victoria con vuestra alma! Tomad el fuego de la victoria Divina, que es la victoria Divina de vuestra poderosa Presencia YO SOY, y *salid* de esa piel de serpiente, *salid* de esa densidad y seguid adelante disfrutando de la inmensidad del universo. Porque vuestra mente puede contactarla por haber decidido desarrollar el corazón y meditar en vuestro corazón y, por tanto, los anillos de fuego

---

**Pranayama*: [sánscrito] control de la energía vital mediante la práctica de ejercicios respiratorios. Véase "Ejercicio de respiración de Djwal Kul", decreto 40.09, en *Oraciones, meditaciones y decretos dinámicos para la transformación personal y del mundo*.

crecen; y, por tanto, los bodhisatvas pueden acercarse a vosotros, pueden tocaros, ¡pueden vivificaros!

Amados, equilibraos. ¡Equilibraos, os digo! Y no valoréis nada en este mundo más que vuestro equilibrio individual, vuestro equilibrio en vuestro árbol de la vida, en vuestra propia poderosa Presencia YO SOY.

Digamos que todo lo que le resta a ese equilibrio al sur, al norte, al oriente, al occidente, amados, le resta valor a vuestra poderosa victoria. ¡Y digo que debéis lograr una poderosa victoria! Y no deberíais lograrla [simplemente] por los pelos, en la hora en que pronuncien vuestro nombre al pasar lista en Lúxor. Sí, amados, ¡deberíais [graduaros] brillantemente, con los más altos honores! Deberíais estar preparados para ascender *mañana*, si fuese necesario, o al día siguiente o el año próximo o en los próximos cinco años. Sí, amados, estad preparados ahora y luego caminad por la Tierra como el ejemplo que otros puedan ver y seguir.

Este *es* un momento de cambio de ciclos. ¡El que podamos darles la vuelta depende de la respuesta que dé cada portador de luz de este planeta a mi mensaje de hoy! Y, por tanto, os pido que comuniquéis [vuestra respuesta] mediante la oración, mediante el decreto, mediante [la diseminación de] la información, entregándole a la gente las *Perlas de Sabiduría* de mi dictado que se imprimirán y [hablándole] del trabajo y los llamados de las legiones del segundo rayo.

Es un momento, amados, en el que todo podría ganarse o todo podría perderse. ¡No descartéis vuestra Divinidad! Una persona que es Dios, y lo sabe, es una columna de fuego, la vara en la Tierra que será el foco del Imán del Gran del Sol Central. Y el que muchas personas se reúnan en este lugar, incluso una vez al año, amados, produce esa concentración de fuego que nos permite penetrar e indagar en la Tierra y colocar nuestras sondas, permitiendo así que la luz que invocáis penetre más y más profundamente.

Por tanto, preparaos para volver aquí el próximo año, empezando el día en que la conferencia haya concluido. Haced los planes, resolved lograr los fondos y los medios y decretad por la absoluta victoria Divina de las almas.

Ahora os diré lo que hicimos hoy con esos terremotos. Hemos aprovechado la oportunidad de que hayáis mantenido el equilibrio de la Tierra en este lugar para permitir que se produjeran esos terremotos (como habrían tenido lugar inevitablemente), pero con la menor pérdida de vidas y daños porque *vosotros* habéis guardado la llama, porque os habéis quedado estos días, porque decidisteis ir al Retiro Royal Teton anoche y fuisteis.

Y, por tanto, viajasteis en efecto con legiones de luz y realizasteis un gran trabajo espiritual sobre Yugoslavia.[1] Y sucedió que establecisteis una coordenada en ese país y otras coordenadas en el planeta con otros siervos de Dios, que hicieron que estos terremotos[2] fueran para la mitigación de [karma mundial], el equilibrio [de fuerzas planetarias] y la liberación de energías acumuladas [mal cualificadas] en la Tierra.

Por tanto, comprended cuánto podemos hacer cuando tenemos un cuerpo de portadores de luz que pueden quedarse en el mismo lugar durante un período de diez días o incluso más, pero agradecemos cualquier cantidad de tiempo, incluso si decidís hacer un maratón de veinticuatro horas en vuestro grupo de estudio y centro de enseñanza, donde podáis sostener la llama de la armonía y hacer de esa llama una de iluminación Divina con la llama violeta y todos los llamados que hacéis.

Os diré, amados, que las cenizas [volcánicas] en Alaska[3] [presagian] lo mismo. Y algunos de vosotros «veteranos» habéis visto terremotos de esta dimensión (pero no de esta magnitud) producirse de vez en cuando durante las conferencias, y ello siempre ha sido porque el cuerpo de estudiantes ha sido capaz de mantener el equilibrio de la emisión. Y sin ese mantener el equilibrio podría haber ocurrido una calamidad mucho mayor y podría haber habido pérdida de vidas.

Sabéis que los cataclismos forman parte del plan planetario, pero dónde y cómo se manifiesten y cuál sea la carga o la pérdida de vida que recaiga sobre la gente ciertamente dependerá de la decisión individual que cada día tomen los siervos de Dios en la Tierra.

¡Convertíos en electrodos ardientes! Amad las enseñanzas de sabiduría, practicad el sendero de los místicos, estad juntos en la luz y, por tanto, transmitid una enseñanza y una conciencia espiritual. Leed los libros y los fundamentos de estos senderos místicos de las religiones del mundo y entended así a todas las personas. Y cuando hagáis vuestros rituales del Áshram, amados, seréis capaces de poneros en contacto de una manera más profunda con muchas almas de luz, ya que ahora entenderéis su sendero. Y cuando entendáis su sendero, entenderéis su vibración.

(Por tanto, poneos cómodos tomando asiento).

Amados, para poder hablaros debo tener una dispensación de los Señores del Karma, de los Veinticuatro Ancianos y, además, de los Logos Solares. Por tanto, considero un gran privilegio el estar con vosotros en esta hora.

Esto se ha sopesado una y otra vez antes de las conferencias, y la decisión ha sido que no hablara. Porque el poder de Víctory es grande y el poder de Víctory puede desatar un enorme entusiasmo y un fuego en el propósito que, al descender sobre las evoluciones no iluminadas del planeta, puede provocar la necesidad de salir y hacer las cosas que no son voluntad de Dios.

Por tanto, hemos creado un cáliz de confianza, siendo vosotros ese cáliz y habiendo puesto vuestra confianza en Dios, y os habéis puesto a disposición del Señor Krishna y las huestes del Señor. ¡Deseo, pues, seguir entregando esta noche el poder, la sabiduría y el amor de la victoria! Y para hacerlo necesito vuestra cooperación en armonía. La necesito, amados, porque si aquellos que están entre los más avanzados del mundo exterior de hoy la cualifican mal con tanta facilidad, entonces incurriré en ese karma y volveré a estar limitado para venir.

Considerad, pues, todos los ámbitos de vuestra vida en los que deseáis la victoria. Haríais bien, después de esta sesión o en la mañana, en anotar cada punto de vuestra corriente de vida y vuestras actividades donde deseáis la victoria. Podéis representar esto en un mapa, amados, un mapa de vuestra vida; y podéis poner cintas doradas en ese lugar donde estáis decididos a lograr la victoria: *victoria* sobre el yo y todas las circunstancias, *victoria* en esta Iglesia, *victoria* en la diseminación de las enseñanzas, *victoria* en las naciones, *victoria* en los gobiernos, *victoria* en la educación, ¡*victoria* en todos los ámbitos de la vida!

Amados, mirad a vuestro alrededor en este momento. ¿Qué veis? Veis la *derrota,* amados corazones. En todas partes la gente está siendo derrotada por su propia ignorancia, por no tener la espiral ardiente de la Madre Divina, del fuego sagrado elevándose dentro de ella. La gente está siendo derrotada en todas las áreas, en la economía, en los negocios y en la vida. Hay una depresión mundial que no es tan evidente como podría serlo. Pues si el mundo pudiera conocer el estado de depresión mundial que aqueja a la gente, tal vez se decidiera a hacer algo al respecto.

Bien, os diré que los maratones de llama violeta que habéis hecho en esta conferencia, rociados con la intensidad del fuego amarillo, despertarán y vivificarán a algunos. Estos despertarán como de un profundo sueño e iniciarán el camino de búsqueda y buscarán.

Y cuando busquen, ¿a *quién* encontrarán?

Os encontrarán *a vosotros* como si fuerais yo y Justina, y nosotros estaremos ahí con vosotros ¡y estaremos ahí para lograr la victoria!

¡Que Estados Unidos despierte! ¡Que Estados Unidos! Y que el fuego de todo el Espíritu de la Gran Hermandad Blanca salga de vuestro corazón.

¡Yo, Víctory, con mi amada consorte, os saludo en esta hora! Y os trasferimos incremento a incremento aquello que podáis asimilar espiritualmente de la victoria. Por tanto, continuad con vuestros llamados y afirmaciones dirigidos a mí esta noche ¡y veréis lo que haremos juntos!

Esta conferencia tiene reservados otros eventos en el planeta. Queremos ver una acción poderosa para el bien, para alimentar a los hambrientos, liberar a las almas y exponer a las fuerzas oscuras que aun pretenden una guerra mundial. Estas deben ser atadas en el plano astral, y las que están encarnadas también [deben ser atadas], ¡por las legiones de Víctory, por las legiones de Jofiel y Cristina!

Venimos esperando la llegada de Alfa y Omega. Ahora, queridos corazones de luz, mostraos a la altura de esa gran ocasión.

28 de junio de 1992
Corazón del Retiro Interno
Rancho Royal Teton (Park County, Montana)
ECP

39

LLEGAR A SER DIOS CADA DÍA MÁS

¡Salve, legiones de la luz de Víctory!

¡Os convoco a que os acerquéis!

¡Entrad, pues, al Corazón del Retiro Interno!

¡Entrad a los corazones de quienes llevan la llama de la victoria en la llama trina de luz!

Benditos, ser acercan legiones de mis grupos en anillos concéntricos de victoria. Os pido que les deis la bienvenida en estos momentos.

[Ovación de pie de 47 segundos, saludos a las legiones de los grupos de Víctory].

También aplaudimos hoy la presencia del Señor Cristo Jesús y la del Maha Chohán, y nos sentimos agradecidos por todas sus palabras. Porque nosotros también venimos y lo hacemos a un ritmo acelerado. ¡Y os digo que las legiones de la victoria siempre han estado aceleradas! Vemos lo que ha dicho el Señor, vemos lo que ha dicho el Maha Chohán y os vivificamos la mente y el corazón para que podáis identificaros con nuestras legiones.

Ahora, amados, estando de pie, seguid de pie. Porque un miembro de mis legiones a quien he escogido pone su Presencia Electrónica sobre vosotros desde ahora hasta la hora de la medianoche de vuestro tiempo. Por tanto, sabréis lo que significa estar en el poder de la victoria, el amor de la victoria, la determinación de la victoria, la verdad y la sabiduría de la victoria.

Y veréis por qué esa resplandeciente llama amarilla y dorada de Dios anuncia nuestra venida. Porque sabemos que *nadie* puede conseguir la victoria, amados, a menos que tengan iluminación. Porque las fuerzas de los ángeles caídos, con todas sus maquinaciones, van contra los portadores de luz y viven a costa de su ignorancia obstinada.

Con este conocimiento, sabed que el ángel que he elegido de mis grupos está sosteniendo sobre vosotros y a vuestro alrededor una espada de iluminación. Así, la duración de mi dictado es un período óptimo para que absorbáis las cualidades de la victoria. (Tomad asiento, amados).

Al venir a hablaros, repaso el registro de quien estuvo presente en mi último dictado[1] y en todos mis dictados, retrotrayéndonos hasta los que di anteriormente en este siglo a través de Guy y Edna Ballard. Sí, amados, he venido en este siglo y mi llama gemela también ha venido después.[2]

He visto que algunos de vosotros aceleráis muy bien en el Sendero y os elogio, porque habéis progresado tanto como era posible, dado vuestro karma y las circunstancias de vuestra alma. Y he visto a otros, que no están aquí, que se han desviado por aquí y por allá. ¿Acaso esto es debido a que Dios les ha cerrado los oídos y no les ha permitido oír lo que debían escuchar para salvarse, como se enseña tanto en el Antiguo como en el Nuevo Testamento?[3] ¿O es debido a una decisión obstinada y muy rebelde por su parte de abandonar el caminar con el Poderoso Víctory y sus legiones?

¡Qué lástima, amados! Las oportunidades llegan y se van. Os digo que todo está registrado. Y así, las decisiones no tomadas y las vías no tomadas están registradas en libro de vuestra vida, y completaréis el ciclo y os las volveréis a encontrar.

Esto no es una amenaza, amados. Esto es un aviso que doy con amor. No os lo toméis como una reprimenda, sino en verdad como un recordatorio lleno de amor de que el camino es hacia arriba, y la manera en que hay que subir es continuar subiendo.

Por tanto, aguantad, os digo. ¡Aguantad vuestro karma! Que ello no os mueva como si las mareas del mar y los vientos pudieran cambiar vuestro rumbo de un momento a otro. ¡Que nada os preocupe! Sois más fuertes que vuestra astrología, que vuestra psicología, que vuestro karma, que todas las rodadas de la carretera y todas esas distracciones que os desvían.

¡Vosotros y el Dios dentro de vosotros estáis por encima de todo eso!

Yo digo, ¡cómo os atrevéis a someteros a las simples anotaciones astrológicas! Echadles un vistazo, amados, y luego realizad el trabajo de decretos para transmutar la causa y el núcleo de vuestra astrología negativa.*

¡Después id hacia adelante y hacia arriba! ¡Adelante y arriba!

¡Las legiones que hoy vienen conmigo son feroces! Y nosotros somos feroces en el rayo de sabiduría. Y con esa ferocidad decimos: no toleraremos interferencias en nuestra misión de llevar la iluminación y la victoria a todos los siervos de Dios. No toleraremos la ignorancia. ¡No andaremos perdiendo el tiempo y no queremos que vosotros andéis perdiendo el tiempo!

Deseamos que cada alma de luz en la Tierra se salve, pero ¡ay!, sabemos que sin vuestra cooperación y la cooperación de las almas más avanzadas del planeta esto no tendrá lugar. Y se perderán almas, como ha dicho la Bendita Madre,[4] y no so volverán a encontrar.

Por consiguiente, nosotros que componemos las fuerzas de Víctory servimos todos con un sentimiento de urgencia. Todos servimos con un sentido de interés inmediato por los desequilibrios en el ecosistema de la Tierra. Estos desequilibrios no presagian nada bueno para el futuro.

Por tanto, para que vosotros y vuestra progenie podáis vivir y asumir el dominio sobre la Tierra y producir una era de oro, debéis centraros en vuestro sentimiento de lo que merece la pena poseerse. Este es el mensaje del día, amados, que os traen Jesucristo y el Maha Chohán: Debéis decidir qué merece la pena poseerse y qué merece la pena posponerse por un propósito mayor, una causa mayor y un don mayor que poner sobre el altar de Dios.[5]

Por tanto, vengo con la luz total de la presencia de la llama de la victoria que arde sobre el altar de la Corte del Fuego Sagrado, donde Alfa y Omega esperan vuestra llegada al Origen. Esa llama de la victoria, amados, debe bajarse a una profundidad cada vez mayor en los canales de la Tierra.

Deseamos veros bajar esa llama con vuestras oraciones dedicadas a los Budas Dhyani, con vuestros mantras, con todos los decretos que hagáis. Pedid que la llama de la victoria sea afianzada más y más profundamente

---

*La astrología negativa también significa o bien el karma negativo o bien el ataque de los ángeles caídos a la integridad de uno, es decir, la integración del alma en Dios.

en la Tierra para que pueda separar a los que pertenecen con obstinación a la vibración de la derrota, a los que desperdician la fuerza vital y el fuego sagrado, a los que se mofan de la Madre Divina y degradan sus cuatro cuerpos inferiores mediante el abuso de la gracia salvadora de Dios.

Benditos, os pido que desafiéis a las fuerzas de un materialismo adictivo, así como a los que se sienten atraídos por ellas, los que las perpetúan, los que provienen de otros sistemas de mundos para estar en este planeta buscando solo el disfrute del materialismo. Estos no tienen ningún deseo de recibir al Cristo o al Buda, porque no tienen ningún deseo de elevarse, sino más bien de mantener el estatus quo del materialismo como un fin en sí mismo.

La llama de la victoria es lo que los moverá, lo que los desenterrará, lo que también los llevará a su karma negativo y positivo y romperá las asociaciones de personas que acumulan desproporcionadamente dinero, provisiones, los bienes de este mundo y así se aíslan de su karma.

¿Qué podemos decir, amados? Podemos decir que las fuerzas oscuras de otros sistemas planetarios, así como de planetas como el Duodécimo Planeta, aún siguen adelante. Aunque ven las señales de su derrota final, también ven las debilidades y la cobardía entre algunos que han conocido las enseñanzas durante años. Y se mofan de esos supuestos estudiantes. Los imitan. Se ríen de ellos. Porque la debilidad y la cobardía de tales estudiantes son de verdad rendijas en la armadura de la Gran Hermandad Blanca en la Tierra.

Mirad a los que han tenido las dispensaciones de los Maestros Ascendidos en la Sociedad Teosófica, la Orden Rosacruz, la Sociedad Agni Yoga, el movimiento YO SOY y otros movimientos que han comenzado a desvelar la presencia y las enseñanzas de grandes adeptos en la Tierra. Mirad a los miembros de esas organizaciones, amados. Algunos casi se han convertido en esnobs intelectuales, porque no utilizan las enseñanzas para desafiar a las fuerzas de la oscuridad en la Tierra, sino solo para elevarse a sí mismos por sus conocimientos de las sabidurías ocultas.[6] Se creen sabios, por tener tal y tal enseñanza que otros terrícolas no tienen. Esto nunca fue la intención de la Hermandad al fundar organizaciones esotéricas.

En contraste, aquí, en la Escuela de Misterios de Maitreya, estáis vivos con las enseñanzas, los maestros están vivos con las enseñanzas y no hay necesidad de que nos coronéis con laureles ni de que nosotros os coronemos a vosotros. Porque sabemos quién es Dios, sabemos quién es el Dios *único* y sabemos que somos el recipiente de ese Dios y que no somos nada, a menos que lleguemos a ser Dios cada día más.

Vosotros, pues, seguís el rumbo correcto. Habéis recibido lo que los adeptos del siglo diecinueve querían que recibierais. Y ahora que son Maestros Ascendidos se complacen en que tengáis el mensaje, que hayáis entendido los senderos místicos de las religiones del mundo y a dónde llevan al alma esos senderos. Ellos saben que habéis entendido que las verdaderas enseñanzas del Antiguo y el Nuevo Testamento aún son válidas y que queréis actuar desde la humildad, porque sabéis que la humildad es el punto en el que se enciende el fuego de vuestra victoria.

¿No es así, amados?

[La audiencia responde: «¡Sí!». (Ovación de pie de 32 segundos)].

Así, amados, repasad las conferencias de la Mensajera sobre el taoísmo y hallad la humildad con la que se comprende por qué los mansos heredarán la Tierra.[7] Ello se debe a que, en última instancia, los orgullosos serán juzgados, atados y llevados a los niveles de su karma, mientras que los mansos permanecen centrados en el ojo del taichí. Y con su mansedumbre, con su humildad, con su estar centrados, atraerán por consiguiente el poder más grande de todos, el poder del Todopoderoso.

Por tanto, existe cierto interés propio iluminado en ser humilde. Porque los sabios saben que con humildad es como finalmente conquistarán al yo y a los caídos, mientras que los que despotrican y vienen con sus espadas y sus lanzas y hacen estallar una y otra vez guerras que han tenido lugar en este planeta hasta la saciedad, jamás heredarán la Tierra. El egoísmo de los caídos conduce a una humildad falsa, mientas que la verdadera abnegación conduce a la verdadera humildad.

Así, habéis descubierto la clave. Guardadla, amados. Guardadla.

Hay muchos que tienen estas enseñanzas, pero no decretan, no invocan la llama de Dios, no invocan el poder de Dios. Y, por tanto, ellos y sus organizaciones descienden a un culto a la personalidad y se apartan de la gracia salvadora y el sendero del Espíritu Santo que está vivo, que arde, que es la emoción total en la alegría de la Nueva Era de Acuario. Esa presencia del Espíritu Santo se les escapa y descienden a niveles inferiores del plano astral.

Esto es lo que les ha ocurrido a muchos miembros del movimiento de la Nueva Era, que se consideran como la vanguardia de la era de Acuario. Sin embargo, han hecho a un lado las verdaderas enseñanzas de Dios a cambio de otra cosa, que claramente no es la estrella ascendente de Acuario.

¿Y qué es esa otra cosa? Es el adorno y la elevación del ego humano, exaltando al ego como si fuera Dios. ¡Qué lástima que alguien se pase una vida entera perdiendo el tiempo en el estado psíquico o astral, amados! Mejor sería que tal persona se uniera a los pentecostales o a los carismáticos. ¡Sí, amados! Porque entonces tal persona al menos estaría afianzada en el Espíritu Santo y en las unciones. (Podéis tomar asiento, benditos corazones).

Nuestra venida este verano, pues, a Summit University con el Señor Cristo y sus legiones[8] —*y en efecto él viene, amados,* el Fiel y Verdadero con ejércitos de luz—[9] es para dar apoyo a esas legiones. Nuestra venida es para lavaros y bañaros continuamente en esta gloriosa llama de la victoria, esta llama amarilla y dorada de iluminación.

Todos los retiros de la Hermandad en la Tierra mantienen de hecho la llama de la victoria ardiendo, independientemente de la idea central del retiro. Y amplificarán la llama amarilla y dorada…

Por tanto, comprended que tenéis un gran motivo para apoyar las actividades de la Gran Hermandad Blanca. Porque si este movimiento puede defender los estándares de los seres elevados de luz, esos seres elevados de luz tendrán un lugar seguro en el que nacer y llevar a cabo su misión en la Tierra.

¿En qué otro lugar pondremos a esos seres de luz si no en una comunidad que con la mayor claridad refleja las octavas etéricas y tiene el panel de vidrio más claro a través del cual puedan brillar las enseñanzas de los Maestros Ascendidos?

No podemos confiar las almas elevadas a un entorno en el que sean heridas, apaleadas y golpeadas y donde sufran cargas de todo tipo provenientes de sus padres y de la sociedad. Debemos tener adeptos en la Tierra y debemos tener una escuela de misterios que sea digna de esos adeptos, para que puedan ir a estar entre vosotros y apoyaros y elevaros. Esas elevadas almas, al nacer a través de los chelas de esta comunidad en todo el mundo, os ayudarán a curaros y os darán esa alegría y ese optimismo mediante el cual, a través de la invocación de la llama de iluminación que hagáis, absorberéis su luz.

Por tanto, a todos los padres y a los que esperan el patrocinio de El Morya para tener hijos, digo: debéis buscar el Espíritu Santo, y poseer los dones y las unciones del Espíritu Santo, de modo que un contingente de almas avanzadas* que se haya ofrecido a descender a la Tierra pueda entrar en una era oscura tal como ese Kali Yuga. Y cuando vengan, debéis protegerlas de los caminos de los ángeles caídos, su música rock y los abusos de los medios de comunicación, y de todo lo que satura el cerebro y el cuerpo por una alimentación equivocada.

Debéis comprender, amados, todo lo que he dicho. Debéis ver la importancia que tiene y debéis saber que una de las prioridades de los Señores del Karma es no permitir que encarnen almas a través de padres que no pueden o no quieren ser responsables de ellas, que no tienen la fortaleza espiritual para sustentar sus matrimonios, mucho menos la armonía con sus hijos.

Los Señores del Karma no están dispuestos a enviar almas muy avanzadas hasta que padres muy avanzados decidan tener como vocación y decidan ocuparse de adquirir una preparación total para ser padres de esos niños. Os pido que aceptéis ese desafío, que os preparéis y que trabajéis para resolver el karma de vuestra psicología, amados, pues la Tierra se elevará de acuerdo con el número de almas de gran calibre que vosotros y otras personas podáis patrocinar.

Y si los Señores del Karma no permiten que estas almas avanzadas vengan, ¿quién abrirá el camino para la humanidad?

¿Quién les mostrará el camino?

¿Y quién será su ejemplo?

Padres muy avanzados son la gran solución Divina que los Señores

---

*Un grupo de almas avanzadas que están esperando a que haya padres totalmente preparados para recibirlas para poder descender al planeta Tierra.

del Karma y nosotros, de los grupos de Víctory, podemos proponeros hoy para el problema de las almas muy avanzadas que encarnen en medio del caos de esta época. Os pedimos que sopeséis esta solución Divina y que os toméis en serio el llegar a ser adeptos, de modo que podáis o bien traer al mundo a esas almas o bien ser sus instructores, los que les muestren el camino. Os pido, amados, que penséis bien en esta propuesta y consideréis cómo podéis formar parte del grupo que lo implemente. Entonces dad a los Señores del Karma vuestra respuesta.

Vengo con este mensaje que tiene una gran importancia. Y os digo que los Señores del Karma se toman muy en serio el no dejar que ninguno de estos pequeños entre en escena solo para ser traicionado por sus cuidadores y después perderse. Esto ha ocurrido una y otra y otra vez. Y los Señores de Karma nos han dicho: «No, no los enviaremos para verlos retroceder en el sendero espiritual. Mucho mejor será que estén en las octavas superiores con el Señor Maitreya esperando la manifestación de la era de oro, antes que venir en estos momentos en que hasta algunos entre vosotros que tienen hijos los exponen a esas influencias de los medios de comunicación a las que jamás deberían estar expuestos».

Basten estas pocas palabras a los inteligentes. Porque sois de hecho los inteligentes, pero no siempre tan inteligentes como podríais serlo cuando cuidáis de los queridos niños que ya están en vuestros brazos.

Ahora, amados, al dirigiros a los problemas de la década sobre la Tierra, manteneos informados y haced llamados para desafiar las situaciones que amenacen la integridad de los jóvenes. Desafiad todo lo que percibáis como un estado de conciencia desalineado por parte de vuestros líderes en todas las naciones. *¡Desafiad ese estado de conciencia!* Pedid la conciencia correcta y la geometría perfecta en la solución Divina para todos los problemas.

Las soluciones que ha sido propuestas, os digo que son producto del deplorable desastre en que se encuentra la conciencia humana; porque el derroche de la fuerza vital le quita a la mente de quienes deberían tomar las decisiones correctas la energía necesaria que deben tener para sintonizarse con la mente de Dios.

Cuando los políticos toman decisiones buscado popularidad y no buscando la sabiduría y la supervivencia de los pueblos de la Tierra, os puedo decir que ello es señal de que la civilización se encuentra en el nivel de los últimos días de la Atlántida, como ya se ha dicho.

Así, amados, con la plenitud del vial de la victoria que el ángel ayudante sostiene ahora en su mano, recibid ese valioso aceite a la medianoche, cuando el día haya concluido. Recibidlo tanto si vuestra alma se encuentra dentro como fuera del cuerpo (durmiendo). Un vial de la victoria es un vial de la llama de iluminación. Es el aceite de esa llama y es el aceite de sabiduría.

Sed los inteligentes, amados. Porque ¿a dónde iremos a encontrar a otros que sean inteligentes si no entre los que han marchado de los planos físico y mental para investigar las octavas etéricas, que saben en lo profundo de su interior que forman parte de las legiones de Víctory?

¡Salve a vosotros, amados míos! ¡Salve a la luz de Dios!

Aquietaos y sabed que allá donde estéis, está Dios, y llevaréis a cabo todo lo que decidáis llevar a cabo.

[Ovación de pie de 64 segundos. La audiencia da el saludo]:

¡Salve, Poderoso Víctory! ¡Salve, Poderoso Víctory! ¡Salve, Poderoso Víctory! ¡Salve, Poderoso Víctory! ¡Salve, Poderoso Víctory! ¡Salve, Poderoso Víctory! ¡Salve, Poderoso Víctory! ¡Salve, Poderoso Víctory!...

30 de junio de 1994
Corazón del Retiro Interno
Rancho Royal Teton (Park County, Montana)
ECP

40

ID Y ENTREGAD EL FUEGO

¡Ahora YO SOY el que ha venido! Planto semillas de victoria en vuestros corazones, en el corazón de la Tierra como un fuego destellante, como relámpago amarillo. Y así, mis legiones vienen. Atravesamos los planos. Nos movemos por los siglos pasados, los siglos futuros. Y llegamos aquí, al Corazón del Retiro Interno, para saludaros como los victoriosos o los que han decidido ser victoriosos.

[Ovación de pie de 33 segundos].

Gracias. (Tomad asiento).

Os damos la gracias por esta oportunidad, una oportunidad de estar con vosotros, de ayudaros, de fortaleceros y de llamaros a que os identifiquéis con vuestra vocación en la vida. Esta la debéis definir, aunque lo hagáis con las novenas al Gran Director Divino[1] o al Ojo Omnividente de Dios.[2] ¿Quién puede deciros cuál es vuestra vocación excepto el silbo apacible y delicado[3] del interior?

Puede que conozcáis a muchas personas y profesionales que os puedan guiar, asesorar, abrir el camino hacia cierto camino de aprendizaje que culmine en una profesión que pueda defender incluso las ciudadelas de los portadores de luz. Benditos, es trágico que algunos de vosotros no sepáis, o así lo parezca, quién sois o a dónde debierais ir o por qué. Benditos, es importante hacer algo en vez de nada. Que vuestros intentos merezcan la pena, siempre hacia el bien de vuestro prójimo, también hacia vuestro honor en el cuidado de vuestra familia y vuestro país.

DECIDID CON QUÉ VAIS A CONTRIBUIR

Benditos, debéis dar pasos para avanzar, aunque esos pasos sean pequeños. Porque El Morya me ha dicho: «Estas almas deben llegar a ser de manera permanente ese equilibrio del yin y el yang que les dé el sentimiento, la fortaleza interior, la agudeza de la mente para decir: "Voy a dar estos pasos y ya veré a dónde me llevan. Y rezaré todo el tiempo y haré algo en vez de no hacer nada"».

Ese es el mensaje que El Morya desea que os dé. Porque, amados, la vida va avanzando y se mueve con rapidez, y vosotros debéis involucraros. Debéis darlo todo. Debéis involucraros con el cuerpo y la mente y decir: «Voy a estudiar *esto* para poder tener esta habilidad, esta destreza, este arte, esta aplicación tecnológica. Y, por tanto, voy a hacerme útil para mi comunidad, para mi familia. Y en un camino paralelo también voy a buscar mi destino espiritual; y lo pondré primero pero no como lo principal, porque tengo responsabilidades, y esas responsabilidades tienen que ver con mi karma».

Ahora bien, amados, es absolutamente necesario que cuando salgáis de esta conferencia decidáis cuál será vuestro trabajo, cuál será la expresión de la mente, con qué contribuiréis a las generaciones futuras a medida que este mundo gira y la tecnología avanza casi con más rapidez de lo que la gente puede comprender sobre lo que está ocurriendo.

Por tanto, amados, estas son mis palabras introductorias. Porque yo diría que ya es hora de que os pongáis a hacer algo en vez de no hacer nada, aquellos de vosotros que estáis tan poco seguros de vuestro destino. Pues bien, os voy a decir que vuestro destino es llegar a ser un Maestro Ascendido. Y puesto que os resulta difícil entender cómo hacer eso, diría que deberíais correr hacia el corazón de la Mensajera y solicitar formar parte del personal para que podáis daros cuenta de que formáis parte de un llamamiento mucho más grande e inmenso en Dios. Este es un destino eterno y se extenderá por todo el cuerpo planetario. Así, formad parte de una comunidad si no os habéis encontrado a vosotros mismos, y tratad de hacerlo mientras estáis aquí. Porque las épocas van avanzando y los desafíos son grandes.

UTILIZAD LA CIENCIA DE LA PALABRA HABLADA PARA HABLAR A OTROS DE LO QUE SABÉIS

Por tanto, nosotros, los victoriosos, hablamos de toda la gente de la Tierra y, específicamente, de los portadores de luz que tienen la llama violeta. Estoy seguro de que comprendéis que muchos en la década de 1930 conocieron la llama violeta.[4] Pero con la desaparición de los Ballard, no ha habido una proliferación tal de la llama violeta excepto a través de esta actividad y a través de esta Mensajera. Otros la han aceptado, pero en ningún otro sitio hemos escuchado un fuego así, una entrega así, una energía, así como la que la Mensajera os ha dado, no solo en los decretos de llama violeta, sino durante esta conferencia.

Debéis comprender que este es el significado de la determinación: tanto si uno está bien como si está enfermo, tanto si uno está débil como si está cansado, uno va y entrega el fuego, amados, y ese fuego nunca nos falla. Por tanto, amados, la determinación, no el enorme poder del cerebro, sino una voluntad absoluta, un enfoque absoluto que diga: «Saint Germain me necesita para esta causa. Allá voy».

Ahora bien, *a nosotros* también nos gusta escuchar eso mismo de vosotros. Y si no podéis descifrar las cosas, bien, uníos a nuestros grupos este verano. Salid de viaje. Venid a conocer a gente que necesite lo que vosotros tenéis. Sentid esa autoestima al poder entregar las enseñanzas de la llama violeta. Los que prefieran quedarse aquí, perfecto; también aprenderéis mucho. Pero os digo que no hay nada como conocer a gente para decidir *qué* es lo que uno quiere ser, *quién* quiere ser y quién *no* quiere ser, en base a las interacciones que uno tenga.

Si no habéis hablado en público o si habéis sentido timidez para hablar solo ante unas cuantas personas, yo digo que lo superéis. Porque El Morya es vuestro defensor. Él, junto con Saint Germain y el Maha Chohán, os han dado la ciencia de la Palabra hablada. Sí, la ciencia de la Palabra hablada. La podéis usar con los decretos, amados, pero también la debéis utilizar para hablar a otras personas de lo que sabéis y lo que lleváis dentro.

No dudéis de la gente. Si vuestro Santo Ser Crístico os mueve en ese sentido, si sentís en el corazón el impulso de hablar de un tema, quizá un tema sencillo sobre la llama violeta, quizá un tema de la presencia interior de Dios, algo de lo que podáis hablar, que no sea demasiado profundo, demasiado complicado, que no haga que la gente se marche asustada, empezaréis a romper el hielo en vosotros mismos. Empezaréis a saber cómo hablar a la gente; al principio con sencillez, quizá incluso con titubeos. Pero al ver cómo responde la gente ante vosotros y cómo recibe vuestro mensaje, os daréis cuenta de que sabéis mucho más con solo conocer a vuestra Presencia YO SOY, la ley del karma, la ley de la reencarnación, quién sois y quién creéis haber sido en una vida anterior.

MERCURIANOS TANTO DENTRO COMO FUERA DE ESTA ORGANIZACIÓN

Hay gente de todo el mundo que ni siquiera ha tocado el borde de la vestidura de esta enseñanza. Por tanto, en esta organización hay muchos mercurianos. Hay mercurianos que están al servicio del Dios Mercurio; Hermes Trismegisto se llama. Hay otros mercurianos que viven en su orgullo. A estos también los veréis. Algunos de ellos son presentadores de las noticias de televisión o escriben en los periódicos; habitualmente están en los medios de comunicación. Estos también utilizan su puesto y su poder, pero lo pueden utilizar para manipular la política, para manipular el gobierno, dependiendo de lo que enseñen en las noticias de la noche o en los periódicos del país…

Disfrutan de ese orgullo y de que los consideren grandes hombres, pero algún día también tendrán que ir por el camino de toda la carne. Y algún día deberán volver a hincar la rodilla ante el Salvador vivo Jesucristo y conocer una humildad que no han conocido en esta vida. Bien, amados, lo mismo ocurre en muchas profesiones del mundo, cuando los que escalan hasta la cima creen que son, por así decirlo, los mejores. Puede que traten a los demás con prepotencia. Se vuelven orgullosos, y su orgullo precede a su caída, y con frecuencia fracasan.

Así pues, amados, volviendo al poder de la Palabra hablada, la palabra escrita, las comunicaciones, aquello que podéis recibir por correo electrónico, lo que podéis hacer con las computadoras, comprended que no hay lugar en la Tierra al que no podáis llegar cuando tenéis esa conexión. Comprended esto, amados. Saint Germain os ha traído este sistema de comunicación. Utilizadlo al máximo, porque uno nunca sabe cuándo se encuentra con un alma de luz. Y uno nunca se sabe cuándo lo llamarán para explicar qué es la reencarnación y el karma, qué es la segunda muerte, qué es esto, qué es aquello.[5]

Por tanto, amados, al salir y contar los sentimientos más profundos de vuestro corazón, el amor más grande de vuestro ser por tanta gente a la que veis y conocéis, pero a la que no podéis llegar, llamadme entonces. Llamad a las legiones de Víctory. Nosotros abriremos el camino, nosotros abriremos la boca, nosotros abriremos vuestro corazón. Y os encontraréis siendo uno de los rescatadores y luego uniéndoos a los grupos de Víctory.

PEDID QUE EL ORGULLO DE LOS ÁNGELES CAÍDOS SEA ATADO

Sí, amados, hay grandes victorias que lograr. Hay desafíos que tomar. Y los próximos días pueden ser oscuros por un tiempo; esperamos que no sea demasiado. Sí, amados, muchos deben tener los votos en la Tierra y no saben nada del futuro. Tienen sus votos; los gastan cada día abusando de la ciencia de la Palabra hablada con ira, discusiones, exasperación y movimientos de todo tipo dentro del subconsciente que estallan en la superficie, revelando su verdadera identidad. Y uno se da cuenta: ¿pues cuántos caídos puede haber en los gobiernos de los países de la Tierra? Y uno empieza a preguntarse, al ver el rumbo de las naciones, cuánto mal debe haber en los que empezaron en el primer rayo y luego le dieron la espalda, porque prefirieron seguir a Lucifer, a Satanás o a Belcebú.

Sí, hay muchos caídos que cayeron porque, estando en el primer rayo, asumieron sus puestos de orgullo. Y se consideran más grandes que los demás seres humanos, el resto de las gentes del planeta. Así es como llegaron a ser como son, amados. Y así es como se han movido por la Tierra, destruyendo los gobiernos, las economías de las naciones, todo lo cual corresponde al primer rayo.

Qué importantes es que en vuestros trabajos vayáis tras los ángeles caídos para atar su orgullo. Cuando se rompe el orgullo, amados, ¿qué les queda? Es casi como si fuera un saco de aserrín, y al abrirlo con un corte uno ve que eso es todo lo que contiene, orgullo, aserrín y nada más, pero van por ahí con mucha pompa. Esa pompa, amados, traiciona al Señor Dios, pero también los desenmascara a ellos. Cuidado con los orgullosos, amados; cuidado con ellos.

DISPENSACIÓN DEL GRAN SOL CENTRAL

Ahora, con mis palabras de cierre para vosotros en esta conferencia, quisiera tocar el tema de los niños otra vez; los niños, amados, y vuestras oraciones por ellos antes de que encarnen, cuando están en el vientre y durante el paso de la vida. Ellos son las vides tiernas, las vides tiernas.

He recibido una dispensación del Gran Sol Central para que todos los niños de la Tierra tengan una presencia, única y poderosa, de un ángel victorioso de mis grupos. Este ayudante continuará [con ellos] hasta la edad de treinta y tres años, amados. Un ángel libre en Dios de Víctory, victorioso y poderoso; eso os envío. Y os los envío a vuestros hogares y a los lugares de culto para que podamos ver el resplandor de las llamas amarillas y doradas transformando a todos los países de donde habéis venido.

Con este saludo y este regalo, amados, me inclino ante la luz en vosotros. Llamad a vuestro ángel. Dadle el nombre que deseéis. Luego llamad, llamad y llamad al Señor Dios.

YO SOY el Poderoso Víctory en vuestro corazón para siempre, si me queréis.

[Aplauso de 1 minuto. La audiencia da el saludo]:

¡Salve, Poderoso Víctory! ¡Salve, Poderoso Víctory! ¡Salve, Poderoso Víctory! ¡Salve, Poderoso Víctory! ¡Salve, Poderoso Víctory! ¡Salve, Poderoso Víctory!

¡Salve, Poderoso Víctory! ¡Salve, Poderoso Víctory! ¡Salve, Poderoso Víctory!
¡Salve, Poderoso Víctory! ¡Salve, Poderoso Víctory! ¡Salve, Poderoso Víctory!
¡Salve, Poderoso Víctory! ¡Salve, Poderoso Víctory! ¡Salve, Poderoso Víctory!
¡Salve, Poderoso Víctory! ¡Salve, Poderoso Víctory! ¡Salve, Poderoso Víctory!

7 de julio de 1996
Corazón del Retiro Interno
Rancho Royal Teton (Park County, Montana)

ECP

EPÍLOGO

La Conciencia de la Victoria. Incomparable. Imparable. ¡Indomable!

Ahora que usted ha sentido su esencia optimista y ardiente en estos cuarenta mensajes del cielo, suya es la decisión. El camino terrenal o el camino del Poderoso Víctory. La conciencia del fracaso o la Conciencia de la Victoria.

Si estos mensajes le han tocado el corazón, si ha intentado decir las afirmaciones de la victoria y ha sentido su poderoso impulso, si se siente atraído hacia las aceleradas espirales de Víctory y le cuesta esperar a desatarlas en su vida, despídase del estatus quo y únase a nosotros para la escalada.

Tras estos mensajes hay un movimiento y una organización, The Summit Lighthouse, que está comprometida a barrer la Tierra con la Conciencia de la Victoria.

Ahí encontrará muchas opciones.

Lea nuestros libros clásicos sobre una gran gama de temas espirituales para familiarizarse más con las enseñanzas de los maestros ascendidos y aprender más sobre la ciencia de la Palabra hablada, la ciencia espiritual que hay detrás de los mantras y afirmaciones de este libro.

Estudie la ley cósmica y las verdades de la vida en Summit University®, que ofrece una plétora de cursos transformativos en línea, así como unos seminarios fascinantes que se celebran anualmente alrededor del mundo.

Hágase miembro de la Fraternidad de Guardianes de la Llama®, dedicada a guardar la llama por una humanidad muy necesitada de un conocimiento más profundo sobre el propósito de aquello tan hermoso a lo que llamamos vida.

Cada una de estas opciones se describe con detalle en las páginas a continuación de las notas. Esperamos que nos acompañe, porque la fuerza de un impulso hacia adelante consiste en las llamas del corazón unidas de quienes creen en ese impulso. Sin embargo, si usted prefiere ir solo, lo aplaudimos a cada paso que dé hacia la Conciencia de la Victoria y le deseamos lo mejor.

Así es que, sí, la decisión es toda suya. Que sea por la Victoria; ¡y que usted gane siempre!

NOTAS

Prólogo
1. *The "I AM" Discourses (Los discursos del "YO SOY"),* del Poderoso Víctory (Chicago, Ill.: Saint Germain Press, 1949), págs. 3-4, 279.
2. Ibid., pág. 272.
3. Éxodo 3:13-15.
4. "Aum Tat Sat Aum" es un antiguo mantra hallado en los textos y el culto hindú. *La enciclopedia de filosofía y religión oriental* explica que estas palabras sánscritas significan, literalmente, "¡Om! Eso es el Ser". *Eso* se refiere a Brahmán, el ser Absoluto, que se manifiesta como la creación (pág. 255).

Breve introducción al Poderoso Víctory y las huestes ascendidas
1. Godfré Ray King, *Unveiled Mysteries (Misterios desvelados)* (Shaumburg, Ill.: Saint Germain Press, 1982), pág. 247.
2. *The "I AM" Discourses (Los discursos del "YO SOY"),* del Poderoso Víctory, págs. 3-4.
3. Justina, "The Forgiveness of Eve" ("El perdón a Eva"), 1ª parte, *Perlas de Sabiduría* del año 2000, vol. 43, nº. 20, 14 de mayo de 2000.
4. Always Víctory! (¡Siempre victoria!, capítulo 36, págs. 316-17).
5. "¡El juego se llama Victoria!", capítulo 18, pág 161.
6. "¡Saludos indómitos de victoria cósmica!", capítulo 14, pág 134.
7. "Una espiral para la victoria Crística", capítulo 21, pág 187.

CAPÍTULO 1
1. Mark Prophet explicó que la historia de Rut y Booz del libro de Ruth simboliza la relación correcta entre el alma y la Presencia YO SOY.
2. Juan 14:12.

CAPÍTULO 2
Cita inicial: 2 Pedro 1:3, 4.
1. Véase Pablo el Veneciano, 3 de septiembre de 1961, "O God, Help Me!" ("¡Dios,

ayúdame!"), *Perlas de Sabiduría* de 1992, vol. 25, n.º 53, 29 de diciembre de 1992, págs. 489-94.
2. Salmos, 82:6; Juan 10:34.
3. Juan 8:32.
4. Los maestros ascendidos dicen que no es necesario elevar el cuerpo físico para ascender. El alma puede salir de la espiral mortal, remontar el vuelo y ser trasladada mediante el proceso de la ascensión, mientras que los restos físicos se pueden consignar al fuego sagrado mediante el ritual de la incineración. Aunque existen casos de ascensiones físicas que constan en las escrituras (Enoc, Elías, Jesucristo; véase Génesis 5:24; Hebreos 11:5; 2 Reyes 2:1; Marcos 16:19; Lucas 24:51; Hechos 1:9), la ascensión física exige que el karma se haya saldado un 100 por cien, mientras que mediante la dispensación de la era de Acuario la Gran Ley exige el saldo de un 51 por ciento del karma, dándole así al alma la posibilidad de que salde el 49 por ciento restante después de la ascensión. En tal caso, el proceso de la ascensión casi nunca es físico, pero es igual de real, y un clarividente o los que están capturados en la percepción extrasensorial del Espíritu Santo, podrán observarla. Véase Serapis Bey, *Dossier on the Ascension (Actas de la ascensión)* (The Summit Lighthouse); y Mark L. Prophet y Elizabeth Clare Prophet, "Your Ultimate Destiny" ("El destino final de ustedes"), en *The Spiritual Quest,* Sacred Adventure Series 1 (*La búsqueda espiritual,* serie "La aventura sagrada") (Summit University Press), capítulo 7.
5. 1 Juan 3:2.
6. La civilización y las oleadas de vida del planeta Venus hace mucho que lograron la iluminación y la paz de una era de oro. Su conciencia y evolución existe en otra dimensión del plano físico que se corresponde con la de la octava etérica. Muchas de las personas más iluminadas de las evoluciones de la Tierra —inventores, artistas y videntes— han venido a la Tierra procedentes de este plano superior de conciencia para transferir las bendiciones del dominio Divino a las oleadas de vida de nuestro planeta.
7. Aquí se le dice al devoto que no adore al yo inferior, sino al Yo Superior o poderosa Presencia YO SOY, la Presencia de Dios individualizada para cada hijo e hija de la luz.

CAPÍTULO 3
1. Mateo 6:28; Lucas 12:27.
2. El Poderoso Víctory se refiere a las pinturas que se encuentran en *Los discursos del YO SOY,* del Poderoso Víctory.

CAPÍTULO 4
1. Juan 1:29.
2. Filipenses 4:7.
3. Marcos 4:39.
4. Génesis 6:4.
5. Emile Coué (1857-1926), psicólogo francés.
6. Mateo 8:10, 9; Lucas 7:9, 8.
7. Juan 14:2.

CAPÍTULO 5
1. Lucas 2:14.
2. Juan 14:27.

CAPÍTULO 6
1. Mateo 28:9.
2. Génesis 1:27.
3. Lucas 15:7.
4. Salmos 2:7; Hechos 13:33; Hebreos 5:5.
5. Marcos 1:11.
6. La Crisis de los misiles de Cuba se resolvió a finales de noviembre de 1962, y se hizo un importante progreso hacia el Tratado de Prohibición de los Ensayos Nucleares, que se acabó firmando el 5 de agosto de 1963.
7. Véase Lucas 18:5.
8. Véase Apocalipsis 3:20.
9. Mateo 24:40, 41.
10. Juan 5:25.
11. El Poderoso Víctory aquí se refiere a la estrella de seis puntas de crisantemos colocada sobre el altar.

CAPÍTULO 8
1. En un dictado dado a través de Elizabeth Clare Prophet del 19 de marzo de 1995, Saint Germain dijo: "Mi querida está presente hoy, mi amada Anita Buchanan, que celebra sus noventa años. Ella conoce el significado de los días, los tiempos y las estaciones, y fue ella quien, como Isabel la Católica, proveyó los fondos para que yo hiciera el viaje a las Indias Occidentales. Por tanto, me inclino ante esta bendita alma de luz. Y le doy mi amor y mi compromiso para la hora de su victoria".
2. Hechos 9:5; 26:14.
3. La historia de David Lloyd se encuentra en *Misterios desvelados* (Chicago: Saint Germain Press, 1939), págs. 236-42.

CAPÍTULO 9
1. Salmos 121:1, 2.
2. Deuteronomio 6:4.
3. En las escrituras consta que Jesús fue llevado al cielo en una nube. Esto se denomina comúnmente la ascensión de Jesús. Sin embargo, los maestros ascendidos han revelado que Jesús vivió muchos años después de ese acontecimiento y que ascendió desde Cachemira después de fallecer a la edad de 81 años.
4. Mateo 28:20.
5. Hechos 1:11.

CAPÍTULO 10
1. Judas 13.
2. Véase Apocalipsis 1:16, 20; 2:1; 3:1; 6,13; 12:4.

3. El 2 de julio de 1966, Orión, el Anciano de las Montañas, habló del intento de las fuerzas oscuras de socavar tanto la economía como los valores de los Estados Unidos. Orión señaló que, si los valores eternos no se mantenían, los niños de Dios en los Estados Unidos no serían capaces de mantener su libertad.
4. 1 Samuel 3:1-18.

CAPÍTULO 11

1. Salmos 16:10.
2. 2 Pedro 2:14, 15.
3. Jonás 1:17.
4. Lucas 22:44.
5. Juan 20:29.
6. Véase "El Retiro Royal Teton" en *The Masters and Their Retreats (Los Maestros y sus retiros),* de Mark L. Prophet y Elizabeth Clare Prophet (The Summit Lighthouse).
7. Mateo 4:3, 6; Lucas 4:3, 4, 9-11.
8. Lucas 4:8; Mateo 4:4.
9. Génesis 19:4.
10. Génesis 17:19; 18:13.
11. Génesis 18:15.
12. Romanos 12:19.
13. Hebreos 12:6.
14. Proverbios 9:10.
15. 1 Juan 4:18.
16. Dos mensajes cifrados, contenidos en las obras de varios escritores isabelinos y en las ediciones originales de las obras de Shakespeare, revelan que Francis Bacon fue el autor de las obras atribuidas a William Shakespeare. Véase Virginia M. Fellows, *The Shakespeare Code (El código de Shakespeare)* (The Summit Lighthouse).

CAPÍTULO 12

Este dictado del Poderoso Víctory está publicado en forma de afirmaciones como decreto 22.04: «El modo de vida de la Victoria», en *Oraciones, meditaciones y decretos dinámicos para la transformación personal y del mundo,* disponible en la librería de www.SummitLighthouse.org.

1. Thomas More, *A Dialogue of Comfort (Diálogo para el consuelo),* en *The Complete Works of St. Thomas More (Las obras completas de Thomas More),* ed. Louis L. Martz y Frank Manley (New Haven: Yale University Press, 1976) 12:155.
2. Apocalipsis 7:17; 21:4.
3. Salmos 82:6; Juan 10:34.

CAPÍTULO 13

1. Véase el perfil de Saint Germain (que fue el "Hombre Maravilla de Europa") en *Los Maestros y sus retiros,* de Mark L. Prophet y Elizabeth Clare Prophet.

CAPÍTULO 14
1. Asha es una de las seis deidades del Zoroastrismo, asistentes de Ahura Mazda. Asha representa la rectitud personificada.
2. Salmos 24:1.
3. 1 Juan 4:4.
4. Lucas 15:7.
5. 2 Timoteo 2:15.

CAPÍTULO 16
1. Véase Mateo 20:1-16.
2. Juan 10:30.
3. Apocalipsis 19:10; 22:9.

CAPÍTULO 17
1. Salmos 91:10.
2. Lucas 23:43.
3. Salmos 46:10.
4. Mateo 24:40.
5. Véase "The Initiation of the Ten" ("La iniciación del diez"), *Perlas de Sabiduría* de 2000, vol. 43, n°. 7, 13 de febrero de 2000.
6. 1 Corintios 15:53.
7. En la década de 1920 se hizo popular la música jazz y sus estilos de baile, especialmente en los Estados Unidos.
8. La guerra de Yom Kipur acababa de comenzar en la escena mundial el 6 de octubre de 1973. Egipto y Siria lanzaron un ataque sorpresa contra Israel, que después tomó represalias cruzando el canal de Suez para atacar al Tercer Ejército egipcio. La guerra se intensificó hasta producir una grave crisis entre las superpotencias, Estados Unidos y la Unión Soviética, creando una amenaza de guerra nuclear. Sin embargo, con rapidez se llegó a acuerdo, lo cual resultó en un alto el fuego supervisado por las Naciones Unidas el 24 de octubre de 1973.
9. Apocalipsis 12:1.
10. Estos rosarios están disponibles en nuestra librería online. Los rosarios de los siete rayos (uno por cada día de la semana y la noche del domingo) y los rosarios de los cinco rayos secretos (para las noches de los días laborables) se encuentran en *Rosarios escriturales de la Virgen María para la nueva era*, 2 audios MP3. Para obtener los rosarios escriturales de 15 minutos, para niños y adultos, véase *Rosario del Niño a la Virgen María*, 2 audios MP3. Visite la librería en www.SummitLighthouse.org. Estos rosarios también se pueden adquirir como descargas o en formato CD en www.AscendedMasterLibrary.org.
11. Filipenses 2:5.
12. Lucas 21:26.
13. Isaías 21:11.
14. Efesios 6:11.

CAPÍTULO 18
1. 2 Timoteo 2:15.
2. El ángel al que se refiere el Poderoso Víctory se llama Ángel de la Independencia. Ella es un ángel alado y dorado, símbolo de la victoria de México, que está sobre una columna de piedra de 15 metros. La estatua está situada en el centro de la cuarta glorieta del Paseo de la Reforma, en la Ciudad de México.

CAPÍTULO 19
1. El 31 de diciembre de 1973 Gautama Buda entregó la forma de pensamiento de 1974. Gautama Buda dijo: "De la cápsula dorada, de forma esférica, se despliega ante mi mirada la imagen del rostro de Dios Todopoderoso. Y esta forma de pensamiento se pone en el corazón de la Tierra, en el corazón del sol de presión equilibrada. Así, se ha dicho que nadie puede ver el rostro de Dios y vivir [Éxodo 33:20]. Dios dice: 'Ningún hombre podrá ver el rostro de Dios y vivir como un hombre', porque ver ese rostro, esa Imagen Santa, significa ser transformados a imagen de Dios".
2. Véase Apocalipsis 19:20; 20:2, 3.
3. Véase el dictado de Ray-O-Light: "O Fearlessness, How I Love Thee" ("Oh intrepidez, cómo te amo"), *Perlas de Sabiduría* de 1974, vol. 17, n°. 3, 20 de enero de 1974.
4. Salmos 46:10.
5. Mateo 25:40.
6. Hebreos 13:2.

CAPÍTULO 20
1. Mateo 18:6.
2. El 26 de abril de 1975, Lucifer fue hallado culpable de una rebelión total contra Dios Todopoderoso, y fue sentenciado a la segunda muerte por voto unánime de los Veinticuatro Ancianos en la Corte del Fuego Sagrado en la Estrella Divina, Sirio.

CAPÍTULO 21
1. Este dictado del Poderoso Víctory está publicado como decreto 22:02 en el libro de decretos *Oraciones, meditaciones y decretos dinámicos para la transformación personal y del mundo*, disponible en la librería en SummitLighthouse.org.
2. Véase Juan 10:3.
3. Efesios 3:16, 17.

CAPÍTULO 22
1. El Ciclo Oscuro comenzó el 23 de abril de 1969 y marcó el principio de un período de intensificación del retorno del karma individual y colectivo de la humanidad. En este período de transición de la era de Piscis a la de Acuario, la Gran Ley exigió que las evoluciones de la Tierra afrontaran de forma directa los impulsos acumulados de karma personal y planetario que se habían puesto en estado de espera durante

siglos por la gracia de Dios, a través de Jesucristo y otros avatares. Ante la misma propensión hacia la oscuridad que prevaleció antes del Diluvio, cuando «la maldad de los hombres era mucha» y «todo designio de los pensamientos del corazón de ellos era de continuo solamente el mal» (Génesis 6:5), los Señores del Karma implementaron esta acción a fin de impedir un abuso aún mayor de la oportunidad de la vida y prevenir un cataclismo, que podría haber sido la consecuencia final de la creciente marea de pecado en el mundo. El Ciclo Oscuro concluyó el 22 de abril de 2002.
2. Marcos 15:34; Mateo 27:46.
3. Mateo 22:12, 13.
4. Mateo 5:16.
5. Daniel 12:7; Apocalipsis 12:14.

CAPÍTULO 23
1. Mateo 13:30.

CAPÍTULO 24
1. Véase canción 556, "Víctory, oh Víctory", cantada con la melodía de "Gaudeamus igitur", publicada en *Book of Hymns and Songs (Libro de himnos y canciones)*, disponible en la librería en SummitLighthouse.org.
2. Salmos 2:4.
3. Juan 8:44.
4. "Keep Moving! Fearlessness Flame for Personal and Planetary Initiations in 1976" ("¡Seguid avanzando! La llama de la intrepidez para las iniciaciones personales y planetarias en 1976"), de Ray-O-Light, 28 de diciembre de 1975, publicado en las *Perlas de Sabiduría* de 1982, 1er libro, vol. 25, n°. 29, 18 de julio de 1982, págs. 305-13.

CAPÍTULO 25
1. Proverbios 4:7.
2. El Efecto Júpiter se refiere a una teoría propuesta por los científicos John Gribbin y Stephen Plagemann sobre un alineamiento planetario poco común de nueve planetas, alineados visiblemente en el cielo y alcanzando su punto álgido el 10 de marzo de 1982, que serían responsables de un gran movimiento sísmico en la falla de San Andrés, con la consiguiente destrucción de Los Ángeles y otras ciudades de California.
3. Las Fiestas de Mayo coinciden con el Día de la Ascensión de Saint Germain (1684) y con su Día de la Coronación como Jerarca de la Era de Acuario.
4. Las doce jerarquías del Sol rodean el altar central de Alfa y Omega. Están formadas por seres cósmicos y jerarquías solares que actúan como transformadores reductores de las energías de Dios y a las que nos referimos con los nombres de los signos del zodíaco,
5. Estas *Perlas de Sabiduría* de Sanat Kumara están publicadas en el libro *The Opening*

of the Seventh Seal: Sanat Kumara on the Path of the Ruby Ray (La apertura del séptimo sello: Sanat Kumara sobre el Sendero del Rayo Rubí) (The Summit Lighthouse), disponible en la librería en SummitLighthouse.org.
6. Mateo 24:27.

CAPÍTULO 26
1. Juan 1:1.
2. Antes del dictado, la mensajera leyó extractos de una fuente no documentada sobre la vida de Ludwig van Beethoven. Según esa fuente, en una ocasión Beethoven dijo: "Mi reino es el aire. Como el viento, los tonos giran alrededor y con frecuencia se arremolinan en mi alma. Nunca escribí música ruidosa, porque mis obras instrumentales necesitan una orquesta de unos sesenta músicos buenos, y estoy convencido de que solo esa cantidad puede producir las gradaciones rápidamente cambiantes en la interpretación".
3. En sus meditaciones sobre la libertad antes y después de la conferencia, la mensajera dijo que entendía por qué los amigos de la libertad no sobresalían en el cuerpo planetario. "Veo con claridad —dijo. Es el desánimo, la depresión y las fuerzas de la confusión que son contrarias a la libertad. Como un conglomerado de energía y conciencia, son condenación. Y esa condenación se opone a la entrega del estupendo poder de Dios en la línea de las doce del reloj mediante su jerarca, el Gran Director Divino. Por ello decidí hacer un nuevo voto a Dios Todopoderoso, de hacer llamados a diario para atar a las fuerzas de la condenación en cada amigo de la libertad en la Tierra".
4. El "cristal terrible" es la luz purificadora del rayo rubí contenida en el fuego sagrado y la palabra de Sanat Kumara. La mensajera lo describió como "el fuego blanco puro, a veces teñido de amarillo, que lleva consigo el juicio del Señor".
5. Hebreos 4:12.
6. Lucas 12:51.

CAPÍTULO 27
1. Hebreos 11:1.
2. El 2 de julio de 1981, durante *Un Retiro Interno,* el Arcángel Miguel clavó su espada de llama azul "en el corazón de los Estados Unidos, haciéndola así congruente con el arco de San Luis", la ciudad sobre la cual tienen un retiro etérico el Arcángel Chamuel y la Arcangelina Caridad. "Comprended que es un punto de encuentro con el que el amor en el corazón del arcángel del primer rayo converge con el poder de Dios". Véase Arcángel Miguel, "I AM for the Union" ("YO SOY partidario de la Unión"), *Perlas de Sabiduría* de 1981, vol. 24, n.º 31, 2 de agosto de 1981, págs. 333, 34.
3. Se refiere al desfile anual del Día de la Independencia con carrozas, coreografía y lecturas vivaces y dramáticas de los estudiantes de todo el mundo. El desfile incluyó la carroza ganadora del segundo premio "El Caribe", patrocinada por los Hijos e Hijas de los grupos de estudio de Afra de la zona de Los Ángeles, que soltaron "llama violeta" (humo violeta) y nubes de "energía infinita" (globos violeta) para saturar

el Caribe. El primer premio se concedió al Centro de Enseñanza de la Ciudad de Washington por su exposición sobre el tema "¡Reclamo el manto!", que incluyó lecturas de Guardianes de la Llama representando a George Washington, Abraham Lincoln, John Kennedy y Ronald Reagan, así como una representación colorida de la Diosa de la Libertad, Porcia, la poderosa Águila Azul y la Espada Flamígera.

4. ¡Se pueden obtener más enseñanzas sobre las llamas gemelas en los seminarios *"Twin Flames in Love!"* *("¡Llamas gemelas enamoradas!")* del 10-12 de marzo y 21-24 de abril de 1978, disponibles en *Llamas gemelas enamoradas,* y en las *Perlas de Sabiduría* de 1978, vol. 21, n.º 34-37, págs. 177-246. Véase también Gautama Buda, 5 de abril de 1980, "Keeping the Light of the Guru-Chela Relationship and the Cosmic Integration of Twin Flames" ("Guardar la luz de la relación Gurú-chela y la integración cósmica de las llamas gemelas"), *Perlas de Sabiduría* de 1980, vol. 23, n.º. 23, 8 de junio de 1980, págs. 139-44.

5. El 18 de abril de 1981 Gautama Buda vino para "conectar con un arco la llama de Shambala con el Retiro Interno como la morada occidental de los Budas y bodhisattvas y los futuros bodhisattvas que son los devotos de la luz de la Madre". Véase *Perlas de Sabiduría* de 1981, 1er libro, vol. 24, n.º. 20, 17 de mayo de 1981, págs. 226, 227.

6. Se refiere a la transferencia de la luz de la ascensión, el "campo energético de Lúxor", al corazón de la mensajera, el 28 de diciembre de 1979. Véase Serapis Bey, "Start a Flame of Purity" ("Iniciad una llama de la pureza"). Esto también se refiere a cuando la mensajera saldó todo su karma, anunciado por Saint Germain el 5 de noviembre de 1980: "Ante la presencia de esa luz del cien por cien de ese karma saldado, existe la oportunidad para todo el Espíritu de la Gran Hermandad Blanca de afianzar, a través de la mensajera, innumerables impulsos acumulados de luz, victoria y libertad, aun siendo ella capaz de cargar con una medida extraordinaria de vuestro karma personal, lo cual ella se deleita en hacer para veros acelerar en el Sendero ¡y que vosotros también podáis lograr la victoria!". Véase Saint Germain, "A Victory Celebration: Almighty God Is the Winner!" ("Celebración de la victoria: ¡Dios Todopoderoso es el vencedor!"), *Perlas de Sabiduría* de 1981, vol. 23, n.º. 46, 16 de noviembre de 1980, pág. 304.

7. *indulgencia:* en el catolicismo romano, remisión parcial o plenaria del castigo temporal por los pecados cuya culpabilidad y castigo eterno ya han sido perdonados; habitualmente concedida a cambio de oraciones y actos devocionales. El abuso de las indulgencias a finales del período medieval, cuando las indulgencias se podían obtener mediante contribuciones monetarias, fue lo que instigó la Reforma Protestante.

8. Saint Germain ha dicho que él tomó "dos millones de decisiones correctas" durante cientos de miles de años de servicio por la Tierra y sus evoluciones, antes de ascender en 1684.

9. Hechos 2:1.

10. Se refiere a *La Clase de los Arcángeles,* 28 de diciembre de 1980 a 1 de enero de 1981, Cámelot. Véase *Perlas de Sabiduría* de 1981, 1er libro, vol. 24, n.º. 4-15, págs. 43-186. Durante la conferencia, el Arcángel Zadkiel anunció: "Benditos corazones, ¡este es un gran momento! Y por eso *La Clase de los Arcángeles* se convocó: para

que podamos entregar, a través del plano etérico, en el cuerpo etérico de nuestros estudiantes, ciertas redes, campos energéticos e impulsos acumulados de luz que serán la base de la era de oro" (vol. 24, n°. 6, 8 de febrero de 1981, pág. 70).

11. Se refiere a la *Clase Libertad de 1961* (1 a 4 de julio), la primera conferencia de Summit Lighthouse a la que asistió la mensajera Elizabeth Clare Prophet.

12. Se refiere a la dispensación anunciada por Kuan Yin el 3 de julio de 1981: "En este cuerpo planetario un número suficiente de chelas de los maestros ascendidos encarnados, con un impulso acumulado de luz considerable, posibilitan que la voluntad de los portadores de luz colectivamente... anule aun la mayoría de la conciencia de las masas con su voluntad de autodestrucción y muerte... La mayoría de la luz en la Tierra, no en números sino en logro, será el factor determinante en nuestros juicios para el resto de esta década". Véase *Perlas de Sabiduría* de 1981, vol. 24, n°. 33, 16 de agosto de 1981, pág. 354.

13. Salmos 24:1.

14. El nombre *Jeremías* significa literalmente "¡Yahweh lanza!». El 3 de julio de 1981, durante *Un Retiro Interno,* la mensajera dio la conferencia "Jeremiah: Heartbeat of Freedom" ("Jeremías: latido del corazón de la libertad"), primera de una serie de conferencias sobre el profeta Jeremías, continuada durante el *Seminario de los Instructores del Mundo* (6 a 19 de julio de 1981). Conferencia disponible en Ascended Master Library.

CAPÍTULO 28

1. Antes de este dictado, la mensajera leyó los pasajes bíblicos de Marcos 14:1-25; Juan 13; Marcos 14:26-72 sobre la Última Cena y cuando Pedro negó a Cristo. Véase también Mateo 26:31-35, 69-75; Lucas 22:31-34, 54-62; Juan 18:15-18, 25-27.

2. *Vigilantes* y *Nefilim:* véase *Perlas de Sabiduría* de 1983, vol. 26, n°. 24, 12 de junio de 1983, pág. 207, n. 1.

3. Mateo 26:56; Marcos 14:50.

4. En el poema épico de Alfred Tennyson, *Idylls of the King (Idilios del rey)* (1985), el rey Arturo (una encarnación del maestro ascendido El Morya) habla a sus caballeros, que han jurado buscar el Grial: "'Ah, Galahad, Galahad'", dijo el rey, "'para aquellos / como tú es la visión, no para ellos. / Oh caballeros míos, / vuestros asientos vacíos a mi lado, / mientras perseguís fuegos errantes / ¡perdidos en la ciénaga! Muchos de vosotros, sí, la mayoría, / no volveréis'". A pesar de su advertencia, los caballeros se embarcan; y cuando solo vuelven unos pocos, Arturo se vuelve a lamentar: "¿Acaso fui un profeta demasiado sombrío cuando dije / a los que fueron a la Santa Búsqueda, / que la mayoría perseguirían fuegos errantes, / a los que he perdido para siempre? / El rey debe proteger / a los que rige, y / no puede separarse del campo asignado / antes de terminar el trabajo...". La corte de Arturo, debilitada por la ausencia de sus caballeros, se dividió, lo cual llevó a la destrucción de Cámelot y la muerte del rey.

5. Tal como la Virgen María se lo enseñó a la mensajera Elizabeth Clare Prophet, las doce líneas del reloj cósmico corresponden a las doce jerarquías solares, acompañadas de cualidades Divinas. Véase Elizabeth Clare Prophet, *The Great White*

Brotherhood in the Culture, History, and Religion of America (La Gran Hermandad Blanca en la cultura, historia y religión de los Estados Unidos), págs. 173-206; y *Predict Your Future: Understand the Cycles of the Cosmic Clock (Predice tu futuro. Astrología de la Madre Divina);* Porcia Ediciones.
6. Isaías 14:12.
7. María, la Madre de Jesús y Reina de los Ángeles, es el complemento divino (arcangelina) del Arcángel Rafael. Los dos sirven juntos en el quinto rayo (verde) de la verdad. Cuando Dios eligió a María para que encarnara en la Tierra y diera a luz al Cristo, el Arcángel Rafael permaneció en los planos del Espíritu, manifestando el equilibrio del flujo entre el cielo y la tierra, "como Arriba, así abajo". La Arcangelina María cuenta su experiencia junto a Rafael ante el trono de Alfa y Omega en el capítulo 10 de *Vials of the Seven Last Plagues (Viales de las siete últimas plagas)*, págs. 66-68, The Summit Lighthouse, edición en rústica. Véase también Mark L. Prophet y Elizabeth Clare Prophet, *Mary's Message for a New Day (El mensaje de María para un nuevo día)* (The Summit Lighthouse), págs. 33-46 (¡título anterior, *My Soul Doth Magnify the Lord! [¡Mi alma engrandece al Señor!]*, págs. 25-39).
8. Marcos 14:72.
9. Antes de la victoria de los Aliados en 1945, que llevó a su término la Segunda Guerra Mundial, el Primer Ministro Winston Churchill, el Presidente Franklin Delano Roosevelt y el Premier Josef Stalin se reunieron en Yalta (4 a 11 de febrero de 1945). Los "tres grandes" tomaron decisiones trascendentales sobre el mundo de la posguerra. Dieron el visto bueno a unos planes para la creación de las Naciones Unidas y acordaron dividir Alemania en cuatro zonas militares, a ser ocupadas y controladas por Estados Unidos, Gran Bretaña, la Unión Soviética y Francia. A cambio de la promesa de Stalin de entrar en guerra contra Japón, Churchill y Roosevelt acordaron poner la República del Pueblo de Mongolia bajo protección soviética y entregar a los soviéticos las islas Kuril, la mitad sur de la isla Sakhalin, una zona de ocupación en Corea y ciertos derechos en Manchuria. Bajo los términos del Pacto de Yalta, Churchill y Roosevelt cedieron finalmente el control de Manchuria a los soviéticos, allanaron el camino para la victoria de los comunistas chinos contra Chiang Kai-shek, el líder chino nacionalista, y abrieron la puerta a la agresión comunista en Corea. Las decisiones a las que llegaron en Yalta permitieron la ocupación soviética de Berlín Oriental y Alemania Oriental, así como la creación de los gobiernos comunistas en los países de Europa oriental de Polonia, Checoslovaquia, Yugoslavia, Hungría, Rumanía y Bulgaria. En breve, Roosevelt y Churchill* confiaron la seguridad de ochenta millones de europeos orientales y cientos de millones de chinos a la Unión Soviética, lo cual dio como resultado el asesinato de millones de guerreros por la libertad en esos países. En su libro *FDR: The Other Side of the Coin (FDR: la otra cara de la moneda)*, Hamilton Fish afirma que la entrada de Estados Unidos en la Segunda Guerra Mundial la inició Roosevelt durante las negociaciones de paz con Japón, cuando eludió al Congreso y emitió un

---

*Elizabeth Clare Prophet explicó (10 de octubre de 1992) que Roosevelt y Churchill tenían puntos de vista muy diferentes sobre la Europa de la posguerra, que Churchill se opuso en privado al acuerdo de Yalta, pero lo apoyó públicamente para no poner en peligro su alianza con Estados Unidos.

ultimátum secreto de guerra al Emperador Hirohito, el 26 de noviembre de 1941. El ultimátum exigía que Japón, inmediatamente, "retirara todas las fuerzas militares, navales, aéreas y policíacas de China e Indochina, que no apoyara a ningún otro gobierno… en China excepto a Chiang Kai-shek" y, en efecto, que aboliera el pacto de Japón con los poderes del Eje. La mañana del 7 de diciembre, Japón respondió a la amenaza de Roosevelt con el bombardeo de la mayor parte de la flota estadounidense estacionada en Pearl Harbor, lo cual dio como resultado la muerte de 2.280 militares estadounidenses, 68 civiles y la destrucción de 19 navíos y 188 aviones. Catorce horas antes de este ataque, Roosevelt se enteró de la invasión planeada por los japoneses, pero prefirió guardar silencio.
10. Los maestros ascendidos enseñan que los siete rayos de Dios se magnifican en correspondencia con los siete días de la semana: sábado, séptimo rayo (violeta) de la libertad; domingo, segundo rayo (amarillo) de la sabiduría; lunes, tercer rayo (rosa) del amor; martes, primer rayo (azul) de la voluntad de Dios; miércoles, quinto rayo (verde) de la verdad; jueves, sexto rayo (morado y oro) de la paz; viernes, cuarto rayo (blanco) de la pureza.
11. Mateo 27:15-26; Marcos 15:6-15; Lucas 23:13; Juan 18:39-19:16.

CAPÍTULO 29

1. Deuteronomio 7:6; 14:2, 21; 26:19; 28:9; Isaías 62:12.
2. Apocalipsis 20:14; *Clases de la Corona*, de Jesús y Kuthumi (The Summit Lighthouse), págs. 193-99.
3. En preparación para el dictado, la mensajera leyó los capítulos 61 y 62 de Isaías que contienen su profecía sobre el día de la venganza de nuestro Dios y la renovación de Israel.
4. El 8 de mayo de 1983 Jesús dio un dictado sobre el Monte de la Ascensión, en Cámelot, en el que declaró su Segunda Venida: «Por tanto, vengo en el Segundo Adviento con nubes de gloria, con huestes del Señor, y con luz. Y ese Segundo Adviento es como la aparición de la señal del descenso de toda la cadena del Ser Crístico, de Sanat Kumara, Gautama Buda, el Señor Maitreya y yo mismo, por tanto, encarnando esta Palabra en la mensajera con un fin santo… He venido porque es la hora del Segundo Adviento… ¡la venida del Señor, Justicia Nuestra en vosotros!». Véase *Perlas de Sabiduría* de 1983, vol. 26, n° 43, 23 de octubre de 1983.
5. Mateo 6:5, 6.
6. Isaías 2:12; 13:6, 9, 13; 34:8; 61:3; 63:4; Jeremías 46:10; Ezequiel 30:3; Joel 1:15; 2:1, 31.
7. Salmos 139:7-10.
8. Filipenses 3:14.
9. Jesús y Kuthumi, *Lecciones de la Clase de la Corona*.
10. Mateo 20:16; 22:14.
11. Mateo 7:13, 14.
12. Mateo 17:1-9; Marcos 9:2-9; Lucas 9:28-36; Elizabeth Clare Prophet, "Healing through the Transfiguration" ("Curación a través de la transfiguración"), en Jesús y Kuthumi, *Lecciones de la Clase de la Corona,* después de la pág. 118.

CAPÍTULO 30

1. En referencia a la cuarta visión —el hombre con el cordel de medir—, la interpretación del reverendo C. I. Scofield sobre Zacarías 2 citada al principio de esta *Perla* y la siguiente, es esta: "En Zacarías 1:8-11, el 'hombre' del primer versículo es 'el ángel que hablaba conmigo' del tercer versículo. El cordel (o junco) de medir es utilizado por Ezequiel (Ezequiel 40:3, 5) como símbolo de la preparación para reconstruir la ciudad y el templo en la era del reino. Aquí también tiene ese significado, como muestra el contexto (versículos 4-13). El tema de la visión es la restauración de la nación y la ciudad. Esta profecía no se ha cumplido en ningún sentido. El orden es: 1) El señor en gloria en Jerusalén, v. 5 (cfr. Mateo 24:29, 30); 2) la restauración de Israel, v. 6; 3) el juicio de Jehovah a las naciones, v. 8, 'tras la gloria' (Mateo 25:31, 32); 4) toda la bendición de la Tierra en el reino, vs. 10-13" (*The Scofield Reference Bible,* pág. 966, n. 3).
2. Véase Mateo 16:18.

CAPÍTULO 31

Antes de este dictado la mensajera leyó extractos de Mateo 21:1-7 y Juan 12:17:50.
1. Génesis 14:18; Salmos 110:4; Hebreos 5:5-10; 6:20; 7. Para obtener más enseñanza sobre el tema del sacerdocio de Melquisedec, véase:
   - Elizabeth Clare Prophet, 23 de marzo de 1978, "The Mystery of the Priesthood of Melchizedek" ("El misterio del sacerdocio de Melquisedec"), en *The Second Coming of Christ II (La Segunda Venida de Cristo II);* conferencia disponible en Ascended Master Library (AML).
   - Kuthumi, 30 de junio de 1978, "Revolutionaries for the Coming Revolution: An Outer Order of the Priesthood of Melchizedek" ("Revolucionarios para la revolución venidera: una orden del sacerdocio de Melquisedec"), en "Find Your Way Back to Me" ("Encontrad el camino de vuelta a mí"), en AML.
   - Elizabeth Clare Prophet, 24 de enero de 1982, "The Story of Our Father Abraham and of His Chela and of His Guru" ("La historia de Abraham, de su chela y de su gurú") y "The Apostle Paul on the Priesthood of Melchizedek" ("El apóstol Pablo sobre el sacerdocio de Melquisedec"), en In the Heart of the Inner Retreat (En el Corazón del Retiro Interno) 1982, en AML.
   - La amada Mensajera, 15 de febrero de 1986, "Christ the High Priest" ("Cristo, Sumo Sacerdote"), *Perlas de Sabiduría* de 1986, vol. 29, n° 29, 14 de junio de 1986, págs. 281-85.
   - Arcángel Zadkiel, 25 de mayo de 1986, "The Priesthood of the Order of Melchizedek" ("El sacerdocio de la Orden de Melquisedec"), *Perlas de Sabiduría* de 1986, 2° libro, vol. 29, n° 57, 9 de noviembre de 1986, en The Healing Power of Angels (El poder curativo de los ángeles), Vancouver (B.C.), en AML.
   - Saint Germain, 28 de mayo de 1986, "The Intercession of the Priesthood of Melchizedek" ("La intercesión del sacerdocio de Melquisedec"), *Perlas de* Sabiduría de 1986, 2° libro, vol. 29, n° 58, 10 de noviembre de 1986, dictado en AML.
   - El Maestro Ascendido Melquisedec, "To Sup with You in the Glory of Christ" ("Cenar con vosotros en la gloria de Cristo") y Elizabeth Clare Prophet, enseñanzas

sobre Melquisedec, "The Subtle Essence" ("La esencia sutil"), 15 de junio de 1986, en AML.
2. Véase Serapis Bey, 28 de diciembre de 1985, "The Descent of the Blue Sphere") ("El descenso de la esfera azul"), *Perlas de Sabiduría* de 1986, 1ᵉʳ libro, vol. 29, n°. 15, 13 de abril de 1986, págs. 121-2.
3. Génesis 3:24.
4. Véase Sanat Kumara, 31 de diciembre de 1084, "The Turning Point of Life on Earth: A Dispensation of the Solar Logoi" ("El punto de inflexión para la vida en la Tierra: dispensación de los Logos Solares"), *Perlas de Sabiduría* de 1985, 1ᵉʳ libro, vol. 29, n°. 17 y 24, 27 de abril y 9 de junio de 1986, págs. 144-45, 219.
5. Juan 12:32.
6. Jeremías 31:34.

CAPÍTULO 32

1. Wésak, 13 de mayo de 1987, marcó la conclusión de la dispensación de diez años para darle la vuelta a la marea anunciada por Gautama Buda en su dictado de Wésak del 2 de mayo de 1977. Véase Gautama Buda, "One Decade for the Turning of the Tide: The Great Central Sun Messengers, the Cosmic Christs, and the Buddhas Come Forth" ("Una década para darle la vuelta a la marea: Los mensajeros del Gran Sol Central, los Cristos Cósmicos y los Budas aparecen"), *Perlas de Sabiduría* de 1978, vol. 21, n°. 28, 9 de julio de 1978, págs. 148-50.
2. Apocalipsis 3:4, 5; 6:9-11; 7:9, 13, 14.
3. Véase la anterior n. 1.
4. 1 Corintios 9:27.
5. Mateo 23:27.
6. Juan 9:5. Véase Arcangelina Esperanza, 2 de enero de 1987, "The Eternal Now Is My Hope" ("El eterno ahora es mi esperanza"), *Perlas de Sabiduría* de 1987, vol. 30, n°. 4, 25 de enero de 1987, pág. 79.
7. 1 Pedro 3:4.

CAPÍTULO 33

1. El 17 de mayo de 1987, la fragata U.S.S. *Stark* de la Marina, de patrulla en el Golfo Pérsico, fue alcanzada por dos misiles Exocet disparados desde uno o dos aviones de combate iraquíes. Treinta y siete marineros estadounidenses murieron en el ataque.
2. Véase Arcángel Jofiel, "The Hour of the Trumpet Judgments" ("La hora de los juicios de las trompetas"), *Perlas de Sabiduría* de 1987, vol. 30, n°. 40, 4 de octubre de 1987, págs. 401-2.
3. Juan 4:35.
4. Apocalipsis 8:1. Véase Saint Germain, "The Opening of the Seventh Seal" ("La apertura del séptimo sello"), *Perlas de Sabiduría* de 1987, vol. 30, n°. 37, 3 de septiembre de 1987. En la conferencia que precedió al dictado de Saint Germain, la mensajera leyó e interpretó Apocalipsis 8-11 sobre la apertura del séptimo sello y los siete juicios de las siete trompetas. Conferencia y dictado del 4 de julio de 1987, disponibles en Ascended Master Library.

5. Mateo 3:10; Lucas 3:9.
6. Deuteronomio 14:2; Tito 2:13, 14; 1 Pedro 2:9.
7. Romanos 8:26, 27.

CAPÍTULO 34
1. Apocalipsis 4:8; 15:4.
2. Juan 14:16, 26; 15:26; 16:7.
3. Efesios 5:14.
4. El don de "un sendero de luz": la luz que es, y es la emanación de la conciencia Crística.
5. Juan 5:25; 10:27, 28.

CAPÍTULO 35
1. *kal:* hindi [sánscrito *kala*], 'tiempo'; *desh:* hindi [sánscrito *desha*], 'lugar', 'espacio'. Véase *The Lost Teachings on Your Higher Self (Las enseñanzas perdidas sobre tu Yo Superior)* (The Summit Lighthouse), págs. 3-40.
2. El 25 de diciembre de 1986, Jesús anunció que el Dios y la Diosa Merú se habían colocado dentro de una esferas doradas y blancas, a ser mantenidas sobre el Rancho Royal Teton, siendo esto su presencia con nosotros (*Perlas de Sabiduría* de 1986, 2º libro, vol. 29, nº. 78, 23 de diciembre de 1986, pág. 682).
3. Esto se refiere a los siete Logos Solares y los siete Santos Kumaras.
4. La palabra utilizada en el original inglés es *starling:* 'pequeña estrella'; *Oxford English Dictionary:* 'habitante de una estrella'.
4. La tradición hindú describe a los Kumaras como los siete (a veces cuatro) hijos nacidos de la mente de Brahma, que conservan eternamente su pureza e inocencia juveniles, y se los conoce como los "jóvenes eternos" o "príncipes". Se dice que Sanat Kumara [sánscrito *sanat*, 'siempre', y *kumara*, 'joven'] es el más prominente de los Kumaras.
6. Véase Gautama Buda, 3 de julio de 1988, "Concerning Maitreya's Mystery School: The Line Is Drawn, the Standard Will Be Kept" ("Sobre la escuela de misterios de Maitreya: Se traza la línea, se mantendrá el estándar"), *Perlas de Sabiduría* de 1988, 2º libro, vol. 31, nº. 67, 9 de octubre de 1988.

CAPÍTULO 36
1. Génesis 2:9; 3:22, 24; Apocalipsis 2:7; 22:2, 14.
2. En su dictado del 8 de agosto de 1988, El Morya anunció que los Señores del Karma no concederían nuevas dispensaciones para sus chelas o para su servicio al mundo. En breve, lo habían enviado "al banquillo" hasta que saldara suficientemente el karma creado por las dispensaciones malversadas o no utilizadas por los chelas y servidores del mundo. Tras un año de esfuerzo intenso en todo el mundo para saldar el karma por parte de los mensajeros y los Guardianes de la Llama juntos, el 8 de agosto de 1989 El Morya anunció que había sido eximido del "banquillo". El Morya dijo que ello fue por la gracia e intercesión de la Virgen María y Kuan Yin,

así como por la extraordinaria devoción de los mensajeros y los chelas.
3. El Dios y la Diosa Merú, Manús de la sexta raza raíz, ocupan su retiro sobre el lago Titicaca, en Sudamérica; y sus cuerpos causales blancos y dorados están focalizados sobre el Racho Royal Teton.
4. El Templo del Sol es el retiro etérico de Helios y Vesta, que se encuentra en el centro del sol físico. El Templo del Sol también es el retiro de la Diosa de la Libertad ubicado en el plan etérico sobre Manhattan (véase *Los Maestros y sus retiros,* de Mark L. Prophet y Elizabeth Clare Prophet, págs. 484-86).
5. El *Rosario del Arcángel Miguel para Armagedón* contiene oraciones, decretos e himnos dedicados a los siete arcángeles y nueve coros de ángeles para la resolución de los problemas que afecten a la familia, las relaciones, la comunidad y el país. Librito y CD. Para obtener más información, visite la librería en SummitLighthouse.org o llame a atención al cliente: 1-800-245-5445 o +1 406-848-9500.
6. *Victoria* es la forma femenina de *Víctor*. Tanto el Poderoso Víctory como su llama gemela aquí están afirmando que son las formas masculina y femenina de la Victoria. El nombre de la llama gemela de Víctory, Justina, se reveló en un dictado que ella dio el 1 de enero de 1978.
7. Para obtener más información sobre el Buda del Rayo Rubí en el corazón de la Tierra, véase *Los Maestros y sus retiros,* de Mark L. Prophet y Elizabeth Clare Prophet.
8. Véase las *Perlas de Sabiduría* de 1988, 2º libro, vol. 31, n°. 80, 26 de noviembre de 1988, pág. 633 nota 19; *Perlas de Sabiduría,* 2º libro, vol. 29, n°. 78, 23 de diciembre de 1986, págs. 681, 682.

CAPÍTULO 37

1. "¡Equilibra la llama trina en mí!", decreto 20.03; n°. 6 en *Lanto, Lord of the Second Ray: Dynamic Decrees with Prayers and New Age Songs for Chelas of the Wisdom of God 1 (Lanto, Señor del segundo rayo: decretos dinámicos con oraciones y canciones de la nueva era para celas de la sabiduría de Dios 1).*
2. Para obtener más información sobre la subida del plano astral, véase *Perlas de Sabiduría* de 1989, vol. 32, n°. 20, 14 de mayo de 1989, pág. 226, nota 2.
3. Apocalipsis 17:14; 19:11-16.
4. "Bienaventurado el varón que soporta la tentación; porque cuando haya resistido la prueba, recibirá la corona de vida, que Dios ha prometido a los que le aman" (Santiago 1:12). Véase Apocalipsis 2:10; 3:11; Mark L. Prophet, *Understanding Yourself (Comprenderse a uno mismo),* págs. 81-82 (ed. bolsillo); Gautama Buda, *Quietly Comes the Buddha (Silenciosamente viene el Buda),* págs. 85-86; Arcángel Miguel, *Perlas de Sabiduría* de 1985, 1er libro, vol. 28, n°. 36, 5 de septiembre de 1982, págs. 343-44; n°. 38, 19 de septiembre de 1982, págs. 373-74; Virgen María, *Perlas de Sabiduría* de 1973, vol. 16, n°. 30, 29 de julio de 1973, págs. 128-29.
5. Malaquías 3:1.
6. Mateo 19:26; Marcos 10:27; Lucas 18:27.
7. Véase Elizabeth Clare Prophet, 26 de mayo de 1975, "The Eightfold Path and the Middle Way of Enlightenment" ("El Sendero Óctuple y el Camino Medio de la iluminación"), en el álbum audio *The Buddha and the Mother (El Buda y la Madre);*

Perlas de Sabiduría de 1988, 2º libro, vol. 31, nº. 63, 25 de septiembre de 1988, pág. 491; nº. 64, 1 de octubre de 1988, págs. 494, 496 nota 3; *Perlas de Sabiduría* de 1983, vol. 26, nº. 21, 22 de mayo de 1983, págs. 166-67.

8. Filipenses 3:14.
9. El documento de Alfa fue firmado y sellado a la 1 de la madrugada, hora de Montana.
10. La serie en audio *Only Mark (Solo Mark)* contiene los dictados de los maestros ascendidos dados a través del mensajero Mark L. Prophet, empezando con el último dictado del 18 de febrero de 1973 y retrotrayéndose hasta 1958.
11. *Perlas de Sabiduría* de 1988, 2º libro, vol. 31, nº. 77, 13 de noviembre de 1988, pág. 584; nº. 78, 19 de noviembre de 1988, pág. 608; nº. 80, 26 de noviembre de 1988, pág. 623.

CAPÍTULO 38

Este dictado lo dio el Poderoso Víctory y su llama gemela, Justina.

1. En su dictado del 27 de junio de 1992, San José pidió que hiciéramos el llamado esa noche para que nos llevaran al Retiro Royal Teton y de ahí los ángeles nos acompañarían a Yugoslavia (véase las *Perlas de Sabiduría* de 1992, 2º libro, vol. 35, nº. 26, 28 de junio de 1992, págs. 373-74).

   Antes del dictado la mensajera y la congregación habían hecho los rituales del Áshram 4 y 5, "Ritual Sagrado para la purificación del alma" y el "Ritual Sagrado para el transporte y la labor sagrada". Estos dos rituales ayudan al alma a prestar servicio al mundo mientras se encuentra fuera del cuerpo durante las horas de descanso. Los rituales están publicados en las *Notas del Áshram (Ashram Notes)*, de El Morya, págs..., y en los *Rituales del Áshram (Áshram Rituals)*, librito, págs... También están disponibles como CD audio D90028 en la librería en Summit Lighthouse.org; y como rituales independientes en Ascended Master Library.

2. El día del dictado del Poderoso Víctory, 28 de junio de 1992, dos fuertes terremotos agitaron el sur de California, donde perdió la vida una persona y docenas más quedaron heridas. El primer terremoto, a las 4:58 hora de California, se registró con una fuerza de 7,4 en la escala Richter. Su epicentro estuvo a unas 80 millas al este de Los Ángeles y se sintió hasta la ciudad de Denver. Después del terremoto se produjeron más de 20 temblores secundarios, uno de los cuales se registró con una fuerza de 6 en la escala Richter. El segundo terremoto, unas tres horas después, a las 8:07, tuvo una magnitud de 7 en la escala Richter y tuvo su centro en las montañas San Bernardino, a unas 20 millas al oeste del primero. Según la sismóloga Kate Hutton, del Instituto de Tecnología de California, en Pasadena, los científicos consideraron si los dos terremotos podían presagiar un temblor aún más potente en la propia falla de San Andreas. El primer temblor se produjo a 25 millas y el segundo a 10 millas de la falla. Los daños más graves aparecieron concentrados en comunidades del desierto al este de Los Ángeles, cerca del epicentro. Las estaciones radiofónicas locales describieron los temblores como "suaves gigantes", porque no causaron grandes daños en ciudades muy pobladas como Los Ángeles, Las Vegas y Palm Springs. (Associated Press y Reuters)

3. El día antes del dictado del Poderoso Víctory, el 27 de junio de 1992, el volcán Mount Spurr, a 80 millas al oeste de Anchorage (Alaska), entró en erupción por

primera vez en 39 años. La erupción fue suficientemente grande para arrojar humo y cenizas a una altura de 5 millas en el aire. (Associated Press y Reuters).

CAPÍTULO 39

El Poderoso Víctory dio este dictado representando la Conciencia del Cristo Cósmico de Todo el Espíritu de la Gran Hermandad Blanca.

1. El Poderoso Víctory, junto con su llama gemela, Justina, dictó con anterioridad el 28 de junio de 1992, en la conferencia *LIBERTAD 1992: Alegría en el Corazón.* Véase el capítulo 38.
2. La llama gemela del Poderoso Víctory apareció en el siglo xx. El 1 de enero de 1978, en la conferencia de Año Nuevo *Dios es Madre,* en Pasadena (California), la amada Justina dio un dictado por primera vez. En ese dictado fundamental titulado "The Forgiveness of Eve" ("El perdón de Eva"), Justina dijo: "Ahora aparezco, porque Dios Todopoderoso ha sopesado estos varios sistemas de mundos y sus evoluciones, y Dios Todopoderoso ha pronunciado que ciertas evoluciones de portadores de luz contienen ahora en sí suficiente conciencia de la victoria del rayo femenino para que yo pueda estar con mi Amado y ser… el punto focal del Dios Padre-Madre con total percepción de la victoria de las evoluciones de esos sistemas. Amados, aquel a quien llamáis Poderoso Víctory es en efecto andrógino, como lo soy yo, como lo es Alfa, como lo es Omega. Pero al aparecer juntos, descendiendo a dimensiones de conciencia cada vez más bajas, traemos un complemento mayor del espectro de esa polaridad cósmica como una polaridad de manifestación para los de evolución inferior. Por tanto, aunque uno se baste en la totalidad, siempre se necesitan las llamas gemelas para la transmutación de un cosmos". El dictado de Justina se encuentra en *God Is Mother (Dios es Madre),* 2º álbum; el dictado está disponible en Ascended Master Library.
2. Deuteronomio 29:4; Isaías 6:9, 10; 29:10; Mateo 13:9-17; Marcos 4:11, 12; Juan 12:37-40; Hechos 28:24-38; Romanos 11:8, 10.
4. Para encontrar *Perlas de Sabiduría* que contengan "se perderán almas", véase las *Perlas de Sabiduría* de 1986, 2º libro, vol. 29, n°. 62, 16 de noviembre de 1986, pág. 546; *Perlas de Sabiduría* de 1989, vol. 32, n°. 24, 11 de junio de 1989, págs. 263-65; n°. 32, 6 de agosto de 1989, págs. 470-71; *Perlas de Sabiduría* de 1990, vol. 33, n°. 39, 7 de octubre de 1990, págs. 507-8; *Perlas de Sabiduría* de 199, vol. 34, n°. 1, 6 de enero de 1991, pág. 12; n°. 11, 17 de marzo de 199, pág. 154; n°. 49, 16 de octubre de 1991, pág. 565; *Perlas de Sabiduría* de 1992, 2º libro, vol. 35, n°. 34, pág. 443; *Perlas de Sabiduría* de 1993, vol. 36, n°. 8, 21 de febrero de 1993, pág. 103; n°. 35, 29 de agosto de 1993, págs. 505-6. Véase también *Perlas de Sabiduría* de 1991, vol. 34, n°. 28, 26 de junio de 91, págs. 372-74; n°. 43, 8 de septiembre de 991, págs. 503-7; *Perlas de Sabiduría* de 1992, 2º libro, vol. 35, n°. 31, 2 de agosto de 192, pág. 416; *Perlas de Sabiduría* de 1994, vol. 37, n°. 16, 17 de abril de 1994, pág. 160.
5. "Qué merece la pena posponerse": véase *Perlas de Sabiduría* de 1994, vol. 37, n°. 30, 24 de julio de 1994, págs. 354-56; n°. 31, 31 de julio de 1994, pág. 370.
6. 1 Corintios 2:7.
7. Mateo 5:5.
8. El Poderoso Víctory y Jesucristo con sus legiones fueron patrocinadores conjuntos

de la sesión de verano de Summit University de 1994. En noviembre de 1993, el amado Jesús anunció: "Para la sesión de verano de Summit University de 1994, el Poderoso Víctory, junto con sus legiones, me acompañará como patrocinador conjunto para la entrega más potente de la llama de iluminación en este siglo y un impulso acumulado sostenido de victoria para todos los portadores de luz hasta el 23 de abril de 2002… En lo que a mí respecta, vengo con el manto y la armadura del Fiel y Verdadero y mis legiones me asisten; y vosotros… Reuníos en la montaña conmigo y los ejércitos del cielo, y juntos haremos un trabajo en nuestro día que *nadie* revertirá".
9. Apocalipsis 19:11-21.

CAPÍTULO 40
1. Para la novena al Gran Director Divino, véase Saint Germain, "Divine Direction for the Path of Your Choosing" ("Dirección de divina para el sendero que escojáis"), en las *Perlas de Sabiduría* de 1975, vol. 18, n.º 32, 10 de agosto de 1975, págs. 159-64, y en el decreto 10.08, "The Great Divine Director" ("El Gran Director Divino"), en *Oraciones, meditaciones y decretos dinámicos para la transformación personal y del mundo*.
2. El decreto 50.05, "Beloved Cyclopea, Beholder of Perfection" ("Amado Ciclopea, observador de perfección"), está grabado a ritmo intermedio y avanzado. Véase la librería en www.SummitLighthouse.org.
3. 1 Reyes 19:12.
4. Saint Germain entregó la dispensación de la llama violeta a principios de la década de 1930 a través de la Actividad YO SOY, que él fundó a través de sus mensajeros Guy y Edna Ballard. En la actualidad ambos están ascendidos y son conocidos y amados como Godfre y Lotus, sus nombres como maestros ascendidos.
5. En un dictado de 1993, El Morya dijo: "La necesidad del momento es que haya portavoces esmerados que puedan estudiar los asuntos y estudiarlos bien y que también puedan estudiar el arte y el oficio de publicar para la población en general los artículos, los capítulos, los libros que puedan proporcionar un conocimiento sobre los pros y los contras de los asuntos, de lo que le pesa al cuerpo planetario y lo que le pesa al cuerpo de la gente… Debéis tener una visión concreta y debéis ser capaces de impartir esa visión…

"Lo que se necesita es un ejército espiritual de portadores de luz que reconozcan que deben estudiar al máximo, conocer los asuntos y ser capaces de hablar de ellos de manera inteligente… Veos a vosotros mismos en áreas especializadas. Uno a uno o en comité, debéis abordar uno de los asuntos centrales de nuestra época y convertiros en expertos de ese tema… Y entonces también debéis blandir la espada del Espíritu como expertos al hacer los decretos dinámicos y al hacer los llamados… Hermes Trismegisto… es el patrocinador de mi sendero y del sendero de los mensajeros y de todos los mercurianos que exponen los escritos de las cosas profundas de Dios, los asuntos públicos, publicando lo que sale de esa mente de brillo diamantino de Dios para la edificación de las razas raíces". (El Morya, 29 junio de 1993, "The Victory of the Will of God: A Cause That Is Right" ("La victoria de la voluntad de Dios: una causa correcta"), en las *Perlas de Sabiduría* de 1993, vol. 36, n.º 41, 9 de septiembre de 1993, págs. 565, 566, 567, 569).

Summit University

Summit University es una escuela de misterios moderna que enseña la ciencia de las religiones del mundo y la verdadera base espiritual de todas las ciencias. Los estudiantes se sumergen en un abanico de temas en los campos de la espiritualidad, la religión, la cultura y las ciencias, pero también experimentan la autotrascendencia a través de la reflexión, la meditación y el aprendizaje interactivo.

En 1971, Mark L. Prophet y Elizabeth Clare Prophet fundaron Summit University en Santa Bárbara (California), a fin de proporcionar cursos sobre temas espirituales y servir de plataforma para la publicación de enseñanzas originales de los Maestros Ascendidos.

Los Maestros Ascendidos son los iluminados, los santos y adeptos de Oriente y Occidente que han hallado la liberación de la rueda del renacimiento. En sus filas hay grandes lumbreras espirituales de las principales religiones del mundo, como el Buda Gautama, Jesucristo, la Virgen María, Krishna, Zaratustra, San Francisco y Bodhidharma.

En la escuela de misterios que ofrece Summit University los maestros enseñan a sus estudiantes a seguir sus pasos, a tener un profundo efecto en el mundo y a reunirse con su fuente divina.

Summit University proporciona una variedad de avenidas de aprendizaje, que incluyen cursos online y seminarios en persona. Nuestra escuela online ofrece cursos de varios niveles, desde algunos breves complementarios hasta estudios académicos exhaustivos. Los estudiantes pueden inscribirse en estudios sobre liderazgo, estudios ministeriales o generales o tomar cursos individuales para obtener créditos o para asistir como oyente. También dirigimos seminarios en varios idiomas en nuestro campus, en Gardiner (Montana) y en lugares designados en todo el mundo. A medida que nuestra universidad se va expandiendo, continuamos añadiendo más cursos a nuestro programa.

Para obtener información actualizada, visite SummitUniversity.org o póngase en contacto con nosotros por correo electrónico en info@SummitUniversity.org.

PROGRAMAS DE SUMMIT UNIVERSITY

Pruebe los siguientes programas de Summit University y obtenga las herramientas necesarias para triunfar en todo lo que haga.

CURSO COMPLEMENTARIO: **El modo de vida de la victoria. Cómo conquistar la adversidad y progresar. (RELS 0201)**

Este fascinante curso complementario autodirigido de Summit University le ayuda a recibir en su vida al ser cósmico Poderoso Víctory y sus legiones de ángeles de la victoria y afirmar su conciencia de victoria alegre y gozosa.

- Descubra por qué la *actitud* es una clave para tener una vida victoriosa.
- Convierta los hábitos que conducen a la derrota en hábitos de *victoria*.
- Aprenda a equilibrar su llama trina en el cuerpo etérico, mental, emocional y físico para tener *un mayor equilibrio en su vida*.
- Descubra cómo trabajar con los ángeles de Víctory para resolver los desconcertantes problemas de las drogas, el crimen, el terrorismo y la educación; ¡y cabalguen *la ola alegre de la victoria!*

http://summituniversity.org/OnlineVictoryCourse

SEMINARIO: **¡Reclame el modo de vida de la victoria!**

Este seminario práctico de tres días, que tiene lugar en varias ubicaciones por todo el mundo, le ofrece un arquetipo personalizado para lograr sus metas: el camino de Víctory. El seminario incluye:

- Tres conferencias de Elizabeth Clare Prophet que le cambiarán la vida sobre el modo de vida de la victoria que despliega la matriz interior del Poderoso Víctory para lograr la victoria.
- Doce ejercicios al detalle que cristalizarán su mapa individual hacia la superación victoriosa.
- Dictados grabados de varios maestros ascendidos que le iluminarán sobre cómo apropiarse de la conciencia de la victoria.

http://summituniversity.org/VictorySeminar

Para ver más programas, visite SummitUniversity.org.

FRATERNIDAD DE GUARDIANES DE LA LLAMA

La Fraternidad de Guardianes de la Llama es una orden espiritual fundada por el Maestro Ascendido Saint Germain, una comunidad de buscadores espirituales de todo el mundo dedicada a guardar la llama de la vida en la Tierra.

Esta llama es un fuego espiritual que arde en la cámara secreta de su corazón. Es la llama de la vida, su porción del Espíritu, que usted recibió cuando su alma nació del Infinito.

Hace mucho tiempo, antes del amanecer de la historia conocida, hubo un tiempo en que nadie guardaba la llama. Fue entonces cuando Sanat Kumara, el Anciano de Días, vino a guardar la llama en una estrella oscura: el primer Guardián de la Llama. Desde entonces, en cada era ha habido quien también ha llevado esa antorcha: Gautama, Moisés, Jesús, Krishna, Kuan Yin y Confucio, por nombras a algunos. Ahora la puerta está abierta para que muchos sigan sus pasos.

¿Qué ofrece la Fraternidad?

Las lecciones mensuales (confidenciales, solo para miembros) ofrecen ideas profundas y prácticas espirituales para acceder a su conciencia cósmica y cumplir el propósito de la vida.

Al unirse a la Fraternidad usted también puede formar parte de una comunidad global de buscadores espirituales que se reúnen en conferencias, retiros, foros espirituales, programas de mentores, reuniones online y más, para juntos llevar a cabo la misión de Saint Germain de traer una era de oro en Acuario.

Visite www.TSL.org/KOF-1free y explore esta fascinante oportunidad.

Mark L. Prophet (1918-1973) y Elizabeth Clare Prophet (1939-2009) fueron pioneros visionarios de una espiritualidad moderna y autores reconocidos internacionalmente. Sus libros están publicados en más de 30 idiomas, habiéndose vendido millones de ejemplares online y en librerías de todo el mundo.

Juntos crearon una organización espiritual mundial que ayuda a miles de personas a encontrar una salida a los problemas humanos y a reconectarse con su divinidad interior. Recorrieron el sendero de los adeptos espirituales, al atravesar las iniciaciones universales conocidas por todos los místicos de Oriente y Occidente. Enseñaron el recorrido de este sendero y describieron sus experiencias para beneficio de quienes deseen progresar espiritualmente.

Mark y Elizabeth dejaron una amplia biblioteca de enseñanzas espirituales de los maestros ascendidos y una comunidad mundial creciente de personas que estudian y practican estas enseñanzas.

SummitUniversity®
63 Summit Way, Gardiner, Montana 59030 USA
1-800-245-5445 / +1 406-848-9500

Se habla español.

SummitUniversity.org
info@SummitUniversity.org
SummitLighthouse.org
TSLinfo@TSL.org

www.ingramcontent.com/pod-product-compliance
Lightning Source LLC
Chambersburg PA
CBHW070733170426
43200CB00007B/515